Fraling · SEXUALETHIK

Bernhard Fraling

SexualEthik

Ein Versuch
aus christlicher Sicht

Ferdinand Schöningh
Paderborn · München · Wien · Zürich

Die Deutsche Bibliothek – CIP-Einheitsaufnahme

Fraling, Bernhard:
Sexualethik: ein Versuch aus christlicher Sicht / Bernhard Fraling. –
Paderborn; München; Wien; Zürich: Schöningh, 1995
ISBN 3–506–72611–0

Gedruckt auf umweltfreundlichem, chlorfrei gebleichtem
und alterungsbeständigem Papier ♾ ISO 9706

Printed in Germany. Herstellung: Ferdinand Schöningh, Paderborn

ISBN 3-506-72611-6

Vorwort

Karl Rahner hat bei seinem letzten Vortrag in Würzburg, den er Anfang der achtziger Jahre hielt, eine Theologie empfohlen, „mit der man leben kann". Das bedeutete für ihn, daß die theologische Wissenschaft so lebensnah sein müsse, daß es möglich sei, aus ihren wesentlichen Impulsen zu leben. Ich fühle mich demselben Ziel verpflichtet; es geht um eine theologische Sexualethik, die leben läßt. Ein Versuch in dieser Richtung aus katholischer Perspektive hat es nicht leicht. Es ist zuzugeben, daß die Sexuallehre der Kirche in der Öffentlichkeit nicht den Eindruck erweckt, in dieser Weise lebensdienlich zu sein – ob zu recht oder zu unrecht, das sei hier einmal dahingestellt. So ist diesem Problem nicht auszuweichen: Theologie lebt von den Traditionen der Kirche und muß sich im Raum gläubiger Gemeinschaft entwickeln. Von daher kann der Moraltheologe nicht an der Lehre der Kirche vorbei seine eigene Theorie entwickeln. Andererseits ist er verpflichtet, die grundlegenden Orientierungen des Glaubens in der gegebenen Situation der Geschichte so zu vermitteln, daß sie vor dem kritischen Blick der Zeitgenossen bestehen können. Das bedeutet, daß er sich in einem Spannungsfeld zwischen zwei Polen bewegt: Katholische Sexualethik muß den Ausgleich suchen zwischen überkommenen und vom Lehramt urgierten Normvorstellungen und den Erwartungen der gegenwärtig lebenden Menschen, denen man Orientierung nur vermitteln kann, wenn man sie als plausibel ausweist.

Historische Studien haben die verwickelten Prozesse beschrieben, in denen sich im Laufe der Jahrhunderte die kirchliche Sexuallehre gebildet hat. Sie haben auch zeigen können, daß die Quellen dieser Lehre durchaus nicht irrtumsfrei gewesen sind; es hat Überfremdungen der biblischen Botschaft gegeben, die diese gerade auf dem Gebiet der Sexualmoral nicht mehr als frohe Botschaft erkennen ließ. Neuplatonische Leibfeindlichkeit und stoische Ablehnung sexueller Lusterfahrung sind nicht biblischem Ethos entwachsen und haben doch über lange Zeit hin die Lebensmöglichkeiten von Menschen innerhalb und außerhalb der Kirche eingeschränkt. Theologische Verantwortung bedeutet angesichts dieses Sachverhalts, sich kritisch mit den Lehrtraditionen auf diesem Gebiet auseinanderzusetzen. Hier ist schon vieles geschehen, was die Auffassungen der Kirche wesentlich verändert hat – man denke an das Zweite Vatikanische Konzil. Ich habe aber den Eindruck, daß wir auf diesem Weg noch nicht am Ende sind. Darum ist es unverzichtbar, um der Treue zur Sendung der Kirche willen kritisch den Gründen auf den Grund zu gehen, die die offizielle Verkündigung der Kirche auf dem Gebiet der Sexualethik vorträgt. Es darf sicher nicht sein, daß wir einen Ausverkauf unserer Überzeugungen zulassen; es darf aber auch nicht sein, daß rigide Auslegungen der eigenen

Tradition Tore zuschlagen, durch die Menschen den Zugang zum gelebten Glauben würden finden können. Der Theologe muß darum heute nach Wegen suchen, die es ermöglichen, die christliche Botschaft über die Zweieinheit der Geschlechter so zu vermitteln, daß sie als befreiend und lebensdienlich angenommen werden kann. Das Ziel ist hoch gesteckt; es kann darum hier nur um ein Suchen und Versuchen gehen. Aber das Ziel ist so wichtig, daß Versuche gemacht und – hoffentlich durch andere – ergänzt werden müssen.

Die Entstehung dieses Buches hat eine komplizierte Geschichte. Ich war gebeten worden, für den Theologischen Fernkurs Würzburg einen Lehrbrief über Sexualethik zu verfassen. Die Resonanz auf den Entwurf war so, daß man mich bat, eine auf denselben Grundideen aufbauende Studie zu veröffentlichen. Der Probelauf eines Vorläufermanuskriptes im Verlag Schöningh verlief positiv. Ich bin dem Lektor Hans Jacobs und dem Verlag für die Ermutigung dankbar. Die Bearbeitung des Textes hat einige Zeit in Anspruch genommen. Dennoch bin ich mir bewußt, längst nicht alle wichtigen Aspekte des schier unerschöpflichen Themas eingefangen zu haben. Es ist unmöglich, alles Einschlägige zu lesen. Der Leser wird schnell bemerken, mit wievielen anderen Wissenschaften der Ethiker hier zu tun hat. Dies macht es unmöglich, Vollständigkeit zu erreichen. Ich muß also um Nachsicht bitten, wenn jemand den Eindruck hat, hier sei Wichtiges vergessen worden. Ich hoffe dennoch, daß die eigene Konzeption des Argumentierens genügend verständlich gemacht wurde.

Ich habe vor Abschluß meiner Arbeit an dieser Stelle zu danken, zunächst denen, die mich zu dieser Veröffentlichung ermuntert haben, den Herausgebern der Lehrbriefe des Theologischen Fernkurs sowie Herbert Schlögel, Peter Fonk und Stephan Müller. Das Manuskript hat Frau Ingrid Kuhn in Zusammenarbeit mit Frau Martina Lamprecht und Herrn Christoph Schorr erstellt; kritisch und mit wertvollen Anregungen haben Korrektur gelesen Michael Schramm, Frau Hildegard Gosebrink und Frau Luise Krogmeier. Ihnen allen sage ich herzlichen Dank.

Würzburg, am 3. März 1995 Bernhard Fraling

Inhaltsverzeichnis

2. Kapitel:

Grundwerte in der Beziehung von Mann und Frau? Die Frage nach der Sinnorientierung menschlicher Sexualität 49

Zur Einführung

1. Die Beziehung von Mann und Frau als eine ethische Aufgabe: Sexualität und Humanität

Schon die Bestimmung des Gegenstandes dieser Überlegungen ist nicht einfach. Klarheit scheint es in den bekannten Versen von Erich Fried zu geben, die überschrieben sind: „Was es ist"; sie lauten:

> „Es ist Unsinn
> sagt die Vernunft
> Es ist was es ist
> sagt die Liebe
>
> Es ist Unglück
> sagt die Berechnung
> Es ist nichts als Schmerz
> sagt die Angst
> Es ist aussichtslos
> sagt die Einsicht
> Es ist was es ist
> sagt die Liebe.
>
> Es ist lächerlich,
> sagt der Stolz
> Es ist Leichtsinn
> sagt die Vorsicht
> Es ist unmöglich
> sagt die Erfahrung
> Es ist was es ist
> sagt die Liebe."[1]

Nicht Autonomie, Selbstgesetzgebung der praktischen Vernunft scheint es hier zu geben, sondern die Autonomie der Liebe in sich selbst; sicherer Zugriff des Verstehenwollens, des Eingrenzenwollens, des Normierenwollens versagt.[2]

Andere beklagen, daß gerade dieses Eigenwesen in Gefahr zu sein scheint, diese Autonomie, in der die Liebe sich als etwas erfährt, was an nichts anderem zu messen ist. Botho Strauß diagnostiziert: „Die Angst

---

[1] *Fried,* Gesammelte Werke, 35.

[2] Ulrich *Beck* mißt dieser Sicherheit quasi religiöse Bedeutung zu: „Während Glaube, der nicht mehr gelehrt wird, zerfällt, ist Liebe eine *kirchenlose* und *priesterlose* ‚Religion', deren Bestand so sicher ist *wie Schwerkraft enttraditionalisierter Sexualität.*" *(Beck/Beck-Gernsheim,* Chaos der Liebe, 233).

gehört den Atomkraftwerken. Keiner ist mehr gezwungen, sie an ihrer geschlechtlichen Quelle selbst zu ertragen. Und vielen scheint es zu gelingen, die Angst zu provinzialisieren, umzulagern. Allein das Wort *Beziehungen* immer wieder zu hören, wirkt sich handschweißhemmend aus. So handelsplatt wie es klingt, sucht es den Umgang mit der gründlichen Gefahr, welche die Liebe in ihrem Wesen nach für das Gemeinwohl darstellt, künstlich zu ernüchtern und eine Berechenbarkeit hereinzubeschwören in eine Sphäre, die immer noch die ursprünglichste, undurchdringlichste, verschlingendste des Menschen ist. Es mag sein, daß daran die Herrschaft alles Möglichen, die totale Erlaubnis, der Konsum auf die Dauer etwas ändern werden und alle Bindungen lose und schwächlich machen. Wie der Geschichtslose an den kalten Inszenierungen von Vergangenheiten, den plötzlichen Tableaus von Preußen, Staufern, Pharaonengräbern sich erfreut, so wird dann den Lieblosen kaum etwas anderes mehr bewegen, als die Spurensicherung der Liebe. Zur gerne würd' er mal erfahren, was wohl ein sogenanntes erotisches Abenteuer wirklich war, oder wie eine Leidenschaft sich ausnahm, die erst im Bruch von Regeln, Sitte, Widerständen groß geworden war.

Für uns in den Städten, uns Mobile, Beschleunigte und Mischkläßler, entscheidet sich die Partnerwahl in einem ‚freien' Spiel von anziehenden und abstoßenden Kräften, je nach Lust und Laune und dem Angebot der Reize. Es ist, als sei die erotische Wirklichkeit, die äußere Szene der wechselnden Gelegenheit, zu einem vollkommenen Abbild der Seele selbst geworden mit ihren ungeordneten Bedürfnissen und der Fülle ihrer Ambivalenzen. Wir werden diesem Menschen nicht mehr begegnen, von dem wir auf Anhieb wissen, dieser paßt zu uns wie kein zweiter, er ist der einzig Richtige."[3] Gerade das Ursprüngliche also scheint uns abhanden zu kommen; das, was sich selber in sich selbst versteht, wird nicht mehr erfahren, und rationales Räsonieren darüber scheint keine Aussicht auf Erfolg haben zu können.

Wohl sind dunkle Diagnosen Anstoß und Frage zugleich. Wenn aber Liebe grundsätzlich ohne das Gespräch nicht sein kann und die Begegnung der Geschlechter selber Sprache ist, dann müßte es auch möglich sein, der Grammatik solcher Sprache auf die Spur zu kommen, wenn sie von einem zum andern nicht mehr gelingen will.[4] Es scheint nicht zum besten mit dem Gelingen der Liebe bestellt zu sein, wenn man an dessen Präsenz oder besser Abwesenheit in der modernen Literatur denkt. Man möchte pessimistisch werden, wenn man sieht, daß es wenig Bilder gelingenden Lebens sind, die vorgestellt werden, sondern lauter Formen des Mißlingens des Miteinander von Mann und Frau. Eine Spurensicherung der Liebe in der Gegenwartliteratur scheint zwecklos zu sein – die Menschen haben weder „zur Liebe Talent", noch bringen sie Kontakte zustande. Es herrscht „Eiszeit für die Liebe". Mann und Frau werden „im Duell" gesehen, so lauten

[3] *Strauß*, Paare Passanten, 240.

[4] Einer der bemerkenswertesten Versuche der letzten Jahrzehnte, eine Sexualethik zu entwerfen, geht vom Modell der Sprache aus: *Guindon,* The Sexual Language; daß auch die Therapie die rechte Sprache sucht, zeigt sich an *Schmidbauer*, Geschlechter.

die Stichworte für die Darstellung der Geschlechterbeziehung in der modernen Literatur.[5]

Aber die Geschichte geht weiter; der Mensch kann diesem Problem nicht entfliehen. Und hier und da zeigt sich, daß negative Diagnosen auch zu Therapieversuchen führen können.[6] Wilfried Wieck bekennt: „Der Mann läßt lieben. Er läßt die Frau lieben. Er läßt sich lieben. Aber er liebt nicht. Wenn sie geliebt werden will, dann läßt er das Lieben. Dann wird ihm alles zu schwierig. Wie die meisten Männer hatte ich bis dahin kaum etwas über die Geschlechterfrage gelesen [...]. Es dauerte drei Jahre, bis ich Irmgards Bitte (das Buch von Jean Baker-Miller, Die Stärke weiblicher Schwäche, zu lesen, d.Vf.) entsprach. Das Buch verunsicherte mich, alles betraf mich [...] Ich hatte immer gedacht, daß der Mann in der Beziehung der Starke ist, daß er die Frau stützt und ihr hilft. Nun lernte ich, daß eher das Gegenteil stimmt."[7] So sind wir wieder auf der Suche nach dem Selbstverständlichen; ich bin überzeugt, daß der Mensch auf der Suche bleibt, so lange er lebt. Sexualethik als Nachdenken über das Verhältnis von Mann und Frau wird nie an ein Ende kommen; sie wird ein beständiger Prozeß sein müssen. Und sie wird sich keineswegs beschränken können auf die gelebte Beziehung von Mann und Frau. Es wird sich zeigen, daß sich die sexuelle Dynamik für jeden Menschen als eine Aufgabe darstellt, ob er allein lebt oder in sexueller Partnerschaft, heterotrop oder homotrop empfindet – immer wird er sich auseinandersetzen müssen mit den Chancen und Risiken, die mit seiner Geschlechtsbestimmtheit gegeben sind.

Die Aufgabe, die sich ihr stellt, ist nicht nur deswegen schwierig, weil die Aktien schlecht stehen, und weil sich der Gegenstand beständig einer genauen Fixierung zu entziehen scheint. Eine weitere Schwierigkeit besteht in einem unübersehbaren *Stimmengewirr*; jeder versteht etwas von Sexualität; viele sagen etwas dazu. Die Standpunkte, von denen aus das geschieht, sind verschieden, die Methoden sind höchst differenziert; und das wird nicht viel besser, wenn man sich aus der Arena der Meinungsvielfalt in unserer Gesellschaft auf die Ebene wissenschaftlicher Auseinandersetzungen begibt; Erkenntnis und Interesse hängen auch hier zusammen, und unter den unterschiedlichen Stellungnahmen zur Sexualität scheint das Phänomen selber fast wieder zu verschwinden. Und doch nutzt es nicht, in einer Art Vogel-Strauß-Politik sich auf die eigene Tradition zurückzuwenden, weil einen heute dann erst recht ein Chor der Empörten zurückrufen würde, der nicht ohne Grund die Traditionen der Sexualmoral der Kirche in Frage stellt.

Überlegungen zur Sexualethik scheinen unter einem ungünstigen Stern zu stehen. Normen des geschlechtlichen Lebens werden kaum mehr ernst genommen, ihrer Verbindlichkeit entzieht man sich gern dadurch, daß man sie der Lächerlichkeit preisgibt. Soll etwas zu dieser Thematik gesagt werden,

---

[5] Ich beziehe mich hier auf *Sill*, Geschlechterliebe, der im ersten Teil dieses Buches eine Art Spurensuche unternimmt und auf die angedeuteten Ergebnisse stößt.

[6] Das Buch von *Wieck*, Männer lassen lieben, erreichte schon 1988 seine 12. Auflage mit 262000 Exemplaren.

[7] Ebd., 11-13.

ist es angemessen, sich von der Grundsatzfrage leiten zu lassen, ob Sexualität denn überhaupt mit Ethos und Moral zu tun habe; die sittliche Verantwortung des Menschen hat sich heute andere Felder gesucht, ob sie Umweltethik, Sozialethik oder Wirtschaftsethik heißen. Folgen wir am Beginn dem Urteil eines ausgewiesenen Fachmannes, der sich über lange Jahre mit der Beziehung von Mann und Frau befaßt hat:

Hans Jürgen Eysenck[8] beginnt seine Studie zu Sexualität und Persönlichkeit mit dem Blick auf ein Schlachtfeld; durch die Jahrhunderte werde ein Krieg ausgefochten zwischen Puritanern und Vertretern des Libertinismus, zwischen einschränkender Tradition und ungehemmter Permissivität. „Keine der beiden Seiten", so der Autor, „scheint einsehen zu wollen, daß ihr Streit auf einem Mißverständnis beruhen könnte. Wenn ich sage, daß ich Erdbeeren mag und Austern nicht, und Sie sagen, Sie mögen gerne Austern und keine Erdbeeren, dann heißt das nicht, daß wir wirklich verschiedener Meinung sind; wir stellen lediglich Tatsachen fest, die sich auf den einen oder den andern beziehen, aber keine universelle Gültigkeit haben. Der Irrtum beginnt erst dort, wo wir unsere Vorliebe zu einer allgemeinen Vorschrift machen, indem wir sagen, daß jedermann Erdbeeren gegenüber Austern den Vorzug geben sollte (oder vice versa). Kein Mensch wird in diesem speziellen Fall etwas so Dummes tun, aber bei anderen Streitfragen geschieht eben genau das. Die Libertiner stellen die Art, in der sie ihre Sexualität zum Ausdruck bringen, als die einzig richtige hin und meinen, daß Leute, die mit ihnen nicht übereinstimmen, neurotisch, gehemmt und krank seien. Die Puritaner wiederum glauben, ihre Art der Sexualität sei die einzig richtige, und man müsse schon vom Teufel besessen, unmoralisch oder geistesgestört sein, wenn man anderer Meinung ist."[9] Eysenck wird vielen aus dem Herzen gesprochen haben. Hat sich die Moral und ihr Zeigefinger im Laufe der Geschichte nicht allzusehr als Störenfried aufgedrängt? Und ist nicht das Ganze, bis heute mit soviel Vehemenz bemühte Streiten um die Sexualmoral ein Streiten um Kaisers Bart?

Da, wie sich herausstellen wird, selbst Eysenck in einigen Punkten sehr deutlich seine Überzeugung ausdrückt, es gebe generalisierbare Normativität im Bereich sexuellen Verhaltens,[10] sollte die Ethik nicht gleich zu Anfang die Segel streichen.

Schon die Zuordnung der beiden Begriffe Sexualität und Humanität läßt das Problem sichtbar werden und zugleich einen ersten Ansatz möglicher verbindlicher Wertung. Jedermann wird zustimmen, wenn man sagt, Sexualität sei nur im Rahmen von Humanität sinnvoll und gut zu leben. Inhumane Realisierung von Sexualität – was immer das im einzelnen sein mag – sei abzulehnen. Aber offensichtlich gibt es keine prästabilisierte Harmonie zwischen Humanität und Sexualität. Offensichtlich besteht die Möglichkeit, daß sich Mann und Frau in der Realisierung ihrer Geschlechtsbeziehung inhuman verhalten. In der Tat: Es

---

[8] *Eysenck*, Sexualität und Persönlichkeit.
[9] Ebd., 10.
[10] Vgl. z.B. ebd., 282f.

ist ein Spezifikum – *zunächst aus biologischer Perspektive betrachtet* – menschlicher Sexualität, daß sie *nicht* durch fixierte Formen instinktiver biologisch vitaler Abläufe vollends determiniert ist. Aber diese zu ignorieren, würde den Menschen leicht in einen Widerspruch mit sich selbst bringen.[11] Auch wenn man Simone de Beauvoir mit ihrer Behauptung, man komme nicht als Frau zur Welt, man werde es,[12] nicht ganz zustimmen will, bleibt es richtig, daß die biologische Grundlage menschlicher Sexualität in der somatischen Verschiedenheit von Mann und Frau das Verständnis ihrer wechselseitigen Beziehung, die Regelung ihres Verhaltens zueinander keineswegs festlegen. *Jeder Mensch erlebt sich als Mann oder Frau nicht in unmittelbarer Identität mit der jeweils verschiedenen leiblich-biologischen Vorgabe.* Die Art, wie wir unsere Geschlechtsrolle verstehen, ist in der Tat tiefgehend mitgeprägt durch die kulturell vermittelten Rollenmuster, die wir – ob wir wollen oder nicht – zunächst einmal übernehmen, von denen wir geprägt sind. Trotzdem bleibt auch demgegenüber eine Distanz möglich – niemand wird durch seine Rolle total dominiert –, wie die moderne Bewegung für die Gleichberechtigung der Frau in aller Deutlichkeit gezeigt hat. Es ist aber gerade die Humanisierung von Sexualität, die im Zusammenhang mit deren kultureller Gestaltung geschieht. Zu dieser gehört fraglos die Verteilung der Geschlechtsrollen, die ihrerseits immer mit ganz bestimmten Sinngebungsmustern der Geschlechtsverschiedenheit zusammenhängt. Sie wird nicht vom einzelnen Individuum als solchem je für sich geleistet, sondern ist Ergebnis der Kulturgeschichte, in der der einzelne steht, und an der er selber, ob bewußt oder nicht, mitwirkt.

Die Feststellung möglichen Mißglückens der Humanisierung in enthumanisierten Formen sexuellen Verhaltens deutet an, daß in der Beziehung von Mann und Frau *das Gelingen menschlichen Lebens auf dem Spiel* stehen kann. Um wieviel es dabei in der Tat gehen kann, zeigen die 1001 Geschichten von Paarbeziehungen und Familiendramen: Immer wieder ist zu sehen, wie der Mensch in der Erfahrung geschlechtlicher Liebe bis in die innerste Mitte seines Wesens betroffen sein kann. Wenn es hier Bedingungen des Gelingens oder Mißlingens gibt, dann *ist die Frage nach ihnen eine Frage hoher ethischer Relevanz;* sie läßt sich nicht ohne weiteres parallelisieren mit Erdbeeren und Austern, wie Eysenck ironisch meinte. *Ethik denkt darüber nach, wie und unter welchen Voraussetzungen menschliches Leben glücken kann.*[13] *Sie ist auf den Bereich bezogen, wo dem Menschen von den Vorgaben seiner naturalen Wirklichkeit her Möglichkeiten der Gestaltung gegeben sind.* Diese erweist sich hier schlechterdings als Notwendigkeit. Darum

[11] Man vergleiche das Problem des Transsexualismus; an ihm läßt sich leicht zeigen, daß es höchst leidvolle Erfahrungen sind, die Menschen machen, die psychisch anders empfinden als es ihrem leiblichen Geschlecht entspräche.

[12] „Man kommt nicht als Frau zur Welt, man wird es." (*Beauvoir*, Das andere Geschlecht, 265).

[13] Auf je ihre Weise folgen Klaus *Demmer* und Wilhelm *Korff* den überkommenen Linien eines eudaimonistischen Ethikverständnisses, indem der erste vom Leitbild umfassend gelingenden menschlichen Lebens (vgl. *Demmer*, Deuten und handeln, 13), der zweite von dem des Glückens menschlicher Existenz ausgeht (vgl. den Buchtitel von *Korff*, Wie kann der Mensch glücken? Perspektiven der Ethik; von Korff wird auch der geschichtliche Zusammenhang dieses Ethikansatzes zur Sprache gebracht).

läßt sich hier auch nicht naturalistisch argumentieren; es gibt nicht *die* „Natur" menschlicher Sexualität; diese kommt immer nur, wenn sie denn als humane ins Gesichtsfeld gerät, als kulturell gestaltete vor.[14] Um sie ganz zu erfassen, sind aber beide Gesichtspunkte unverzichtbar, will man die Wirklichkeit menschlicher Sexualität wahrnehmen. Es gilt einmal, *die naturalen Vorgaben, die uns Biologie, Verhaltensforschung und Psychologie aufzeigen, ernstzunehmen,* insofern sie den Spielraum des dem Menschen zuträglichen Verhaltens abstecken. Kulturelle Gestaltung bleibt an diese Vorgaben rückgebunden und muß sie berücksichtigen, soll sie nicht das Gelingen menschlicher Existenz gefährden. Wir haben uns daher zunächst im Rückgriff auf humanwissenschaftliche Erkenntnisse *der Faktoren zu versichern, die menschliches geschlechtliches Verhalten mitbestimmen.*

2. Der Gang der Überlegungen

Ethik hat dem Gelingen menschlicher Existenz zu dienen; sie bedenkt die Bedingungen des guten Lebens – hier in Fragen der Gestaltung der Sexualität. Sie kann dies nur verantwortlich tun, wenn sie Informationen verarbeitet, die Humanwissenschaften über Struktur und Gesetzmäßigkeit menschlicher Sexualität anbieten. Ich möchte bei der Analyse humanwissenschaftlicher Untersuchungen einer aufsteigenden Linie folgen, indem ich bei den Basisgesetzlichkeiten ansetze, die von *Biochemie* und *Biologie (B)* untersucht werden, um uns dann von *Ethologie (E), Sozialwissenschaften (S) und Psychologie (Ps)* weiterführen zu lassen *(vgl. Skizze 1).* Wir befinden uns dabei immer noch auf dem Terrain einer Wahrnehmnung des Menschen und seiner Geschlechtsbestimmtheit auf der Basis empirisch arbeitender Humanwissenschaften,[15] die aus sich zwar keine ethischen Fragen behandeln, aber Sach-

---

[14] Dazu vgl. u.a.: *Luyten* (Hg.), Geschlechtlichkeit, bes. die Beiträge von *Wickler, Narr,* und *Boné*; sogar der Biologe *(*Wolfgang *Wickler)* fragt, „welchen althergebrachten biologischen Normen-Ballast wir noch mitschleppen und wohl werden abstreifen müssen, wenn wir das große Ziel menschwürdigen Lebens ernsthaft verfolgen wollen" (ebd 89).

[15] Man wird hier die Sexualwissenschaften im engeren Sinn vermissen. Soweit ich sehe, verstehen sich diese selber interdisziplinär, wobei besonders die Sozialwissenschaften eine große Rolle spielen. Das in ihnen vorherrschende Selbstverständnis charakterisiert Volkmar *Sigusch* als „kritische Sexualwissenschaft" (Kritik, 11-49); in der kritischen Grundorientierung steht sie der Frankfurter Schule nahe. Sigusch tritt gegen die Einbeziehung der genannten Naturwissenschaft ein, „weil ‚Sexualität' kein biologischer, chemischer oder physiologischer Begriff oder Tatbestand ist, sondern ein gesellschaftlicher ..." (ebd., 22). Es soll hier keineswegs ein reduktives Verständnis von Sexualität zugrundegelegt werden, das sich auf rein naturwissenschaftliche Fakten bezieht, sondern ein inklusives: Sexualität als kulturell gestaltete menschliche Realität, die unterschiedliche Komponenten hat und nicht einfachhin in gesellschaftlicher Deutung allein besteht. Es soll versucht werden, an den Stellen der Arbeit überall dort auf die Sexualwissenschaften zurückzugreifen, wo es sich nahelegt; und das ist es zum Beispiel in der Diskussion der Grundauffassung, wie auch in der Verwirklichungsformen der Sexualität in der Lebenswelt des Menschen. Vgl. hier auch die unterschiedlichen Modelle der Sexualwissenschaft, die Mario *Erdheim* aufzählt (Wissenschaft).

verhalte bewußt machen, die eine ethische Reflexion zu berücksichtigen hat. Ethische Überlegungen werden zunächst in rein beschreibender Weise, in den Kulturwissenschaften, insbesondere der *Kulturanthropologie (K)* zu behandeln sein. Dort werden wir Umschau halten und fragen, in welcher Form Menschen unterschiedlicher Kulturen ihre Sexualität leben. Einige Konstanten werden sich in der fast unübersehbaren Vielfalt ausmachen lassen, die für eine menschenwürdig gelebte Sexualität unverzichtbar sind.

Im weiteren Schritt gilt es, die Rezeption humanwissenschaftlicher Ergebnisse zu verlassen, um dann mehr in einem *hermeneutisch-philosophischen Verfahren* den *Sinnerfahrungen* nachzugehen, die in der Beziehung von Mann und Frau auf dem Spiel stehen. Diese Überlegungen sind durch *theologische* Überlegungen zu ergänzen; die Theologie steuert ihr Sinnangebot bei, um die Humanität der Sexualität im Glauben vertieft zu erfassen.[16] Dann wird der Frage nachzugehen sein, ob es unabdingbare *Bedingungen für solche Sinn- oder Werterfahrungen* gibt. Diese hätten dann den Charakter von allen anerkannter eigener Normen. Es bliebe ein letzter Schritt zu tun; es gilt, sich bewußt zu machen, daß die letzte Erfüllung in der Beziehung nicht mehr normierbar ist. Aber gerade das nicht mehr allgemeinen Normen zu unterwerfende Verhalten zueinander ist von hochgradiger ethischer Bedeutung.

Skizze 1:

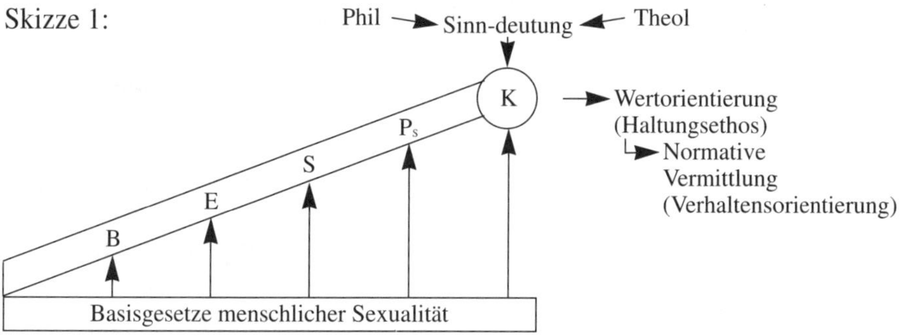

[16] Grundsätzliche Einwände gegen ein solches Vorgehen, das die Gefahr in sich schließen könnte, von vornherein den theologischen Bezugsrahmen von anderswoher bestimmen und dadurch einengen zu lassen, äußert *Wannenwetsch*, Freiheit, 20-24. Ich sehe in dieser Differenz eine Auswirkung der unterschiedlichen Beurteilung der theologischen Grundgegebenheiten von Gnade und Natur. Die Frage, was die Vorgaben, die durch Humanwissenschaften genauer erschlossen werden können, schöpfungstheologisch bedeuten können, wird so nicht gestellt. Auch *Fritzsche*, Freiheit, sucht die Lösung in der Krise moderner Entwicklungen dezidiert in einem Rückgriff auf theologische Gehalte, ohne Einsichten der Humanwissenschaften zu bemühen (vgl. die Abschnitte I,3 und 4. im ersten Kapitel 43-61). Die normativ hochbrisante Aufzählung der Rechte, die der Mensch hier hat, einschließlich des Rechtes auf Abbruch der Schwangerschaft (67), des Rechtes der Frau, „zu ihrer eigenen Selbstverwirklichung als Frau ein eigenes Kind auszutragen ..., auch wenn sie keine Ehe eingeht.“ (69) des Rechtes auf Freigabe innerhalb der Ehe, „eventuelle intime Beziehungen zu Dritten zu tolerieren“ (71) wirken dann doch eher wie positive Setzungen ohne einen Anhalt, weder an einer anthropologischen noch an einer theologischen Begründung. Implizit werden nach meinem Eindruck doch eine ganze Reihe von Motivationen in das Gespräch gebracht, die sich humanwissenschaftlichen Erkenntnissen verdanken. Ich plädiere dafür, diese Zusammenhänge bewußt zu machen, um sie in ihrem Stellenwert richtig einordnen zu können. Marciano *Vidal* folgt in der Gliederung eines seiner Hauptkapitel einer ähnlichen Gedankenfolge (Sexualidade, 110-188).

3. Zum Inhalt der verwendeten Begriffe

Es ist nicht leicht, eine Schneise mit klaren Umrissen durch das Dickicht unterschiedlicher Begriffsverwendungen zu schlagen: Sexualität, Geschlechtlichkeit, Erotik, Genitalität, am Ende Liebe – das sind lauter Wörter, die mit nicht genau abgegrenzten Bedeutungen gebraucht werden. Aus der Perspektive der Ethik meint *Sexualität* und *Geschlechtlichkeit*, die hier in gleichem Sinn verwendet werden, die *Geschlechtsbestimmheit des Menschen*, das heißt, jene *ganzmenschliche, die Existenz jedes einzelnen zutiefst prägende Tatsache, daß der Mensch nur als Mann oder Frau leben kann.* Diese Tatsache der geschlechtlichen Differenz bestimmt den Menschen in allen Dimensionen seiner Existenz. Selbstannahme in verantwortlicher Selbstverwirklichung[17] bedeutet immer notwendig eine Stellungnahme zu seinem Frau-Sein bzw. Mann-Sein.

Inwieweit sich *menschliche* Geschlechtlichkeit von sonstiger im Tier- und Pflanzenreich abhebt, wird zu bedenken sein, um die Bedingungen der Humanisierung der Sexualität näher zu erörtern. Es ist anzumerken, daß Sexualität *häufig enger gefaßt* gebraucht wird.[18]

Von der vorgeschlagenen Begriffsbestimmung her zeigt sich: Wenn der Mensch ganzheitlich durch seine Geschlechtszugehörigkeit geprägt ist, wird auch sein ganzes Verhalten dadurch mitbestimmt sein. Darum ist aber nicht jedwedes Verhalten des Menschen schon *Sexualverhalten*; dieses Wort kommt ausschließlich in einem engeren Sinn vor und meint ein Verhalten, in dem *Genitalität* aktiviert wird. Darunter ist der Umgang mit der Geschlechtskraft im engeren Sinn, in der Aktivierung der Geschlechtsorgane, gemeint.

Auch in der *Erotik* wird der Geschlechtsunterschied thematisch; sie betrifft das weite Feld der Anziehung der Geschlechter und ihre leiblich-sinnlichen Ausdrucksformen (*Zärtlichkeit*), die zugleich Ausdrucksformen personaler Beziehung sind bzw. sein sollen. Was *Liebe* im Kontext von Sexualität bedeutet, kann sich erst aus den genaueren Beschreibungen ergeben, die im systematischen Teil der Überlegungen zu geben sind.

---

[17] Dieser Ausdruck ist als Einheit verstanden, die Ver-antwort-lichkeit und Selbstbezug integriert. Ethisches Handeln ist immer Handeln aus der eigenen Freiheit heraus, also zutiefst Selbstvollzug, dieses aber immer als Antwort auf einen Anspruch, dem man darin entspricht.

[18] So wenn beispielsweise *Kluge* in dem von ihm herausgegebenen Handbuch der Sexualpädagogik I schreibt: Nach heutigem Verständnis „... umfaßt sie (die Sexualität) alle die dem Sexualleben des Menschen zuzuordnenden Ausdrucksformen (Erlebnisse, Empfindungen, Verhaltensweisen, Störungen), die sowohl endogen wie exogen motiviert und stets im sozialen Kontext zu interpretieren sind. Daher hat jedes Sexualverhalten eine individuelle/subjektive, soziale/kommunikative sowie neurophysiologisch und lernspezifisch bedeutsame Bezugsebene“ (8)

1. Kapitel:

Sexualität und Humanität aus der Perspektive der Humanwissenschaften: Vorgegebene Bedingungen menschlichen Verhaltens

1.0. Die beteiligten Disziplinen

Wenn hier von vorgegebenen Bedingungen menschlichen Verhaltens gesprochen wird, dann sind Faktoren gemeint, die dieses (mit-)bestimmen; man muß unterscheiden: *Es gibt Faktoren, die menschliches Sexualverhalten mit der Notwendigkeit biologischer, ethologischer, psychologischer und soziologischer Gesetzmäßigkeiten regeln.* Und es gibt solche, die *über geschichtliche Entwicklung das menschliche Verhalten prägen, ohne daß sie aus innerer biologischer Notwendigkeit so sein müßten. Beide Bereiche werden von Humanwissenschaften gesichtet.*

Die Tatsache, daß es berechtigterweise unterschiedliche Humanwissenschaften gibt, die sich mit ein und demselben Phänomen, mit der menschlichen Geschlechtlichkeit befassen, zeigt von Anfang an, daß es keine Erklärung für menschliches Sexualverhalten gibt, von der man sagen kann, sie erkläre alles. *Es ist zweckmäßig, bei der Beschreibung der einzelnen bestimmenden Faktoren einer Linie zu folgen, die von unten nach oben verläuft,* von der Basis materieller Gesetzlichkeiten aus aufsteigend zu den Gesetzen der Psychologie und Sozialpsychologie.

Allein die Vielschichtigkeit humanwissenschaftlicher Disziplinen, die sich mit menschlicher Sexualität befassen, macht darauf aufmerksam, daß Sexualethik eigentlich aus der Perspektive von Individual- und Sozialethik zu betreiben wäre. In dieser moraltheologischen Arbeit liegt der Akzent auf dem individualethischen Ansatz.

1.1. Biologische Grundlagen

Das Sexuelle ist in die Leiblichkeit eingebunden. Der Mensch ist aus dem Stoff der Erde gemacht (vgl. Gen 2,7); er ist den Gesetzen des Materiellen unterworfen. Darum wirken sie sich auch im Menschsein des Menschen aus; das wird dort besonders deutlich erfahren, wo der Mensch sich mit größter Intensität seiner eigenen Leibhaftigkeit bewußt wird, wie eben in sexuellen

Vorgängen. Ihnen liegt immer eine biologische Substruktur zugrunde, die man kennen sollte, um den Rahmen wahrzunehmen, in dem sich das menschliche Verhalten entwickeln kann. Das ist hier unsere Frage: *Gibt es unbeliebige, unmanipulierbare Vorgaben biologischer „Determination", die jede Ethik zu respektieren hat?*

1.1.1. Nicht manipulierbare Vorgaben im engeren Bereich biologisch-medizinischer Wissenschaft

a) *Die somatische Verschiedenheit von Mann und Frau*, die in ihrer Entwicklung von den geschlechtsbestimmenden Chromosomen ausgeht. Von der Verbindung von Ei und Samenzelle bei der Befruchtung des menschlichen Eies an liegt in den *Chromosomen* schon der Bauplan des kommenden Menschen fest. Das dreiundzwanzigste Chromosomenpaar ist beim Mann ungleich – er hat neben dem X ein Y-Chromosom, während es bei der Frau mit zwei X-Chromosomen besetzt ist. Der sexuelle Genotypus hat direkten Einfluß auf die Entwicklung der unterschiedlichen geschlechtlichen Merkmale bis zum Stadium der Umbildung der zunächst neutralen Gonade. Die weitere Steuerung wird dann von *Hormonen* übernommen, die in den nun sich entwickelnden Geschlechtsdrüsen produziert werden. Sobald sich also Geschlechtsorgane gebildet haben, steuern diese selbst die weitere Entwicklung. Die vielen Einzelunterschiede in den primären und sekundären Geschlechtsmerkmalen brauchen hier nicht aufgezählt zu werden.

Wichtiger ist, auf einige *Elemente hinzuweisen, die für die menschliche Erfahrung der Sexualität bedeutsam sind*. Die leibliche Verschiedenheit von Mann und Frau bedingt unterschiedliche Erfahrensweisen der Sexualität – man denke nur an die Zyklen der weiblichen Sexualität oder an Schwangerschaft und Geburt, die der Mann nicht kennt. Wenn es eine *psychophysische Ganzheit* gibt, eine Leib-Seele-Einheit des Menschen – und davon ist auszugehen –, spricht alle Wahrscheinlichkeit dafür, daß die Unterschiede im Leiblichen zugleich signifikant sind für unterschiedliche Formen des Ganzheitserlebens seiner selbst. „In bezug auf die Frau ist es unter anderem entscheidend, nicht nur ‚einen Körper zu haben' und zur Verfügung zu stellen, sondern ‚mein Leib zu sein', d.h. die eigenen Leibvorgänge nicht zu neutralisieren oder auszuschalten (die heutige chemische Antwort auf den Leib), sondern in das weibliche Selbstsein lebendig aufzunehmen."[19] Daß dies keine Selbstverständlichkeit ist, zeigt sich an den vielfältigen Gefahren einer Entfremdung von seinem eigenen leiblichen Sosein, auf die besonders Frauen mit Recht aufmerksam machen: „Das jeweilige herrschende Schönheits-

---

[19] *Gerl*, Zeitgeist, 46; was Barbara Gerl hier von der Frau sagt, gilt analog vom Mann. Grundsätzliches aus psychosomatischer Sicht bieten *Hertz/Molinski*, Psychosomatik. Sehr weit in einer inhaltlichen Beschreibung der physisch-psychischen Verschiedenheit von Mann und Frau ging noch Michael *Müller*, Sexualethik, 78-123.

ideal bestimmt die äußere Erscheinung der Frauen. Die Nicht-Identifikation mit dem eigenen Körper beginnt bei der Verschönerung durch Kosmetika und eskaliert in chirurgischen Eingriffen."[20]

Unterschiede zwischen Frau und Mann sind in einigen *Grundfunktionen im Zusammenhang mit der Fruchtbarkeit* gegeben; das bedeutet keineswegs, daß die Frau in ihrer Rolle, der Mann in seiner Rolle ausschließlich von der Biologie her definiert werden könnten; nur scheint gegenläufig die Behauptung nicht unberechtigt, daß die *Rollenzuweisung vorgegebene Unterschiede nicht ignorieren* darf.[21] Biologische Andersartigkeit sollte nicht abgewertet, sondern als Chance verstanden werden.

b) Eine weitere biologische Vorgabe, die zur Geschlechtsbestimmtheit des Menschen gehört, ist die *Gesetzmäßigkeit der Entwicklung*, die mit der Verschmelzung der Keimzellen beginnt und bis zum Nachlassen sexueller Möglichkeiten in der Altersphase des menschlichen Lebensbogens reicht. Es geht hier nur um die Tatsache, daß diese Gesetzmäßigkeit besteht und daß sie Auswirkungen auf die Lebensmöglichkeiten des Menschen hat.[22] Leider gibt es noch nicht eine ausgearbeitete Sexualethik, die bewußt die Altersphasen des Menschen und die darin je verschieden zur Geltung kommende Selbsterfahrung in der eigenen Geschlechtlichkeit zum Gegenstand gemacht hätte. Denn Gestaltung menschlicher Geschlechtlichkeit ist nicht nur Ergebnis von Evolution, sondern auch von Geschichte. Das gilt grundlegend für die Geschichte der Kulturen – aber mutatis mutandis auch von der Geschichte des einzelnen. Die evolutiv vorgegebene Lebensbahn legt die Gestaltung der Sexualität durchaus nicht endgültig fest – das wird noch genauer zu zeigen sein. Aber ihr wohnt doch *eine biologische Eigengesetzlichkeit inne, die nicht beliebig übergangen werden kann.*

Besondere Bedeutung im biologischen Lebensbogen kommen den sogenannten *sensiblen Phasen* zu. In ihnen werden Menschen in bestimmender Weise von außen *geprägt.*[23] Sie sind nicht nur offen für solche Prägung, sondern auch angewiesen auf sie. In einer frühen Altersphase (von etwa 1/2 Jahr bis zu 1 1/2 Jahren – die Angaben schwanken, einige Forscher setzen später an) geschieht eine bestimmt geartete Prägung des Jungen oder

---

[20] Schreibt *Akashe-Böhme*, Selbstbestimmung, 24; entsprechende Entwicklungen betreffen immer mehr auch die Lebenswelt des Mannes.

[21] *Reiche* schreibt: „Es ist sinnlos zu behaupten, alle Unterschiede zwischen Mann und Frau seien ‚nur gesellschaftlich bedingt', ... und es ist ebenso sinnlos, auf dessem Gegenteil zu beharren und nach angeborenen oder vererbten psychischen Unterschieden zu suchen." (Geschlechterspannung, 24). *Rommelspacher* nimmt das von Carol *Gilligan* angestoßene Thema eines spezifisch weiblichen ethischen Erkennens auf, wobei sie sich kritisch mit den Positionen der amerikanischen Psychologin auseinandersetzt (Mitmenschlichkeit, 63-72).

[22] Vgl. *Hertz/Molinski*, Psychodynamik.

[23] „Dieser Begriff [der Prägung] wurde von *Konrad Lorenz* in die Verhaltenswissenschaft eingeführt." *Immelmann/Scherer/Vogel/Schmoock*, Psychobiologie, 135; das geschah bereits in den dreißiger Jahren.

[24] *Hassenstein*, Das spezifisch Menschliche.

Mädchens auf die künftige Geschlechtsrolle hin. B. Hassenstein[24] umschreibt Prägungen als „*Lernvorgänge*, deren Ergebnisse im typischen Fall *nicht rückgängig zu machen* sind... Heute besitzen wir überzeugende Hinweise darauf, daß *echte* Prägungen im Rahmen der *Mutter-Kind-Bindung* und in der *Sexualentwicklung* eine Rolle spielen... Man spricht von Prägung im engeren Sinne, wenn Sinneseindrücke in einer bestimmten sensiblen (Lebens-)Phase die Wirkung haben, daß sie für die Zukunft unwiderruflich zum auslösenden Reiz für Reaktionen in einen bestimmten Antriebsbereich werden."[25] Hess nimmt an, daß das Kind wahrscheinlich „seine Geschlechtsrolle während der ersten 2 bis 3 Lebensjahre lernt". Die ganze Bedeutung der in dieser Phase wirksam werdenden Prägung wird deutlich, wenn Hess folgendes feststellt: „Versuche, die Geschlechtsrolle, in der ein Kind erzogen wurde, bei mehr als 2 1/2 Jahre alten Kindern noch zu ändern, schlagen immer fehl, und es kann zu bleibenden Gemütsschäden kommen."[26]

Gerade dieses wird von anderen Forschern mehr oder weniger fast allgemein bestätigt. Mit anderen Worten, *schon sehr früh setzen unumkehrbare Entwicklungen* ein, die nicht eindeutig durch die endogene Ausrichtung garantiert sind; diese stellt sozusagen nur die sensible Phase zur Verfügung, in der der junge Mensch in einem hohem Maß formbar ist; diese Fähigkeit, psycho-sexuelle Prägung aufzunehmen, besteht nur während des frühkindlichen Lebens und ist nach etwa 2-3 Jahren ungefähr mit der Etablierung der Sprache beendet. Die Prägung ist von dem eigentlichen genetischen Geschlecht, also dem Typ der Geschlechtschromosomen, und auch von den Gonaden unabhängig. Vom Negativen zeigt sich die Bedeutung dieser Prägung darin, daß zum Beispiel Transsexualismus[27] unbehandelbar, faktisch unheilbar ist. Eine solche sensible Phase ist demnach ein für eine gesunde Selbstidentität höchst bedeutsames biologisches Faktum, weil es erst das Phänomen der Prägung ermöglicht.

---

[25] Ebd., 61.

[26] *Hess*, Prägung, 81.

[27] Transsexualismus ist die Folge einer Prägung, in der das körperlich vorgegebene Geschlecht nicht angenommen und das Kind auf das andere Geschlecht geprägt wurde – häufig ohne bewußte Absicht der Eltern. Das Empfinden der Transsexuellen steht in einem beständigen Widerspruch zur körperlichen Realität; die einzige bisher angewandte Therapie ist die der geschlechtsumwandelnden Operation, in der das körperliche der seelischen Prägung, die nicht aufzuheben ist, angepaßt wird. *Pschyrembel*, Klinisches Wörterbuch, stellt unter dem Stichwort Transsexualität fest: „Entwicklung einer Geschlechtsidentität, die z. biologischen Geschlecht im Widerspruch steht. Ein Transsexueller ist also biol.-somatisch ein Individuum, dessen Körper hinsichtl. Chromosomen, Hormonhaushalt, Anlage und Beschaffenheit d. äußeren und inneren Geschlechtsorgane, Körperbau, Behaarung usw. eindeutig männlich bezw. weibl. Geschlechts ist, der sich dabei jedoch psychisch in jeder Hinsicht dem anderen Geschlecht zugehörig fühlt. T. kommt bei beiden Geschlechtern vor (in der BRD etwa 3000 Betroffene, Schätzwert von 1981) u. ist streng zu trennen v. Homosexualität u. Transvestismus" (1696f.). *Bleibtreu-Ehrenberg* sieht Heilungschancen in wenigen Fällen und macht darauf aufmerksam, daß operative Therapien, d.h. hier geschlechtsumwandelnde chirurgische Eingriffe, sehr unvollkommen bleiben: Transsexualität, in: *Gindorf/Erwin* (Hgg.), Sexualität, 161-178.

Nun ist natürlich mit der ersten Prägungsphase die Gesetzmäßigkeit der geschlechtlichen Entwicklung keineswegs umfassend umrissen, die das Spezifikum der menschlichen Geschichte ausmacht. Es wäre an *weitere Phasen* zu erinnern, besonders die der *Pubertät*, in der sich aufgrund bestimmender Hormonstöße die sekundären Geschlechtsmerkmale ausbilden und der/die Jugendliche zugleich durch eine Identitätskrise hindurch seine/ihre geschlechtliche Identität neu finden muß. Für das Verhältnis zur eigenen Geschlechtlichkeit sind die hier gemachten Erfahrungen höchst bedeutsam. *Unglückliche Ersterfahrungen* im sexuellen Erleben können sich *traumatisierend* auf das Verhältnis des/der einzelnen zur Sexualität überhaupt auswirken. Schon diese Beobachtungen der biologischen Eigengesetzlichkeit geben ethisch zu denken und machen auf die Verantwortung aufmerksam, die der Mensch hier hat. Darauf wird bei der Behandlung der Einzelprobleme zurückzukommen sein. Es wird zu fragen sein, wie weit eine ethische Reflexion auf die Bedeutung dieser sensiblen Phase im Gesamt des Lebensbogens zu achten hat.

c) Zu den unbeliebigen, unmanipulierbaren Vorgaben gehört nun in einem engeren biologischen Sinn auch so etwas wie eine *Hierarchie von Gesetzmäßigkeiten* im Menschen selbst. Gemeint sind zunächst

1) die biologischen Regelmechanismen, die innerhalb des Organismus, *intrasomatisch*, ablaufen.

- Die unterste Stufe ist durch *biophysikalische und biochemische Gesetze* charakterisiert. Man denke an die Wirkung der *Hormone*. Es ist gelungen, eine Reihe von Hormonen zu isolieren, die in den Lebensabläufen des Organismus wichtige Steuerungsfunktionen ausüben. Sie spielen als Voraussetzung für sexuelle Aktivitäten eine höchst bedeutsame Rolle. Aufgrund ihrer biochemischen Struktur, die vor allem katalythisch wirkt, werden somatische Prozesse ausgelöst und gelenkt. Ohne ihre Isolierung und Reproduktion wären auch manche Therapien, in denen der Hormonhaushalt ausgeglichen wird, nicht denkbar. Das hat Auswirkungen bis in das psychische Erleben von Menschen.[28]
- Die nächsthöhere Stufe von Regelmechanismen liegt in sogenannten *Reflexreaktionen* vor, bei denen das Gehirn als zentrale Steuerungsstelle des Nervensystems noch nicht mitbeteiligt ist. Unter Reflexreaktionen verstehen wir hier angeborene Verhaltensäußerungen, die bei hoher sexueller Erregung fast immer unwillkürlich aktiviert werden. Zu ihnen rechnet man eine ganze Reihe von Genitalreflexen wie Erektion, Ejakulation, Klitorisschwellung, vaginale Drüsensekretion u.ä... Pawlow gilt als der Entdecker der *bedingten Reflexe*, die sich von den unbedingten, von denen wir bisher gesprochen haben, dadurch unterscheiden, daß sie über die zentrale Steuerungsinstanz des Gehirns laufen, aber den reflektorischen Charakter im Sinne einer automatischen Reaktion behalten.

[28] Längst hat man das Wissen um Hormone ausgewertet, um natürlich nicht laufende Entwicklungsprozesse zu unterstützen – aber auch um künstliche Prozesse herbeizuführen, die in der Linie ganz bestimmter Manipulationen liegen – man denke an die Verabreichung von Androgenen bei Sportlern und ähnliches.

– Die nächste übergeordnete Gesetzmäßigkeit kann als *Steuerung durch Regelkreise* beschrieben werden. Dieses Modell wird vor allem in der Kybernetik verwendet; es handelt sich um Reaktionen in einem Kreislaufsystem, die von einer Steuerungsinstanz geregelt sind. Heutzutage weiß jeder, was ein Thermostat ist; er ist ein Steuerungsgerät, der Regler für einen Regelkreis, der jeweils für eine bestimmte Temperatur in einem Raum oder einem Aggregat zu sorgen hat. Sinkt die Temperatur unter einen bestimmten Level, wird dieses durch den Thermostaten bemerkt, der dann seinerseits Signale gibt, die die Heizung wieder in Bewegung setzen. Erreicht die Temperatur eine bestimmte Höhe, veranlaßt der Thermostat das Abstellen der Heizung. In vielfacher Form, oft viel komplizierter, gibt es solche Regelkreise innerhalb des Organismus. Eine wichtige Schaltstelle des hier bedeutsamen Regelkreises ist die *Hypophyse*, auch Hirnanhangsdrüse genannt; sie ist ein etwa erbsengroßes Organ, das von einem bestimmten Zeitpunkt an auf die Keimdrüsen und deren Entwicklung einwirkt; durch die Ausschüttung der Gonatropine wird die Herausbildung der Geschlechtsmerkmale bedingt. Der entscheidende Geschlechtsunterschied besteht darin, daß es beim männlichen Geschlecht zu einer ziemlich gleichmäßigen Gonadotropinausschüttung kommt, während beim weiblichen Geschlecht die Ausschüttung dieser Hormone einem zyklischen Muster folgt. Entwickelte Geschlechtsdrüsen werden jeweils mit innerer und äußerer Sekretion beauftragt. Die eigentlichen Geschlechtshormone sind die sogenannten Androgene, Östrogene und das Progesteron, das auch Mutterschaftshormon genannt wird. Das männliche Hormon wird außer in den Hoden in der männlichen und weiblichen Nebennierenrinde und auch in den Ovarien produziert.

Dieses *gleichzeitige Vorhandensein männlicher und weiblicher Hormone* entspricht der „Gleichgewichtstheorie" der geschlechtlichen Potenzen: „Sie besagt, daß jedes Individuum sowohl männlichen als auch weiblichen Geschlechts determinierende Gene besitzt. Die geschlechtliche Entwicklung des Individuums hängt davon ab, ob die männlichen oder die weiblichen Realisatoren überwiegen."[29] Bildungsquelle für Östrogene sind das Ovar, die Hoden und die Nebennierenrinde. Das Progesteron ist das Gelbkörperhormon, das die Vorgänge der Schwangerschaft steuert. Im Somatischen spiegelt sich wider, was zumindest seit C.G. Jung auch von der Psyche des Menschen behauptet wird, daß das Gegengeschlechtliche in irgendeiner Form im eigenen anwesend beobachtet werden kann. In der konkreten Ausbildung des Geschlechts von Mann und Frau geht es also nur um andere Dosierungen, nicht um das völlige Fehlen des jeweils anderen – das dürfte auch wichtig sein für das Verständnis von Beziehungen.

– Diesem Regelkreis übergeordnet ist der Einfluß des *Hypothalamus*, eines Teiles des Zwischenhirns. Von hierher gibt es über die sogenannten

[29] *Dannhauer*, Geschlecht und Persönlichkeit, 39.

Skizze 2:

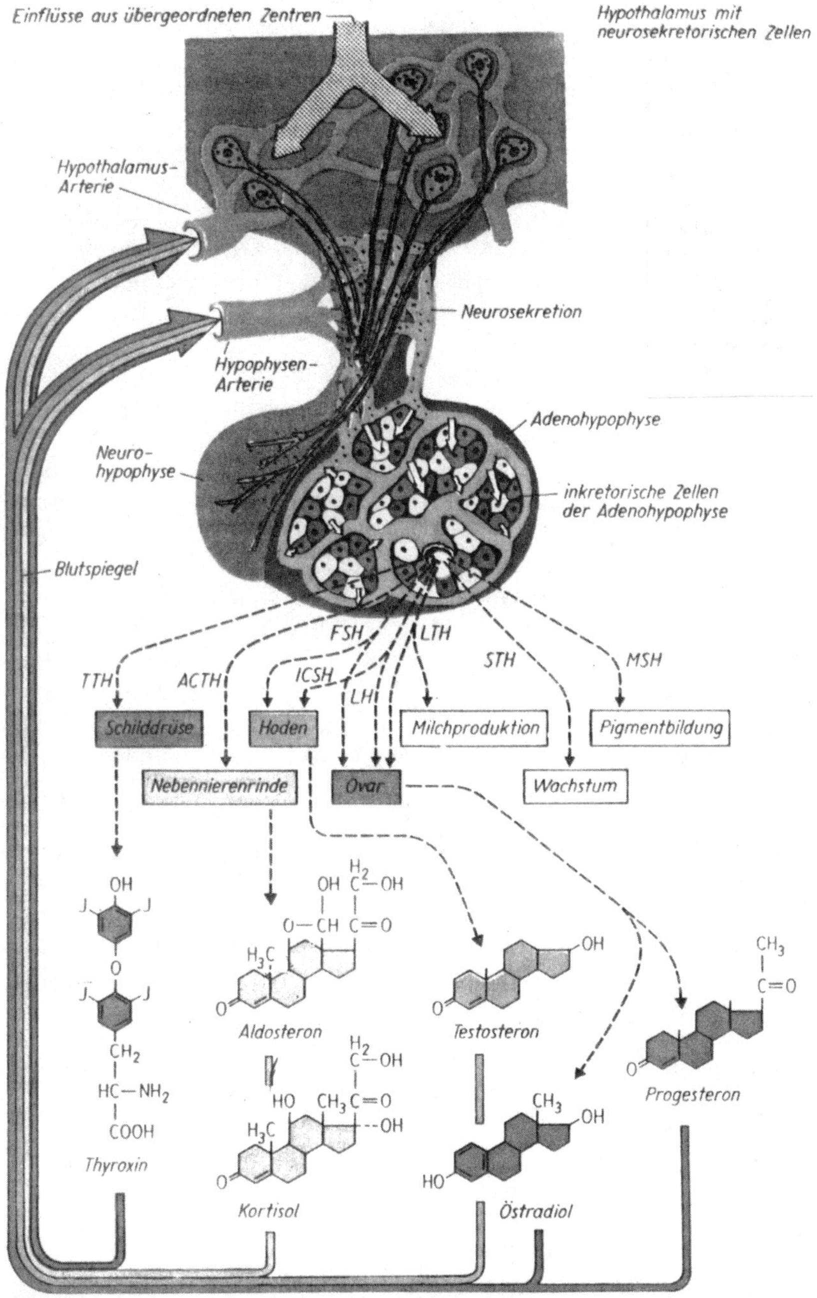

Aus: Geissler, Erhard/Libbert, Eike u.a. (Hgg.)
Kleine Enyklopädie Leben,
VEB Bibliographisches Institut Leipzig 1976 429.

Releasing-Factors Einflüsse auf die Tätigkeit der Hypophyse, die diese zur Gonatropinausschüttung anregen können. Diese Verbindung geschieht z.T. über nervöse Strukturen. Eine ganz *neue Ordnung der Steuerung* wird hierdurch erreicht: Der Hypothalamus ist nämlich eine *Schaltstelle für die aus den Außenzonen eintreffenden Sinnesreize, wie auch für die aus der (Groß-) Hirnrinde kommenden Impulse*. Der Hypothalamus[30] ist der Ort, an dem seelische Faktoren und die durch Sinnesorgane vermittelten Außenweltbedingungen am ehesten einen Einfluß auf die hormonalen Steuerungen der Sexualfunktion nehmen können. *Dieses ist die Stufe der Gesetzlichkeit, die die biologisch intrasomatische Regelhaftigkeit übersteigt*; von jetzt an kann man nicht mehr rein und ausschließlich aus dem Organismus selbst die Reaktionen erklären; auf dieser Ebene sind sie durch äußere Einwirkung mitbewirkt. Hier sind

2) *intersomatische Gesetzmäßigkeiten* festzustellen, also solche, die das Verhalten verschiedener Organismen zueinander regeln. Zunächst kann gesagt werden, daß der Hypothalamus, den es bei Mensch und Tier gibt, so etwas wie ein *Paarungszentrum* enthält, das bei Tieren durch Sexualhormone sensibilisiert wird und umgekehrt auf die Ausschüttung von Sexualhormonen einwirkt. An diesem Punkt ist ein *Unterschied zwischen den Gesetzlichkeiten beim Menschen und beim Tier* festzustellen: Beim Tier wird die Ausrichtung auf das andere Geschlecht weithin durch Hormone gesteuert, während beim Menschen *in viel höherem Maß psychische Einflüsse* im Zusammenhang mit der Prägung die geschlechtliche Determination dieses Paarungszentrums garantieren. So kann man sagen, daß dieses Zentrum nicht einbahnig vom Chromosomenbestand her festgelegt ist. Der Hypothalamus wird also *von zwei Seiten her bestimmt*: einmal von determinierenden Vorgaben von „innen“ – aus Erbgut und Hormonhaushalt – zum anderen von „außen“: die Beeinflussung also durch Prägung, wodurch dann bestimmte Reaktionsbereitschaften auf äußere Reize entwickelt werden; dabei spielt weiterhin *auch die Entwicklung im Großhirn, das beeinflussend auf den Hypothalamus einwirkt*, eine bedeutsame Rolle. Er ist beteiligt bei *Lernvorgängen*, die über die Prägung hinaus bestimmtes Rollenverhalten vermitteln können.[31] Dieser Doppelung der Beeinflussung des vom Hypotalamus gesteuerten Verhaltens beim Menschen entspricht auch eine *Doppelung der Beziehungsebenen zwischen Mann und Frau.* auf dieser Stufe müssen wir die Feststellungen der auf Körperfunktionen bezogenen Biologie durch solche der Verhaltensforschung ergänzen.

1.1.2. Beobachtungen im Rahmen der Verhaltensforschung

Ich beginne mit einem kurzen Exkurs über die *unterschiedlichen Ausfaltungen der Verhaltensforschung*. Die beiden Richtungen, die hier zu nennen

[30] Genauer hierzu: *Bolz*, Gehirn; *Kon*, Sexologie, 49-71.

[31] Vgl. *Schenk*, Geschlechtsrollen, Kapitel 5.

sind und zwei völlig verschiedene Paradigmen von Verhaltensforschung darstellen, sind auf der einen Seite mit dem Namen B.F. *Skinner* verknüpft und auf der anderen Seite mit dem von Konrad *Lorenz*, dem deutschen Nobelpreisträger, der in der Verhaltensforschung im wörtlichen Sinn Schule gemacht hat; momentan führt Wolfgang Wickler das von Konrad Lorenz entwickelte Institut in Seewiesen bei Starnberg.

B.F. Skinner, einer der bekanntesten Vertreter des amerikanischen *Behaviorismus*, kommt von der biologischen Forschung her. Seine Anthropologie ist zusammengefaßt in dem Buch „Beyond Freedom and Dignity".[32] Skinner ist der Auffassung, daß es ein teurer Luxus ist, dem die Menschheit nachjagt, wenn sie von Freiheit und Würde spricht; ausgehend von den Gesetzen der Konditionierung des Menschen, stellt er eine weitgehende Determiniertheit menschlichen Verhaltens fest. Der Mensch reagiert jeweils auf bestimmte Konditionierungen seines Verhaltens. An dieser Tatsache kann so etwas wie eine „Humantechnologie", eine perfekte Steuerung des Menschen in wünschenswerter Richtung ansetzen. Diese wünschenswerte Richtung liegt eben jenseits von Freiheit und Würde: *„Was im Begriff ist, abgeschafft zu werden, ist der autonome Mensch..., der Mensch, der von der Literatur der Freiheit und der Würde verteidigt wird."*[33] Falsche Vorstellungen von Autonomie und Freiheit haben in der Sicht Skinners den Menschen immer wieder in die Irre geführt und sind Ursache verheerender Kriege in der Geschichte der Menschheit gewesen. In seinem Buch Wissenschaft und menschliches Verhalten[34] schildert Skinner, wie Verhaltenssteuerung in der Religion, z.B. im Puritanismus funktionierte. Hier hat man vorwiegend sogenannte negative Verstärker eingesetzt, die den Puritaner dazu bringen, positive Reize als Motiv von vornherein zu verdächtigen. Für Skinner ist aber das Menschsein durchaus nicht auf ein solches Modell festgelegt; es geht um Möglichkeiten von Alternativen. Die Leitbildlichkeit, auf die Skinner de facto hinarbeitet, ist das Modell eines friedvollen gesellschaftlichen Funktionierens, dem Betonung von Würde und Freiheit seiner Meinung nach abträglich ist. Für die grundsätzliche Stellung des Menschen zu sich selbst ist bezeichnend, was Skinner am Schluß seines Buches „Jenseits von Freiheit und Würde" schreibt: „Die wissenschaftliche Sicht des Menschen bietet erregende Möglichkeiten. Wir haben noch nicht erkannt, was der Mensch aus dem Menschen machen kann."[35] Im Blick auf die Stellung des Menschen zur Sexualität bedeutet das tendenziell, daß der Mensch sehr weitgehende Möglichkeiten hat, das Verhalten zu bestimmen; der Spielraum menschlicher Machbarkeit gegenüber dem, was Natur unbeliebig vorgibt, wird sehr groß eingeschätzt.

Hier liegt auch der entscheidende Unterschied zur Richtung der *deutschen verhaltenstheoretischen Schule von Konrad Lorenz, der in einem erheblich*

---

[32] Deutsch: Jenseits von Freiheit und Würde, Hamburg 1973.
[33] Ebd., 205.
[34] München 1973.
[35] Ebd., 220.

höherem Maß die Bedeutsamkeit ererbter Verhaltensmuster betont. Lorenz hat sich als Biologe mehr mit dem Verhalten von Tieren beschäftigt; er tat dieses aber auch aus der Perspektive anthropologischer Interessen heraus. Sein berühmtes Buch, „Das sogenannte Böse“[36], stellt eine „Naturgeschichte der Aggression“ dar; er spricht von moralanalogem Verhalten von Tieren und scheint sich wie ein König zu freuen, wenn er herausarbeitet, wie menschlich, ja allzu-menschlich sich oft das Tier verhält. Das Forschungsparadigma, das vorherrscht, ist das der Evolution; es interessiert, wie menschliches Verhalten aus dem Zusammenhang mit der Evolution erklärt werden kann; weniger interessiert, wie menschliches Verhalten aufgrund einer perfektionierten Humantechnologie verändert werden könne. Es liegt somit dieser Form der Verhaltensforschung ein konservativer Zug zugrunde. Vorrangige Blickrichtung ist nicht die Zukunft, sondern die Vergangenheit; dabei wird selbstverständlich die Bedeutung der Natur, des überkommenen genetischen Erbes höher veranschlagt. Wir werden dazu Beispiele auch im Bereich des Sexualverhaltens in dieser Schule finden. Insofern *diese Schule der Verhaltensforschung* sich als *vergleichende* versteht, kann sie im weiten Umfang dazu dienen, im Vergleich zum Tier das *spezifisch Menschliche menschlicher Sexualität* herauszuarbeiten. Ein weiteres Spezifikum dieser Forschungsrichtung ist aber auch, das gehört zum Grundinstrumentarium der Evolutionslehre, daß sie beständig auf *das Angepaßtsein des Verhaltens auf die Umwelt* reflektiert und uns von daher darauf aufmerksam machen kann, daß bestimmte Umweltbedingungen auch bestimmte Formen des sexuellen Verhaltens mitbewirken. Wickler meint in seiner Studie „Die Biologie der 10 Gebote“: „Deshalb ist es äußerst wichtig..., die Eheformen der verschiedenen Völker und die desselben Volkes zu verschiedenen Zeiten seiner Geschichte mit den übrigen Bedingungen im Zusammenhang zu sehen. Denn eine angeblich für alle Menschen verbindliche Ehe- und Familienform auch den Völkern zu bringen, bei denen wir sie vermissen, darf man erst dann versuchen, wenn man weiß, welche anderen Umstände man mit ändern muß, um eine solche Familienform zu erleichtern oder überhaupt erst möglich zu machen. Wer einmal versucht, die daran beteiligten Faktoren zu ermitteln, sieht rasch, wie wenig wir darüber noch wissen.“[37] Das kann den Ethiker Vorsicht lehren; er wird sich immer die gegebenen Möglichkeiten menschlicher Existenz berücksichtigen müssen, wenn er normative Vorstellungen entwickelt. Mit den Vertretern der Lorenz-Schule hat sich für die Moraltheologie eine zum Teil rege Zusammenarbeit ergeben. Soweit dieser Exkurs.

Für jede Verhaltensforschung ist das Kommunikationsverhalten – nicht zuletzt im Bereich der Sexualität – *von vorrangigem Interesse.*

Wir hatten bereits bei den innersomatischen Gesetzlichkeiten, die das geschlechtliche Verhalten des Menschen regeln, festgestellt, das dieses von

[36] Wien, ab 1963 mehrfach aufgelegt.

[37] *Wickler*, Biologie, 146; in den weiteren Auflagen hat Wickler noch deutlicher die neueren Entwicklungen der Soziobiologie mitberücksichtigt, auf die hier nicht notwendig eingegangen werden muß; vgl. zu diesem Problemkomplex: *Zelinka*, Normativität.

außen mitbestimmt sind. Als erstes, aus der Ethologie erhebbares Faktum kann

1) das Vorhandensein „*menschheitlicher*" (vorsprachlicher) *Kommunikationsformen* unter den Geschlechtern festgestellt werden. Bestimmte Verhaltensweisen sind so sehr im genetischen Erbe des Menschen festgelegt, daß es bei aller Variationsbreite kultureller Verschiedenheit Ausdrucksformen der Zuwendung von Mann und Frau gibt, die faktisch „human-universell" sind, menschheitlich, überall verstanden werden, wo es Menschen gibt. Ganze Fotoserien bei Eibl-Eibelsfeldt[38] dokumentieren, daß dazu eine spezifische Weise des *Blickkontaktes* gehört, mit dem Verbindung aufgenommen, eben Kontakt hergestellt wird. Das Lächeln, der Augenaufschlag drücken den Wunsch nach Beziehung aus.

Im gleichen Bereich vorsprachlicher Kommunikation wirken *sexuelle Signale*, in denen die Partner auf sich aufmerksam machen, in unterschiedlichen Kulturen oft unterschiedlich herausgestellt. *Unmittelbare Formen des Körperkontaktes sind ebenso im Erbe des Verhaltensrepertoires vorgegeben*, wie die *Umarmung*, die Einheit und wechselseitige Bejahung und das Gewähren von Schutz ausdrückt, das *Streicheln*, das aus einem Fürsorgegestus erwachsen ist, der *Kuss*, der stammesgeschichtlich zu tun haben soll mit der von Mund-zu-Mund-Befütterung der Primaten und somit also auch aus dem Brutpflegeverhalten stammt, jetzt aber im menschlichen Verhalten in einem anderen Kontext steht. Auch der *Koitus* ist weithin durch biologische Verhaltensmuster vorgegeben – man könnte hier noch weitere Einzelheiten nennen; dies mag genügen, um deutlich zu machen, daß es im geschlechtlichen Zueinander diese vorsprachliche Ebene oder diese *wortlose Körpersprache* – wie man sie genannt hat – menschheitlich gibt. Auf dieser Ebene vorsprachlicher Kommunikation reagiert der Mensch noch weithin mit instinktiven Reaktionen, die sich vom Tierreich nicht dadurch unterscheiden, wie Gehlen gemeint hat, daß beim Menschen Instinkte fehlen, sondern dadurch, daß sie komplexer geworden und so in ihr Zusammenwirken neue Steuerungsmöglichkeiten einbezogen sind und eben dadurch, daß in viel höherem Maß geschichtlich bestimmte Gestaltungen einwirken.

Hier wäre eine erste *Querverbindung zur Psychologie* im Vorgriff auf korrelierende Beobachtungen möglich. Wir verdanken sie einem Dialog von Carl-Gustav Jung, dem großen Tiefenpsychologen, mit Adolf Portmann, dem bedeutenden Biologen, der folgendes schreibt: „Die Annahme von im Menschen wirkenden Urbildern, die C.G. Jung als *Archetypen* bezeichnet hat, ist schon von Jung selber in naher Beziehung zu jenen Erscheinungen des höheren Tierlebens gesehen worden, die man meist als *instinktiv* bezeichnet [...]. Es liegen Strukturen bereit, die etwas zu erkennen vermögen, was nie zuvor wahrgenommen ist. Dieses Erkennen des nie Erfahrenen ist ein besonders bedeutsames Faktum, das uns die Experimente der Verhaltensforschung zeigen."[39]

---

[38] *Eibl-Eibesfeldt*, Liebe und Haß, 60-70.

[39] *Portmann*, Urbilder, in: *Heusser*, Archetypen, 108-123, 115.

Als wichtigsten Beleg für diesen Sachverhalt nennt man das Lächeln des kleinen Säuglings, das auch zustandekommt, wenn Kinder blind geboren werden. Dazu noch einmal Portmann: „Ich erwähne diesen ‚Auslöser' des Lächelns besonders, weil wir hier einer zentralen Struktur begegnen, welche ganz besonders klar dem entspricht, was C.G. Jung als ‚Archetypus' beschrieben hat. Das Abbild einer verborgenen, psychischen Struktur, die mit Umgehung des Bewußtseins durch angeborene Bereitschaft ein Verhalten auslöst, das im Sinne einer psychischen Notwendigkeit liegt."[40]

Es ist anzunehmen, *daß es im Bereich der vorsprachlichen Kommunikation in der Sexualität psychische Auswirkungen dieser instinktiven Ebene gibt.* Ein Korrelat im Psychischen aufgrund der psychophysischen Verbindung ist ohnehin zu erwarten. Von daher dürften im kollektiven Unbewußten, von dem Jung spricht, bestimmte Bereitschaften vorhanden sein, so und so auf Signale von außen zu reagieren. Hier wurzelt etwas sehr tief im Menschen, das ihn zwar nicht so festlegt, wie das beim Tier der Fall ist; es läßt seinem Verhalten einen bestimmten Spielraum. *Aber alle Worte menschlicher Sprache werden die Formen vorsprachlicher Kommunikation nie ersetzen können.* Man könnte auch sagen: Der biologische Basiswert der Sexualität ist nicht zu gering zu veranschlagen. Weitere Einzelbeobachtungen der Verhaltensforschung werden dort einzubringen sein, wo es um konkrete Probleme sexuellen Verhaltens geht.

2) *Das Triebkonzept der Verhaltensforschung* ist deswegen von besonderer Bedeutung, weil es immer wieder in Diskussionen auftaucht und mißbraucht wird – hier ist Kritik anzusetzen, die allerdings von kompetenten Humanwissenschaftlern selbst vorgebracht wird. Das Triebmodell ist bei Konrad Lorenz in einer Art „*psychohydraulischen*" Version vorgestellt worden, die davon ausgeht, daß es in der menschlichen Sexualität so etwas wie eine *innere Reizstauung* gebe, die wie Hunger und Durst kontinuierlich anwachse, wenn die entstehende Spannung sich nicht entladen kann. Diese Entladung erfolge aufgrund angeborener Reaktionen auf bestimmte Auslösungsmechanismen hin – so in der Vorstellung instinktiver Regelungen der Triebbefriedigung. Man kann also in diesem Zusammenhang von so etwas wie einem wachsenden Triebstau sprechen, der regelmäßig eine Entladung braucht, wenn keine Schäden entstehen sollen. Lorenz hat in der Beobachtung des Appetenzverhaltens auf eine Möglichkeit hingewiesen, wie das Individuum auf eine Triebspannung reagieren kann; es sucht nach reizauslösenden Situationen, um sich „ent-spannen" zu können.

Ähnliche Konzepte einer Psychodynamik sind auch bei Sigmund *Freud* und insbesondere bei dessen Schüler Wilhelm *Reich* auszumachen. Auch die neuere Entwicklung der Lorenz'schen Schule bleibt in diesem Punkt wesentlich an die Vorstellung von Lorenz gebunden, wenn Wolfgang Wickler feststellt, „Instinkte sind also Homöostase-Mechanismen".[41] Das *Homöosta-*

---

[40] Ebd., 108 bzw. 118f.

[41] *Wickler/Seibt*, Eigennutz, 277; es bleibt zu fragen, wie weit dieses auf menschliche Reaktionen zu beziehen ist.

se-Modell ist ja gerade das Energieausgleichsmodell, das mit einer gewissen mechanistischen Notwendigkeit gedacht wird. Immer geht es darum, Übereinstimmung zwischen einem Ist und einem Soll wiederherzustellen, um damit ein Bedürfnis zu befriedigen.

Gegen diese Parallelisierung von Sexualtrieb und Hunger- und Durstempfinden sind beachtliche *Gegenargumente* vorgebracht worden. Gunter *Schmidt* schreibt:"...das psychohydraulische Modell der Sexualität ist wissenschaftlich heute jedoch nicht mehr haltbar. Es ist ebenso inkorrekt wie verbreitet. Die darin enthaltene Reizverminderungshypothese leitet sich von Motiven ab, die auf einem physiologischen Bedarf basieren, z.B. Hunger und Durst. Hier ist die Reiz-Verminderungs-Hypothese mit Einschränkungen auch angemessen... eine Übertragung auf die Sexualität aber ist nicht gerechtfertigt."[42]

In diesem Bereich der Sexualität nämlich *sucht* der Mensch gerade immer wieder *Spannungen* und findet sie nicht einfach vor, wie etwa in dem aus sich selbst notwendig wachsenden Hunger. Man kann sexuelles Verhalten nicht so beschreiben, als ob in ihm eine ständige Reizentladung gesucht würde. Man hat erkannt, daß die Erwartung und gedankliche Vorwegnahme eine viel geeignetere Erklärung sexueller Motivation ist als die Annahme innerlich sich steigernder Energie. *Es gibt kein physiologisches Korrelat zur Triebspannung in der Sexualität, wie* sie etwa *bei Hunger und Durst* auftritt. Auch Tierexperimente zeigen, daß bei fehlenden Außenreizen Männchen und Weibchen nicht in einen Zustand von zu entladender Sexualspannung geraten, auch nicht nach Zeiten langer Enthaltsamkeit. Dies gilt mit hoher Wahrscheinlichkeit und im Prinzip auch für den Menschen. Nur wird *diese Abhängigkeit von Außenreizen oft* dadurch *verschleiert*, daß symbolische Reize wie Phantasien und Vorstellungen, Tagträumereien eine große Rolle spielen, und wohl auch dadurch, daß wir faktisch in einem Klima dauernder sexueller Anreize leben.

Schmitt übernimmt von Whalen ein *Zweikomponentenmodell*, in dem die *Erregbarkeit vom aktuellen Erregungszustand* unterschieden wird. Die Erregbarkeit ist abhängig von physiologischen Zuständen *und* der durch Erfahrung gegründeten Antizipation affektiver Konsequenzen sexueller Betätigung – Lernvorgänge sind hier bedeutsam. Die Intensität der Erfahrung wird also zu einem beträchtlichen Teil erworben, wobei die Messung dieser Intensität verschiedene Skalen zuläßt, die vom jeweiligen Menschenbild geprägt sein dürften. *Physiologische Bedingungen der Erregbarkeit sind eine bestimmte psychische und physische Verfassung*, ein funktionierender Geschlechtsapparat, der u.a. abhängt von der Wirksamkeit der Hormone im menschlichen Körper. Schmitt stellt fest: „Stimulation und Orgasmus wirken im lerntheoretischen Sinn als Verstärker und bekräftigen die Tendenz,

---

[42] *Schmidt*, Sexuelle Revolution, in: Schorsch/Schmitt (Hgg.), Sexualforschung, 30-47, 32; vgl. auch *Schmidt*, das Sexuelle, 43, und *Bachmann*, Religion, die sich unter dem Rahmenthema „Natur und Kultur der Sexualität mit diesem Thema befaßt (136-147). Auch *Bartholomäus* übernimmt die Kritik von Schmidt (Lust aus Liebe, 148-160).

Handlungen auszuführen und Reizsituationen aufzusuchen, die sie ausgelöst haben oder die mit ihnen verbunden sind."[43]

Kritisch weist Schmitt auch auf die insgeheime Abwertung der Sexualität hin, die im Freudschen System nach wie vor wirksam ist. Die unterschiedliche Auswirkung von Lernvorgängen macht sich dann in kulturellen Unterschieden auch hinsichtlich des Ausmaßes sexueller Aktivität deutlich bemerkbar, auf die Schmitt eigens hinweist. Nach diesen Überlegungen ist es *möglich, daß aktuelle Erregungszustände durch weithin praktiziertes Ausblenden sexueller Anreize im Bereich des gesellschaftlichen Lebens verringert werden*; dadurch *kann Enthaltsamkeit ermöglicht werden, ohne daß psychische Schäden die notwendige Folge sind.* Umgekehrt können gezielte Lernvorgänge zu einer Verstärkung der sexuellen Erregbarkeit und der faktischen Erregungen und damit auch der sexuellen Lust führen. Da viele vulgäre Formen der Argumentation[44] auf dem Triebmodell basieren, kommt der Widerlegung des Modells eine erhebliche Bedeutung zu. Sie hat auch *Konsequenzen im Blick auf die konkrete Art und Weise, mit der Sexualität umzugehen.*

Volkmar *Sigusch* hat heftig gegen Schmitt reagiert; einige Passagen seines Buches „Vom Trieb und von der Liebe" enthalten eine scharfe Abrechnung mit Schmitt. Gegen diese Vorwürfe hat Gunter Schmitt sich in folgenden *Thesen* geäußert: „1. Die Annahme eines ‚Sexualtriebes' ist für die Erklärung von sexuellem Verhalten entbehrlich und hinderlich. 2. Sexuelles Verhalten und Erleben beziehen ihre Dynamik zu einem großen Teil aus nichtsexuellen Motiven. 3. Theorien über sexuelle Motivation sind Abbildung einer Zeitgestalt des Sexuellen und so gesellschaftsbezogen wie diese."[45] Verdeutlichend sagt er zu seiner dritten These, daß er versucht habe, das Triebmodell auf eine spezifische Sexualfeindlichkeit des Bürgertums im vorigen Jahrhundert zurückzuführen.

Schmitt läßt sich auch etwas anderes nicht nehmen – das wäre auch für den Aufbau der hier vorgetragenen Überlegungen nicht unwichtig: „Aber für mich ist die Aufarbeitung der physiologischen Grundlagen Sexualität ‚Level für Level', penibel und methodenkritisch, unerläßliche Aufgabe der Sexualwissenschaft. Unsinnsforschung ist das nicht, und bereit, die Biologie den ‚Anderen' zu überlassen, bin ich schon gar nicht."[46] Wir können diese Kontroverse auf sich beruhen lassen; wichtig scheint mir nur, daß hier mit der streng mechanistischen Auffassung des Triebgeschehens aufgeräumt wurde. Daß die Auseinandersetzung vor dem Hintergrund einer bestimmten gemeinsamen ideologischen Einstellung sich vollzog, bleibt zunächst für unsere Überlegungen unwichtig.

---

43 Ebd., 39.

44 Man denke an die Redeweise, „wenn man Durst hat, muß man trinken" u.ä., die eindeutig zeigen, daß man an eine aus sich wachsende Triebspannung denkt, die „Entladung" braucht.

45 *Schmidt*, Kurze Entgegnung, in: *Dannecker/Sigusch* (Hgg.), Sexualtheorie und Sexualpolitik, 17-19, 17.

46 Ebd., 18f.

3) Die bisherigen Überlegungen ließen eine *Offenheit für Lernvorgänge* erkennen, die in der menschlichen Sexualität gegeben ist. Wir haben festgestellt, daß beim Menschen die Reaktionen des *Hypothalamus* und seines Sexualzentrums durch Sinneseinwirkung von außen in Bewegung gesetzt wird. Zum anderen wird er durch bestimmte Faktoren aus der Großhirnrinde – auch das ein verhaltensbiologisches Faktum – gesteuert. Hier ist also vom Somatischen her bereits *Einfluß aus einer übergeordneten Ebene des Sprachlichen,* des geistigen Vollzugs gegeben. *Eine andere Ebene der Sprache in der Kommunikation der Geschlechter miteinander wird sichtbar.* Jedermann weiß, daß jeder geistige Vollzug, jede Sprache aber durch Lernvorgänge gebildet wird. Man denkt sich nicht selber Sprache aus. Sprachliche Kommunikation in personaler Dimension, die ja notwendigerweise sprachlich ist, mindestens auch, setzt darum jeweils einen umfassenden Raum voraus, in dem der Mensch sich sprachlich bewegen kann. Innerhalb dieses Umraumes geschieht dann auch Begegnung von Mann und Frau, die also jeweils mit sehr viel „Vorgaben" in diese Begegnung hineingehen. Hier stoßen wir auf die Notwendigkeit, die biologischen Basisstrukturen der Sexualität und ihre menschheitlich vorgegebene „Sprache" von einer höheren, geistigen Ebene her zu formen. *Menschliche Sexualität kennt also* (zumindest) *zwei Ebenen der Sprache.* Die Kulturen vermitteln Sprachen, die different sind und auch unterschiedliche Deutungsmuster sexueller Erfahrungen parat haben. Humanisierung der Sexualität kann daher nur in kultureller Überformung gelingen. Die Kulturanthropologie wird zeigen, daß nicht nur die Sprache jeweils der Kultur eigen ist in der Begegnung von Mann und Frau, sondern auch die gesamte kulturelle Einordnung des Erlebens der beiden in dem Begegnungsgeschehen. Dieses hat einen verschiedenen Stellenwert je nach der Sinngebung, die innerhalb der Kultur von einer einzelnen Population diesem Vorgang der Begegnung gegeben wird.

Es ergibt sich als wichtige Schlußfeststellung dieses Abschnittes:

Es liegt also in der menschlichen Sexualität von seiner biologischen Struktur her eine viel größere Plastizität vor als bei den verwandten Primaten; sie verlangt darum von dieser ihrer biologischen Substruktur her nach einer kulturellen Überformung.[47]

[47] Ein Vergleich mit Gehlenschen Gedankengängen liegt hier nahe; Peter *Fonk* überschreibt in seiner Studie zu Gehlen einen Abschnitt: „Mängelwesen und Kultur" (Transformation, 95-99). Die Anthropologie Gehlens hat heftige Diskussionen ausgelöst (Vgl. unten 2.1.1 b) 1) mit Anm. 77).

1.1.3. Aussagen der Psychologie

a) Die Bedeutung nicht allgemein normierbarer individueller Eigenart in sexueller Erfahrung

Hans Jürgen Eysenck möchte von seinem empirischen Ansatz her keine ethischen Aussagen machen; aber er hält durchaus seine Erkenntnisse für ethisch relevant, wie sich in den eingangs zitierten Bemerkungen zeigt. Er schließt sich, was das wissenschaftliche Paradigma angeht, der in der Naturwissenschaft heute gängigen hypotetico-deduktiven Methode an: Soweit Hypothesen verifiziert sind, lassen sich Folgerungen aus ihnen ziehen. Von der Persönlichkeitspsychologie herkommend fragt er nach den *Wahrscheinlichkeiten einer Korrelation sexuellen Verhaltens mit bestimmten Eigenschaften*, die die Einzelindividuen charakterisieren; er fragt danach, ob es so etwas wie einen geborenen Casanova geben könne oder eben andere bestimmte und bestimmende Typen, für die dann sexuelle Normen anders aussehen müßten. Es geht also im Blickwinkel der Ethik um die Frage möglicher Universalisierbarkeit bestimmter Verhaltensstandards im Bereich der Sexualität. Eysencks Theorie geht davon aus, daß die wichtigen *Persönlichkeitsvariablen der Extraversion oder der Introversion* nicht so sehr durch die Umwelt geprägt sind, sondern bereits durch die physiologischen Strukturen, die jemand *ererbt* hat. Er wendet sich gegen die Behauptung, daß das gesamte Sexualverhalten im wesentlichen sozialbedingt sei. Er faßt vielmehr eine Theorie des Ausgleichs von Erb- und Umweltfaktoren ins Auge.

Von der allgemeinen Persönlichkeitstheorie her werden dem *Extravertierten* folgende Eigenschaften zugeschrieben: Soziabilität, Impulsivität, Aktivität, Sorglosigkeit, Lebenslust, Heiterkeit usw. In seiner Forschung ordnet Eysenck diese Eigenschaften einer physiologischen Struktur der Großhirnrinde zu, die relativ wenig schnell erregt wird. Sie braucht also, um Menschen zu einem Erleben kommen zu lassen, stärkere Reize. Seine Hypothese lautet nun, daß *der Extravertierte auf stärkere äußere Stimulation aus* sein wird, als der Normale und erst recht als der Introvertierte.

Der *Introvertierte* wird *eher vorsichtig in sexuelle Begegnungen* hineingehen, während der Extravertierte sich ihnen in stärker stimulierenden Formen nähert. Zugleich stellt Eysenck fest, daß die Wahrscheinlichkeit dafür spricht, daß der Extravertierte sich nicht so leicht bindet, wie der Introvertierte. Im einzelnen macht er folgende hypothetische Voraussagen, um deren Bestätigung er nachher in seinen Stichproben bemüht ist: „1. *Extravertierte* werdem im Allgemeinen *früher* Geschlechtsverkehr haben, als Introvertierte. 2. Extravertierte werden *häufiger* Geschlechtsverkehr haben als Introvertierte. 3. Extravertierte werden Geschlechtsverkehr *mit mehr verschiedenen Partnern* haben. 4. Extravertierte werden Geschlechtsverkehr in mehr *verschiedenen Positionen* haben als Introvertierte. 5. Extravertierte werden sich *mehr verschiedenartigen* Sexualverhalten außerhalb des Geschlechtsverkehrs hingeben. 6. Extravertierte werden sich längerem präkoitalem Liebesspiel hingeben als Introvertierte."[48] Damit liegt im Großen und Ganzem *das Programm* seiner weiteren Untersuchung fest. Es konnte vieles von dem, was vorausgesagt wurde, in unterschiedlichen Untersuchungsreihen bestätigt werden, in denen vor allem mit Hilfe umfangreicher Fragebögen gearbeitet wurde. Die Korrelation von einem bestimmten vorgegebenen Typus zum entsprechenden Verhalten konnte in vielen Fällen als konstant festgestellt werden: „... wenden wir uns den Einstellungen zu, die von männlichen Extravertierten befürwortet werden, im Gegensatz zu den Introvertierten. Vor allem sind sie deutlich in der Lage, mit dem anderen Geschlecht gut auszukommen. Extravertierte haben viele Rendezvous; sie haben viele Freunde des anderen Geschlechts; sexuelle Kontakte waren ihnen nie ein Problem; sie fühlen sich wohl in Gesellschaft des anderen Geschlechts und halten es nicht für schwierig mit Frauen zu sprechen..."[49] Praktisch wurden alle hypothetischen Voraussagen durch die Untersuchungen bestätigt.

In einem weiteren Teil seiner Studie befaßt sich Eysenck mit dem *psychischen Unterschied der Geschlechter*. Gemeint ist hier jener Unterschied, *der sich in der Beurteilung sexuellen Verhaltens* bei Frauen und Männern zeigt. Bei diesen Unterschieden zwischen den Geschlechtern heben sich besonders jene ab, „die mit Pornographie, Orgien, Voyeurismus und Prostitution zu tun haben, dicht gefolgt von unpersönlichem Sex..."[50] In all diesen genannten Bereichen sind die Frauen in ihrem Urteil negativer eingestellt, lehnen also weit schärfer die vorgenannten Praktiken ab.

Die Beobachtungen dieser Forschungsrichtung werfen die *Frage nach der Möglichkeit ethischer Normierung* sexuellen Verhaltens auf. Wenn der Index individueller variierender Determinanten so groß ist, wie es diese Forschungen zeigen, gibt es dann noch mit Fug und Recht die Möglichkeit, sexuelles Verhalten für alle in verpflichtender Form zu bestimmen oder festzulegen? Die letztgenannten Ergebnisse rufen überdies die Frage nach einer möglichen doppelten Moral auf, nämlich einer unterschiedlichen Beurteilung von männlichem und weiblichem Verhalten innerhalb der Sexualität. Deutlich ist allemal, daß der Anteil des Individuellen in der Verwirklichung der Sexualität nicht zu gering veranschlagt werden darf. Damit ist aber die Frage möglicher notwendiger Konvergenz noch nicht erledigt. Aber Grenzen der Normierbarkeit sind zu beachten.

b) Wahrnehmungen der Tiefenpsychologie

Wir stießen bereits auf das Faktum einer Art *Bisexualität* in der Anwesenheit von männlichen und weiblichen Hormonen im menschlichen Körper; diese hat auch ihre seelische Komponente. Freud sagt: „Und dann sagt ihnen die Wissenschaft etwas, was ihren Erwartungen zuwiderläuft und wahrscheinlich geeignet ist, ihre Gefühle zu verwirren. Sie macht Sie darauf aufmerksam, daß Teile des männlichen Geschlechtsapparates sich auch am

---

[48] Sexualität und Persönlichkeit, 24.
[49] Ebd., 150.
[50] Ebd., 80.

Körper des Weibes finden, wenngleich in verkümmerten Zustand, und das Gleiche im anderen Falle. Sie sieht in diesem Vorkommen das Anzeichen einer Zweigeschlechtlichkeit, *Bisexualität*, als ob das Individuum nicht Mann oder Weib wäre, sondern jedes Mal beides, nur von dem Einem soviel mehr als von dem Anderen.“[51] Die Biologie lehrt entsprechend, wie wir sahen, daß in beiden Geschlechtern Geschlechtshormone des jeweils anderen Geschlechtes gegeben sind. Freud geht in seiner Deutung der Geschlechtsidentität darauf nicht näher ein; sie spielt eine Rolle bei seiner Beurteilung der Homosexualität.

Bezüglich der *Integration des gegengeschlechtlichen Teiles, den der Mensch in sich trägt, hat Jung Wichtigeres* zu sagen. Jung, der ein individuelles und ein kollektives Unbewußtes kennt, siedelt die *Archetypen*, die begrifflich schwer zu fassen sind, im kollektiven Unbewußten an. Der Grund ist für ihn ein ähnlicher, wie wir ihn fanden, als wir eine „menschheitliche“ Körper-sprache der Geschlechterbegegnung kennenlernten; offensichtlich gibt es ebenso *menschheitlich verbreitet die Neigung, bestimmte Erfahrungen in überall wieder auftauchenden Ur-bildern darzustellen,* in Mythen und Ritualen bewußt zu machen und nachzuvollziehen, so daß man von einer kollektiven Struktur der tiefen Schichten des Seelischen sprechen kann – so die Jungsche Deutung. Wörtlich sagt Jung: „Die Instinkte und die Archetypen der Anschauung bilden das *kollektive Unbewußte*.“[52]. Dabei muß man sich hüten, die Archetypen selbst schon inhaltlich festzulegen; sie sind vielmehr formale Elemente des Erfassens, die auf bestimmtes Erleben bezogen sind: *„Archetypen sind typische Formen des Auffassens, und überall, wo es sich um gleichmäßig und regelmäßig wiederkehrende Auffassungen handelt, handelt es sich um einen Archetypus ...*“[53] Die Beziehung zwischen dem bewußten Leben und dem eigenen individuellen wie kollektiven Unbewußten ist immer in einer Spannung, in der es gesunden Austausch geben sollte. Der moderne Mensch hat allzuoft durch eine einseitige Lebensweise den Kontakt zum Wurzelgrund der eigenen Seele im Unbewußten verloren; Neurosen sind das Ergebnis, dem sich der Therapeut gegenübersieht.

Der bei Freud im Vordergrund stehenden somatischen Zweigeschlechtlichkeit des Menschen entspricht in Konsequenz zu dem bisher Gesagtem bei Jung die *Lehre vom Animus und der Anima,* die eine archetypische Bereitschaft auf Seiten der Frau bzw. des Mannes signalisieren, auf den jeweils anderen zu reagieren. „Der Mann trägt kollektiv unbewußt das Wesen der Frau als sein ihn ergänzendes Gegenbild in sich, das wie alle Archetypen in der psycho-physischen Veranlagung vererbt wurde; dieses Bild aus dem kollektiven Unbewußten nannte Jung die Anima des Mannes... Umgekehrt hat die kompensierende Figur der Frau, ihr ‚Animus‘, männlichen Charakter und tritt im Gegensatz zur Anima nicht nur als eine Person auf, sondern auch als Mehrzahl. Dies entspricht nach Jung der Interessenverlagerung

[51] Studienausgabe, Bd. 1, 545f. Die wichtigeren Aussagen Freuds werden weiter unten in einem anderen Zusammenhang behandelt (unter 2.1.1. a) 2)).

[52] Instinkt und Unbewußtes, in: *Heusser* (Hg.), Instinkte und Archetypen, 12-22, 17.

[53] Ebd., 21.

der Frau auf den subjektiven Bereich des Persönlichen (z.B. Familie), während der Mann mehr auf dem Gebiet der Pluralität (z.B. Wissenschaft) tätig ist."[54]

In der Jungschen Konzeption sind *Anima- und Animusfigur höchst ambivalent*; ihre reale Ausprägung ist abhängig von dem jeweiligen Vater, bzw. der jeweiligen Mutter, den eine Frau bzw. die ein Mann hatte; er beschreibt zunächst das Animaerleben beim Mann: „Erlebte er sie [die Mutter] als *negativ*, dann wirkt sich oft auch die Anima als depressive Laune, Reizbarkeit, ewige Unzufriedenheit und Empfindlichkeit aus. [...] Eine solche negative Mutter-Anima-Figur wird einem Mann im Innern endlos zuflüstern: ‚Ich bin nichts' – ‚es hat doch keinen Sinn'- bei den anderen ist es eben etwas anderes' usw. Ständige Angst vor Krankheiten, Impotenz oder Unfällen werden von ihr erzeugt"[55] In Mythen kommt diese dämonische, lebensfeindliche Animafigur des öfteren vor: Die Sirenen der Griechen, die Loreley der Deutschen verkörpern die gefährliche Seite der Anima, die zu bestehen ist. Sie ist also zugleich das Anziehende und Zerstörende.

Positiv – aufgrund einer positiv erlebten Beziehung zur Mutter – wirkt die Anima so, daß sie in richtiger Weise in den Integrationsprozeß des Mannes einbezogen werden kann. „Sie bewirkt dann, daß der Mann die ‚richtige' Frau finden kann und, darüberhinaus, daß er überall im Halbdunkel des Unbewußten, wo sein Verstand weniger klar sieht, die richtigen Werte und Unwerte unterscheiden kann. Noch lebenswichtiger aber ist, daß ihm diese *Gestimmtheit auf die richtigen Werte den Weg in die eigene Tiefe freigibt*, als ob ein innerer Empfangsapparat auf eine bestimmte Wellenlänge eingestellt würde, welcher nicht mehr der oben erwähnte Unsinn, sondern die Stimme jenes größeren Menschen zu ihm durchkommen könnte. Dann erreicht die Anima die Bedeutung einer Führerin nach innen."[56].

Doch den Formungen der Animafigur durch die eigene Mutter liegt archetypisch Naturales voraus; Jung formuliert: „Jeder Mann trägt das Bild der Frau von jeher in sich, nicht das Bild *dieser* bestimmten Frau, sondern *einer* bestimmten Frau. Dieses Bild ist im Grunde genommen eine unbewußte, von Urzeiten herkommende und dem lebenden System eingegrabene Erbmasse, ein ‚Typus' (‚Archetypus') von allen Erfahrungen der Ahnenreihe am weiblichen Wesen, ein Niederschlag aller Eindrücke vom Weibe, ein vererbtes psychisches Anpassungssystem."[57]

Wie kann *Integration der Anima* geschehen? Der Mann muß seine Gestimmtheiten, inneren Gefühle ernst nehmen; er muß sie annehmen. Er darf

---

[54] *Beck/Rieber*, Anthropologie und Ethik, 70; über die hier intuitiv vollzogene Rollenverteilung und ihre gesellschaftlichen Hintergründe soll hier nicht weiter diskutiert werden. Sie erfreut sich keineswegs mehr allgemeiner Zustimmung, da alte Rollenklischees hier festgehalten zu werden scheinen; doch geht es in diesem Zusammenhang um den mehr formalen Gesichtspunkt wechselseitiger Ergänzung, ohne nähere inhaltliche Bestimmung der Charakteristika von Mann und Frau.

[55] *Jung*, Der Mensch und seine Symbole, 177.

[56] Ebd., 183 als Beispiel wird Dantes Beatrice genannt.

[57] GW 17, 338 nach *Hark* (Hg.), Lexikon Jungscher Grundbegriffe, 22, zitiert.

sich von ihnen einerseits nicht überwältigen lassen, er darf sie andererseits nicht ‚verführen', sie sich so zu eigen machen, daß er sie aus ihren angestammten Grund reißt in sein eigenes Oberhaus und sie wie ein Gourmet nur zu seinem Genuß mißbraucht. Jung weist auf die notwendige *Aktivierung von Animakräften im Mann im Bereich musischer Betätigung* hin. Arbeit an dieser Integration der Anima gilt als Voraussetzung für gelingende Partnerbeziehungen, die immer wieder korrumpiert erscheint durch die nicht bewältigte Anima-Animusproblematik. Carl Gustav Jung versteht sich nicht als Ethiker; er ist Therapeut und Psychologe. Er sucht die Gesetzmäßigkeiten des Seelischen zu ergründen. Einzelanweisungen im Sinne ethischer Normativität liegen ihm fern. Aber in seinem System gibt es so etwas wie ein unbedingtes „Du sollst" denn doch: Jedem ist seine Individuation aufgegeben; diese kann nur gelingen in der Integration insbesondere des Unbewußten. Wer nicht im Lebensgrund wurzelt, fällt schnell den Folgen der Entwurzelung anheim – sein Leben atrophiert. In diesem Kontext ist die Aufforderung zu verstehen, die Anima zu integrieren, sich mit dem andersgeschlechtlichen Teil sich selber zu verbinden. Vertiefung und Intensivierung des Lebens sind so möglich. Ethisch gesehen gehört für den Mann die Integration der Anima zur geforderten Annahme seiner selbst.

Umgekehrt gilt das gleiche vom *Animus* in der Frau: „Wie die Anima dem mütterlichen *Eros* entspricht, so der Animus dem väterlichen *Logos*," sagt C.G. Jung[58]. Der *Animus* ist dabei nicht weniger ambivalent und dürfte entsprechend abhängig von den Erfahrungen sein, die die Tochter mit ihrem Vater gemacht hat. Jung beginnt den betreffenden Abschnitt: „Auch die gegengeschlechtliche Verkörperung des Unbewußten in der Frau – der Animus – trägt positive Züge. Der Animus äußert sich aber bei Frauen nicht so häufig als erotische Phantasie oder Stimmung, sondern als ‚heilige' Überzeugung. Wenn letztere laut und energisch geäußert wird, ist diese männliche Seite der Frau leicht zu erkennen. Sie kann aber auch in einem äußerlich sehr weiblich wirkenden Frau als stille, aber eisern-verbindliche Macht auftreten. Plötzlich stößt man dann bei ihr auf etwas, was kalt, nicht mehr diskutierbar und eigensinnig wirkt."[59] Wirklichkeitsverstellende Starrheit *kann* lebensfeindlich wirken. Jung erinnert an ein Märchen, in dem eine Frau sich um alles in der Welt nach einem bestimmten Mann sehnt, der sich aber entzieht. Als sie endlich doch Kontakt bekommt, ist er tot und sie stirbt vor Schreck. Sie hat am Leben vorbei geliebt. Der Animus kann als der heimlich Böse im Grund der Seele sein Unwesen treiben: Intrigen werden gesponnen, Winkelzüge gemacht. Auch hier können Minderwertigkeitsgefühle die Auswirkung einer negativ prägenden Animusfigur sein, wie bei der Anima. Umgekehrt gilt: *Wenn es der Frau gelingt, „sich von der Besessenheit durch ihn zu befreien, verwandelt er sich in einen ‚inneren Gefährten' von höchstem Wert,* der ihr positive männliche Eigenschaften, wie Initiative, Mut, Objektivität und geistige Klarheit, verleiht.

---

[58] GW 9/II, 29, nach ebd., 24; dort auch das folgende Zitat.
[59] *Jung*, Der Mensch und seine Symbole, 189. y

Abschließend kann gesagt werden, ich zitiere Bernhard Sill: „Wie der Mann sich mit seiner Anima auseinanderzusetzen hat, so die Frau mit ihrem Animus, denn als Meilensteine auf dem Weg zum Selbst stellt die rechte Art des Umgangs mit ihnen die ‚conditio sine qua non' psychischer Ganzheit dar. Der Kontakt des Mannes mit dem weiblichen Anteil seiner eigenen Psyche bildet das eigentlich Agens für das Erreichen innerpsychischer Ganzheit und Einheit, entsprechend der Kontakt der Frau mit dem männlichen Anteil ihrer eigenen Psyche."[60] Die Lösung androgyner Problematik, hinter der die Vorstellung steht, daß in ihr ganzmenschliche wechselseitige Integration der Geschlechter geschieht, hat für jedes Individuum seine unverzichtbare Bedeutung. Und es dürfte von besonderer Wichtigkeit sein, daß gerade Menschen, die sich zu einem Lebensweg entschlossen haben, der eine Ehe ausschließt, umsomehr offen sind für die Animus- bzw. Animaanteile des eigenen Unbewußten, um sie positiv in den Lebensvollzug zu integrieren.

Die Grundidee ist festzuhalten: Es gibt eine generelle Bereitschaft und Angewiesenheit auf das andere Geschlecht, die in der eigenen Seele das Gegenüber präsent macht; diese archetypische Bereitschaft – vielfach geprägt und geformt – hat auf jeden Fall zentrale Bedeutung auf dem Weg, ganz zu werden. Das gilt unbeschadet der Probematik inhaltlicher Bestimmungen, die bei Jung nicht ohne Einseitigkeit vorgestellt werden.

c) Die Erkenntnisse der Entwicklungspsychologie

Etwas über die Bedeutung psychischer Entwicklung wurde schon im Abschnitt über die Verhaltensforschung in der Darstellung der biologischen Determinanten des Lebensablaufs berührt; dort war von Prägungen in bestimmten Phasen die Rede und davon, daß man *einzelne Phasen im Sinnganzen des Lebenslaufes* zu sehen habe. Hier interessiert genauer, was Entwicklungspsychologen zum Problem psychosexueller Entwicklung und ihrer Bedeutung sagen, die sie im Lebensganzen des einzelnen hat.

Sigmund Freud gilt als „Entdecker" der kindlichen Sexualität, der radikal mit den sexualfeindlichen Tabus des vergangenen Jahrhunderts brach. Sein Entwicklungsmodell mit der Abfolge der *oralen, analen und ödipalen Phase* ist weithin bekannt geworden. Nach ihm folgte den drei ersten *die Latenzphase*, ehe in der *Pubertät* das Bewußtsein der Sexualität erneut aufkommt. Wie bedeutsam das unbeschadete Durchlaufen dieser Phasen ist, wird in den letzten Jahren immer deutlicher am Gegenteil ablesbar, an den traumatischen, zum Teil katastrophalen Folgen, die früher Mißbrauch in sexueller Beschäftigung mit Kindern zeitigen kann.[61]

Der Entwicklungspsychologe Klaus Thomas[62] nimmt das Modell der Prägung in seine Überlegungen auf und unterscheidet zwei *Formen prägungsähnlichen Lernens* in der Entwicklung der je eigenen Sexualität: „Eine an das Alter von 4 – 7 Jahren gebundene, durch die das ‚Artbild' des künftigen

---

[60] *Sill*, Geschlechterliebe, 114.; vgl. auch die gesammelten Studien in: *Sill*, Androgynie.

[61] Vgl. unten, Kapitel 4.8.1.

[62] Entwicklungspsychologie.

Lebenspartners eingeprägt wird, und eine andere, die nicht an eine zeitlich definierte Entwicklungsphase, sondern an den physiologisch-psychologischen Zustand der *sexuellen Erregung* gebunden ist, und durch welche sich eine *individuelle* sexuelle Fixierung bilden kann."[63] Die Bedeutung der Prägung haben wir bereits erkannt; Klaus Thomas macht darauf aufmerksam, daß *die frühe Prägung ergänzt wird durch die Bildung ganz bestimmter antizipierender Schemata*, in denen man ein Bild des jeweiligen geschlechtlichen Gegenüber mehr oder weniger bewußt entwickelt. Dieses bestimmt dann auch die archetypischen Bereitschaften, die im Unbewußten liegen.

Für einen kurzen Einblick in das *Erwachsenwerden von Mann und Frau*, deren Sexualität mit der Ausprägung der sekundären Geschlechtsmerkmale neu bewußt wird, und deren Gestaltung sich in der Annahme als Aufgabe stellt, scheint mir der Hinweis auf diese Vorgänge als Prägung deswegen wichtig, weil in diesem Begriff das „Jetzt für dann" erfaßt ist: Thomas schreibt: „Die Vermutung, daß sexuelle Erregung beim Kind und Jugendlichen eine *bahnende Wirkung* für prägungsähnliche Lernvorgänge haben kann, genügt als Begründung dafür, um mit Nachdruck vor früher Erotisierung und sexueller Stimulation von Kindern durch Erwachsene zu warnen."[64]

Sicher legt im Jugendalter die Prägung den einzelnen und seine Möglichkeiten nicht mehr im gleichen Ausmaß fest, wie das in der frühkindlichen Prägung der Fall ist. Ethisch gesehen wird man aber nach dem *Sinn dieser Entwicklungsphase* fragen und von Psychologen sich sagen lassen, welche Grundthematik in der *Entwicklung der eigenen männlichen oder weiblichen Identität* hier ansteht. Es geht darum, man selbst zu werden, identisch mit sich selbst als Mann oder Frau. Es wird bewußt, daß niemand einem das Leben abnimmt; man muß sich zu sich selbst verhalten, zu sich selbst finden – in Ablösung von der Kindheit, ohne schon alle Privilegien und Vollmachten des Erwachsenendaseins nutzen zu können.

Diese Aufgabe stellt sich heute den Jugendlichen unter einer besonderen Problematik, die man mit dem Stichwort *Akzeleration* bezeichnet hat; sie bedeutet, daß die körperliche Geschlechtsreife früher eintritt als bei vergleichbaren Bezugsgruppen im interkulturellen Vergleich und früher als zu anderen geschichtlichen Zeiten. Entwicklungspsychologen haben nachgewiesen, daß um 1840 das Menarchealter in Norwegen bei 17 lag, während für die Vereinigten Staaten 1960 13 Jahre angegeben werden, bei weiter sinkender Tendenz.[65] In diesem Kontext kommen sie darauf zu sprechen, daß es in dieser Entwicklungsphase keinen automatisch wirkenden Leib-Seele-Parallelismus gibt, d.h. es ist keineswegs so, daß die vorauseilende körperliche Entwicklung der geistigen Reifeentwicklung entspräche. Damit ist eine

---

[63] Ebd., 133.

[64] Ebd., 134.

[65] *Oerter/Montada*, Entwicklungspsychologie, bringen 272f. eine Tabelle, aus der das hervorgeht; sie schreiben: „Einerseits reift der Mensch früher zum Erwachsenen heran, nämlich mit der biologischen Möglichkeit, sich fortzupflanzen. Andererseits wird er immer später zum Erwachsenen, der die volle Verantwortung für die Aufgaben in Familie und Arbeitswelt übernimmt." (ebd.)

Schwierigkeit genannt, die einer Identitätsfindung in der Zeit der Pubertät und Adoleszenz im Wege stehen kann. Es entspricht dem Sinn dieser Phase,[66] daß hier die Zukunft ergriffen wird; *Identität* kann hier nur gefunden werden *über Idealbildungen*, die oft weit über die Möglichkeiten des einzelnen hinausgehen; dennoch, hier formen sich inhaltliche Wertintuitionen, die für die ganze Einstellung zum Leben, nicht zuletzt auch die Gewissensbildung von entscheidender Bedeutung sein können.

Im Blick auf dies ethische Bewertung dieser Phase der Geschlechtsentwicklung in der Pubertät gibt es eine *Kontroverse,* die nicht unterschlagen werden sollte. Gehen wir aus von einer Aussage, die Karl Rahner einmal zur Bedeutung der Kindheit gemacht hat; dort wurde gesagt, daß *jedes Alter seine eigene Unmittelbarkeit zu Gott* habe.[67] Jede Phase hat unübersehbares Eigengewicht im Leben eines Menschen. Sie hat diese je eigene Bedeutung aber im Sinnganzen eines Lebensbogens. Diese geht in die Unmittelbarkeit zu Gott mit ein. Sinn der Entwicklung und des Wachstums ist der, daß der Mensch für bestimmte Aufgaben des Lebens reif wird. Da allerdings muß gefragt werden, ob der junge Mensch schon die Last eines anderen voll und ganz annehmen und tragen kann; kann sich, wer sich noch nicht hat, schon ganz geben? Zurückhaltung kann das bewirken, was Freud positiv das Ergebnis der Sublimation genannt hat, Erwachen der Kreativität, Intensivierung des Lernens, Vorbereitung auf das Kommende. Noch einmal: *Jedes Stück Leben steht in einer Unmittelbarkeit zu Gott, ist aber in eine einbahnig gerichtete Zeit eingebunden, deren Durchlaufen unumkehrbar ist und die eigene Zukunft bestimmt.* Die Frage, was der Mensch aus sich mache – und dies tut er unausweichlich –, ist eben nicht von der Hand zu weisen. Vielmehr kommt es darauf an, sie voll und ganz wahrzunehmen. In diesem Zusammenhang sei gefragt, was Prägung durch Ersterfahrungen für ein ganzes weiteres Leben bedeuten. Zwar gehen die Auswirkungen solcher Prägung in den Pubertätsjahren nicht so weit, wie die am Anfang des menschlichen Lebens, von denen wir gesprochen haben. Gleichwohl gilt hier wie sonst, daß *das Leben mit einem Bleistift geschrieben wird, für den es keinen Radiergummi gibt.* Und eine sensible Phase im Hinblick auf die Art und Weise der Ersterlebnisse ist die Zeit der Reifung allemal.

Man wird darum sorgfältig die Entwicklung beobachten müssen, die in den letzten beiden Jahrzehnten tiefgreifende Änderungen erkennen läßt. Bei ihrer Beurteilung wird man Verhaltensänderungen und Einstellungsänderungen miteinander ins Spiel bringen müssen. Nicht immer indizieren Normverstöße im Verhalten den Verlust positiv zu beurteilender Wertorientierungen.[68]

---

[66] Vgl. hierzu *Drewermann*, Formen sexuellen Fehlverhaltens, 185-191.

[67] Kindheit, in: Schriften zur Theologie 7, 313-329, hier 313-315.

[68] Vgl. dazu unten 4.3.1. und zu dem hier angedeuteten Problem die Darstellung bei *Bartholomäus*, Lust aus Liebe, 45-74; bei ihm fallen Überlegungen zur Problematik der Akzeleration, die erwähnt wird, und die damit im Zusammenhang stehende Frage nach den Folgen verfrühter Kontakte aus; allerdings kann er auf Veränderungen aufmerksam machen, die nicht nur Folge eines anderen Verhaltens der Jugendlichen sind, sondern weithin von der für sie verantwortlichen Elterngeneration akzeptiert werden.

1.1.4. Soziologie und Meinungsforschung

a) Zur Frage der normativen Kraft des Faktischen – im Anschluß an die Wirkung der Kinsey-Berichte

Obwohl *Kinsey* als Zoologe an seinen Gegenstand, das sexuelle Verhalten des Menschen, herangeht, ist seine Methode von der Sexualwissenschaft aufgenommen und im Sinn der Soziographie und verfeinerten Meinungsforschung weiterentwickelt worden. Gleichzeitig kam bei der Veröffentlichung der Kinsey-Reports die *Frage nach der „normativen Kraft des Faktischen"* massiv auf. Erstmals erschienen die Reports 1948 unter dem Titel: The Sexual Behaviour of Human Male/Female,[69] wörtlich übersetzt: das sexuelle Verhalten des menschlichen Männchens und menschlichen Weibchens. Am Titel merkt man noch, daß Kinsey Zoologe war und aus der Perspektive eines Zoologen die Frage sexuellen Verhaltens beim Menschen untersucht hat. Aufsehen erregte die *starke Abweichung des in den Befragungen erforschten Verhaltens zu den herrschenden Normvorstellungen.* Extreme Ablehnungen und Zustimmungen in den Reaktionen waren zu erwarten. Vance Packard schreibt: „Die Veröffentlichung der schwerwiegenden Entdeckungen, die Kinsey und seine Mitarbeiter am Institut of Sex Research über das Sexualverhalten von Mann und Frau gemacht hatten, übte auf die öffentliche Einstellung zur Sexualität eine sowohl körperlich als auch geistig befreiende Wirkung aus."[70] Allerdings stellt er kritisch fest: „Von Freud zu Kinsey und von Kinsey zu Masters[71] legte die Forschung *immer weniger Wert auf die Qualität der Geschlechtsbeziehungen* (mit ihren Komponenten der Zuneigung, Liebe, Reue) und betonte mehr die Natur der physiologischen Auslösung."[72] Die Enttabuisierung der Sexualität, von Freud angestoßen, hat hier neue Impulse bekommen.[73]

---

[69] Nach *Schelsky,* Soziologie der Sexualität, 142 und 53.

[70] Sexuelle Verwirrung, 64.

[71] Hier ist an *Masters/Johnson* gedacht, die systematische Untersuchungen über sexuelles Verhalten und körperliche Reaktionen in ihren Studios an lebenden Paaren vorgenommen und beschrieben haben: Sexuelle Reaktion.

[72] Ebd.

[73] Die *Hauptlinien der vorwiegend kritischen Reaktionen auf Kinsey* sind etwa folgende: Man äußerte erstens Zweifel an der statistischen Grundlage der Kinsey-Reports, weil bei ihrer Auswertung nicht berücksichtigt worden war, daß nur Freiwillige antworteten. Zugleich wurde eingewandt, daß man auf diese Weise – hier hat es längst in den Methoden Verfeinerung und Fortschritt gegeben – mit so direkten Fragen nicht sicher die Wahrheit erführe; hier sei eine erhöhte Auswirkung der Unschärfeheitsrelation zu erwarten, die bedeutet, daß der messende Vorgang das zu messende Objekt im Vorgang der Messung selber beeinflußt. Verfeinerte Methoden der Befragung haben aber faktisch einen Großteil der Ergebnisse mehr oder weniger bestätigen können. Zweitens wirft man Kinsey vor, er gehe zu sehr als Zoologe an die Realität heran und damit an der menschlichen Realität vorbei; die in seinen Fragen implizierte Anthropologie ist im Grunde genommen eine Zoologie. Sie erfragt nicht das spezifisch Menschliche, sondern das Biologische im Sinne vergleichender Verhaltensforschung. Schon der Titel zeigte uns dieses an. Drittens: *Schelsky* hat in seiner Studie zur Soziologie der Sexualität in einem eigenen Abschnitt zur Moral der Kinsey-Reports Stellung genommen und vor einem unreflektierten Übergang vom

Man hat diese Kritiken ernstzunehmen – aber inzwischen sind die Methoden verfeinert worden und im Einsatz geblieben. Es gibt eine ganze Reihe von Untersuchungen bis in die Gegenwart hinein, die uns recht genau über den Wandel des Verhaltens informieren.[74] Man wird diese Berichte ernst nehmen müssen; sie werden uns noch im normativen Teil der Überlegungen beschäftigen.

b) Beobachtungen aus den Sozialwissenschaften über faktisch wirksame Einwirkungen auf Wertungs- und Verhaltensmuster

Im folgenden wird, da es sich um einen allgemeinen, leicht nachzuvollziehbaren Überblick handelt, auf genauere Belege im einzelnen verzichtet. Überdies sind Einzelergebnisse der einzelnen Disziplinen in den Diskussionen der konkreten Normprobleme aufzunehmen.

– Es versteht sich von selbst, daß die *Familie* als Träger der frühkindlichen Erziehung maßgeblich beteiligt ist beim Vorgang, den wir *Prägung* genannt haben. Über Unbewußtes und Bewußtes wird dem Kind ein Bild von Mannsein und Frausein gegeben und die Möglichkeit zur Identität in der Geschlechtsrolle. Das ist nicht das einzige Wichtige für die Realisierung der humanen Werte der Sexualität. Aber schon hier sind die Startbedingungen für Kinder ganz verschieden. Das Gefüge von Familie hat sich in der gegenwärtigen Entwicklung vielfach destabilisiert, die Strukturen haben sich geändert. Neben das „klassische" Familienmodell sind andere getreten; aber von ihnen allen gilt die hier mitgeteilte Beobachtung, auch wenn sich die Art der Prägung vielschichtig verändert.

  Alles, was etwa Erik Erikson über die Vermittlung von *Urvertrauen* geschrieben hat, was aus ethnologischen und psychologischen Studien über die Bedeutung des frühen Hautkontaktes bekannt ist, wäre hier einzubeziehen. Die Grunderfahrung eines fraglosen Angenommenseins dürfte die Selbstüberschreitung in der Liebe überhaupt erst ermöglichen.

Faktischen zum Normativen gewarnt. „Aus der biologischen Faktizität wird so ein neuer Normanspruch abgeleitet: Das biologisch Naturhafte wird unversehens zum moralisch ‚Natürlichen'." (51). Dazu bemerkt Schrey, daß diese Hypostasierung des empirischen Befundes zum Maßstab des menschlichen Verhaltens selbstverständlich nicht mehr ein Akt der Empirie, sondern Ausdruck einer immanenten philosophisch-weltanschaulichen Vorentscheidung ist. Schließlich stellt Schelsky viertens fest, daß manche Verhaltensweisen, auf die Kinsey zu sprechen kommt, erst durch diese Publizierung ein Normierungsbedürfnis hervorgerufen haben. Gerade darauf wirke sich die Darstellung des sogenannten Faktischen als faktisch normierend aus, dies jedoch im Sinne einer Entwicklung, die das spezifisch Menschliche der Sexualität nicht genügend in den Blick bekommt. Entsprechend faßte *Ringeling* seine Kritik an Kinsey in folgenden Worten zusammen: „Was bei Kinsey als Natur erscheint und zu seiner Freiheit kommen soll, ist in Wirklichkeit die gelenkte Bedürfnisstruktur im Übergang von der Repression zur Emanzipation des individuellen Eros" (Theologie und Sexualität, 154).

[74] Hier ist auf die Beiträge zur Sexualforschung hinzuweisen, z. B. auf die von *Schmidt* u.a. herausgegebene Studie Jugendsexualität: Sozialer Wandel, Gruppenunterschiede, Konfliktfelder.

Die Fähigkeit zur Zärtlichkeit, das Verhältnis zum Leib, alle diese so wichtigen Voraussetzungen zum Liebenkönnen werden hier angelegt. Die Vermittlung der *Geschlechtsrollen* geschieht unter einem ganz bestimmten Horizont von Wertung und Orientierung, die in der Familie wirksam sind. Diese ist der erste entscheidende Ort kulturellen Transfers. In ihr gibt es neben der Erfahrung von Mutter und Vater eine weitere Förderung der Geschlechtsidentität durch die *Geschwisterbeziehung*.

Erikson hat gezeigt, daß die erwähnte Vermittlung von Urvertrauen und der anderen Grundmuster psychischer Entwicklung, die er zu erarbeiten versuchte, auch wesentlich *abhängig ist von der Stellung der Eltern in der Gesellschaft, von den gesellschaftlichen Wertungsmustern und* von der faktischen Situation der Familie.

Der familiäre Einfluß nimmt im Lauf der Entwicklungsjahre kontinuierlich ab; der junge Mensch übernimmt mehr und mehr die Verantwortung für die eigenen Wertungen und Orientierungen, nach denen er sein Leben gestaltet. Immer aktiver nimmt der einzelne Anteil an der Übernahme der Normen und Regeln und beginnt die Beziehungen selbst zu gestalten. Es kommt zu einer Art individueller Brechung des Vorgegebenen.

- Allerdings ist der Jugendliche in der Ablösung von seinen Eltern *auf Bezugsgruppen angewiesen,* auf neue Identifikationsmöglichkeiten. In diesem Zusammenhang sind die *Peergroups* zu sehen. Bestimmte Verhaltensstandards sind in der Regel Voraussetzung für die Teilnahme an normalen Sozialkontakten unter Jugendlichen. Das heutige Bild zeigt eine starke Differenzierung; der Gegensatz zu der älteren Generation ist in Fragen der Sexualethik ausgeprägter als in früheren Zeiten; andererseits scheint die Toleranz seitens der älteren Generation den Jüngeren gegenüber größer geworden zu sein. Die Veränderungen in der Gesellschaft verlaufen immer schneller. Zudem bestimmt ein recht komplexer *Pluralismus* das Bild auch der Szene der Jugendlichen, das indirekt den Pluralismus der Erwachsenenwelt widerspiegelt. Es ist durchaus möglich, daß der einzelne Jugendliche in solchen Zusammenhängen unter verhältnismäßig starke *Zwänge* gerät; in der Bezugsgruppe ist der jeweilige *Konformitätsdruck* relativ hoch; er wird in der Tat häufig auch als Zwang erlebt. Das kann durchaus dazu führen, daß sich jemand zu Praktiken und Verhaltensweisen verleiten läßt, zu denen er eigentlich aufgrund seiner persönlichen inneren Entwicklung und Reife noch keine wirkliche Beziehung entwickelt hat.[75]

---

[75] Unter anderen hat dies *Bsteh*, Angebot, in Interviews mit Wiener Jugendlichen herausgefunden. Ihr hat man den Vorwurf gemacht, daß sie als Interviewerin allzuviel Gegenprojektionen bewirkt habe, daß die Jugendlichen im Grunde genommen die Ansichten der Befragerin übernommen hätten; diese Beurteilung ist zu einseitig. Es ist zwar nicht zu leugnen, daß die angedeutete Gefahr immer besteht; jedoch brauchen die hier gewonnenen Ergebnisse nicht sämtlich verworfen zu werden, weil sie sich auch anderswo bestätigen.

- Eine weitere Größe ist von Einfluß auf diesem Gebiet: Der *Staat* schafft in seiner *Gesetzgebung* (tangiert sind das Verfassungsrecht, das Familienrecht, die Strafgesetzgebung u.a.m.) einen Rahmen, der Probleme in Ehe und Familie lösen helfen soll. Unter seiner Verantwortung steht auch der Bereich schulischer *Sexualpädagogik*. Es gibt seit der Zeit der sechziger Jahre den staatlich verordneten *Sexualkundeunterricht*, der wertorientiert zu halten ist. Grosso modo versucht man so zu verfahren, daß man wertbestimmt und wertorientiert, aber normenneutral unterrichtet.
- Die *Kirchen* haben in den letzten Jahren an Einfluß verloren; ihr eigentliches Interesse besteht darin, über Sinnvermittlung in diesem Bereich zu Wertorientierungen zu führen, die sich im tatsächlichen Gelingen menschlichen Zusammenlebens zu bewähren haben. Es geht auch um die Einhaltung eines ganz bestimmten Levels des ethischen Verhaltens, da fraglos die Gestaltung des Geschlechtslebens mit der Umsetzung des Glaubens in menschliche Existenz zu tun hat. Wie wir sehen werden, bleibt die Grundlage kirchlicher Sexualmoral eine durch Theologie mitbestimmte Anthropologie; diese aber hat inkarnatorische Struktur und *dient der Humanisierung menschlichen Verhaltens.* So muß sie sich ausweisen, wenn sie überhaupt die Chance haben will, auch außerhalb gehört zu werden. Hier liegt der *innere Grund dafür, daß die Kirche auch über den Bereich ihrer eigenen Verkündigung hinaus ein Recht beansprucht, in der Öffentlichkeit ihre Meinung in diesen Dingen zu sagen.*
- Die öffentliche Meinung und die Wertvorstellungen der Gesellschaft werden aber nicht nur durch solche bestimmt, denen ein pädagogisches Ziel vorschwebt. *Unternehmen* haben kein spezifisches Interesse daran, daß sich im Sexualbereich Menschen so oder so verhalten, wohl aber daran, daß Ware gekauft wird. Unsere *Wirtschaft wirbt* um Kunden, die sie durch offene und versteckte sexuelle Stimulation zu Kaufakten bewegen möchte. Auf diese Weise wird auch eine z. T. *zweckentfremdete Pädagogik* verkauft. Es wird sich immer eine bestimmte Form der Selbstbestätigung des in diesem Falle jugendlichen Konsumenten durch das Angebot als Kaufmotiv bewähren. Man spürt vorhandene verborgene Wünsche auf, bestätigt und bestärkt sie. Die Massenmedien dürften kaum die Möglichkeit haben, von sich aus völlig neue Trends in Bewegung zu setzen, gar Umkehr zu provozieren; aber sie schwimmen auf den Trends und verstärken sie durch die Veröffentlichung der in ihnen wirksamen Wertungen.
- Schließlich sollte man in diesem Zusammenhang auch darauf hinweisen, daß das Verhalten indirekt durch das bestimmt ist, was man generell *Reizüberflutung* nennt; ihr sieht sich jeder mehr oder weniger ausgesetzt. Reizüberflutung hat völlig verschiedene Formen – aber häufig parallele Auswirkungen in Weisen sexueller „Abreaktion", die eine Ersatzfunktion haben für eine nicht positiv erfahrene emotionelle Identität in der normalen Alltagserfahrung.

Zusammenfassend kann festgestellt werden, daß der Transfer von Verhaltensweisen und Wertungen im geschlechtlichen Verhalten auf sehr differenzierte Weise verläuft und vielschichtig überlagert ist. Von daher wird man sehr vorsichtig sein müssen in der Beurteilung der Ergebnisse der Sexualforschung, die sich vorab um das faktische Verhalten müht. Auch das, was in der Meinungsforschung herauskommt, ist auf weite Strecke das Ergebnis manipulativer Meinungsbildung. Viele Jugendliche fühlen sich selber vielfach unter dem Zwang solcher Manipulationen unfrei. Diese faktische Entwicklung innerhalb der Gesellschaft ist weithin nicht eigentlich bewußt verantwortet; Verantwortung wird eher überspielt und von daher nicht wahrgenommen. Ganz andere Interessen bestimmen, wie gezeigt, häufig die Art und Weise, wie man miteinander umgeht, und wie man mit seiner Sexualität umgeht.

c) Der veränderte Rahmen – geänderte Normen?

Faktisch kann die Frage mit Ja beantwortet werden; aber damit ist sie noch nicht de iure – im Hinblick auf ihre Geltung – beantwortet. Es ist nicht zu übersehen, daß manche Normen in ihrer verpflichtenden Kraft von den Rahmenbedingungen abhängen, unter denen sie ihre Geltung gewonnen haben. Paradebeispiel dafür ist die Regelung des Zinsgebens und –nehmens.

Sind die veränderten gesellschaftlichen Bedingungen, unter denen sich heute die Begegnung und das Zusammenleben der Geschlechter vollzieht, – von ihnen war schon die Rede – derart, daß man überkommene Normvorstellungen in Frage stellen *muß*? Um das Problem hier zu beleuchten, sei auf zwei Beispiele hingewiesen, an denen die Brisanz der Frage verdeutlicht werden kann:

– Die Formen familiären Zusammenlebens haben sich im Zusammenhang mit der Industrialisierung radikal verändert. Die Trennung von Wohn- und Arbeitsplatz, die Aufteilung und Trennung von Funktionen, das Entstehen industrieller Ballungszentren führten dazu, daß in der Regel nur die Kernfamilie beständig zusammenblieb. Mit der Entwicklung der auf Wissenschaft aufbauenden Technik entwickelte sich eine Disziplin außerordentlich erfolgreich: die technisch ausgelegte Medizin, mit der man in immer höherem Maß der Kindersterblichkeit zu Leibe rücken konnte. Ihr Sinken führte zu einem enormen Anwachsen der Bevölkerung, für die in den Ballungszentren der Lebens- und Wohnraum nicht mitwuchs. Die Einführung der Rentenversicherung machte es überdies überflüssig, durch viele Kinder das eigene Alter abzusichern. Diese und der Rückgang der Kinderarbeit trugen dazu bei, daß nunmehr Kinder nicht mehr Mehrung von Einkommen und Auskommen sichern halfen, sondern im Gegenteil *auch* eine Beeinträchtigung des (materiellen) Lebensstandards bedeuteten. Das Problem verantworteter Elternschaft stellte sich unter diesen veränderten gesellschaftlichen Verhältnissen völlig neu. Es führte auch zu modifizierten kirchlichen Stellungnahmen; erstmals sprach das Zweite Vatikanische Konzil die Forderung verantworteter Elternschaft aus, ohne allerdings weitere Konsequenzen aus dieser Änderung im Hinblick auf das Verbot künstlicher Kontrazeption zu ziehen, über das heute immer noch eine innerkirchliche Auseinandersetzung geführt wird.

- „Die Individualisierungsdynamik, die die Menschen aus Klassenkulturen herausgelöst hat, macht auch vor den Toren der Familie nicht halt," schreibt Ulrich Beck.[76] Er führt aus, daß die Dauer des Zusammenlebens zweier Partner unter die Schwierigkeit gerät, unterschiedlich geplante Berufskarrieren miteinander kombinieren zu müssen. In ihnen wird eine durch den Beruf diktierte Mobilität verlangt, so daß Konflikte fast nicht zu vermeiden sind, in denen entweder einer der Partner seine Berufschancen aufgibt oder eine Trennung angezeigt ist.

1.2. Kulturelle Vielfalt des Umgangs mit Sexualität in der Sicht der Kulturanthropologie

1.2.0. Vorbemerkungen

Die bisherigen Überlegungen haben uns die Gestaltbarkeit der menschlichen Geschlechtlichkeit nach dem Stand humanwissenschaftlicher Kenntnis vor Augen geführt. Zweierlei Konditionierung des menschlichen Umgangs mit der Sexualität konnte beobachtet werden: neben den Faktoren, die den konkreten Ort aufweisen konnten, an dem kultureller Einfluß sich geltend macht, die psychologischen und sozialpsychologischen Gesetzmäßigkeiten, die die Gestalt der Einflußnahme konkreter erkennen ließen. Im folgenden geht es um die Frage, wie Menschen die sich hier bietenden Möglichkeiten genutzt haben, und was dabei faktisch „herausgekommen" ist. Hier kann uns die *Kulturanthropologie* Auskunft geben.

Die Notwendigkeit, die *kulturell-gesellschaftliche Bestimmung der Sexualität* in die Überlegungen zu deren Verständnis einzubeziehen, ist gemeinsame Überzeugung der Sexualwissenschaft. Als einer für viele sei Volkmar Sigusch zitiert: „Der Mensch ist von Natur gesellschaftlich, und seine Sexualität ist es auch. Sexualität ist eine gesellschaftliche Kategorie. Menschensexualität schlechthin, ‚reine' Sexualität ist reine Gedankenschöpfung. Das natürliche Moment am Sexuellen läßt sich vom Gesellschaftlichen prinzipiell nicht abscheiden – im Sinne von primär und sekundär, von vorausgegeben und gemacht, von richtig und falsch.

---

[76] *Beck*, Chaos der Liebe, 37.

In jedem Trieb, in jedem Bedürfnis des Menschen ist seine ganze Gattungsgeschichte reflektiert.“[77]

Zum Vorgehen der Kulturanthropologie und zu ihrer Methode ist einiges zu sagen, was für die Ethik von spezieller Bedeutung ist. Die Kulturanthropologie bedient sich der *Feldforschung*.[78] In ihr geht es darum, das *komplexe Zusammenspiel aller Verhaltensweisen in einem gesellschaftlich geformten Gemeinschaftsleben* in den Blick zu nehmen und die einzelnen Formen des Verhaltens miteinander in Beziehung zu setzen. Die Feldforschung geht davon aus, daß es in der Tat einen *inneren Zusammenhang,* eine innere Einheit *aller Verhaltensweisen in einem sozialen Feld* gibt, die, wenn das Gemeinschaftsleben funktionieren soll, auf eine positive Weise ineinandergreifen müssen. Wenn man an einem Punkt dieses Feldes, wo alles mit allem zusammenhängt, etwas Wesentliches ändert, so kann das gesamte Gefüge durcheinandergeraten. Darum waren manche Kulturanthropologen in der Lage, negative Wirkungen zu benennen, die auftraten, wenn durch den Einbruch moderner Zivilisation bestimmte „essentials“ der Tradition plötzlich aufgehoben wurden, ohne daß etwas Gleichwertiges an ihre Stelle getreten wäre. So wurde von dieser Sicht her auch manche Arbeit christlicher Missionare in Frage gestellt, weil sie übergangslos fremde Elemente in einen geschlossenen Kulturkreis hineintrugen, der diese fremden Elemente so gar nicht integrieren konnte – das Problem der Inkulturation, von der anderen Seite gestellt. Wir werden davon auszugehen haben, daß es so etwas geben muß wie einen einheitsstiftenden Grund solchen kulturell geformten Zusammenlebens, um die Frage kulturübergreifender Humanität überhaupt stellen zu können.

Die bei den beiden Modellen der Verhaltensforschung festgestellten Gegensätze haben entsprechend auch die Forschung der Kulturanthropologen bestimmt. Es gab eine Tendenz, die formende Kraft des Menschen gegenüber der zu gestaltenden Natur ganz hoch zu veranschlagen, möglichst ganz unabhängig von dem, was im Erbgut des Menschen gegeben war. Die Richtung, die in den zwanziger Jahren in der Kulturanthropologie der Vereinigten Staaten vorherrschend war, war die des *Behaviorismus*; diesem Paradigma folgend galt Franz Boas als bedeutendster Ethnologe der Vereinigten Staaten der zwanziger Jahre. Er schickte seine noch junge und unerfahrene, aber hochbegabte Schülerin Margaret Mead nach Polynesien, um herauszufinden, ob es durchgängige erbbiologisch zu charakterisierende Determi-

[77] *Sigusch*, Trieb, 70, in einer Zusammenfassung; das darauf folgende Bekenntnis zu Marx würde ich allerdings nicht nachvollziehen können, wenn er sagt: „Wenn der natürliche Anteil der Sexualität nie unmittelbar, sondern stets nur als historisch Gewordener und gesellschaftlich Produzierter in Erscheinung tritt, ist das Sich-Berufen auf die Natur der Ausdruck der allgemeinen Verblendung und Ratlosigkeit, von rechts bis links“ (71). Hier wird der Naturbasis als einer Rahmenbedingung menschlichen Handelns zu wenig Raum und Bedeutung zugestanden; davon wurde bereits gesprochen. Ich sehe in dem zugrundegelegten Konzept auch eine Parallele zu *Dux*, Geschlecht: „Wir verstehen die Geschichte als einen konstruktiven Prozeß, in dem der Mensch mit der Organisationskompetenz über die Natur zugleich seine gesellschaftlichen Organisationsformen weiterentwickelt hat.“(460).

[78] Vgl. *Mead*, Verhältnis der Geschlechter, 21-43, bes. 23f.

nanten im menschlichen Verhalten gebe, oder ob in Einzelfällen sich solche angeblich biologisch vererbten Determinanten nicht ausgewirkt hätten. *Ein Gegenbeispiel gegen die Theorie angeborener Aggression, die behauptete, der Mensch sei von Natur aus aggressiv, würde genügen,* um die These, der Mensch sei von Natur aus aggressiv, zu widerlegen. Mit diesem Erkenntnisinteresse, so darf man in diesem Fall sagen, trat Margaret Mead ihre Forschung an und lieferte aller Welt das strahlende Gegenbeispiel vom friedliebenden Samoaner. Nicht nur deswegen schlug ihre Veröffentlichung wie eine Bombe ein; im Zusammenhang mit dem aggressiven Verhalten wurden in der Methodik der Feldforschung eine Menge von weiteren Details der Lebensform vorgestellt, die in einem Trend hineinpaßten, der durch andere Entwicklungen gefördert zu werden schien.

Margaret Mead berichtete in ihren Beobachtungen von einer *repressionsfreien Sexualität* bei den Samoanern, einer *zwanglosen Erziehung* ohne feste Bindung an ein bestimmtes Elternpaar in der Großgruppe. Der Zusammenhang: Friedensliebe, Aggressionslosigkeit und völlige Zwanglosigkeit in der Erziehung war bedeutend. Das eine schien das andere auch ethisch zu rechtfertigen: Der Hippies „Make love not war" mag wie ein ferner Nachklang wirken.

Dieses ganze Geschehen wurde *als kultur- nicht als naturbedingt vorgestellt.* Dies ist wichtig: „Ihre Aussage, die menschliche Natur sei das ‚Roheste von allen Rohmaterialien' das erst durch die Kultur seine Form erhalte, wurde wohl ebensooft zitiert, wie die Behauptung, daß jene Persönlichkeitsmerkmale, die wir als typisch männlich und weiblich ansehen, mit dem Geschlecht nur so lose verbunden seien, wie die Kleidung und Kopfbedeckung, die jemand in einer bestimmten Kultur trage."[79] Wenn dem so wäre, so konditioniere man die Menschheit zu Samoanern – das wäre der naheliegende Schluß – und man habe Frieden; natürlich geht das und ging das so nicht; aber zweifelsfrei taten Meads Werke enorme Wirkung – so sehr, daß Freeman von einem Mythos spricht. Man kann davon ausgehen, daß ihre Ideen in vielem weiterwirkten, was heute auf dem Markt der Interpretationen der Sexualität gehandelt wird. In eigenartiger Klitterung wird hier die Idee des „Zurück zur Natur", des „reinen Wilden", mit der der völligen Manipulierbarkeit des Menschen durch kulturelle Einflüsse verbunden.

Freeman hat diesen Mythos radikal entlarvt; er hat in fast allen Einzelheiten zeigen können, daß die Beobachtungen von Margaret Mead hinsichtlich der Aggressivität bzw. des Fehlens der Aggressivität unter Bedingungen gemacht worden sind, die nur einen äußeren, oberflächlichen Einblick gewähren; sie war auf Informationen aus der Entfernung angewiesen, weil sie die Inseln selber nicht betreten konnte; offensichtlich war dabei die Gutgläubigkeit in Richtung auf insgeheim erwünschte Ergebnisse ein Movens, manches, was ihr Mädchen aus Samoa erzählten, für bare Münze zu nehmen.

Manches Positive ist dieser Forschung, diesem Gang an die Quellen des von Zivilisation noch nicht verfälschten Ursprünglichen, *dennoch zu ver-*

[79] Aus dem Vorwort von *Eibl-Eibesfeld* zur Studie von *Freeman*, Liebe ohne Aggression, 9.

danken. Ihre Veröffentlichungen haben eine enorme Breitenwirkung gehabt; z.B. hat sich ein anderes Verhalten zu den kleinen Kindern, die der Nähe der Mutter und des Hautkontaktes bedürfen, entwickelt. Die Bedeutung, die das Getragenwerden für den Säugling auch nach der Geburt hat, wurde wahrgenommen. Man kann die Auswirkung davon in den Veränderungen unseres Straßenbildes registrieren. Überdies gibt es natürlich vieles in den Beobachtungen von Margaret Mead, was durch ihr nachgewiesenes Erkenntnisinteresse nicht negativ beeinflußt wurde.

Wir haben im Blick auf die kulturelle Überformung noch nicht vom *Inhaltlichen* gesprochen; darum geht es im weiteren: Was wird in den geschichtlichen Prozessen der Wertvermittlung dem einzelnen an Verhaltensmustern angeboten, was an Wertvorstellungen, die sich im Verhalten äußern?

1.2.1. Die Pluralität der Gestaltungen

So vielschichtig sich die Einflüsse darstellen, die menschliches Verhalten mitbestimmen, so unterschiedlich sind auch die Inhalte, die als Sinnangebote und Wertorientierungen in den Kulturen zu sichten sind. Hatte sich der Ethiker etwas darauf zugute halten können, die ethische Relevanz des richtigen Umgangs mit der Sexualität aufgewiesen zu haben, so sieht er sich jetzt einer neuen *Schwierigkeit* gegenüber, *etwas über allgemeingültige Bedingungen gelingender humaner Sexualität zu sagen:* so verschieden ist, was sich allenthalben in den Kulturen der Welt beobachten läßt.

Dieser Abschnitt könnte der ausgedehnteste sein, wenn man zusammentragen würde, was Kulturanthropologie und Ethnologie zu diesem Punkt zu sagen haben.[80] Darum kann es in diesem Zusammenhang nicht gehen. *Das Bedenken der Pluriformität der Gestaltungen hat hier systematischen Sinn:* Wir waren ausgegangen von den biologisch bestimmenden Gesetzlichkeiten, die den Rahmen menschlicher Formung der Sexualität abgeben. Wir sahen auch, daß der Mensch ohne Gestaltung seiner Möglichkeiten, von denen er in anderer Weise Abstand gewinnen kann als das Tier, sich selbst verliert; denn er ist darauf angewiesen, „sprachlich" zu existieren. Er muß gerade auf diesem Gebiet intensivster menschlicher Kommunikation so etwas wie eine Grammatik entwerfen, die ihn befähigt, das rechte Wort, die richtige Gebärde zu finden. Aber wir sahen, daß es offensichtlich über der menschheitlichen Ursprache der ererbten Gestik und Mimik keine Univer-

---

[80] *Kaufmann*, Ehe, in: *Böckle* (Hg.), Naturrecht, 15-60, markiert einen bedeutenden Entwicklungsschritt, insofern man hier anläßlich eines Kongresses der Moraltheologen auf dem Hintergrund einer Naturrechtsdiskussion, in der man weithin von einer immer und überall im wesentlichen gleichen menschlichen Natur auszugehen pflegte, sich der Wirklichkeit zu stellen hatte, daß es *„die Natur"* menschlicher Sexualität angesichts der Vielfalt ihrer Verwirklichungsformen nicht zu geben schien. Vgl. noch: *Klöcker/Tworuschka*, Sexualität; die Variationsbreite der familienbezogenen Rollen von Mann und Frau zeigt *König*, Familie, 22-48, auf; vgl. auch *Elsässer*, Ordnung, 16f..

salsprache gibt, die sich zugleich in der Kultivierung geschlechtlicher Kommunikation auswirkt. Das muß man nicht festmachen an den Ergebnissen von Margaret Mead allein, deren Methode – wie wir sahen – angegriffen wurde. Etwas von dem allerdings, was sie in amüsanter Form über die Unterschiedlichkeit sexuellen Verhaltens zu wissen gibt, dürfte auch nach der Kritik noch Gültigkeit behalten. Sie bekennt selbst, daß die Einzelheiten „in Verwirrung" geraten,

„handle es sich um das Verwandtschaftssystem, demzufolge kleine, bereits verlobte *Manu*-Knaben sich mit zu Boden gewandtem Gesicht unter eine Matte legen müssen, weil ihre Schwiegermütter vorübergehen; oder um die *Arapesh*-Jünglinge, die ihre kindlichen Bräute sanft an der Hand zu nächtlichen Krebsjagden führen; oder um junge *Mundugumor*-Liebhaber, die mit passenden Erklärungen für die beträchtlichen Kratzer wiederkehren, die sie soeben von dem Mädchen ihrer augenblicklichen Wahl bekommen haben; oder gar um eine *balinesische* Entführung im kühlen Morgendämmern, bei der das Mädchen umherspäht, ob etwa Zeugen da sind, vor denen man unter Stoßen und Schreien Abwehr zu heucheln hat, oder ob sie in Ruhe ihrem Erwählten folgen kann; ob es um einen jungen *Tchambuli*-Ehemann geht, der plötzlich im aufwallendem Mißverstehen seiner Rolle einen Speer durch die Balkenritze in seines Weibes Wange wirft; oder um einen Kopfjäger der *Jatmul*, der seine ganze Altersklasse herbeiruft, damit sie ihm seine widerspenstige Frau vergewaltigen helfe; oder schließlich um ein *Samoa*-Mädchen, das seinem Verehrer den Ort zuflüstert, wo sie ihn unter Palmen treffen will."[81]

So verschieden sind allein die Anbahnungen der Beziehung von Mann und Frau; vieles weitere wäre hinzuzufügen. Die bunte Vielfalt der rechtlichen Einordnung der Familie, das Verständnis der Ehe, die Bedeutung der Kinder in der Ehe, die Regelungen der Abstammungsfragen, alles das betrifft die Rollen von Mann und Frau in der Gesellschaft, betrifft die Bestimmungen ihres Verhaltens zueinander. *Es scheint nicht nur aussichtslos, sondern auch arrogant zu sein, wollte man angesichts dieser kulturellen Vielfalt die Dominanz eines bestimmten Bildes und einer bestimmten Wertung von Ehe und Sexualität durchsetzen.* Man hat es der christlichen Mission vorgeworfen, aus ihrem Erwählungsbewußtsein heraus diese Arroganz geübt zu haben.

Vielleicht kann aber *an einem einfachen Beispiel deutlich gemacht werden, daß ein Bemühen um eine jenseits und in allen Kulturen gültige Einstellung zur Sexualität dennoch sinnvoll sein kann.* Ich denke an den 1981 mit dem NOMA-Preis für afrikanische Literatur ausgezeichneten Roman „Ein so langer Brief. Ein afrikanisches Frauenschicksal" der Senegalesin *Mariama Bá*.[82] Sie beklagt sich bitter über die schmerzlichen Zurücksetzungen, die sie als vernachlässigte Erstfrau erfahren mußte:

---

[81] *Mead*, Verhältnis der Geschlechter, 44.
[82] Frankfurt u.a. (Ullstein 30142).

„Meine Niedergeschlagenheit dauert fort, mein Groll bleibt. Wogen einer ungeheuren Traurigkeit schlagen in mir hoch. War es Wahnsinn oder ein Tiefpunkt; Herzlosigkeit oder unwiderstehliche Liebe? Welche innere Erschütterung hat Modou zu dem Irrtum verleitet, Binetou zu heiraten?... Es hat ihm nicht genügt, meinem Leben eine Rivalin zuzugesellen. Als er eine andere liebte, hat er zugleich seine Vergangenheit ausgelöscht. Er hat es gewagt, mich derart zu verleugnen."[83]

Die überkommene Lebensform, in deren Rahmen sie 30 Jahre mit ihrem Mann zusammengelebt und neun Kinder geboren hatte, verlor ihre Selbstverständlichkeit in dem Augenblick, als sich der Mann dieser anderen, ganz jungen Frau zuwandte. Es mag mit der fortschreitenden Begegnung der Kulturen zusammenhängen, daß früher vielleicht klaglos hingenommenes Schicksal jetzt Anlaß zu Klage und Protest wird. Die damit aufgeworfenen Fragen aber drängen nach einer Antwort, soll menschliches Zusammenleben auch in Zukunft glücken. Es gibt in der Behandlung von Frauen in den Gesellschaften Afrikas eine Reihe von Dingen, die die allgemeingültige *Frage nach dem ethisch Zulässigen über Kulturgrenzen hinweg* aufwerfen lassen, man denke an Beschneidung und andere Manipulationen, die ebensoviele Beeinträchtigungen menschlicher Lebensmöglichkeiten darstellen.

Die Pluriformität hat auf der einen Seite etwas Großartiges; viele Möglichkeiten des Menschen werden sichtbar. Dennoch ist sie kein Selbstzweck, und sie kann auf der anderen Seite etwas mit dem Turmbau von Babel zu tun haben, mit Sprachverwirrung, Kulturverwirrung, die menschliche Kommunikationsmöglichkeiten überfordern – man denke an das eine Beispiel, das für viele namenlose Schicksale steht. Die Frage, ob Änderungen angezeigt sind, stellt sich schon hier. Wir haben kein Recht, dem Senegalesen, der in dem Roman in seinem Verhalten beschrieben wird, Vorwürfe zu machen. *Er handelte vermutlich nach den Weisungen der Sitte, in der er groß geworden war, nach den Gebräuchen seines Landes und seiner Familie, die ein völlig anderes Bild von der Frau haben* als der Mitteleuropäer. Damit hängt die Pluriformität offensichtlich zusammen. Man hat andere das Werten und das Verhalten bestimmende Bilder von der Frau und gegenläufig vom Mann in der Gesellschaft und von der Rolle, die sie diesem Bild entsprechend zu spielen haben. Das gilt im großen von den unterschiedlichen Kulturen der Völker; das gilt auch in den Binnenräumen größerer Kulturen von den unterschiedlichen Schichten vielschichtig strukturierter Gesellschaften. „*Nicht das biologische Geschlecht als solches, sondern der Rollenzuschreibungsakt durch die Gesellschaft legt die Grundlagen der Geschlechtsidentität*".[84]

An dieser Stelle kann man ergänzen, daß mit der Rollenzuweisung zugleich eine bestimmte Vorstellung von dem, was ein Mann, eine Frau *zu sein hat*, wirksam wird. Damit ist die *Frage nach der Beliebigkeit oder Unbelie-*

[83] Ebd., Zitat aus dem Roman auf der rückwärtigen Umschlagseite.

[84] *Schenk*, Geschlechtsrollenwandel, 73; in der anglo-amerikanischen Literatur wird zwischen *sex* und *gender* unterschieden, wobei sich gender auf die Zuschreibung der Geschlechtsrollen durch die Gesellschaft bezieht und sex auf die biologisch naturalen Vorgaben; vgl. hierzu *Goffman*, Interaktion, 109f. mit Anm. 3.

bigkeit vorgegebener Leitbilder gestellt, die Frage auch, ob es transkulturelle Grundmuster der Bewertung geben sollte, die auf der Basis der Wertung der Menschenwürde grundlegende Gleichheit von Mann und Frau postulieren. Hier wird ein Punkt der Normativität erreicht, der zumindest in unserer Gesellschaft weithin akzeptiert zu sein scheint, stehen wir doch hier auf dem Boden unserer Vorstellung der Menschenrechte, so wie sie in der Verfassung der Bundesrepublik beispielsweise festgelegt sind, der aber in der Gesamtheit der Kulturen (noch?) nicht in gleicher Weise akzeptiert ist. Unabweisbar gibt es demnach:

1.2.2. Konstanten in der Pluriformität

Unter den (vorfindlichen) Konstanten sind hier nicht diejenigen gemeint, die wir im Bereich bio-psychischer Gesetzlichkeiten finden konnten; sie waren weithin präkulturell und damit menschheitlich, lagen kultureller Gestaltung voraus und zugrunde. Hier ist nach den Konstanten zu fragen, die zwar von jenen biologischen Vorgaben nicht völlig unabhängig sind, welche alle Kulturen bestimmen, die aber als solche Ergebnis humaner Gestaltung sind. Wenn es richtig ist, daß es keine material-inhaltlich bestimmte Norm gibt, die nicht irgendwo in Kulturen von Menschen Ausnahmen zuläßt,[85] kann es diese Uniformität weniger in bestimmten einzelnen Normen sexuellen Verhaltens geben. Die *Konstanten liegen vielmehr in formalen Zusammenhängen.* Die Voraussetzung für die akzeptierte Geltung der Standards sexuellen Verhaltens ist

1) ohne *wertbestimmte Vorstellung von dem, was ein Mann oder eine Frau in einer Gesellschaft sein soll*, nicht denkbar. So war zum Beispiel unter den verschiedenen Formen des Verhaltens, die Margaret Mead beschrieben hat, die aggressivste Form sexuellen Verhaltens bei den Jatmul zu finden, einem Stamm, dessen Männer Kopfjäger waren. Leitbild also für das gesamte Verhalten war hier der Mann, der sich durch eine besondere Art von Aggressivität und Tapferkeit auszuzeichnen hatte. Dieser Umstand dürfte sich auf die Art und Weise ausgewirkt haben, in der man die Beziehungen zur Frau anknüpfte.

Für unseren Zusammenhang bedeutet das, daß es praktisch humane, und damit kultivierte, Sexualität nur als wertbestimmte, das heißt, konkret auf den Menschen bezogene, gibt. Wenn in der Verhaltensforschung festgestellt werden konnte, daß es offene Räume von Gestaltungsmöglichkeit, also Freiheit gebe, sich zugleich aber die Notwendigkeit bestimmter Formung aufdrängte, dann bestätigt das Ergebnis der Kulturanthropologie dieses Faktum und zeigt, daß die *Gestaltung des Verhaltens der Geschlechter zueinander in Abhängigkeit von der jeweils herrschenden Anthropologie* (hier verstanden als eine wertbestimmte Sicht des Menschseins in seiner Geschlechter-

---

85 Gemeint sind hier konkrete Einzelnormen des Verhaltens; so ist nicht einmal das *Inzesttabu* absolut universell.

differenz) *in verschiedenster Weise realisiert wurde*. Dabei ist vorausgesetzt, daß Kulturleistung als humane immer nur in der Gestaltung jener menschlichen Lebensbereiche vollzogen wird, in denen Freiheitsraum gegeben ist und gleichzeitig eine Art „Zwang", eine Notwendigkeit, Handeln zu ordnen. Die Urbedürfnisse des Menschen werden so gestillt, daß in der Form, in der der Mensch das tut und vollzieht, sich zugleich die Eigenart seines Seins und seines Selbstverständnisses darstellt.

Dies sei am Beispiel der *Nahrungsaufnahme* verdeutlicht; die Notwendigkeit derselben verbindet ihn einerseits mit allen andern Lebewesen; die Möglichkeit aber, dieses in einer Gestaltung menschlicher Gemeinsamkeit zu tun, transzendiert andererseits die banale Tatsache notwendiger Kalorienzufuhr und ermöglicht spezifisch menschliche Erfahrungen. Auch darin kann sich der Mensch auf eine qualifizierte Weise seiner selbst bewußt werden – wenn auch auf höchst unterschiedliche Weise auf den verschiedenen Stufen seiner Entwicklung. Aber es geht um ihn und um seine Freiheit. Die kulturschöpferische Kraft des Menschen ist hier aufgerufen und zugleich zurückgebunden an die Möglichkeiten, die ihm das natürliche Dasein vorgibt.

2) Die Erfahrung läßt eine weitere Konstante erkennen: Es existiert *keine Kultur, die sich nicht dieser Aufgabe, der Gestaltung menschlicher Sexualität, gestellt hätte.*[86] In irgendeiner Form hat sich jede Kultur um eine Regelung der Beziehungen von Mann und Frau bemüht. Das betrifft auf der einen Seite das Ethos, in Verbindung damit auch die Rechtsordnung und entsprechende Codices. Es besteht offensichtlich „Regelungsbedarf", um es juristisch zu formulieren. Auf der anderen Seite und parallel dazu gehört zur menschlichen Entwicklung die *Bemühung um ein Sinnverstehen*, das sich zunächst in Mythologien und in künstlerischen Gestaltungen zeigt. Von Anfang an scheint sich das, was zwischen Mann und Frau wichtig wird, in Mythen und bildnerischen Versuchen widerzuspiegeln. Schon lange vor der Venus von Milo gibt es Darstellungen der Frau, die zeigen, daß deren Bedeutung Menschen umgetrieben hat. So kristallisieren sich allmählich immer deutlicher wertende Vorstellungen heraus und das darin sich verkörpernde Sein des Mannes und der Frau als Menschen. Sie spielen eine entscheidende Rolle in der Gestaltung der Geschlechtlichkeit. Es ergibt sich aus dem bisher Beobachteten: Jedes *Sexualethos ist Ausdruck einer bestimmten Sexualanthropologie,* auf welchem Niveau auch immer diese entwickelt sein mag. Das Bild, wertbestimmt, vom Mann und von der Frau, *wirkt sich in Verhaltensanweisungen aus; ihm entspricht die Rolle*, die den Geschlechtern in der Gesellschaft zugeordnet wird.

---

[86] Dazu emphatisch schon *Schelsky*: „... *die kulturelle Überformung der sexuellen Antriebe gehört sicherlich ebenso zu den ursprünglichen Kulturleistungen und Existenzerfordernissen des Menschen, wie Werkzeug und Sprache,* ja, es spricht nichts dagegen, in dieser Regelung der Geschlechts- und Fortpflanzungsbeziehungen des Menschen die primäre Sozialform alles menschlichen Verhaltens zu erblicken." (Soziologie der Sexualität, 12). Auch wenn Schelsky hier einige problematische Voraussetzungen in der Anthropologie macht, an der faktischen Stimmigkeit seiner Aussage ist kaum zu zweifeln. Daß solche kulturelle Gestaltung bei ihm Institutionalisierung und Normsetzung bedeutet, versteht sich von selbst. Siehe auch *Elässer*, Ordnung 12.

3) Mit dem unterschiedlichen Bild von Mann und Frau verbindet sich nicht nur die Zuweisung bestimmter Geschlechtsrollen und die Entwicklung bestimmter Normen in der Gesellschaft. Die Aktuierung und der Vollzug der Sexualität sind auch noch von anderen Momenten der Anthropologie abhängig. Das *Verhältnis des Menschen zu seinem Leib*, welches sich seit der Zeit der Griechen im Abendland anders entwickelt hat, als in anderen Hochkulturen, wirkt sich im Sexualverhalten aus. Eine *in der griechischen Kultur verbreitete Leibfeindlichkeit* ging zumeist mit der *Lustfeindlichkeit* Hand in Hand;[87] diese wirkte sich auf das Ausleben der Sexualität, auf die Möglichkeit, in der Geschlechterbegegnung persönliches Glück zu finden, weithin negativ aus. In der Tradition dieser Kulturen, in der auch wir noch stehen, sind Bestimmungen verbreitet, die eine Tabuisierung der Sexualität erkennen lassen, die oft auch mit deren Divinisierung umgekehrt zusammenhängt. Der Ruf nach „angstfreiem" Vollzug der Sexualität heute ist als Gegenreaktion verständlich, hat jedoch seine eigene Einseitigkeit. Die mit dem Bewußtwerden der Sexualität verbundenen Ängste sind keineswegs gänzlich ausgestorben. *Das Faktum der Einflüsse von solcher Fundamentalanthropologie auf die Gestaltung des Geschlechtslebens darf als eine weitere Konstante formaler Art angesehen werden.* Auch von hierher muß die Frage weiter verfolgt werden: Welche Folgen hat eine bestimmte Sicht für das Seinkönnen des Menschen als Mann oder Frau?

4) Darin zeigt sich ein letztes: *Sexualität läßt sich vom Menschen und vom Menschlichen nicht trennen.* Eine bestimmte Sicht der Sexualität, das zeigte sich insbesondere in den letzten Überlegungen, hängt mit der Anthropologie überhaupt zusammen. Das Inbild von Mann und Frau einer Gesellschaft ist zugleich Hinweis auf das, was man überhaupt über den Menschen und sein Wesen und seine wesentlichen Aufgaben denkt. Es versteht sich von selbst, daß dieses Denken über den Menschen, daß diese wertorientierten Standards vorgegebene Elemente gewachsener Kulturen sind; so sehr sich Veränderungen beobachten lassen, so sehr sind *solche Veränderungen doch nie das Ergebnis privater einsamer Entscheidung,* sondern geschehen jeweils im Konnex gesellschaftlicher Entwicklungen. Sie sind zum Teil auch abhängig von den ökonomischen Bedingungen des menschlichen Seinkönnens.

1.3. Die Unabweisbarkeit der Wahrheitsfrage

In unserem Gedankengang, aber auch in einer Phase der Weltgeschichte, in der *Kulturen einander begegnen,* unterschiedliche Auffassungen von Menschen dadurch miteinander in Konkurrenz geraten, stellt sich unausweich-

---

[87] Zu diesem Zusammenhang gibt es eine umfangreiche teilweise auch tendentiell verzerrende Literatur; vgl. *Noonan,* Empfängnisverhütung; *Denzler,* Lust; *Brown,* Keuschheit der Engel; *Pfürtner,* Sexualfeindschaft.

lich die Frage nach dem menschheitlich Gültigen. Dieses darf nicht eine Nivellierung der je einzelnen Kultur bedeuten; aber der Trend der Entwicklung der Geschichte ist unumkehrbar; es mag einzelne Oasen geben, in denen Menschen leben, die noch nicht mit einbezogen sind in den *Gang der Geschichte auf die eine Menschheit hin* – eine Menschheit selbstverständlich in der Pluralität von Kulturen. Sie ist nur denkbar als eine Einheit in der Vielheit. Aber die Einheit hat ihre Basis unaufhebbar im Menschsein des Menschen; das ergab sich als durchgängige Konstante in allen Kulturen. Das ergab sich auch aus jenen universalisierbaren Aussagen der Humanwissenschaften, die über ein breites „sicheres Wissen" verfügen, das sich aus ihrem Konsens ergibt. Dieses Wissen stellt aber die Menschen in den unterschiedlichen kulturellen Zusammenhängen vor parallele Probleme: Wie wird der Gestaltungsspielraum genützt, der dem Menschen hier zur Verfügung steht? Welche unbeliebigen Vorgaben sind zu respektieren?

Beispiele aus unterschiedlichen Kulturen haben uns gezeigt, daß wir es spontan eigentlich nicht dabei belassen möchten, daß da und dort Frauen diskriminiert, mißhandelt werden, nur weil es eine ganz bestimmte Kultur mehr oder weniger so vorsieht. *Wenn sich herausstellte, daß das Verhalten der Geschlechter zueinander wesentlich von den grundlegenden Determinanten der leitbildlichen Vorstellung vom gelingendem menschlichen Leben bestimmt sind, dann stellt sich die Frage danach als eine transkulturelle heraus. Wir fragen also in der faktischen Entwicklung unserer Welt, was ist menschlich richtig?* Der Mensch – in der anderen Kultur, unter anderen Verhältnissen lebend – ist zum Gegenstand des Interesses geworden. Wir möchten immer dann etwas geändert sehen, wenn wir überzeugt sind, dieses oder jenes entspreche nicht der wirklichen Würde des Menschen. Gleichzeitig bleibt das Bemühen um kulturelle Eigenwerte unverzichtbar: Eine Inkulturation des Humanum in der jeweiligen Kultur ist angesagt.

In der Bemühung um das verbindlich Menschliche regt sich unausweichlich die Überzeugung, daß *solche Erkenntnis auf eine sittliche Richtigkeit, d.h. auf sittliche Wahrheit bezogen* ist. Das meint nicht, daß wir diese Wahrheit schon hätten und sie nur den anderen überzustülpen brauchten. Wir müssen uns vielmehr auf einen Dialog einlassen, indem wir uns gemeinsam den Problemen des Menschseins stellen und abwägen, was denn aufs Ganze und auf die Dauer für den Menschen besser sei, was sein Leben besser gelingen lasse. Nicht jede Anthropologie kann in gleicher Weise diesem so gestellten Wahrheitsanspruch entsprechen, so sehr wir überzeugt sind, daß jeder Mensch zunächst einmal in seiner eigenen Kultur seine Identität finden muß und man höchst behutsein zu sein hat, wenn man an die Frage normativer Anthropologie herangeht.

Die Beobachtung der Verschiedenheit des Verhaltens von Menschen und der entsprechenden Verschiedenheit der Anthropologien in den unterschiedlichen Kulturen *zwingt uns zur Frage nach einem wirklichkeitsentsprechenden Menschenbild,* nach einer wahrheitsgetreuen Anthropologie; dieses ist *eine philosophische Fragestellung* (und zugleich eine theologische).[88] Die Kulturanthropologie konnte nur phänomenologisch beschreiben, was es wo und in welchen Formen gibt. Die Philosophie fragt nach dem Sinn unterschiedlicher Formen des Menschseins. Die bisherige Entwicklung unseres Gedankengangs zwingt uns also an dieser Stelle zu einem gewichtigen Schritt: *Wir fragen nach einer sinnbestimmenden Anthropologie, die auch phänomenologisch-philosophisch den Sinn von Sexualität zu erheben hätte.* Dies ist eine *philosophische* bzw. *theologische* Frage, die mit den Mitteln empirisch arbeitender Humanwissenschaft nicht zu lösen ist. Erst aus der Sinnbestimmung, also aus der Frage, welcher Sinn der Sexualität und ihrem Vollzug im Ganzen des menschlichen Daseins zukomme, ergibt sich der ethische Stellenwert der Gestaltungsformen der Sexualität.

Wir befinden uns also hier gerade an dem *zentralen Gelenk der gesamten Argumentationsreihe,* die nun mit anderen Formen des Argumentierens weitergeführt werden muß. Die biologische Sichtung der Sexualität zeigte uns, daß es, human gesehen, keine rein naturale Sexualität gibt, daß vielmehr die menschliche Sexualität immer in kultureller Überformung vorkommt. Zudem wurde eine sehr weitgehende Unterschiedlichkeit der Vorstellung des Verhältnisses von Mann und Frau sichtbar. Da sich daraus ganz unterschiedliche Wertungen und unterschiedliche Chancen des gelingenden menschlichen Lebens ergeben, stellt sich unausweichlich die Sinnfrage und damit auch dann im Gefolge dessen die ethische Frage.

Wir leben in einer Welt wachsender Kommunikation der Kulturen und müssen kulturübergreifend diese Frage nach der Verbindlichkeit humaner Spielregeln des Verhaltens stellen. Kann ein Menschenbild in einer internationalen Völkergemeinschaft bestehen, demgemäß ein Mann – aus welchen Gründen auch immer – sich dadurch zu bewähren hat, daß er einen Gegner tötet, um seinen Kopf präparieren zu können? Ein konsequenter Kulturrelativismus würde diese Frage nicht zulassen; *tatsächlich aber läßt sich heute die Frage nach allgemeingültigen Gesichtspunkten der Humanität in unserer Welt nicht unterdrücken* – wie die gesamte Diskussion um Frage und Inhalt der *Menschenrechte* zeigt. In ihr ist unterstellt, daß es etwas verbindlich Humanes wird geben müssen.

Nicht ganz zu unrecht ist darauf aufmerksam gemacht worden, daß sich diese Frage heute *auch konkret in unserem Land* stellt. Die islamischen Religionsgemeinschaften bemühen sich um einen rechtlichen Status, der dem der christlichen Kirchen entspricht; das Postulat also nach staatlich garantiertem Religionsunterricht in den Schulen im Zusammenhang mit den rechtlichen Implikationen, die mit einer öffentlich rechtlichen Körperschaft gegeben sind, liegt auf dem Tisch.[89] Das Problem, das hier entsteht, bezieht

---

[88] Die Frage kann auch theologisch gestellt werden; davon wird weiter unten zu sprechen sein.

[89] *Khoury* schreibt: „Im religiösen Bereich geht der Islam von einer Gleichheit und Gleichstellung von Mann und Frau aus..." Für den rechtlichen Bereich gilt: „In vielen Punkten wurden die Frauen nicht als den Männern gleichberechtigt betrachtet... Das tradionelle Ehe- und Familienrecht im Islam sieht eine Vorrangstellung des Mannes vor: Polygamie, Mischehe, Recht auf Entlassung der Frau, Vollmacht über die Ehefrau"; (in: *Khoury/Hagemann/Heine*, Islamlexikon 1, 250f., unter Berufung auf den Koran 4,34).

sich auf den Bestand der Vorstellungen unseres Grundgesetzes, das von der Gleichberechtigung von Mann und Frau ausgeht, die so im Islam nicht vertreten wird. Nicht zufällig haben Muslime hier zum Teil eine Änderung gefordert. Daß jedoch auch in unserer Gesellschaft die Humanität der Sexualität keineswegs zufriedenstellend gesichert ist, zeigt ein Blick in unsere Werbung, insbesondere dort, wo es um sogenannten Sextourismus geht; dasselbe zeigt die Statistik über die Anwendung von Gewalt in der Sexualität und über den Mißbrauch von Kindern und Jugendlichen.

Ist nun menschliche Sexualität immer nur als human geformte vorfindbar, dann *interessieren unabweisbar die Wertkonstanten der Humanität,* die in solchen Gestaltungen der Geschlechterbeziehung wirksam gewesen sind. Ganz allgemein lassen sich – wie wir sahen – einige universalisierbare Bedingungen von Humanität in der zwischen Mann und Frau geübten Praxis herausstellen. Damit aber sind wir erneut bei einer spezifisch ethischen Fragestellung angekommen; wenn Ethik ein Reflexionsprozeß auf diejenigen Elemente im Verhalten von Menschen ist, die mit dem Gelingen menschlichen Lebens unabweisbar und kulturübergreifend zusammenhängen, dann ist die Verantwortlichkeit für eine Gestaltung dieses Verhaltens auf den Plan gerufen, die menschheitlich gilt; dann ist *nicht nur die ethische Frage gestellt, was soll der Mensch tun, wie soll er sich als Frau bzw. als Mann verhalten? Es ist darüber hinaus zu fragen, wie der/die einzelne sich selbst in dieser Beziehung versteht. Diese Frage zielt auf einen human verbindlichen Sinngehalt der Geschlechterbeziehung bzw. der je eigenen Geschlechtsbestimmtheit. Mit ihr ist die andere engstens verbunden, welche Grundwerte des menschlichen Lebens hier realisiert werden können.*[90]

[90] Es versteht sich von selbst, daß hier ein bestimmtes Ethik-Verständnis vorausgesetzt wird, wenn z.B. von der Wahrheitsfähigkeit ethischer Sätze (vgl. hierzu die Enzyklika Veritatis splendor!) ausgegangen wird. Allerdings muß hier darauf verzichtet werden, diesen Ansatz im einzelnen zu begründen.

2. Kapitel:

Grundwerte in der Beziehung von Mann und Frau? Die Frage nach der Sinnorientierung menschlicher Sexualität

Bevor von *Normen* die Rede ist, sollte nach *Wert*orientierungen gefragt werden. Über Grundwerte hat man in den siebziger Jahren intensiv diskutiert;[1] in dieser Diskussion ging es jeweils um das, was der Mensch im Grunde sein, und wie er in der Verbindung mit anderen leben soll. Es ging um die *Erfassung desjenigen, was auf jeden Fall und in jeder Gesellschaft der Respektierung und der Achtung durch alle bedarf*, wenn der Freiraum menschlichen Lebens gesichert bleiben soll. Wie lassen sich Grundwerte näher bestimmen? Sie *hängen jeweils mit der Sinndeutung zusammen*, die der Mensch bestimmten Formen seines Erlebens gibt. Sinndeutungen sind dort besonders herausgefordert, wo der Mensch vor die Grenzen und damit auch vor das Ganze seines Daseins gerät und sich zur Stellungnahme herausgefordert fühlt. Ursprünglich geschah das in mythischen Erzählungen; philosophische Reflexion hat davon später ihren Ausgang genommen.[2]

---

1 Die Diskussion ist gut dokumentiert bei *Gorschenek*, Grundwerte; *Kimminich*, Grundwerte; *Paus*, Werte. Problematisiert wird die Argumentation mit Hilfe des Wertbegriffs von *Wannenwetsch*, Freiheit, 202; ich kann hier nur darauf verweisen, daß die Kritik ganz vom Inhalt des zugrundegelegten Wertbegriffs abhängt, welcher anders bestimmt werden kann, als dies bei Carl Schmitt und Eberhard Jüngel geschieht, auf die sich Wannenwetsch bezieht; auf den Wertbegriff ist weiter unten zurückzukommen.

2 Dabei ist einzugestehen, daß sich die philosophische Reflexion relativ wenig mit der Geschlechterfrage befaßt hat; vgl. hierzu *Sill*, Androgynie, 1-9. Und wo sie sich dazu äußerte, tat sie dies zumeist aus einseitiger Perspektive; Annemarie *Pieper* führt hier die Studie von Luce *Irigaray*, (Differenz) an, um diese manchmal fast grotesk wirkende Einseitigkeit zu dokumentieren (Einführung, 36f. und des weiteren die S. 78 angeführten Beispiele). Ihre eigenen Überlegungen nehmen Gedanken auf, die schon die Art bisherigen philosophischen Denkens als sexistisch bestimmt auszuweisen versuchen (82-101); metaphysische Einheitsprinzipien als Grundprinzipien einer essentialistischen Ethik seien nur so erklärbar.

2.1. Aspekte philosophischer Sinndeutung

2.1.1. Das Problemfeld:[3] *Die Sexualität im Spiegel unterschiedlicher Deutungen und Bewertungen*

a) Die freudo-marxistische Einflußlinie

Ich habe die beiden Namen Marx und Freud[4] kombiniert, weil die Einflußlinien beider bei den wichtigsten Autoren der sechziger und siebziger Jahre unseres Jahrhunderts zusammengeflossen und bis heute wirksam sind. In der Studentenbewegung, die Ende der sechziger Jahre ihren Höhepunkt erreichte, galt Wilhelm Reich, ein Schüler Freuds, der Marxist geworden war und längere Zeit als Mitglied der kommunistischen Partei gewirkt hat, als fast unumstrittene Autorität. Seine Bücher werden bis heute aufgelegt und haben ihrerseits Einfluß auf die bioenergetische Schule ausgeübt, sowie auf O'Neill, dessen Name mit der sogenannten antiautoritären Erziehung als Programm verknüpft ist. Neben diesen wäre Herbert Marcuse zu nennen, der auf seine Weise „Freudo-Marxist" war und auf die Studentenbewegung höchst intensiv einwirkte.

1) Die Sicht von Karl Marx

Es wird sinnvoll sein, auf einige Quellentexte zurückzugehen, um den Entwicklungsgang einigermaßen nachvollziehen zu können. Um den Jahreswechsel 1847/1848 formulierte *Marx* das Manifest der kommunistischen Partei. Es handelt nicht nur von der Vereinigung der Proletarier aller Länder und von der Aufhebung des Eigentums; auch zur Frage der Familie und der Beziehung von Mann und Frau nimmt das Manifest Stellung. Es wirkt wie ein Aufschrei, wenn es heißt:

> „Die bürgerlichen Redensarten über Familie und Erziehung, über das traute Verhältnis von Eltern und Kindern, werden um so ekelhafter, je mehr in Folge der großen Industrie alle Familienbande für die Proletarier zerrissen und die Kinder in einfache Handelsartikel und Arbeitsinstrumente verwandelt werden."[5]

Die Walze der Industrialisierung hat die Massenverelendung gebracht und gleichzeitig die Strukturen der Familien radikal angegriffen. Marx will zeigen, daß die faktische Entwicklung die Massen der Proletarier von jeglicher humanen Form familiären Zusammenlebens entfremdet haben. Im folgen-

---

[3] Gemeint ist hier das Problemfeld der gegenwärtigen Diskussion; an dieser Stelle wird nicht die Geschichte der Deutung insgesamt aufgerollt. Daß hier ausgewählt werden muß, versteht sich von selbst.

[4] Daß hier Freud in einer Darstellung philosophischer Entwicklung auftaucht, sollte nicht verwundern, einmal, weil er selbst sich nicht selten philosophisch geäußert hat, zum anderen, weil seine Grundanschauungen die Philosophie unseres Jahrhunderts wesentlich mitbestimmt haben. Entsprechend wird diese Einflußlinie von *Bernt*, Sexualerziehung bezeichnet (63f.)

[5] *Marx*, Frühe Schriften, Bd. II, 838.

den geht es dann im engeren Sinn um die Frage der Beziehung von Mann und Frau:

> „Aber ihr Kommunisten wollt die Weibergemeinschaft einführen, schreit uns die ganze Bourgeoisie im Chor entgegen.
>
> Der Bourgeois sieht in seiner Frau ein bloßes Produktionsinstrument. Er hört, daß die Produktionsinstrumente gemeinschaftlich ausgebeutet werden soll, und kann sich natürlich nichts anderes denken, als daß das Los der Gemeinschaftlichkeit die Weiber gleichfalls treffen wird. Er ahnt nicht, daß es sich eben darum handelt, die Stellung der Weiber als bloßer Produktionsinstrumente aufzuheben.“[6]

Wer über Geschlechtlichkeit nachdenkt, muß über das Verhältnis der Geschlechter nachdenken. Auch dieses ist – nach Marx'scher Lehre – durch das private Eigentum und das diesem entsprechende insgesamt den Menschen bestimmende Denken deformiert, das nur zuläßt, die Frau als ein Produktionsinstrument zu sehen. Im Manifest geht es darum, Unterdrückung und Ausbeutung der Frau aufzuheben. Im Blick auf die reale Frage der Gesellschaft gibt das Manifest den Vorwurf, der gegen die Kommunisten erhoben war, glatt zurück und behauptet, die bürgerliche Gesellschaft selbst lebe in einer Art von Weibergemeinschaft. Marx ist der Überzeugung, nur die Veränderung der gesellschaftlichen Verhältnisse könne eine Veränderung der Beziehung von Mann und Frau ermöglichen. Nach C. Langewellpott sehen Marx und Engels dies so: „Dadurch daß Frauen und Kinder in den Arbeitsprozeß eingegliedert sind, kann mit veränderter ökonomischer Grundlage das Verhältnis der Familienmitglieder zueinander eine andere ‚höhere Form‘ gewinnen. Auch in Familie und Ehe, die Marx und Engels grundsätzlich als Institutionen auf der Grundlage sittlicher Beziehungen (Liebe und Verantwortungsbewußtsein) erhalten sehen wollen, kann sich der Mensch in seinem Verhältnis zu anderen Menschen verwirklichen.“[7]

Der Vorwurf aus orthodox-marxistischem Lager hat bis in die jüngere Zeit gelautet: „In der bürgerlichen Familie ist nach wie vor die Klassenlage und nicht die individuelle Geschlechtsliebe das eigentlich Band der Familie.“[8] Erst wenn also die kapitalistische Wirtschaftslage aufgehoben ist, wird es möglich sein, daß die eigentlich personale Zuwendung der Ehe ihr Sinn gibt. Das Lexikon fährt fort: „In der auf dem gesellschaftlichen Eigentum an den Produktionsmitteln beruhenden sozialistischen und kommunistischen Gesellschaftsordnung bleibt für die Gattenwahl, für die Familienbeziehung kein anderes Motiv mehr als die gegenseitige Zuneigung, als die individuelle Geschlechtsliebe, weil in ihr alle Ursachen für die Ungleichheit der Geschlechter beseitigt sind. Die auf Geschlechtsliebe und gegenseitige Zuneigung gegründete Familie ist ihrem Wesen nach monogam. Nur die auf Liebe gegründete Ehe und Familien sind sittlich und somit auch nur die, wo die Liebe fortbesteht.“[9]

---

[6] Ebd.

[7] Familie, Ehe, 901.

[8] So im maßgebenden Philosophischen Wörterbuch der DDR aus dem Bibliographischen Institut, hrsg. von *Klaus/Buhr*, 403.

[9] Ebd.

Aus einem Text der philosophisch-ökonomischen Manuskripte von 1848 geht hervor, daß sich diese Behauptung durchaus auf den ursprünglichen Marx berufen kann. In einer Kritik des, wie er sagt, rohen Kommunismus von Proudhon u.a. schreibt Marx:

„... endlich spricht sich diese Bewegung, dem Privateigentum das allgemeine Privateigentum entgegenzustellen, in der tierischen Form aus, das der *Ehe* vor die *Weibergemeinschaft*, wo also das Weib zu einem *gemeinschaftlichen* und *gemeinen* Eigentum wird, entgegengestellt wird. Man darf sagen, daß dieser Gedanke der *Weibergemeinschaft*, das *ausgesprochene Geheimnis* dieses noch ganz rohen und gedankenlosen Kommunismus ist. Wie das Weib aus der Ehe in die allgemeine Prostitution, so tritt die ganze Welt des Reichtums, d.h. des gegenständlichen Wesens des Menschen, aus dem Verhältnis der exklusiven Ehe mit dem Privateigentümer in das Verhältnis der universellen Prostitution mit der Gemeinschaft. Dieser Kommunismus – in dem er die *Persönlichkeit* des Menschen überall negiert – ist eben nur der konsequente Ausdruck des Privateigentums, welches diese Negation ist ...“[10]

Wie positiv (wenn auch in seiner eigenen Ehe nicht realisiert) Marx das Verhältnis von Mann und Frau gesehen hat, zeigt folgender Text:

„Das unmittelbare, natürliche, notwendige Verhältnis des Menschen zum Menschen ist das *Verhältnis* des *Mannes* zum *Weibe*. In diesem natürlichen Gattungsverhältnis ist das Verhältnis vom Menschen zur Natur unmittelbar sein Verhältnis zum Menschen, wie das Verhältnis zum Menschen unmittelbar sein Verhältnis zur Natur, seine eigene *natürliche* Bestimmung ist. In diesem Verhältnis *erscheint* also *sinnlich*, auf ein anschaubares *Faktum* reduziert, inwieweit dem Menschen das menschliche Wesen zur Natur oder die Natur zum menschlichen Wesen des Menschen geworden ist. Aus diesem Verhältnis kann man also die ganze Bildungsstufe des Menschen beurteilen ... In ihm zeigt sich also, inwieweit das *natürliche* Verhalten des Menschen *menschlich* oder inwieweit das *menschliche* Wesen ihm zum *natürlichen* Wesen, inwieweit seine *menschliche Natur* ihm zur *Natur* geworden ist. In diesem Verhältnis zeigt sich auch, inwieweit das *Bedürfnis* des Menschen zum *menschlichen* Bedürfnis, inwieweit ihm also der *andere* Mensch als Mensch Bedürfnis geworden ist, inwieweit er in seinem individuellsten Dasein zugleich Gemeinwesen ist.“[11]

Von hierher erweisen sich die aus dem philosophischen Wörterbuch der DDR zitierten Passagen in diesem Punkt als eine Fortführung dessen, was Marx gewollt hat. An Texten von Marx muß dieses genügen. *Einige Gesichtpunkte für das Verständnis von Sexualität lassen sich aus den Marxschen Überlegungen festhalten:*

1. Die Form des Auslebens der Sexualität, *die Regelung der Beziehung der Geschlechter zueinander, hängt in der Tat von den ökonomischen Verhältnissen ab,* in denen Menschen leben;[12] das gilt auch, wenn man die weiteren Konsequenzen anders sieht als Marx, der geglaubt hat, durch eine Verände-

---

[10] *Marx*, Frühe Schriften Bd. I, 1971, 591; s. a.: *Marx/Engels*, Werke (M.E.W. Ergänzungsband) Berlin 1974, 534.

[11] Ebd., 592f.

[12] Vgl. *Schmidt*, das Sexuelle, 19f. Hans *Kramer* trägt zu diesem Thema erschütternde Fakten aus der deutschen frühindustriellen Entwicklung zusammen (Ehe, 116-129).

rung der Eigentumsordnung alle die anderen Dinge zugleich regeln zu können. Aber es stimmt, daß der Mensch weithin ist, was er tut; darum wirkt sich der Alltag in der industriellen Produktionsarbeit auf die Gestaltung des Geschlechterverhältnisses aus. Die Bedingungen, unter denen Beziehungen gelebt werden, sind etwa für den, der im gesamten Arbeiten durch den Rhythmus des Fließbandes gesteuert wird, anders als für den, der als Wissenschaftler tätig ist und dabei einigermaßen „kopflastig" existiert, durchaus unterschiedlich. Die Probleme der Kultur des Geschlechtlichen stellen sich auf je verschiedene Weise; sie hängen ab von der Lebenssituation und der ökonomischem Situation des einzelnen. Das letztere wird nach wie vor in krasser Weise sichtbar in der Beeinträchtigung des Zusammenlebens der Geschlechter und der Familien in den Armenvierteln der großen Städte überall in der Welt. Man kann sagen, daß menschen-unwürdige Lebensverhältnisse bei völliger Proletarisierung die Beziehungen von Mann und Frau mißraten lassen müssen.[13]

2. Die Kritik von Marx und später auch die von Bebel zeigen, daß menschliche Beziehungen in der Ehe überfremdet werden können durch Sucht nach Reichtum; in subtiler Weise hat das auch Thomas Mann in seinen Romanen vorgeführt. *Familienleben ist immer der Spiegel der Wertordnung,* von denen die Menschen sich leiten lassen. Einseitigkeiten werden hier zu Beeinträchtigungen menschlicher Möglichkeit in der Grundbeziehung von Mann und Frau.

3. Aus dieser Sicht ergibt sich weiter, daß die einseitige Sicht der Ehe vom Besitzstand des Mannes aus zu einer Degradierung der Frau führen muß. Im Gefolge von Marx führt Bebel in seinem bedeutenden Werk über die Frau im Sozialismus aus, was in neueren Entlarvungen des *Sexismus* bestätigt wird:

„Ganz unabhängig von der Frage, ob die Frau als Proletarierin unterdrückt ist, sie ist es in der Welt des Privateigentums als Geschlechtswesen. Eine Menge Hemmnisse und Hindernisse, die der Mann nicht kennt, bestehen für sie auf Schritt und Tritt. Vieles, was dem Mann erlaubt ist, ist ihr untersagt; eine Menge gesellschaftlicher Rechte und Freiheiten, die jeder genießt, sind, wenn von ihr ausgeübt, ein Fehler oder ein Verbrechen. Sie leidet als soziales- und als Geschlechtswesen. Es ist schwer zu sagen, in welcher von den beiden Beziehungen sie am meisten leidet, und daher ist der Wunsch vieler Frauen begreiflich, daß sie möchten als Mann und nicht als Weib geboren worden sein."[14]

---

[13] Wir sind noch immer nicht so weit, daß wir einen Sextourismus wirksam unterbinden, der die verzweifelte Lage von Frauen in solchen Städten zusätzlich ausbeutet. Notprostitution ist in vielen armen Ländern an der Tagesordnung; Näheres dazu unten; 4.4.3.c). „Sexualpolitischer Kampf kommt aus dem Bedürfnuis, das Unglück zum Sprechen zu bringen." Mir scheint, dieser Satz aus einem andern Zusammenhang – es geht um das Selbstverständnis der kritischen Sexualwissenschaft und könnte auf den Theologen als so etwas wie die säkularisierte Form einer Option für die Armen wirken – kann auf die angedeutete Problematik angewendet werden (ich habe *Sigusch*, Kritik, 18 zitiert).

[14] *Bebel*, Die Frau und der Sozialismus, 125; er verficht die Theorie, daß nach einem ursprünglich existierenden primitiven Kommunismus durch die Einführung des Privateigentums dieser Umschwung eingetreten sei.

2) Die Sicht Sigmund Freuds

Es ist die Perspektive unserer Tage, die uns nach Marx auf *Sigmund Freud* schauen läßt; denn beide haben sich bis heute ausgewirkt, am stärksten in einer Strömung, die beide zusammen sah, obwohl sie selbst keine unmittelbare Beziehung zueinander hatten und Freud kaum Anleihen bei Marx macht. Wenn wir ihn behandeln, ist es daher selbstverständlich, ihn zunächst unabhängig von Marx zu sehen.

Erik Erikson sagte in einer großen Gedächtnisrede zum 100. Geburtstag von Sigmund Freud in der Frankfurter Universität: „Ich möchte behaupten, daß ein Mensch nur dann beginnen kann, die innere Welt des Menschen zu erforschen, wenn er seine eigene Neurose zu dem Engel des Herrn erhebt, mit dem er zu kämpfen hat und den er nicht lassen wird, bis er ihn auch segnet."[15] Die Psychoanalyse verbindet sich hier mit einem moralischen Anspruch höchster Dringlichkeit und Subtilität, keineswegs als Ausverkauf von Moral und Abgleiten ins ethische Niemandsland. Ein neues Feld ethischer Verantwortung tut sich auf; Freud – und das scheint von entscheidender Bedeutung zu sein – hat eine neue Dimension des Menschlichen entdeckt, die zumindest humanes Seinkönnen wesentlich *mit*-bestimmt. Hatte Marx die gesellschaftliche Situation als *das* bestimmende Existential des Menschen angesehen, so ist Freud derjenige, der das Tiefenbewußtsein des Menschen in neuer Weise entdeckt hat. Folgt man den Gedanken Eriksons, bedeutete für Freud die Entdeckung des Zugangs zum Unbewußten keineswegs die Ermöglichung lasziver Liberalität. War er als Arzt in ärztlicher Verantwortung im Zuge seiner Bemühungen um die Heilung psychisch leidender Menschen zu seinen Entdeckungen gekommen, so hat ihn diese Verantwortung weiter bestimmt; deren Konsequenzen haben ihm ungewöhnlichen Mut abverlangt. Es gilt, diesen Ausgangspunkt im Auge zu behalten, will man die Bedeutung Freuds richtig einschätzen. Er ist methodisch für sein gesamtes Werk bestimmend.

Wie immer man zu den einzelnen Ergebnissen psychoanalytischer Forschung stehen mag, Freuds Lebenswerk verdient, in der christlichen Ethik, speziell in der Sexualethik, beachtet zu werden. Ich beschränke mich im folgenden auf einige wichtige Gesichtspunkte seiner Lehre, die bis heute bestimmende Bedeutung für die Bewertung der Sexualität haben.[16] Ich gehe aus von der Studie: Drei Abhandlungen zur Sexualtheorie, die Freud 1905 veröffentlichte, nachdem er sie vermutlich schon fünf Jahre zuvor geschrieben hatte. Er hat sie mehrfach mit Ergänzungen neu erscheinen lassen.[17]

---

[15] *Erikson*, Einsicht und Verantwortung, 15.

[16] Dabei verzichte ich auf die Darstellung der Freud-Kritik, wie sie aus der Perspektive der Theologie nicht ohne Grund vorgebracht worden ist, sowie auf die der feministischen Kritik an Freuds Ansätzen, in denen er sich dem Bild von der Frau verhaftet zeigt, daß sich Männer seiner Zeit von der Frau machten; hierzu vgl. *Pieper*, Annemarie zu *Irigaray*, Luce (Einführung, bes. 34-38).

[17] Vgl. die editorischen Notizen der Herausgeber zu *Freud*, Abhandlungen, in: Sexualleben, 39-42, sowie die diversen Vorworte, ebd., 43-46; diese Ausgabe wird im folgenden mit Band- und Seitenzahl zitiert. Zum Vergleich des Sexualtriebes mit Hunger und Durst vgl. oben 1.1.2.b).

1. Freud beginnt mit einer näheren Bestimmung des *Sexualtriebes*:

Die Tatsache geschlechtlicher Bedürfnisse bei Mensch und Tier drückt man in der Biologie durch die Annahme eines ‚Geschlechtstriebes' aus. Man folgt dabei der Analogie mit dem Trieb nach Nahrungsaufnahme, dem Hunger. Eine dem Wort ‚Hunger' entsprechende Bezeichnung fehlt der Volkssprache. Die Wissenschaft gebraucht als solche ‚*Libido*'."[18]

An der Parallele mit dem Hunger hat Freud auch später festgehalten. Dies ist als erstes Faktum aus der Theorie Freuds festzuhalten: Es handelt sich bei der Libido bzw. beim Sexualtrieb um eine endogen, von innen autochton wachsende Dynamik wie der Hunger, der ja nicht erst dadurch entsteht, daß man Speisen sieht. Auf dieses Problem wurde schon hingewiesen (vgl. oben, S. 20-22!).

Zugleich erklärt Freud genauer, *wie die Dynamik des Triebes sich auswirkt und vollzieht*. „Freud unterscheidet *vier Charakteristiska des Triebes*: Quelle, Objekt, Ziel und Dranghaftigkeit des Geschehens."[19] Dem Grundkonzept von Trieb als einem parallelen Phänomen zum Hunger entspricht, was Freud von der Quelle des Triebes sagt: „Die Quelle des Triebes ist ein erregender Vorgang in einem Organ, und das nächste Ziel des Triebes liegt in der Aufhebung dieses Organreizes."[20] Wie man sieht, ist auch hier die somatische Komponente stark herausgehoben. Sie kann aber das Triebgeschehen nicht allein erklären. Seine Dynamik wird im Psychischen wirksam und durch die Psyche vermittelt. Freud spricht im Blick auf den Trieb von „psychische(r) Repräsentanz einer kontinuierlich fließenden innersomatischen Reizquelle"[21]. Der dranghafte Charakter kommt demnach im Psychischen zur Auswirkung.

Sexualobjekt und *Sexualziel* werden von Freud unterschieden: Das erstere ist die Person, von welcher die geschlechtliche Anziehung ausgeht, das letztere die Handlung, nach welcher der Trieb drängt.[22] Um das Triebziel zu erreichen, ist der Trieb auf Objekte angewiesen, an denen er sich befriedigen kann. In der genannten Studie stellte Freud „sich den Trieb als einen Energiebetrag vor, der zu Abfuhr drängt"[23]. Weder Triebobjekt noch Triebziel sind einfachhin festgelegt; die Erfahrung kann auf viele Abweichungen hinweisen, in denen Triebziel oder Triebobjekt durch anderes ersetzt wird. An

---

[18] Ebd., 47; in einer späteren Ausgabe bemerkt Freud dazu: „Das einzig angemessene Wort der deutschen Sprache ‚Lust' ist leider vieldeutig und benennt ebensowohl die Empfindung des Bedürfnisses als die der Befriedigung" (ebd.). *Dux* macht in einer fundamentalen Kritik an Freud klar, daß das Konzept des sexuellen Dranges bei Freud viel zu undifferenziert angelegt ist und von daher als Erklärungsgrund längst nicht so weit reicht, wie Freud glauben machen will (Geschlecht, „Kapitel 9. Abschied von Ödipus. Zur Kritik der psychoanalytischen Theorie" 218-260); vgl. auch die Kritik am Triebkonzept in dieser Arbeit, 1.1.2.b).

[19] So *Ziese,* Die Triebtheorie, 337-356; Zitat 337, Hervorhebung v. Vf.

[20] *Freud*, Abhandlungen, in: Sexualleben, 77.

[21] Ebd., 76.

[22] Vgl. ebd., 47.

[23] So *Ziese*, Triebtheorie, 337.

diesem Triebkonzept hat Freud sein Leben lang weitergearbeitet. In späteren Jahren hat er Selbsterhaltungs- und Sexualtrieb im Lebenstrieb oder Eros zusammengefaßt und dem Todestrieb gegenübergestellt – was hier nicht weiter verfolgt werden soll.

2. Freuds Ausgangspunkt: Die genetische Erklärung der Perversionen

Die Drei Abhandlungen erlauben uns, der Genese Freudscher Erkenntnis weiter zu folgen: Er kam von der therapeutischen Bemühung her und entdeckte in Neurosen sexuelle Perversionen als deren Ursache. Er stellt Abweichungen zunächst im Bezug auf das *Sexualobjekt* fest, behandelt die Inversionen und deren Erklärung und zieht dabei eine erste wichtige Schlußfolgerung: „Wir werden darauf aufmerksam gemacht, daß wir uns die Verknüpfung des Sexualtriebes mit dem Sexualobjekt als eine zu innige vorgestellt haben...“[24] Hier lernt man die Tatsache verstehen, daß es möglich ist, sexuelle Triebe auf unterschiedliche Objekte zu beziehen. Nach den Inversionen behandelt Freud in einem weiteren Abschnitt Päderastie und Sodomie unter der Überschrift: „Geschlechtsunreife und Tiere als Sexualobjekte“. Fehlentwicklungen werden hier aus der Verfehlung des (‚normalen‘) Sexualobektes erklärt.

Eine weitere Gruppe von Perversionen sind *Abweichungen vom Sexualziel*, wobei unterschiedliche Sexualpraktiken auch mit ihren jeweiligen Fixierungen (Sadismus, Fetischismus u.a.) benannt werden. Freud schließt aus diesen Beobachtungen, daß *der Sexualtrieb an seiner Quelle pluriform* betrachtet werden muß, wenn er so unterschiedliche Formen der Befriedigung entwickeln kann. Die „Normalität“ wird „normalerweise“ hergestellt durch Scham- und Ekelschwellen und auch moralische Dressate, die diese oder jene Form der Triebbefriedigung nicht zulassen, welche man samt und sonders an kleinen Kindern beobachten kann, wenn die Dressur nicht schon vorher eingesetzt hat. Es geschieht also, was das Sexualverhalten angeht, eine Einengung auf bestimmte Ziele und Objekte, die allein legitimiert sind; alle anderen, durchaus vorhandenen, werden unterdrückt. Freud nennt die unterschiedlichen Komponenten der einen Triebdynamik *Partialtriebe*,[25] das sind praktisch Bringer neuer Sexualziele, die vom legitimen Ziel ablenken. Seine Grundthese kommt in einem 1915 formulierten Zusatz zum ursprünglichen Text zum Ausdruck: „Man muß diese die Sexualentwicklung eindämmenden Mächte – Ekel, Scham und Moralität – andererseits auch als historische Niederschläge der äußeren Hemmungen ansehen, welche der Sexualtrieb in der Psychogenese der Menschheit erfahren hat.“[26]

Hier liegen bereits *Verbindungsmöglichkeiten der theoretischen Konzepte von Marx und Freud* zutage. Freud hat seinen Überlegungen so etwas wie das biogenetische Grundgesetz zugrundegelegt; das bringt er, wie sich in vielen seiner Arbeiten zeigt, in Verbindung mit der Geschichte der Mensch-

[24] Ebd., 58.
[25] Ebd., 75; vgl. 71.
[26] Ebd., 71, A 2.

heit. Diese aber, so deutet sich hier an, wirkt sich auf die Art und Weise des Umgangs mit der Sexualität aus. Marx hat auf seine Weise diesen Zusammenhang hergestellt. Freud hat die psychische Vermittlung bestimmter Wertungen und der damit zusammenhängenden Verhaltensweisen erklärt und dabei geschichtliche und damit auch gesellschaftliche Entwicklungen in seine Überlegung einbezogen.

3. Zur Frage der Entstehung von Neurosen

Es findet sich die *Tendenz* bei Freud, über seine Untersuchungen, die sich auf Kranke beziehen, *zu allgemeinen Aussagen über Gesetzlichkeiten des Psychischen zu kommen.* „...hat doch Moebius mit guter Berechtigung sagen können: wir sind alle ein wenig hysterisch. Somit werden wir durch die außerordentliche Verbreitung der Perversionen zu der Annahme gedrängt, daß auch die Anlage zu den Perversionen keine seltene Besonderheit, sondern ein Stück der für normal geltenden Konstitution sein müsse."[27] Darum gilt für Freud: „Wenn wir diese krankhaften Gestaltungen der Sexualität nicht verstehen und sie nicht mit dem normalen Sexualleben zusammenbringen können, verstehen wir auch diese normale Sexualität nicht."[28] Wenn dem so ist, und der Mensch in sich verborgen die Möglichkeit zu diesen und jenen Abweichungen und Perversionen entdeckt, dann sollte es eine Erklärung geben, die diesem Sachverhalt gerecht wird. Die Erklärung ist – wie bei Freud nicht anders zu erwarten – streng genetischer Art: *Perversionen erklären sich aus mißglückten Werdeprozessen der menschlichen Psyche;* am Anfang stand und steht immer die Pluripotenz der Sexualität, ausgedrückt in der Freudschen Vorstellung von den Partialtrieben, die sowohl deviante Sexualziele wie Sexualobjekte kennen. Normalerweise werden nichtseinsollende Verhaltensmöglichkeiten unterdrückt, nicht zugelassen; hier spielt, wie wir sahen, geschichtlich-gesellschaftlicher Einfluß eine Rolle. Wo dieser Prozeß der Entwicklung nicht gelingt, kommen auch später die Partialtriebe zur Geltung.

4. Freud als „Entdecker" kindlicher Sexualität

Die Schwierigkeit, die Freud hatte, von kindlicher Sexualität öffentlich zu reden, wirft ein Licht auf die Atmosphäre seiner Zeit und die Art und Weise, wie man über Sexualität dachte und sprach. Freuds Vorgehen wirkte wie ein Einbruch, wie die Schändung des Paradieses einer von allem Bösen unberührten Kindheit. Sexuelles wurde irgendwie als „schmutzig" empfunden. In seinen genetischen Erklärungsversuchen neurotischer Reaktionen bei Erwachsenen seiner Zeit wurde er zum Entdecker der kindlichen Sexualität. Faktisch bahnte sich damit eine *Umwertung* von Sexualität an; wer in dieser verobjektivierenden Weise von ihr redete, mußte eine andere Einstellung gewonnen haben bzw. gewinnen – damals kam dieses einem Tabubruch

---

[27] Ebd., 79f.
[28] *Freud*, Einführung, 303.

gleich.[29] Freud selbst spricht von der Selbstverständlichkeit, mit der man das Sexuelle als das „Unanständige“ angesehen hat.[30] Tiefgreifende Ängste wehrten sich. Diese falschen Ängste, diese falsche Tabuisierung der Sexualität durchbrochen zu haben, gehört zu dem unbezweifelbaren Verdiensten von Freud.[31] Freud schreibt:

„Die psychoanalytische Forschung ist nämlich genötigt worden, sich auch um das Sexualleben des Kindes zu bekümmern, und zwar dadurch, daß die Erinnerungen und Einfälle bei der Analyse der Symptome (von Erwachsenen) regelmäßig bis in frühe Jahre der Kindheit zurückführten... Und da hat sich dann ergeben, daß alle Perversionsneigungen in der Kindheit wurzeln, daß die Kinder zu ihnen alle Anlage haben, und die in dem ihrer Unreife entsprechenden Ausmaß bestätigen, kurz, daß sie perverse Sexualität nichts anderes ist als die vergrößerte, in ihre Einzelregungen zerlegte infantile Sexualität.“[32]

Weitergewirkt hat neben der Breitenwirkung einer Enttabuisierung das von Freud entwickelte *Phasenmodell* der frühen Kindheit, das beispielsweise später von Erikson übernommen wurde. Unter den frühkindlichen Phasen sind die prägenitalen von der genitalen abzuheben. Ein bestimmter Entwicklungsstand der Sexualorganisation bestimmt diesen Unterschied. Das Charakteristikum der einzelnen Phasen wird jeweils in dem prävalenten Partialtrieb gesehen, der auf eine ihm zuzuordnende erogene Zone bezogen ist. „Organisationen des Sexuallebens, in denen die Genitalzonen noch nicht in ihre vorherrschende Rolle eingetreten ist, wollen wir *prägenitale* heißen.“[33]

Näherhin unterscheidet Freud nach diesen Kriterien die *orale Phase*, die durch den Lustgewinn über das Lutschen und das Saugen an der Brust der Mutter gekennzeichnet ist. Freud kommt auch hier aus genetischen Gründen zu dieser Hypothese; es geht ihm um die Erklärung ganz bestimmter späterer Symptome von Neurosen. Sie lassen ihn in diesen Zusammenhängen bereits von sexueller Lust reden. Hier kann er konsequenterweise auch feststellen, daß Sexualität und Genitalität nicht identisch sind. Zur Beschreibung der Phase gehört, daß Freud hier einen ausgesprochenen *Autoerotismus* feststellt. Es ist bekannt, daß Freud diese Phase auch als eine kannibalische angesehen hat, in der das Sexualziel in „der Einverleibung des Objektes“ besteht, die ihrerseits Urbild späterer Formen der Identifizierung ist.

---

[29] Vgl. hierzu *Erikson*, Einsicht, bes. 16-23.

[30] Vgl. den Anfang seiner Vorlesung über das Sexualleben, I, 300: „Vor allem ist doch das Sexuelle das Unanständige, das, von dem man nicht sprechen darf.“

[31] Allerdings *sollte Enttabuisierung nicht bedeuten: Trivialisierung*; ich erinnere daran, daß *Angst* höchst Unterschiedliches bedeuten kann; wird sie im Kierkegaardschen Sinn als Schauder der Freiheit gesehen, der im Grunde nur den Ernst einer Entscheidungssituation anzeigt, dann sollte sie in der Begegnung von Mann und Frau nicht fehlen!

[32] *Freud*, Einführung, 307. Ich sehe hier ab von der Verifizierbarkeit dieser These von den früh angelegten Partialtrieben im einzelnen.

[33] *Freud*, Sexualleben, 103. *Mertens*, Entwicklung, macht darauf aufmerksam, daß sich nach der neueren psychoanalytischen Forschung schon im ersten Lebensjahr die Bedeutung der je eigenen Genitalität abzeichnet.

„Eine zweite prägenitale Phase ist die der *sadistisch-analen* Organisation.“[34] Die thematisch vorrangige Zone ist der Anus; Lust wird erfahren im Zurückhalten und Abgeben des Kots.

Die *erste genitale Phase* der Sexualorganisation läßt die Sexualorgane bewußt werden. Es ist die Zeit der „Sexualforschung“, wie sie Freud nennt. Hier spielt in seiner Theorie der Ödipuskomplex eine bedeutende Rolle, dessen Abklingen dann die Latenzphase einleitet. *Ödipale Phase* wird diese Stufe der Entwicklung genannt von jener griechischen Sage her, in der Ödipus, ohne es zu wissen, den Vater erschlägt und mit der Mutter verkehrt. Die Neigung des Jungen, die Mutter ganz für sich zu haben und das gegen den Vater – beim Mädchen umgekehrt, aber weniger beschrieben – ist für Freud eine beobachtbare Tatsache.

„Nach der psychoanalytischen Theorie hat die *Latenzphase*, wie angedeutet, ihren Ursprung im Untergang des Ödipuskomplexes; sie geht einher mit einer Intensivierung der Verdrängung – die eine Amnesie der ersten Lebensjahre zur Folge hat –, eine Umwandlung der Objektbeziehungen in Identifizierungen mit den Eltern, einer Entwicklung der Sublimierungen“, wie Laplanche-Pontalis sagen.[35] Auf einige der hier neu eingeführten Begriffe der Psychoanalyse wird später zurückzukommen sein. Wichtig ist die Beobachtung, daß die Dynamik der Sexualität in der Freudschen Vorstellung hier voll und ganz anderen Lebensvollzügen zugutekommt.

5. Das „Unbehagen in der Kultur“

Dieser Titel eines wichtigen Aufsatzes von S. Freud macht uns auf einen weiteren hier zu erwähnenden Vorstellungsmodus seiner Theorie von der Sexualität aufmerksam. An einer Stelle seines Frühwerkes spricht er bereits von den Sexualhemmungen und in ihrem Zusammenhang von der *Sublimierung*:

> „Mit welchen Mitteln werden diese für die spätere persönliche Kultur und Normalität so bedeutsamen Konstruktionen aufgeführt? Wahrscheinlich auf Kosten der infantilen Sexualregungen selbst, deren Zufluß also auch in dieser Latenzperiode nicht aufgehört hat, deren Energie aber – ganz oder zum größten Teil – von der sexuellen Verwendung abgeleitet und anderen Zwecken zugeführt wird. Die Kulturhistoriker scheinen einig in der Annahme, daß durch solche Ablenkung sexueller Triebkräfte von sexuellen Zielen und Hinlenkung auf neue Ziele, ein Prozeß, der den Namen *Sublimierung* verdient, mächtige Komponenten für alle kulturellen Leistungen gewonnen werden.“[36]

Ohne partielle Triebunterdrückung kommt keine Umlenkung, keine Sublimierung zustande. Hier sieht Freud den Grund dafür, daß alle Kulturentwicklung, die auf solchen Triebverzicht aufbauen muß, einen Zug des „Unbehagens“ an sich trage.[37]

---

[34] Ebd. 104.

[35] *Laplanche/Pontalis*, Psychoanalyse, 278; Hervorhebung v. Vf.

[36] *Freud*, Sexualleben, 85.

[37] 1930 veröffentlichte Freud diesen berühmt gewordenen Aufsatz; er ist abgedruckt in Bd. IX der Studienausgabe, 191-270.

6. Die Unterscheidung von Lust- und Realitätsprinzip

Diese Unterscheidung ist bezeichnend für die Freudsche Anthropologie. Ein einseitig auf dem Lustprinzip aufgebauter Hedonismus kann sich nicht auf Freud berufen. Das Lustprinzip allein kann keine angemessene Gestaltung des sexuellen Lebens garantieren. Es bedarf der Ergänzung durch das Realitätsprinzip; schon das kleine Kind muß lernen, *daß die Einstellung auf die Realität den Verzicht auf unmittelbare Wunscherfüllung bedeuten kann.* Der frühkindliche Narzißmus muß überwunden werden. Es wird im menschlichen Leben so bleiben, daß wir diese Spannung erfahren. Das Lustprinzip wird nicht einfach entmachtet; es behält seine Bedeutung. Wehe, wenn wir an nichts mehr Spaß hätten! Und es gilt auch: Wer nicht genießen kann, wird ungenießbar! Aber das Lustprinzip bedarf einer Lenkung, die es aus sich selbst nicht bietet. Diese kommt vom Realitätsprinzip her. Ein Prinzip übrigens, das uns an den ethischen Grundsatz notwendiger und zu fordernder Sachgerechtigkeit erinnert. So unethisch scheint die Psychoanalyse – auch von hier aus gesehen – nicht zu sein! Die von Freud entwickelte Unterscheidung dieser beiden Prinzipien ist insofern wichtig, als es eine Reihe von Theorien gibt, die jeden Triebverzicht bereits als Triebunterdrückung diffamieren möchten.[38]

7. Das neue Verhältnis des Menschen zu seiner Sexualität

Von der Enttabuisierung, die von Freud ihren Ausgang nahm, war schon die Rede. Hier ist auf die eigentliche Entdeckung zurückzukommen, die das Lebenswerk des Entdeckers der Psychoanalyse charakterisiert, die *Entdeckung der Bedeutung des Unbewußten.* Wie hoch Freud selbst diese Entdeckung eingeschätzt hat, zeigt, daß er sie mit der Theorie des Kopernikus und der Darwins in einem Atem nennt. Wie in der kopernikanischen Wende mit der Vorstellung aufgeräumt wurde, der Mensch und seine Erde seien Mittelpunkt des Kosmos, wie durch Darwin die Sonderstellung des Menschen im Reich des Lebens erschüttert wurde, so durch die Psychoanalyse die Vorstellung, der Mensch sei Herr im eigenen Hause. Auch wenn die Freiheit nicht eigentlich Thema der Psychologie sein kann, so werden die Vorstellungen von ihrer Verwirklichung doch erheblich verändert, wenn sich deren Bedingungsrahmen so neu und anders darstellt. Da ist von *seelischen Mechanismen* die Rede – getreu jenem materialistisch-mechanistischen Weltbild, dem Freud verhaftet blieb; die Sprache ist eine technische, da sie streng kausalen Überlegungen folgt. Zwar hatte es in der Theologie schon immer Vorstellungen von der Konkupiszenz gegeben, die als Einschränkung menschlicher Freiheit verstanden wurde. Aber die Bedeutung des unbewußten Anteils am Seelenleben, die Freud mit dem Bild vom Eisberg zu verdeutlichen versuchte, der nur zu drei Zehnteln seiner Masse über das Wasser ragt, während die anderen sieben Zehntel unterhalb der Oberfläche bleiben, trat mit seinen

[38] Man denke z.B. an Arno Plack und Wilhelm Reich – in diesem Punkt können sie sich nicht auf den Altmeister der Psychoanalyse berufen.

Forschungen in ein völlig neues Licht. Für die Selbsteinschätzung des Menschen und die Einschätzung seiner Möglichkeiten ist seither eine neue Situation gegeben. Es kann kein Zweifel darüber bestehen, daß diese Erkenntnisse hochgradige ethische Bedeutung haben, lassen sie doch den Spielraum der Freiheit neu erkennen und einschätzen. Für das wirkliche Verstehen von Reaktionen – insbesondere auf dem Gebiet des Sexuellen – ist ein wichtiger Schritt getan. Er kann davor bewahren, zu voreilig die wirklichen Möglichkeiten des Menschen zu beurteilen. Es bleibt ein Grundgesetz der Ethik, daß universalisierbare Forderungen nur im Rahmen des Möglichen begründet werden können.

3) Wilhelm Reich und seine Bedeutung für das Verstehen der Sexualität

Wilhelm Reich ist einer der bedeutendsten Schüler von Sigmund Freud. Bei ihm laufen die Linien des Einflusses von Marx und Freud, denen wir nachgehen, zusammen. 1897 in Galizien geboren, tritt er 1920 in die internationale psychoanalytische Vereinigung ein, in der er als Schüler von Freud arbeitet. Wolf E. Büntig schreibt über ihn: „Reich war offen, warmherzig, schroff, mutig, integer, kompromißlos, locker, arbeitswütig, genußfähig, bescheiden, ausdauernd und temperamentvoll; ein begnadeter Kliniker und leidenschaftlicher Wissenschaftler.“[39] 1928 ist er fachwissenschaftlicher Leiter der sozialistischen Gesellschaft für Sexualberatung in Wien. Nach seinem Streit mit den Austromarxisten auf der einen Seite und mit Freud auf der anderen Seite wandert er 1934 nach dem Ausschluß aus der KPÖ in die Vereinigten Staaten aus, wo er eine ihm eigene Form der Orgontherapie entwickelt.

Die Entwicklung seiner Lehre geht von Freuds Libidokonzept aus; dieses ist für ihn der Nerv der Psychoanalyse. „Reich widmete sich mit Feuereifer der theoretischen und empirischen Untermauerung des ‚ökonomischen Faktors‘ der Freudschen Libidotheorie.“[40] Gerade diese Entwicklung sollte ihn aber von Freud trennen, der zu derselben Zeit vorrangig mit den Fragen der Ich-Psychologie befaßt war und die alte Libidovorstellung dadurch zu ergänzen begann. Die Diskussion über die Hintergründe des „Unbehagens in der Kultur“ führte zur Trennung; sie wirkte auf Reich zu pessimistisch. Er lehnte jede Form solcher Sublimierung ab.

Er begann nun damit, daß er seine Patienten genauer nach ihrem *orgastischen Erleben* befragte, und stellte fest, daß sie fast alle an mangelnder orgastischer Befriedigung litten. Diese Beobachtung wird für ihn zum Ausgangspunkt der Entwicklung seiner eigenen Therapie; er hat den *Ort* gefunden, *wo sich psychische Gesundheit zugleich zeigt und entscheidet.* Orgastische Potenz wird definiert als die „Fähigkeit der Hingabe an den Fluß biologischer Energie ohne irgendwelche Hemmung, die Fähigkeit völliger Entladung aller angestauten sexuellen Erregung durch unwillkürliche

[39] *Bünting*, Wilhelm Reich: Tiefenpsychologie 3, 254-293, hier 254.
[40] *Bünting*, ebd., 256.

lustvolle Kontraktionen des Körpers" – so die Umschreibung von Bünting.[41] Reich scheint hier Symptom und Ursache in eins zu sehen, wenn für ihn die Unfähigkeit, orgastisch zu erleben, der Grund aller Neurosen ist. Er kann feststellen, daß parallel bei seinen Patienten auch die Bereiche von Zärtlichkeit, Freude und Lust nicht aktiviert waren. Ziel ist für ihn die Herstellung orgastischer Potenz als Ausdruck für Freude und Wohlbefinden überhaupt. Sie ist gewissermaßen der eigentliche Hebel seiner Therapie.

Reich hat am Anfang seines Werkes über die „Entdeckung des Orgons, die Funktion des Orgasmus, sozialökonomische Grundprobleme der biologischen Energie"[42] einen Überblick über seine Theorie gegeben, der die Möglichkeit bietet, anhand einiger Originaltexte „*die Theorie der sexualökonomischen Lebensforschung ...in wenigen Sätzen zu erfassen*", wie er selber formuliert.[43] Die Thesen von Reich seien in dessen eigener Reihenfolge vorgestellt:

1. „Die seelische Gesundheit hängt von der *orgastischen Potenz* ab, d. h. vom Ausmaß der Hingabe- und Erlebnisfähigkeit am Höhepunkt der sexuellen Erregung im natürlichen Geschlechtsakt. Ihre Grundlage bildet die unneurotische charakterliche Haltung der Liebesfähigkeit. Die seelischen Erkrankungen sind Folgen der Störung der natürlichen Liebesfähigkeit. Bei orgastischer Impotenz, unter der die überwiegende Mehrzahl der Menschen leidet, entstehen Stauungen biologischer Energie, die zu Quellen irrationaler Handlungen werden. Die Heilung der seelischen Störungen fordert in erster Linie die Herstellung der natürlichen Liebesfähigkeit. Sie ist von sozialen Bedingungen ebenso abhängig wie von psychischen."[44]

Reich erkennt also, daß sich der Mensch in der geschlechtlichen Begegnung als Ganzer aktuiert. Fehlt etwas an diesem Ganz-Sein, an der inneren Identität des Menschen, an seinem Heil- und Gesundsein, dann wird es hier, in dieser hochgradig sensiblen Weise des Erlebens, seine Spuren hinterlassen. *Orgasmusfähigkeit* wird bei Reich zu *einem vorrangigen Symptom der seelischen Gesundheit*.[45] Als Arzt hat Reich es vorab mit Menschen zu tun gehabt, die unter Störungen litten; er konnte feststellen, daß bei ihnen allen die Störung sich auch im Bereich der Orgasmusfähigkeit auswirkte. Hier sind somit hochempfindliche Anzeiger seelischer Gesundheit und Krankheit gegeben.

Noch deutlicher als bei Freud tritt das autonome Element des Triebes hervor, wenn Reich hier von „Stauungen biologischer Energie" spricht, die ihn zu irrationalen Handlungen führen"; Reich bedient sich der mechanistisch wirkenden Redeweise Freuds und intensiviert sie. Büntig schreibt: „*Reichs*

---

[41] *Bünting*, ebd., 258.
[42] *Reich*, Entdeckung.
[43] Ebd., 15; Hervorhebung v. Vf.
[44] *Reich*, ebd., 15
[45] Hier hat man nicht zu Unrecht eine Einseitigkeit festgestellt: „Wer nur seine Sexualität entfaltet und abei seine seelische Liebesfähigkeit nicht gleichzeitig mit entwickelt, kann keine volle Befriedigung finden,..." (so *Lauster*, Liebe, 23, mit einem Blick auf Reich).

Orgasmustheorie ist die natürliche Fortsetzung der Freudschen Libidotheorie und die Basis aller weiteren Arbeit Reichs.“[46]

2. Deutlicher als Freud sieht Reich, in marxistischer Tradition stehend, die Zusammenhänge von sozialer Konditionierung und Liebesfähigkeit. Darüber spricht er im weiteren Abschnitt ausführlicher:

„*Die seelischen Krankheiten sind Ergebnisse der gesellschaftlichen Sexualunordnung.* Dieses Unordnung hat seit Jahrtausenden die Funktion, den Menschen den jeweils vorhandenen Seinsbedingungen psychisch zu unterwerfen, die äußere Mechanisierung des Lebens zu verinnerlichen. Sie dient der seelischen Verankerung der mechanisierten und autoritären Zivilisation durch Verunselbständigung der Menschen.“[47]

Die Sexualität wird zu einem Politikum. Oder: Die Politik hat die Frage gelingender Sexualität in ihre Verantwortung einzubeziehen. Unterdrückung der Triebe findet statt im Zusammenhang von Unterdrückung von Menschen. Es geht darum, vorhandene Herrschaftsverhältnisse zu stabilisieren, in denen man die Autorität untermauert; diese Untermauerung geschieht durch Internalisierung bestimmter Anschauungen, die nur durch Unterdrückung sexueller Triebdynamik möglich ist. Ein *Unterschied zu Sigmund Freud* dürfte im folgendem liegen: Die Triebunterdrückung ist nicht, wie bei Freud, eine Bedingung der Kulturentwicklung, sondern die Verhinderung gesellschaftlich wirksamer Freiheit und damit auch der Kreativität.

3. Die dritte These läßt weitere Rückschlüsse auf die Anthropologie Wilhelm Reichs zu, die erheblich optimistischer ist als die Sigmund Freuds:

„*Die Lebenskräfte regeln sich natürlicherweise selbst ohne Zwangspflicht und Zwangsmoral*; beide sind sichere Anzeichen für vorhandene antisoziale Regungen. Antisoziale Handlungen entstammen *sekundären, durch die Unterdrückung des natürlichen Lebens entstandenen Trieben*, die der natürlichen Sexualität widersprechen.“[48]

„*In der Tiefe des neurotischen Mechanismus, hinter all dem gefährlichen, grotesken, vernunftlosen Phantasien und Impulsen fand ich ein Stück einfacher, selbstverständlicher, anständiger Natur.* Ich fand sie ausnahmslos bei jedem Kranken, bei dem ich genügend tief vorgedrungen war.“[49]

Es zeigt sich – man könnte an Rousseau denken – ein *großes Vertrauen auf das natürlich Gegebene.* Man braucht nur dem natürlichen Trieb Raum zu lassen, so entsteht wie von selbst eine natürliche Ordnung; aber Reich weiß sehr wohl, daß dieser natürliche Kern des Menschen durch eine Schicht entfremdeter Triebstrukturen überlagert ist, die verhindern, daß der Mensch von der Mitte her wirklich leben kann. „Hemmungen der Triebdynamik“, das kann in der Tat bedeuten, daß jemand hart wird und anfängt, sich antiso-

[46] *Bünting*, Wilhelm Reich: Tiefenpsychologie 3, 260.
[47] *Reich*, Die Entdeckung, 15; Hervorhebung v. Vf.
[48] *Reich*, ebd., 15f., erste Hervorhebung v. Vf.
[49] Zitiert nach *Beck/Rieber*, Anthropologie und Ethik, 177.

zial zu verhalten. Das muß von einem extremen Asketismus gesagt werden, der menschlich nicht bewältigt ist; insofern muß man diese Einsicht mancher Fehlentwicklung der traditionellen Morallehre ins Stammbuch schreiben. Reich kennt also sekundäre, eigentlich unnatürliche Triebe; er geht in seiner Anthropologie von einem Menschenbild aus, das ihm solche Wertungen ermöglicht. Seine Ausführungen befinden sich schon hier in der Nähe der Ethik.

4. „Der lebens- und sexualverneindend erzogene Mensch erwirbt eine *Lustangst*, die physiologisch in chronischen Muskelspannungen verankert ist. Die neurotische Lustangst ist die Grundlage der Reproduktion der lebensverneinenden, diktaturbegründenden Weltanschauung durch die Menschen selbst. Sie ist der Kern der Angst vor selbständiger freiheitlicher Lebensführung...“[50]

Reich sieht die *Bedingungen absolutistischer Herrschaft* darin, daß Menschen durch radikale Triebunterdrückung diszipliniert werden. Solche Herrschaft lebt von der Angst ihrer Untertanen. Rigide Sexualmoral fixiert sie an den Quellen der Lebensfreude, die nun tabuisiert werden. Reich hat hier konkret das Heraufkommen der Nationalismen, speziell des Nationalsozialismus und Faschismus vor Augen. Konsequenterweise müßte aus Reichs Sicht das hier Gesagte und Beschworene auch von der Kirche gesagt werden; für Reich ist der Gedanke nicht nachvollziehbar, daß es auch einen Zölibat geben kann, der aus einer menschlichen Grunderfahrung vertrauenden Glaubens wächst und so zur Aktivierung menschlicher Liebe führen kann. Für ihn muß der Zölibat – was fraglos eine Gefahr dieser Lebensform sein kann – zu Lustangst und –neid und damit zu lebensverneinenden Auswirkungen führen. Sinnvolle Sublimation gibt es für Reich in dieser Konzeption nicht.

5. „Die charakterliche Struktur des heutigen Menschen, der eine sechstausend Jahre alte patriachalisch-autoritäre Kultur fortpflanzt, ist durch *charakterliche Panzerung gegen die innere Natur und gegen die äußere gesellschaftliche Misere* gekennzeichnet. Sie ist die Grundlage von Vereinsamung, Hilfsbedürftigkeit, Autoritätssucht, Angst vor Verantwortung, mystischer Sehnsucht, sexuellem Elend, neurotisch hilfloser Rebellion ebenso wie krampfhaft widernatürlicher Duldsamkeit. Die Menschen haben sich dem Lebendigen in sich feindselig entfremdet. Diese Entfremdung ist nicht biologischen, sondern sozial-ökonomischen Ursprungs. Sie fehlt in den Stadien der Menschheitsgeschichte vor der Entwicklung des Patriarchats.“[51]

Daß sexuelle Verklemmungen überspannter Prüderie, Ängstlichkeit, Flucht vor Triebregungen alle jene Gefahren heraufbeschwören können, die Reich hier nennt, wird man kaum bestreiten. Die hier wirksame Vorstellung vom natürlichen Leben erinnert an Posititionen, die Friedrich Nietzsche eingenommen hat; was Reich hier schreibt, liest sich wie eine Rekonstruktion der radikalen Moralkritik des deutschen Philosophen. Wenn man aber genau durchgeht, was hier eingeklagt wird im Blick auf das Gelingen menschlicher

[50] *Reich*, Die Entdeckung, 16.
[51] Ebd., 16.

Existenz, dann wird *die Bedeutung, die eine sinnvolle Gestaltung der Sexualität hat, offenkundig.* Ohne sie wird es in der Tat zu Vereinsamung, Hilfsbedürftigkeit, krampfhaft widernatürlicher Duldsamkeit und ähnlichen Erscheinungsformen kommen.

Eine weitere Folge nennt Reich, wenn er schreibt, daß „an die Stelle der natürlichen Arbeitsfreude und Tätigkeit die Zwangspflicht getreten" ist.[52] In der Tat ist die Sexualität etwas, was Menschen ganzheitlich bestimmt; zwar ist in den Menschheitserinnerungen Arbeit immer mit Schweiß gekoppelt und mit Dornen und Disteln. Aber Reich hat recht, wenn er darauf hinweist, daß eine unnatürliche Einschränkung menschlicher Lebensmöglichkeiten im Bereich des Sexuellen auch die Selbsterfahrung des Menschen in allen anderen Bereichen beeinträchtigen wird – aber auch umgekehrt!

6. Einfluß der Frankfurter Schule macht sich bemerkbar, wenn Wilhelm Reich auf *die zentrale Vermittlungsinstanz repressiver Sexualmoral* zu sprechen kommt:

„Die Zentralstelle der autoritären Strukturen der Menschenmasse ist nicht die natürliche Elternliebe, sondern die *autoritäre Familie.* Ihr Hauptmittel ist die Unterdrückung der Geschlechtlichkeit des Kleinkindes und des Puberilen."

Das war die Erfahrung Freuds gewesen: Die neurotischen Befunde, auf dic dieser gestoßen war, haben fast alle ihre Wurzeln in unterdrückter Sexualität. Seit damals hat sich aufgrund des Einflusses von Freud vieles geändert. Aber man wird auch heute noch mit Menschen rechnen müssen, die aus entsprechenden Gründen ihre Verklemmungen und Ängste mitschleppen. Nach Reich muß an die Stelle der autoritären Familie nun das Kinderkollektiv treten.[53] So wird verständlich, daß gerade hier einer der *Ausgangspunkte für die Konzeption der antiautoritären Erziehung* zu finden ist, die O'Neill in Sommerhill als Schüler von Wilhelm Reich entwickelt hat. Unbegrenztes Vertrauen auf die sich von selbst richtig entwickelnde Natur hat dieses Experiment geprägt.

7. Den *Vorstellungen von Menschen und seiner Sexualität entspricht auch die Therapie* Reichs:

„Auf psychotherapeutischem Gebiet erarbeitete ich die Technik der charakteranalytischen Vegetotherapie. Ihr Grundprinzip ist die Wiederherstellung der biopsychischen Beweglichkeit durch Auflösung der charakterlichen muskulären Erstarrungen. Experimentell begründet wurde diese Technik der Neurosenheilung durch die Enthüllung der *bioelektrischen Natur der Sexualität und der Angst.* Sie sind entgegengesetzte Funktionsrichtungen des lebendigen Organismus: Lustvolle Expansion und ängstliche Kontraktion. Die Orgasmusformel, die die sexualökunomische Forschung lenkt, lautet: Mechanische Spannung – bioelektrische Ladung – Entladung – mechanische Entspannung. Sie erweist sich als die Formel des lebendigen Funktio-

---

[52] Ebd., 16.

[53] In: Sexuelle Revolution, 246, in einer kritischen Stellungnahme zur zwanghaften Reinheitserziehung.

nierens schlechthin. ... Daß die Menschen als einzige Spezies das Naturgesetz der Sexualität nicht erfüllen, ist die unmittelbare Ursache einer Reihe vernichtender Seuchen.“[54]

Reich zeigt, daß er das nicht wörtlich, im Sinn von Seuchen als ansteckenden Krankheiten, versteht; er ist der Überzeugung, daß Sexualunterdrückung zugleich die Ursache von Kriegen und verheerendem Massensterben von Menschen aufgrund ungezügelter Aggressivität ist. Es ist auch kaum eine Frage, daß menschliche Sexualität, insofern sie eine körperliche Seite hat, auch dem Gesetz des physikalisch-chemischen Ablaufs unterworfen ist. Man kann sie beobachten; man kann sie auch von dieser Seite aus messen. Es ist aber eine Frage der Anthropologie, wie weit man damit das Phänomen menschlicher Sexualität insgesamt in den Blick bekommen kann. Die Terminologie wirkt hier verfremdend technisch.

Wilhelm Reich hat sich auch *zur Frage von Wissenschaft und Religion* geäußert; er lehnt jede Verabsolutierung ab: „Die ‚Freiheit der Religion‘ ist Diktatur, wenn es keine *Freiheit der Wissenschaft* daneben und daher keine freie Konkurrenz in der Deutung des Lebensprozesses gibt.“[55] Reich lehnt hier einen Absolutismus ab, indem er fast unvermerkt einen anderen – man könnte sagen mit großer Naivität – begründet, den des kosmischen Naturgesetzes, wenn er schreibt: „Es muß einmal endgültig klar werden, ob ‚Gott‘ eine bärtige, übermächtige Gestalt im Himmel oder ob er das uns beherrschende kosmische Naturgesetz darstellt. Nur wenn Gott und Naturgesetz identisch sind, ist ein Verständnis zwischen Wissenschaft und Religion möglich.“[56] Diese Feststellung kann ebensowenig wie die von Freuds Atheismus Grund sein, die Fortschritte auf dem Gebiet der Therapie zu verkleinern, die Reich gebracht hat. Als Stimme im Chor der Stellungnahmen zur Sexualität ist sein Gewicht beträchtlich.

Zunächst wurde Reich vergessen. Seit 1968 hatten seine Schriften dagegen eine nachhaltige Wirkung. Es ist nicht nur die Studentenbewegung am Ende der sechziger Jahre, die seine Schriften als wichtigste Äußerungen zur Sexualität aufgriff und seine Weisungen in die Tat umzusetzen versuchte. Seine Psychotherapie, die stark – wie wir gesehen haben – im Bemühen um eine leib-seelische Ganzheit verankert war – hatte auch körperliche Hilfen einbezogen. Zum Teil geht das, was in vielen Schulen der Therapie versucht wird, um seelische Entspannung durch körperliche zu erreichen, auf ihn zurück.

Alexander Lowen ist einer der bedeutenden Schüler Wilhelm Reichs; seine Lehre begann mit einer Therapie bei seinem Meister. Später berichtet er, daß Reich ihn nach seinem Medizinstudium stark verändert fand; in späten

---

[54] *Reich*, Die Entdeckung, 17.

[55] Ebd., 23; die mögliche Schädlichkeit der Religion kommt an vielen Stellen bei Reich zum Ausdruck, so zum Beispiel, wenn er in seinem Buch Die Sexuelle Revolution, 21, schreibt: „Die inneren Mächte, die sie daran (an je eigener Lebenserfüllung, d. Vf.) hindern, heißen: *Sexualmoral* und *religiöser Mystiz*ismus.“

[56] *Reich*, Die Entdeckung, 23.

Jahren muß dieser kaum noch mit jemandem kontinuierlich Kontakte aufrechterhalten haben. Lowen jedenfalls trennt sich vom Verehrerkreis um Wilhelm Reich und entwickelt in der Konsequenz der Heilung der Seele aufgrund körperlicher Entspannung die *Bioenergetik.* Diese befaßt sich damit, wie der menschliche „Organismus mit seiner Erregbarkeit umgeht, zu einer charakteristischen Form gestaltet und zu persönlichem Ausdruck bringt: Die Qualität des Handschlags, die Haltung, der Blick der Augen, der Ton der Stimme, die Art sich zu bewegen usw.“[57] Alexander Lowen hat auch darauf aufmerksam gemacht, daß unsere Sprache vielfälig verdeutlicht, wie sehr wir uns als psychophysische Einheit erfahren, – man denke an hartnäckig, halsstarrig, Leisetreter ohne Standpunkt, hochnäsige Schlappschwänze, sich lachend und weinend verbeißen. Gerade die Sexualität ist jener Wirklichkeitsbereich des Menchlichen, in dem vor allem das Psychosomatische eine besondere Rolle spielt. Lowens Studien enthalten wichtige Anregungen für den Umgang mit ihr.

4) Herbert Marcuses Konzeption und Einfluß

Neben Wilhelm Reich war es vor allem *Herbert Marcuse,* der als maßgeblicher Philosoph die Studentenbewegung beeinflußt hat. Er ist mehr Philosoph, denkt subtiler und differenzierter als Wilhelm Reich. Heideggerschüler, Neomarxist und Freudianer, argumentiert er nicht nur gegen bestimmte Seiten an Freud, sondern auch gegen Wilhelm Reich. Bei Freud fehlt ihm das gesellschaftliche Problembewußtsein. Hier ist Marcuse Kind der kritischen Schule, der es vor allem darum ging, die in der Gesellschaft verschleierten Herrschaftsverhältnissse zu durchschauen und offenzulegen. Zu Wilhelm Reich sagt er kritisch: „So wird Reich die sexuelle Befreiung *an sich* zum Heilmittel für persönliche und soziale Nöte.“[58]

An einem zentralen Begriff läßt sich in aller Kürze Marcuses differenzierte Einstellung zur Sexualität und deren gesellschaftliche Konditionierung darstellen. An ihm wird auch die Differenz zu Reich deutlicher greifbar. Marcuse spricht von *„repressiver Entsublimierung*“[59]. Man kann dieses Wort von rückwärts lesen, um es zu verstehen: Sublimierung haben wir als einen Freudschen Terminus kennengelernt, an dessen Auslegung sich bereits die Geister von Freud und von Reich schieden. Für Freud bedeutete Sublimierung die Umlenkung sexueller Triebenergie als Quelle kultureller Kreativität des Menschen. Es ging darum, die in Trieben angelegte Energie, die nicht unmittelbar erfüllbar war, in Kulturleistungen und humane Vollzüge zu investieren.

Die *sexuelle Befreiung im Sinne Wilhelm Reichs war die Aufhebung dieser Umlenkung,* die seiner Meinung nach nur aufgrund von Unterdrückung

---

[57] So *Büntig*, Wilhelm Reich, 291; für eine ausführlichere Darstellung der Bioenergetik fehlt hier der Raum; dazu vgl. die entsprechende Literatur.

[58] *Marcuse*, Triebstruktur, 9.

[59] *Marcuse,* Der eindimensionale Mensch, Abschnittüberschrift: „Der Sieg über das unglückliche Bewußtsein: repressive Entsublimierung“, 76.

möglich war, *bedeutete also Entsublimierung.* Sie schien ihm notwendig, weil in der Sublimierung Repression von Trieben geschah, die sich schädlich auswirken mußte. *Radikale Entsublimierung aber, so hat Marcuse gegen Reich festgestellt, ist an sich noch kein Heilmittel* für persönliche und soziale Nöte, keineswegs Sicherung humaner Freiheit. Marcuse stellt demgegenüber innerhalb der Gesellschaft eine Form repressiver Entsublimierung fest: Die „Befreiung" wird selber zu einem Zwang. Er schreibt:

„Befreit von der sublimierten Form verwandelt Sexualität sich in ein Vehikel der Bestseller der Unterdrückung. Von keiner der ‚sexy' Frauen in der zeitgenössischen Literatur ließe sich sagen, was Balzac von der Hure Esther sagt: daß sie von einer Zartheit war, die nur in der Unendlichkeit blüht. Diese Gesellschaft verwandelt alles, was sie berührt, in eine potentielle Quelle von Fortschritt *und* Ausbeutung, von schwerer Arbeit *und* Befriedigung, von Freiheit *und* Unterdrückung. Die Sexualität bildet keine Ausnahme."[60]

Weil die Entsublimierung repressiv ist und im Schein neu errungener „Freiheit" die Realität der Herrschaftsverhältnisse verschleiert, lehnt Marcuse sie ab; er kann einer positiv verstandenen Sublimierung durchaus Positives abgewinnen.

In der Verbindung mit seiner Vorstellung von der eindimensionalen Gesellschaft schreibt er:

„Institutionalisierte Entsublimierung erscheint als ein Aspekt der ‚Bewältigung der Transzendenz' wie die eindimensionale Gesellschaft sie erreicht hat."[61]

Was früher nur wenige sich herausnahmen, was Anzeichen einer besonderen Freiheit, einer besonderen Stellung war, ist nun als Freiheit allen konzediert; aber schon ist diese Freiheit korrumpiert, sie ist zu einem neuen Zwang, zur Repression geworden. Freiheit ist somit nur vorgespielter Schein; dieser verdeckt die verborgenen Mechanismen der Manipulation und der Herrschaftsausübung, die den einzelnen, wie von unsichtbaren Fäden geführt, seine Tänze aufführen läßt. Keineswegs bewirkt sexuelle Befreiung automatisch Befreiung der Gesellschaft, wie Reich gemeint hat; im Gegenteil, es liegen neue Zwangsmechanismen vor.

5) Ethische Aspekte der Sexualpädagogik bei Helmut Kentler

Die freudomarxistische Einflußlinie, der wir hier gefolgt sind, hat sich besonders stark auf dem Feld der *Sexualpädagogik* weiter *ausgewirkt.*[62] Dafür soll hier nur ein Beispiel angeführt werten, das sich leicht durch viele weitere ergänzen ließ.[63] *Helmut Kentler* hat 1976 Thesen veröffentlicht, die weithin Beachtung fanden; sie zeigen, in welcher Weise er in die bisher be-

---

[60] Ebd., 97.

[61] Ebd., 98; diese Sicht wird von *Sigusch*, Kritik, auch für das Ende der achtziger Jahre bestätigt: „Heute und bei uns ist Entsublimierung repressiv." (12)

[62] Vermutlich war dies unter anderem eine Folge des „langen Marsches durch die Institutionen" (in Anlehnung an Mao und seinen legendären langen Marsch formuliert), zu dem sich die im Anzetteln einer allgemeinen Revolution gescheiterte Linke aufgemacht hatte.

schriebene Linie einzuordnen ist. Vieles von dem, was er formuliert, ist Allgemeingut geworden. Ich zitiere in Auswahl:

1. „'Moral' ist *keine* unabhängig von den gesellschaftlichen Verhältnissen bestehende, gleichsam *in einem ewigen Wertehimmel angesiedelte Absolutheit.*"[64]

In der Tat ist man froh, daß es Wandel gibt; frühere Verhaltensformen haben eher den Zugang zu bestimmten Sinnwerten in der Sexualität verstellt. Moral im Sinne eines Ensembles von Verhaltensnormen ist nicht eine „in einem Wertehimmel angesiedelte Absolutheit"; sie ist beständig auf unbedingt einzufordernde Sinnwerte hinzuordnen. Wie weit dieses letztere von Kentler akzeptiert wird, ist die Frage. Weiterhin dürfte es eine Beobachtungstatsache sein, was Kentler in seiner zweiten These sagt:

2. „Jeder *lernt*, moralisch zu sein, in seinem Sozialisationsprozeß. Seine Moral *paßt* ihn *der Gesellschaftsklasse an*, der er angehört."[65]

Zweierlei möchte ich hier herausheben: einmal die Beobachtung, daß es im Umgang mit Sexualität *Lernprozesse* gibt – wir haben sie im humanwissenschaftlichen Teil schon kennengelernt – zum anderen den Gesichtspunkt *schichtenspezifischer Konditionierung* sexueller Verhaltensweisen, die in ihrer Faktizität nicht zu leugnen ist. Natürlich wird hier verkürzt gesprochen, so als ob Sozialisation ausschließlich ein Anpassungsprozeß sei. Totale Identifikation mit der umgebenden Gesellschaft ist weder Ziel noch Wirklichkeit von Erziehung. Der schon bei Marx begegnende Gedanke, daß die Moral weithin durch Klassenzugehörigkeit bestimmt ist, wird hier aufgenommen.

3. „Die uns überkommene Sexualmoral schränkte die Sexualität auf ihre Fortpflanzungsfunktion ein. Die Sexualität als Lust und Begierde blieb ebenso unterdrückt, wie die Sozio-Sexualität. Darum nenne ich *diese Sexualmoral ‚repressiv'*".[66]

In der Tat haben vergangene Zeiten Sexualität vorwiegend in ihrer Fortpflanzungsfunktion gesehen und im übrigen verdächtigt. Der Ausdruck repressiv wird von Kentler hier so benutzt, als ob er in der Tradition Wilhelm Reichs argumentiere. Repression als solche ist für ihn zu einem negativen Wertwort geworden: Ist etwas repressiv, ist es ipso facto böse. Das Argumentieren mit Wertwörtern ist gefährlich, wenn nicht genau sichergestellt wird, was man unter ihnen verstehen will; natürlich ist, wenn man von vornherein repressiv negativ bewertet, eine repressive Sexualmoral abzulehnen. Aber dann wäre es dringend notwendig, den Begriff der Repression zu präzisieren. Wenn beispielsweise schon der Einsatz des Realitätsprinzips im Sinne Freuds gegen das Lustprinzip als respressiv bezeichnet wird – die

---

[63] Es ist notwendig, sich hier so zu beschränken; es geht hier nur darum, die Auswirkung der bisher geschilderten Sichtweise zu verdeutlichen; die Wahl bestätigt sich in Überlegungen von *Kluge*, Handbuch, der Kentler als einen der Hauptvertreter eines emanzipatorisch-programmatischen Ansatzes anführt (31-37); es wären noch Arno Plack zu nennen gewesen, auch Reimut Reiche, in jüngerer Zeit Wolfgang Bartholomäus u.a.

[64] *Kentler*, Sexualmoral, 38; Hervorhebung v. Vf.

[65] Ebd.

[66] Ebd.

Tendenz besteht – so wird leicht pauschaliert und plakativ abgewertet, was durchaus nicht präzise unter den Begriff repressiver Sexualmoral fallen muß. Niemand möchte repressiv sein. Das Schema ist einfach und modisch bestimmt: Früher war man repressiv, heute ist das anders.

4. „Die ‚repressive Sexualmoral' faßte Sexualität als ein *Triebgeschehen* auf. Die Sexualität soll wie der Wasserstrom in einem Kraftwerk gesteuert und ausgenutzt werden. Diese Auffassung *stimmt mit den Prinzipien einer kapitalistisch wirtschaftenden Gesellschaft überein*".[67]

Einmal abgesehen von der Frage, welche Prinzipien der im Ansatz negativ verstandenen kapitalistisch wirtschaftenden Gesellschaft hier gemeint sind, muß man zunächst feststellen, daß diese hier von Kentler kritisierte Auffassung von Triebgeschehen durchaus mit den Theorien des Verhaltensforschers Konrad Lorenz und seiner Schüler und ebenso mit der Theorie Sigmund Freuds wie auch der von Wilhelm Reich übereinstimmt, dem er einerseits in dem Hinweis auf den Zusammenhang mit der Wirtschaftsordnung entspricht, in der Triebtheorie aber widerspricht. Gerade bei Wilhelm Reich gibt es die Vorstellung einer autonomen Triebdynamik. Es wir nicht deutlich, was Kentler an diese Stelle setzt.

5. „Die Erkenntnisse der neueren Sexualforschung sind in den überkommenen Denkmodellen nicht mehr unterzubringen. Sexualität ist *kein Naturprodukt*, sozusagen der letzte Naturrest im Menschen, sondern ein *Kulturgut*, entstanden in der Geschichte, die Menschen mit sich selbst, wenn auch bisher über die Köpfe der meisten hinweg gemacht haben. Der Einzelne lernt Sexualität (wie die Sprache) im Prozeß seiner Sozialisation. Sexualität ist in erster Linie ein Kommunikationsmittel: wortlose Körpersprache."[68]

Kentler setzt sich hier noch einmal deutlich von Wilhelm Reich, sowie auch von Freud und deren Vorstellung von Natur ab und gerät in einer krassen Gegenbewegung zu den Genannten auf die Seite der Behavioristen und Lerntheoretiker. Mit einem Male scheint hier auch nicht ein Naturrest in menschlicher Sexualität vorhanden zu sein; sie ist so, wie sie vorkommt, voll und ganz das Produkt menschlicher Kulturleistung. Das hier aufgeworfene Problem hat uns bereits beschäftigt: Wie ist es mit dem Verhältnis von Natur und Kultur im Bereich der Sexualität? Streichung jeglicher Reste an naturaler Vorgabe dürfte sich auf jeden fall am Menschen selber rächen, der seine Natur nicht beliebig manipulieren kann. Festzuhalten ist auf jeden Fall, was Helmut Kentler über die Notwendigkeit des Lernens sagt, und die Sicht der Sexualität als ein Kommunikationsgeschehen.

6. „'*Die neue Sexualmoral*' muß zumindest zwei Bedingungen erfüllen, sie muß Emanzipation von gesellschaftlichen Zwängen ermöglichen, d.h. muß *politisch* sein, und sie muß Kommunikation ermöglichen, d.h. sie muß *dialogisch* sein."[69]

---

[67] Ebd.
[68] Ebd.
[69] Ebd.

Ideologiekritisch sich gebend wird solche Sprache, die aus lauter wertenden Versatzstücken besteht, selber zu einem Symptom für die Ideologie. „Neue Sexualmoral" wird fraglos als positives Wertwort gebraucht; wenn *Emanzipation von Zwängen* nicht präzisiert wird, bleibt faktisch völlig offen, welche Zwänge im einzelnen gemeint sind. Es gibt modische Zwänge, es gibt Zwänge die aus einer Erwartung resultieren, die an den einzelnen gerichtet ist, es gibt Zwänge des Überlebens usw. Darum ist es entscheidend zu wissen, welche Zwänge gemeint sind. Wenn die Zwänge hier im Kontext einer Überwindung repressiver Sexualmoral stehen, dann bleibt auch hier offen, wo denn negativ verstandene Repression ansetzt, und wo sie nur Ausdruck eines Realitätsprinzips ist. Es fehlt also eigentlich die Präzision dieser Feststellung; sie könnte ja auch dazu dienen, sie einfach so zu verstehen, daß die neue Moralität von alten moralischen Fesseln frei macht, die man dann als zwanghaft denunziert. Was wirklich zwanghaft ist, davon sollte in der Tat befreit werden. Aber was das ist, gerade das bleibt offen.

Auch das Wort *politisch* ist hier fraglos wertend gemeint. Sexualmoral sollte dahin tendieren, daß sie sich in der Öffentlichkeit auswirkt. Hier scheint erneut Wilhelm Reich wirksam zu sein. Einverstanden müßte man sein, wenn Sexualmoral indirekt politisch wäre: Man könnte das so verstehen, daß sexuelles Verhalten, wenn es in der richtigen Form geschieht, den Menschen sensibel und empfindsam macht, und daß diese Sensibilität, dieser Sinn auch für das Zarte und Zerbrechliche, diejenigen in ihren Handlungen bestimmen sollte, die politisch tätig sind.

Daß Sexualität Kommunikation ermöglichen sollte, ist selbstverständlich. Sexualität muß *dialogisch* sein; sie muß personal verantwortet sein. Die „wortlose Körpersprache" bedarf der Ergänzung. Was allerdings von Kentler in diesem Zusammenhang unter dialogisch genauer verstanden wird, wird in einer weiteren These sichtbar:

7. „Eine vom dialogischem Prinzip bestimmte Sexualmoral setzt zumindest Einsicht voraus, daß Sexualität Sozialität ist und daß darum sexuelle Kommunikation Begegnung von mindestens zwei Personen ist. *Moralisch wäre dann alles, was zwei Menschen in freier Kommunikation verabreden und voreinander verantworten.* Die Sexualmoral hat aber erst dann die Chance, politisch zu wirken, wenn der Dialog nicht auf zwei beschränkt bleibt, er muß das Gespräch in und mit Gruppen einschließen."[70]

Gerade vorher hatte Kentler gesagt, daß der einzelne Sexualität im Prozeß seiner Sozialisation lernen müsse; er lernt sie wie die Sprache. Hier scheint es so zu sein, als ob die Partner, „mindestens zwei sollten es sein", alles miteinander in freier Kommunikation verabreden und voreinander verantworten können. Hier wird also der Eindruck erweckt, als gäbe es keine durch die Gesellschaft selber vermittelten Norm- und Wertvorstellungen; alles wird miteinander verabredet. Eine Spannung in den Äußerungen ist unübersehbar: Auf der einen Seite wird die gesellschaftliche Dimension stark betont. Aber das vermittelte Leitbild für die Begegnung der Geschlechter wirkt rein privatistisch.

[70] *Kentler*, Sexualmoral.

Es stellt sich die Frage, ob nicht einer Illusion Vorschub geleistet wird, der *Illusion nämlich, als könne das einzelne Paar sich selber die Sinngebung seiner eigenen Begegnung vorgeben.* Wir werden uns genauer damit auseinandersetzen, was faktisch die umgebende Gesellschaft den einzelnen an Werthorizonten immer schon vorgibt, unter denen sich Menschen finden. Faktisch geht die Wertorientierung der Umgebung in die persönliche Erwartungshaltung des einen an den anderen ein und bestimmt die Entscheidung füreinander mit, die man gemeinsam verantworten muß. So sehr politisch sich die Position von Kentler hier gibt, so sehr ist nicht zu übersehen, daß dieses Politische dem Trend einer Privatisierung folgt. Es wird über gesellschaftlich vermittelte Leitbilder insinuiert: Was die Gestaltung des Zueinander angeht, daran hat keiner dreinzureden, das macht jedes Paar ganz aus sich selbst. In Wirklichkeit aber redet alle Welt davon und darüber und vermittelt Werteinsichten oder auch Unwertorientierungen. Es kann keine Frage sein, daß der Gedanke der Verantwortung füreinander und voreinander von entscheidender Bedeutung ist; es ist nur zu kritisieren, daß hier der Spannungsbogen von Verantwortung kurzgeschlossen wird, indem er nur auf den Partner bezogen wird; daß man in der Zweieinheit in einem größeren Zusammenhang auch der Sinngebung von Sexualität steht, wird unterschlagen. Und daß dieser Leerraum nicht gefüllt werden kann mit inhaltlich nicht näher präzisierten Ausdrücken wie Befreiung und Emanzipation, dürfte einsichtig sein.

Eine letzte These Kentlers nehme ich aus einem anderen Zusammenhang. Kentler bezieht sich in seinen sexualpädagogischen Überlegungen auf Schleiermacher, der mit Recht darauf aufmerksam macht, daß jeder Lebensphase seine eigene Dignität zukomme und als solche für sich gesehen werden müsse. Kentlers Konsequenz daraus lautet nach Norbert Kluge:

8. „Das *momentane Glück des jungen Menschen darf auf keinen Fall zugunsten späterer Versprechungen aufgegeben werden.* Es gehört zum ‚Ethos' moderner Sexualerziehung, ‚das Glücksstreben der Heranwachsenden ernst zu nehmen und ihr augenblickliches Glück zu besorgen.'"[71]

Die These wird uns noch beschäftigen; sie hängt mit einer ganz bestimmten Konzeption zusammen, in der die Bedeutung der einzelnen Entwicklungsphasen für das Lebensganze festgelegt wird. Daß hier die Meinungen aufeinanderprallen, braucht nicht eigens erwähnt zu werden.

b) Andere philosophische Positionen

1) Arnold Gehlens Stellung

In diesem Zusammenhang sollte der am 29. Januar 1904 in Leipzig geborene *Arnold Gehlen* nicht fehlen. Er ist Vertreter derjenigen Anthropologie, die nicht mehr auf der Basis der Physik, auch nicht auf der Basis der Phänome-

[71] *Kluge*, Handbuch 1, 35; Hervorhebungen in allen Thesen v. Vf.; wegen einiger Auslassungen wurde nicht die Thesennumerierung von Kentler beibehalten.

nologie – obwohl Verbindungen zu Scheler bestehen – sondern speziell auf der Basis der Auseinandersetzung mit den Naturwissenschaften seine Studien gemacht hat. Vor allem darf die Biologie als Partner für das Gehlensche Werk – besonders auch im Blick auf unsere Fragestellung – gelten. Arnold Gehlen geht in seinem Erstlingswerk „Der Mensch“, das 1940 in 1. Auflage, 1986 in 13. Auflage erschien, von Nietzsches Wort aus, der den Menschen als „das noch nicht festgestellte Tier“[72] bestimmt hat. Darin, so Gehlen, kommt eine Unfertigkeit und Unfestgelegtheit im Blick auf das Sein des Menschen zum Ausdruck. Dabei ist der Mensch ein Wesen, das Stellung nehmen muß. Gehlen versucht, seine eigene Überlegung als philosophische und zugleich als (natur-)wissenschaftliche zu verstehen. Er hält sich darum sorgfältig an den Umkreis der Erfahrung, der Analyse von Tatsachen oder Vollzügen, die jedermann erreichbar oder für jedermann nachvollziehbar sind. Gehlen stellt jedoch die Notwendigkeit fest, über die rein biologische Betrachtung des Menschen hinauszugehen und in spezifischer Weise nach Existenzbedingungen des Menschen zu fragen. Da kommt erneut das Ausgangswort von Nietzsche zum Tragen. Er stellt fest:

„Er (der Mensch) ist nicht ‚festgerückt‘ heißt: er *verfügt* noch über seine eigenen Anlagen und Gaben, um zu existieren, er *verhält sich zu sich selbst*, lebensnotwendig, wie dies kein Tier tut; er lebt nicht, wie ich zu sagen pflege, er *führt* sein Leben. Nicht aus Spaß, und nicht aus Luxus des Nachdenkens, sondern aus ernster Not...“[73]

Sein Leben ist ein riskiertes Leben; das Überleben des Menschen hängt daran, daß er in dieser Weise über sich verfügt, sich darin zu sich selbst und zur Natur verhält.

Große Bedeutung haben in diesem Konzept die *Antriebe*. Sie werden als plastisch, als behandelbar, nicht als absolut festgelegt beschrieben. Erst im Aufbau der Erfahrung werden sie entfaltet; der Mensch hat Gestaltungsspielraum. Sie sind zudem besetzbar mit Bildern und Phantasmen. Entscheidend für das Verständnis der Sexualität ist nun die Feststellung, die Gehlen im 7. Kapitel seines Buches trifft. Er behauptet, daß es in der menschlichen Konstitution, schon von seinem biologischen Erbe her, einen *Antriebsüberschuß* gebe. Gehlen ist der Überzeugung, daß hier ein wesentlicher Unterschied zum Tier bestehe, bei dem die gegebenen Antriebe automatisch durch instinktive Regelungen auf ihre Ziele orientiert würden. *Der Antriebsüberschuß, den man beim Menschen feststelle, zwinge diesen zu einer entsprechenden Gestaltung* dieses Antriebsüberschusses. Hinsichtlich der Sexualität stellt er fest:

„Einmal ist der Geschlechtsinstinkt selbst weitgehend von der Periodizität entbunden und die Dauer der Geschlechtsreife ist, mit jedem Tier verglichen, abnorm; da die Kinder eine außerordentlich verlängerte Jugendzeit haben, ist schon dadurch ein

[72] *Gehlen*, Der Mensch, 10.
[73] Ebd., 17; wie Gehlen dieses Verhältnis zu sich selbst als ein indirektes versteht, beschreibt *Fonk*, Transformation, 8-11 und 106-119, der die Gehlensche Position in die Entwicklung der Philosophiegeschichte einordnet.

Jahrzehnte überdauernder biologischer Zusammenhang nahegelegt, der seine ebenso chronischen instinktiven Korrelate haben muß."[74]

Ein Element des Antriebsüberschusses besteht also darin , daß beim Menschen *keine festen Zeiten geschlechtlicher Vereinigung* (Brunft) instinktiv vorgegeben sind. Es besteht vielmehr eine *Dauerbereitschaft* zur geschlechtlichen Vereinigung. Gehlen meint auch, daß die Tatsache der späten Geschlechtsreife des Menschen die durchaus vorher vorhandenen Antriebe, die sich noch nicht in der Zeugung aktuieren können, für viele andere Entwicklungen des Menschen, auch kultureller Art, zur Verfügung stehen – ein Gedanke, der an die Sublimationstheorie von Freud erinnert.[75] Auch er spricht von Stauung der Triebdynamik; das wird deutlich in Sätzen wie:

„Der Antriebsüberschuß ist also eine sehr entscheidende Tatsache. Er steckt ebenso in den über alle Worte großartigen Schöpfungen, in denen der Mensch die Natur nötigte, ihn zu tragen, wie in den entsprechenden durchgezüchteten und formierten, auf die Dauer gestellten Antriebsstrukturen, deren Inbegriff Charakter heißt. Von hier aus ist eine Definition des Menschen als *Zuchtwesen* möglich."[76]

Die Leistung, den eigenen Antriebsüberschuß in Bahnen zu lenken, die dem Menschen zuträglich sind, ist bei Gehlen weniger Leistung einzelner Menschen je für sich; vielmehr muß statt des einzelnen Individuums, das hier überfordert wäre, die *Institution* diese Aufgabe übernehmen. Sie *entlastet* den einzelnen von der Leistung einer völlig eigenen aus sich heraus wachsenden Gestaltung, die er allein nicht aufbringen könnte. *Antriebsüberschuß verlangt* also zugleich in dieser Konzeption *nach institutioneller Regelung*. Basis der ganzen Betrachtung ist und bleibt die angedeutete Vorstellung von der Sexualität, die die Biologie vermittelt; von ihr geht Gehlen hier aus. Dieser Theorie wohnt eine wesentlich konservative Komponente inne, die sie von ihrem Konzept her in einen Gegensatz zu den Vertretern der freudo-marxistischen Entwicklungslinie geraten läßt, die einen mehr gesellschaftskritischen Hintergrund als philosophische Ausgangsbasis hatten. Was bei Wilhelm Reich repressive Erziehung zum Zwecke der Gewaltherrschaft war, wird hier zu einem notwendigen Selbstausdruck des Überlebenkönnens der menschlischen Art.[77]

---

[74] Ebd., 58.

[75] Auch bei Gehlen liegt eine Vorstellung des Sexualtriebes vor, die ihn die Sexualität mit Hunger vergleichen läßt (vgl. ebd., 59).

[76] Ebd., 61.

[77] Die Kritik aus der Perspektive der Frankfurter Schule blieb selbstverständlich nicht aus; *Martin Dannecker* schreibt über Gehlen wörtlich: „Der von Gehlen entworfene Mensch ist alles in allem extrem gefährdetes, geradezu monströs belastetes Wesen, und man muß sich fragen, wie er, so mangelhaft ausgestattet, überhaupt lebensfähig ist. An dieser Stelle führt Gehlen eine zentrale Kategorie die ‚Entlastung', ein. Übermäßig be-lastet, ist der Mensch gewissermaßen von Natur aus gezwungen, sich zu ent-lasten." (*Dannecker*, Menschenbild, in: *Sigusch*, Sexualität und Medizin, 62-75, Zitat 70; wenig später weist der Autor auch daraufhin, daß Gehlen mit dieser Position von Schelsky aufgenommen wurde und gerade dadurch weiten Einfluß gewann). Zu diesen Entlastungen gehörte die bereits erwähnte Zucht, die Erziehung, in der überschüssige Energie in eine menschlich-humane Form gezwungen wird. Dieses wiederum kann eben, wie angedeutet, der Mensch aus sich nicht leisten und ist auf ihn einbindende Institutionen angewiesen, die die Bändigung menschli-

Gehlens Wirkung ist über die schon erwähnte Soziologie der Sexualität von Helmut Schelsky weit gestreut.[78]

2) Philosophisch-psychologische Anthropologie

Außer Gehlen sollte noch eine *Gruppe von Philosophen* genannt werden, die in einem bestimmten Sinn mit ihm verglichen werden können, in einem anderen Sinn zu unterscheiden sind. Ich meine jene analytisch arbeitenden *Therapeuten, die an einer christlich fundierten Anthropologie festgehalten haben.* Eine Reihe von ihnen, die zum Teil aus der Schule von Sigmund Freud kommen, haben sich weltanschaulich anders orientiert. Hier wäre in etwa zu nennen *Carl Gustav Jung,* dann *Ludwig Binswanger, Viktor Freiherr von Gebsattel, Philipp Lersch, Viktor Frankl* u.a. Aufruhend auf Erfahrungen der psychotherapeutischen Praxis, und auf dem Hintergrund Freudscher Analysen wird hier der Erfahrung eine Deutung gegeben, die sich mit den Anschauungen eines christlichen Menschenbildes vereinbaren lassen. Innerhalb der Moraltheologie haben diese Schulen über *Albert Görres* und *August Vetter* insbesondere auf *Wilhelm Heinen* gewirkt . Ich möchte diese Entwicklungen hier nicht im einzelnen darstellen, weil ihre Ergebnisse im systematischen Teil verarbeitet werden.

3) Der philosophische Personalismus

Das Entsprechende gilt von der Aufnahme der *Anregungen des Personalismus* in der sogenannten christlichen Philosophie, die für das Verständnis von Sexualität bedeutsam wurde; sie findet sich bei heutigen Philosophen wie z.B. – bei *Jörg Splett*[79], bei *Georg Scherer*[80]; hervorzuheben ist *Michael Theunissen*[81], der die Strömungen der personalistischen Philosophie auch nach *Martin Buber, Ferdinand Ebner* u.a. zusammenfassend kritisch aktualisierend darstellt. Auch auf diesen Bereich möchte ich nur in globo hinweisen, weil auch er in den systematischen Teil einfließen wird. Zu erwähnen sind auch noch Philosophen, die sich stärker der Tradition verpflichtet fühlen, zugleich aber deutlich zu machen versuchen, daß es unverlierbare Werte dieser Tradition für ein heutiges Verständnis von Geschlechtlichkeit

---

cher Urtriebe gewährleisten können. Von daher kommt den Institutionen auch eine unverzichtbare Funktion zu, das Rütteln an ihnen wird zu einer Gefährdung des Menschseins. Daß Dannecker als überzeugter Marxist gegen diese Konzeption zu Felde zieht, versteht sich selbst: „Durch die abstrakte Setzung der Norm als wesentlich ‚lebensdienlich' sollen gerade die konkreten Inhalte der Norm gegen Kritik immunisiert werden; ebenso verschleiert diese Abstraktion auch die Tatsache, daß Normen – und nicht zuletzt jene die Sexualität modellierenden – der Durchsetzung und Aufrechterhaltung von Herrschaft dienen" (ebd., 73).

[78] *Wannenwetsch* verfolgt die Wirkung Gehlens auf Schelsky bis in die Auseinandersetzung über die notwendig zu institutionalisierende Dauerreflexion, die er dann theologisch durch den Hinweise auf das kritische Potential von Anamnese in beachtlicher Weise ergänzt bzw. in Frage stellt (Freiheit, 205-207; 215-218).

[79] *Splett*, Mann und Frau.

[80] *Scherer*, Ehe.

[81] *Theunissen*: Skeptische Betrachtungen, 461-490 sowie (Art.), Personalismus II, 339-341.

und Liebe gibt; hier nenne ich *Josef Pieper* mit seinem immer noch lesenswerten Büchlein über die Liebe[82] und *Helmut Kuhn*[83] mit einer begriffsgeschichtlichen Studie über das Wort Liebe in der abendländischen Geistesgeschichte; letzteres ist insofern auch besonders interessant, weil sich in der Begriffsgeschichte ein Stück weit das Schicksal der Liebe selber widerspiegelt und des Verständnisses der Beziehungen von Mann und Frau durch die Jahrhunderte.

Eine letzte Gruppe christlich orientierter Philosophen sei erwähnt, die sich in ihrer anthropologischen Reflexion besonders darauf bezogen haben, daß der *Mensch als Einheit von Leib und Seele* zu begreifen ist. In dieser bewußten Bemühung um das Verstehen des Menschen als eine Einheit wird ein Schnitt gelegt zu Traditionen, die die Geschichte der abendländischen Sexualmoral schwerstens belastet haben, ich meine die Geschichte der Abwertung des Leiblichen; neben der Abwertung der sexuellen Lust war es diese, die es nie voll und ganz zu einer positiven Wertung der Sexualität kommen ließ. So wirken viele Weisungen überkommener Moral wie eine dauernde Verteidigungsanweisung gegen das Unheimliche der ungezähmten Sexualität. In diesem Zusammenhang wären auch *Karl Rahner* und *Johann Baptist Metz* zu nennen, auf die auch im systematischen Teil kurz zurückzukommen sein wird.

4) Michel Foucault

„Der Wille zum Wissen'[84] beginnt mit einem Frontalangriff gegen die ‚Repressionshypothese' freudmarxistischer Provenienz." So beginnt *Hinrich Fink-Eitel* seine Ausführungen über *Michel Foucaults* „Sexualität und Wahrheit" im Spiegel neuerer Sekundärliteratur.[85] Über den *Geständniszwang in katholischer Beichtpraxis* sei im Gegenteil ein Diskurs in Gang gebracht und gehalten worden, der dazu geführt habe, daß man immer mehr und immer genauer sich über sexuelle Regungen und entsprechendes Verhalten Rechenschaft gab. „Unter dem Deckmantel einer gründlich gesäuberten Sprache, die sich hütet, ihn beim Namen zu nennen, wird der Sex von einem Diskurs in Beschlag genommen, der ihm keinen Augenblick Ruhe oder Verborgenheit gönnt," schreibt Foucault.[86]

Seit dem 18. Jahrhundert, so Foucault, habe sich *außerdem politisches Interesse* angemeldet: die Domestizierung der Sexualität im Dienst der öffentlichen Ordnung. „Der Sex wird", so schreibt er, „im 18. Jahrhundert zu einer Angelegenheit der ‚Polizei'."[87] Andere Kulturen haben „artes eroticae" geschaffen, das Abendland eine „scientia sexualis". „An die Stelle von Liebe und Lust haben wir das unendliche Reden über sie gesetzt," schreibt Fink-Eitel und stellt hier mit Recht eine Parallele zu einem Ergebnis bei *Niklas*

[82] *Pieper*, Liebe.
[83] *Kuhn*, Liebe.
[84] Untertitel des ersten Bandes von *Michel Foucaults* Werk Sexualität und Wahrheit, der 1976 erschien; zu Foucault äußert sich auch: *Giddens*, Intimität, 28-33.
[85] *Fink-Eitel*, Foucaults „Sexualität und Wahrheit".
[86] *Foucault*, Sexualität und Wahrheit, 31.
[87] Ebd., 36.

Luhmann fest.[88] Hinter dieser scientia werden bei Foucault – hier ist er wieder mit Reich vergleichbar – Machtinteressen festgestellt; er spricht von einer „Mikrophysik der Macht", die sich in vier strategischen Komplexen anzeigt. Sie werden in Form eines „*Sexualitätsdispositivs*" wirksam, in dem fixierende Zuordnungen Verhalten „disponieren", indem sie ihr einen gesellschaftlichen Ort zuweisen; Fink-Eitel zählt auf: „Das Kind als Objekt der Pädagogik, die Frau als Objekt der Medizin, die Perversen als Objekt der Psychiatrie und schließlich das Paar und das Fortpflanzungsverhalten als Objekt der Sozialwissenschaften – dies sind die hauptsächlichen Zielscheiben moderner Biomacht, die diskursivierend ‚Sexualität' überhaupt erst erzeugt."[89] Foucault hatte diese vier Spuren später aufnehmen wollen, ist aber vor seinem Tod nur noch dazu gekommen, in der Entwicklung der Antike die Elemente der Sexualentwicklung näher zu untersuchen.

Ob man hier mit dem Hinweis auf die *Geschichte mit dem Dornauszieher* reagieren könnte? Es ist die Geschichte der entzaubernden Wirkung von Bewußtsein und Selbsterkenntnis, die die reine Blüte unbewußter Schönheit, die von sich selbst nichts weiß, zerstört. Sieht man ab von der Bewertung eines rein-Ursprünglichen – sollte es das je gegeben haben, dann wohl nur im Sinn paradiesischer Existenz –, dann ist festzustellen: Ist es erst einmal in Prozessen der Bewußtwerdung aufgehoben, führt an dieser kein Weg mehr vorbei; allenfalls kann auf dem Weg der Reflexion dieses oder jenes zurückgewonnen werden aber nicht durch Ausschaltung derselben. Im übrigen sind die kritischen Ansätze, die sich bei Foucault finden, ernst zu nehmen.

5) Elisabeth Badinter

In einem bestimmten Sinn „radikal" gibt sich *Elisabeth Badinter*[90]; sie teilt die Geschichte in drei große Etappen auf, die überschrieben sind: „Das Eine *und* das Andere... Das Eine *ohne* das Andere... Das Eine *ist* das Andere."[91] Sie nennt die letzte Phase der Entwicklung, in der wir uns jetzt befinden, „eine schwindelerregende Mutation";[92] diese besteht darin, daß sich Männer und Frauen immer mehr aneinander angleichen; in jedem der beiden stecken vom Grunde her gleiche Möglichkeiten. Jeder ist prinzipiell „androgyn". Sie ist *überzeugt, daß es in der demokratischen Gesellschaft zu immer größerer Angleichung der Geschlechter kommen müsse.*

„Wenn es denkbar ist, die Komplementaritätsbeziehung, die den Mann mit der Frau verbindet, vom System der Herrschaft des Mannes über die Frau zu trennen, muß man die Entstehungsbedingungen dieses Systems und die ihm zugrundeliegende Logik aufdecken und zeigen, daß diese Logik unvereinbar ist mit der Logik von demokratischen Gesellschaften, die nämlich ein ganz anderes Leitbild hervorbringt: *die Ähnlichkeit der Geschlechter.*"[93]

---

[88] *Fink-Eitel*, Foucaults „Sexualität und Wahrheit", 368; gemeint ist *Luhmann*, Liebe.
[89] Ebd., 368.
[90] *Badinter*, Ich bin Du.
[91] Vgl. das Inhaltsverzeichnis, ebd., 5f.
[92] So die Abschnittüberschrift ebd., 191.
[93] Ebd., 13.

Diese am Anfang formulierte Hypothese zeigt, daß sie die Bedeutung der Natur im Geschlechtlichen relativ gering einschätzt. Es sei, so schreibt sie,

„unverhüllt zugegeben, daß wir in dieser Arbeit der Kultur (statt der Natur) von vornherein das größere Gewicht beimessen. Die gegenwärtige Entwicklung des Verhältnisses zwischen den Geschlechtern geht nach unserer Meinung so weit, daß wir versucht sind, darin den Anfang einer regelrechten Mutation zu sehen, einer kulturellen Mutation, die nicht bloß die Machtverhältnisse zwischen Männern und Frauen durcheinander bringt, sondern uns nötigt, noch einmal die ‚Natur' beider zu überdenken."[94]

In ihrem Werk durcheilt die Autorin in Siebenmeilenstiefeln die Geschichte. Sie geht in ihrer geschichtlichen Rückblende von der Behauptung aus: „Am Anfang ‚gab es' weder Matriarchat noch Patriarchat."[95] So ist in ihrer Sicht die erste Phase der Entwicklung zu beschreiben; sie räumt so mit der Vorstellung eines ursprünglichen Matriarchats auf und macht dies durch die in der Urzeit notwendige Arbeitsteilung der Geschlechter plausibel. In dieser ersten Phase der Menschheitsentwicklung war darin der Frau ein größerer Freiraum eigener Lebensgestaltung gegeben. Unter der schon zitierten Überschrift „Das Eine *ohne* das Andere"[96] wird die Entstehung des Patriarchats geschildert, das bis weit in unser Jahrhundert vorherrschend gewesen ist und heute noch in vielen Ländern in seinen Auswirkungen praktisch überall spürbar ist.

Der dritte Teil lautet: „Das Eine *ist* das Andere";[97] er handelt von der schon zitierten schwindelerregenden Mutation, die in einer wachsenden Ähnlichkeit der Geschlechter gesehen wird. In ihrer Deutung des Androgynen geht Badinter ihre eigenen Wege; schließlich besagt ja Androgynität an sich gerade *nicht*, daß das Männliche das Weibliche sei, sondern daß jeder in sich den Anteil des Andersgeschlechtlichen zu integrieren habe, wie Jung sagen würde, der Mann die Anima, die Frau den Animus. Hier aber wird das Androgyne im Sinn einer Nivellierung der Unterschiede überhaupt gesehen. In der Darstellung von Badinter spielt „das Zurückweichen der ‚Natur'" eine besondere Rolle. Dieses leistet nun weiter einer Entwicklung Vorschub, in der sich das Kulturelle vom Naturalen immer mehr ablöst, was sich in der Sicht der Autorin besonders deutlich nach ihrer Meinung in der Trennung von Weiblichkeit und Mütterlichkeit dokumentiert. „Nach der gemischtgeschlechtlichen Rollenverteilung ist die Loslösung von den physiologischen Funktionen der mächtigste Faktor der Angleichung der Geschlechter."[98] Angesichts solcher Formulierung kann man sich fragen, ob sich hier nicht beginnender Platonismus zeigt, wo die somatisch vorgegebene Realität als unwichtig und nebensächlich abgetan wird im Hinblick auf die Entwicklung zu immer größerer Ähnlichkeit zwischen den Geschlechtern.

---

94 Ebd., 14.
95 Ebd., 36.
96 Ebd., 77.
97 Ebd., 185.
98 Ebd., 231.

Wie sehr sich auch überkommene Moralvorstellungen in dieser Sicht verändern, zeigt sich in folgender Analyse: Badinter *spricht von der egozentrischen Moral, die zu einer Gefahr für die christliche Ethik wird.*

„Der ihr zugrundeliegende Altruismus ist mit unserem streitbaren Individualismus kaum zu vereinbaren. Wenn die persönliche Entfaltung ... zu einem Muß erklärt wird, kann der Gedanke des Opfers nur noch unter dem negativen Aspekt der Selbstverstümmelung erscheinen. Wir können den Altruismus nur gutheißen, wenn er den Zielen des Ichs dient: seiner Ästhetik und seiner Größe... Früher war die Mutterschaft durch Hingabe und Opfer bestimmt... So versteht man die Mutterschaft in unserer Gesellschaft heute nicht mehr. Wenn man ein Kind bekommt, so vor allem, um sich einen persönlichen Wunsch zu erfüllen, und man sträubt sich dagegen, ein Kind zu zeugen, auf das man keine Lust hat, nur dem anderen eine Freude zu machen, oder gar, um die Erhaltung der Art zu sichern, oder aus sonstigen sozioökonomischen Gründen. Man zeugt in erster Linie für sich selbst, um das eigene Ich zu befriedigen und zu bereichern."[99]

Am Ende läßt die Philosophin ihren Gedanken freien Lauf und meint, es müsse eines Tages die von aller Biologie unabhängige Gebärmaschine geben, die in Konkurrenz zu dem bisherigen Privileg der Frauen die Schwangerschaften der Kinder besorgen könne, und es müsse daneben die Möglichkeit geben, daß es von Männerschwangerschaften ausgetragen werden solle. Sie schließt mit dem Satz:

„Die menschliche Gattung könnte sich morgen dank wissenschaftlicher Entdeckung durchaus die Möglichkeiten einer noch radikaleren Mutation schaffen. Wäre das das Ende des Menschen? Nein, es bedeutete vielmehr, daß ein neuer Mensch entsteht."[100]

2.1.2. Begriffsbestimmungen und Methode des weiteren Vorgehens

Es ist sichtbar geworden, daß sich in den verschiedenen philosophischen Stellungnahmen noch keine konkreten Lösungen abzeichnen. Hier ist nun weiterzufragen. In einem gewissen Sinn wird hier ein optimistischer Standpunkt vertreten, indem ich von der Überzeugung ausgehe, daß ethische Wahrheit erkennbar ist; andernfalls wäre sie sinn-los.[101] Von dieser Erkennbarkeit möchte ich ausgehen. Es geht um das, was sexuelles Verhalten zu eigentlich menschlichem Verhalten werden läßt; welche Bedingungen des Gelingens zeichnen sich ab? Und wie ist das Gelingen selber als Zielbestimmung zu erfassen? Hier können nur hermeneutische Überlegungen weiterhelfen, Überlegungen, in denen eine Deutung von Erfahrungen versucht wird, die das Erleben von Mann und Frau ausmachen. Es soll versucht werden, dem tieferen humanen Sinn dieser so wichtigen Beziehung zu erschließen oder aufzudecken. Zuvor sind *zwei wichtige Begriffe*, die hierbei gebraucht werden, in ihrer Bedeutung vorzustellen:

---

[99] Ebd., 240f.

[100] Ebd., 269. Mit dieser grandiosen Idee schließt das Buch, das sich selber damit das Urteil spricht.

[101] Hiermit wird eine bestimmte Option für den Kognitvismus getroffen; nicht alle Ethiker sind der hier geäußerten Meinung.

a) Die Bedeutung von Sinn

Ursprünglich bedeutet *Sinn* (althochdeutsch Sin) nichts anderes als Weg (zu einem Ziel); das Wort Gesinde (= Wegbegleitung) geht noch darauf zurück. Es werden von dieser Ursprungsbedeutung her zwei Richtungen der Bedeutungsakzente unterschieden: Einmal wird Sinn im Sinne von *Bewegungsrichtung auf äußere Ziele* hin verstanden; dann wird Sinn im Sinne *innerer Zielorientierung,* im Dienst der wesentlichen Identitätsvollzüge gesehen.[102] Sinnerfahrung bedeutet für den Menschen immer ein Zu-sich-selber-kommen in den wesentlichen Dimensionen seiner Existenz. Sie hat zu tun mit Vorgaben, die in der Sinnausrichtung seines Daseins gegeben sind, und zugleich mit gelingenden Vollzügen, in denen dieser Sinnausrichtung entsprochen wird. *Im wesentlichen wird Sinn nicht vom Menschen hergestellt, sondern vorgefunden und so wahrgenommen.* Sinnerfahrung hat einerseits Geschenkcharakter, ist aber ohne personalen *Einsatz eigener Freiheit* nicht zu „machen". Etwas einzelnes, ein einzelnes Handeln bekommt Sinn dadurch, daß es in einen größeren Zusammenhang eingebunden ist und darin auch eingeborgen wird. Insofern stellt sich *mit der Frage nach dem Sinn des menschlichen Lebens immer auch die Frage nach dem Sein im Ganzen,* auf das sich der Mensch ausgerichtet weiß. Es ist klar, daß sich solche Sinnbestimmung nicht rein empirisch ermitteln läßt; *im Bemühen um Sinnverstehen tritt der Mensch in eine ursprüngliche Distanz zu sich selbst* und beginnt, vor allem im Blick auf einige seiner Grunderfahrungen, seinem Dasein eine Sinndeutung zu geben, indem er verstehend den Sinnausrichtungen desselben nachgeht.

Sinn hat also immer ein transzendierendes Moment – das einzelne ist in einen größeren Zusammenhang gestellt. Sinnerfassung ist darum etwas spezifisch Humanes. Es stellt einen Zusammenhang her, der voraussetzt, daß solcher Zusammenhang verstanden wird. Sinn ist somit auf die innere Wahrnehmung des Menschen bezogen. Diese aber bewegt sich asymptotisch auf ihren Gegenstand zu, der sich immer wieder dem Be-greifen entzieht; Ganzheit der Erfahrung kann nur gelingen, indem sich das Sein als Geschenktes weiß. Halten wir fest: *Sinnerfahrung kann nicht beliebig hergestellt werden; sie ist, wo es um den Menschen im Letzten geht, geschenkt.*[103] Dieses wird besonders dort deutlich, wo wir von *Erfahrungen* sprechen, in denen wir sagen können, *sie trügen ihren Sinn in sich selber,* wie z.B. die Erfahrung einer Liebesbegegnung von Mann und Frau. Das Glücken solcher Begegnung ist eben ein „Glücken", ist nicht etwas „Machbares" im üblichen Sinn.

Bestimmte Urerfahrungen sind immer Anlaß gewesen, daß sich der Mensch seines Daseins in seiner Ganzheit bewußt wird – dazu gehören Tod,

[102] *Beck/Rieber:* Anthropologie und Ethik, 27f.; vgl. *Dux*, Geschlecht, 97-99 u.ö.

[103] *Schaeffler* sieht einen dialektischen Zusammenhang: „Sinn wird... ‚gestiftet', weil das Denken und der Wille die Struktur einer möglichen Erfahrung vorzeichnen müssen, wenn Wahrgenommenes als sinnvoll erscheinen soll. Sinn wird ‚gefunden', weil das Denken und der Wille sich nur nur die Inhalte ihrer Erfahrung ‚geben lassen' müssen, sondern auch die Struktur ihrer Antizipation erst unter dem Anspruch des Erfahrenen entwickeln." In: Sinn, 1325-1341, Zitat 1340.

Geburt und, last but not least, die Hochzeit. Der Mensch erlebt in der Erfahrung der menschlichen Liebe, daß er sich selbst zur Frage wird und sich darin zu sich selbst verhält, verhalten muß, ja, daß er sich in dieser neuen Erfahrung selber aufgegeben ist. Es ist – so könnte man sagen – jede Intensiverfahrung des Menschlichen zugleich auch, wie sich zeigt, eine Urerfahrung des Ethischen. Denn die Selbstaufgegebenheit des Menschen ist ganz urtümlich dem Ethischen zugeordnet. *Hier ist der Mensch unvertretbar er selbst; kaum irgendwo erlebt er das so deutlich wie in der Erfahrung der Geschlechterliebe.*

So beginnt er, gerade aus dieser Distanz und der Erfahrung des Aufgegebenseins heraus, in einem beständigen Kommunikationsprozeß mit anderen *seine Erfahrungen zu deuten;* wir beobachten: Selbst sonst nüchtern handelnde Menschen versuchen sich in Versen, bekommen Sinn für Poesie und Musik, scheinen wie verwandelt. Dabei zeigt sich aber auch, daß der einzelne für die Artikulation seiner Erfahrung auf *vorgegebene Sinndeutungsmuster* zurückgreift, die er *in geschichtlich übermittelten Vorgaben seiner Kultur* vorfindet. Wir haben das Faktum gesellschaftlicher und kultureller Bestimmtheit menschlicher Verhaltensweisen in Fragen der Sexualität feststellen können. Der Mensch formt seine Welt selbst in der Abfolge geschichtlicher Prozesse. Es ist nicht möglich, geschichtliches Geschehen auf einbahnige, reproduzierbare Kausalketten zurückzuführen, was die Naturwissenschaft tun muß und tun kann. Unumkehrbarkeit und Unwiederholbarkeit gehörten zu den Wesensbestandteilen der Geschichte. *Darin wird* (wie angedeutet) *Sinn gegeben, vermittelt, aufgefunden, nicht gemacht.* Verstehen versucht ihn aufzudecken und wahrzunehmen, ihn, der unabhängig vom Menschen da ist und sich anbietet. Jeder kommt so nur im Zusammenhang einer Kultur, die ihm geschichtlich vorgeprägte Muster der Selbstdeutung anbietet, zu sich selbst.

Die *heutige Situation* bringt ihn aber aufgrund der Beobachtung der Verschiedenheit der Kulturen und philosophischen Ansätzen in – so könnte man sagen – *eine größere Distanz zur je eigenen Tradition;* z.B. sehen wir das Verhältnis zum eigenen Leib in anderer Weise wie Thomas von Aquin oder gar Augustinus, in deren Tradition wir stehen. Und wir sind uns dessen bewußt.

Wenn es nun zur Menschwerdung des Menschen in der Geschichte gehört, daß er sich zu sich selbst verhält, und zu den emotionell bestimmenden Grunderfahrungen seines eigenen Lebens Stellung nimmt, gehört zu seinem Menschsein eine *Annahme seiner selbst, insofern er Mann bzw. Frau ist.* Diese Annahme geschieht unter den Vorgegebenheiten und den Sinnangeboten der jeweiligen geschichtlichen Epoche. Sie wollen immer neu weitergegeben, gedeutet, verstanden werden. Von ihnen her kann sich der Mensch seinem eigenen Erleben stellen; seine Erfahrungen sind dadurch mitbestimmt. Er erfüllt diese mit Sinn, indem er sie einbettet in ein größeres Ganzes, auf das hin er bezogen ist.

b) Die Bedeutung von Wert

Was die Bestimmung dessen, was hier unter *Wert* verstanden werden soll, angeht, möchte ich einen abgekürzten Reflexionsweg vorschlagen: *Ich gehe von der Beobachtung aus, daß der Mensch selten den Wert seines eigenen Daseins so intensiv erlebt wie in einer gelingenden Begegnung von Mann und Frau.* Wenn hier auf dem Hintergrund einer allgemeinen Sinnorientierung etwas über die Grundwerte der Geschlechtlichkeit gesagt werden soll, könnte geradezu von der Behauptung ausgegangen werden, daß in dieser Beziehung die *Chance besteht, daß der Mensch in ihr erst voll wahrnimmt, was Wert und glückendes Dasein überhaupt bedeuten.* Es ist die personale Beziehung zum anderen, die ihn selbst in seiner Ganzheit schwingen läßt; da sagt eins zum anderen: *„Du bist mir lieb und wert"*.

Indem sich jeder auf den anderen, auf das Du, einläßt, erfährt er zugleich die Werthaftigkeit seines eigenen Daseins und des anderen in einem gemeinsamen Vollzug. Der Mensch ist von der Mitte seines Herzens her auf solche Werterfahrung ausgerichtet. Er kann die Erfahrung des „Du bist mir lieb und wert" nicht verstehen, wenn er sie überhaupt versteht, aus einer Perspektive des Habenwollens. Zwar steht in dem Satz: Du bist *mir*, und darin kommt das persönliche Betroffensein zum Ausdruck, das Moment der eigenen Sehnsucht und Offenheit, in dem der eine auf den anderen bezogen ist. Aber die Bewegung, die zum Ausdruck gebracht wird, bleibt nicht in der eigenen Subjektivität befangen. *Ganzheitliche Liebe bedeutet die Bereitschaft, den Preis der eigenen Existenz zu zahlen*, und die Erkenntnis, daß es eine unabdingbare Forderung sei, den anderen um seiner selbst willen zu bejahen, wie man sich selbst von ihm bejaht erfährt. In einer solchen Grunderfahrung geht das menschlich Humane, das erfüllend befreiende Erleben fast nahtlos über in die Übernahme ethischer Konsequenz, die sich wie von selbst aus dieser Grundbestimmung des Verhältnisses ergibt. *Werterfahrung überhaupt wird also gerade am Modell der Begegnung von Mann und Frau gemacht* und erlebt. Der Glaube würde sagen, daß der Mensch hier wie sonst kaum erfährt, wie sehr Leben glücken kann, wenn Lieben gelingt. Niemand kann sein Leben gewinnen, wenn er es nicht verliert.[104]

Wert wird immer dort erfahren, wo ein Vorgegebenes auf ein tiefes menschliches Verlangen stößt und es erfüllen kann. Ihm eignet somit immer eine objektive und eine subjektive Seite. Die letztere ist durch eine Skala von Bedürfnissen bestimmt, die sich aus dem Wesen des Menschlichen ergeben und allen Ebenen seiner leib-geistigen Existenz entsprechen.[105] Ob-

[104] Vgl. Mt 16,25.

[105] Es hat einen Sinn, Werte in ihrer jeweiligen Bestimmung auf den Menschen hinzuordnen: „Dem Menschen erscheint etwas wertvoll, weil er als Bedürfniswesen bestimmter Güter bedarf, um zu überleben." So schreibt Alfred *Schöpf* (Wert, 263) und kennzeichnet damit den Wert grundsätzlich von einer Bedürfnisstruktur her, die unterschiedliche Ebenen hat und darin gipfelt, daß der Mensch als Person in Wahrheit nur zu sich kommen kann in Relation auf den/die andern/e als Person. Wegen dieser Struktur sind Werte personaler Relation von höchstem Rang; sie sind einerseits der Freiheit vorgegeben, zugleich aber von höchster ethischer Relevanz. Im verantwortlichen Selbstvollzug menschlicher Kommunikation realisiert der Mensch den diesbezüglichen ethischen Wert.

jektiv korrespondiert ihr eine Art Hierarchie der angebotenen und herausfordernden Werte, auf die der Mensch subjektiv bezogen ist. *Dort, wo der Mensch zu freiem Umgang mit Werten herausgefordert ist und dieser Herausforderung entspricht, realisiert er ethische Werte.*

c) Zur Methodik des weiteren Vorgehens

Da Sinngebung weder konstruiert noch unmittelbar am rein Faktischen abgelesen werden kann, ist im wesentlichen auf die geschichtlichen Vorgaben zu rekurrieren; aber die Geschichte kommt, wie wir gesehen haben, im vielstimmigen Konzert eines bunten Pluralismus der Kulturen auf uns zu. Die Frage ist, welche Linie der Interpretation den Anspruch auf Wahrheit, der gestellt werden muß, am ehesten zu erfüllen vermag. Diese Interpretationslinie sollte sich auf solche *philosophischen Versuche beziehen, die Brückenschläge zu den Erfahrungen der Menschen ermöglichen, die im Bereich der Sexualität gemacht werden.*[106] Dieses Postulat findet sich am ehesten erfüllt in:

2.1.3. Aussagen erfahrungsbezogener Philosophie

a) Philosophisch-ethische Bedeutung von Erfahrung

Ein Kernsatz abendländischer Ethik, der sich im ethischen Hauptwerk des Aristoteles findet, lautet: „...das *oberste dem Menschen erreichbare Gut stellt sich dar als ein Tätigsein der Seele im Sinne der ihr wesenhaften Tüchtigkeit.*"[107] Aristoteles bestimmt das eigentlich Gute, die Realisierung des Grundwertes schlechthin, so könnten wir sagen, auf den der Mensch sich in seinem Leben beziehen soll, als *dasjenige, was der Mensch um seiner selbst willen suchen soll, was somit seinen Sinn in sich selber trägt.* Wenn Dux schreibt: „Sinn ist in die sinnfreie Sphäre des Lebens zurückzuführen. Was hier geschieht, hat keinen anderen Sinn als das gute Leben",[108] trifft er nach meinem Eindruck dieselbe Realität in abgewandelter Terminologie, wobei der Inhalt von Sinn in die Nähe dessen rückt, was ich als

---

[106] Die *systematische Philosophie* tut sich hier schwer; es gibt kaum Analysen bedeutender Philosophen, die sich mit der Zweiheit der Geschlechter auseinandergesetzt haben. *Baumgartner* (in: *Luyten,* (Hg.), Wesen und Sinn der Geschlechtlichkeit, 271-300) schreibt in einem Beitrag zu Gleichheit und Verschiedenheit von Mann und Frau in philosophischer Perspektive relativ abstrakt, indem er wesentlich zwei philosophische Theorien vorstellt, die sich mit der Polarität der Geschlechter befassen; er bezieht sich auf Philipp Lersch und auf Georg Simmel, beides Autoren, deren Gegenwartsbedeutung stark im Abnehmen begriffen ist. Seine Überlegungen münden in die Feststellung, daß das Polaritätsmodell unverzichtbar sei und daß in transzendentalphilosophischer Perspektive gesagt werden könne, „daß Mann und Frau zwei eigenständige, notwendige und aufeinander bezogene Bewegungsrichtungen des menschlichen Geistes, der endlichen Vernunftstruktur, repräsentieren" (297). Hier wären ergänzend *Scherer*, Ehe, und *Splett*, Mann und Frau, anzuführen.

[107] *Aristoteles*, NE 1098a, 15.

[108] *Dux*, Geschlecht, 97.

Zweck bezeichnen würde. Dasjenige trägt also nach ihm den Sinn in sich selbst, was den Menschen seine ureigensten Möglichkeiten in intensivster Weise realisieren läßt. Für Aristoteles hieß das: Erfüllung in der „Theoria", der Kontemplation, für den Christen Vollendung in der „Agape", der Liebe. In jedem Fall geht es um die Erfüllung jener Offenheit, die der Mensch selber ist. Die seinem Wesen zugrundeliegende Dialektik aber besteht gerade darin, daß er zu sich selber in vollem Sinne nur kommen kann, indem er sich über sich hinausverwiesen erfährt. Wenn Liebe zwischen Mann und Frau in ihrem Gelingen ihren Sinn in sich selber tragen soll, *so müßte vermittelt werden, daß hier in der Tat der Mensch sich in seiner „wesentlichen Tüchtigkeit", in seiner tiefsten Möglichkeit vollziehen kann.* Die zahllosen Zeugnisse von Erfahrungen dieser Art in der Geschichte der Literatur könnten diese Annahme belegen.[109]

Die philosophische Vernunft ist zu neuer Distanz in dem Augenblick herausgefordert und *zu neuem Nachdenken gezwungen, wo unterschiedliche Deutungsmuster der Sexualität sich begegnen.* Die Frage: Was ist der Mensch? Was ist der Mensch als Mann oder Frau? Was ist er heute als solcher? drängt sich auf und steht zur Beantwortung an. *Erkennbares Urerleben* – als etwas durch alle Brechungen in verschiedenen Deutungen hindurch Wahrnehmbares – *muß Ausgangspunkt des Nachdenkens sein, wenn dieses sich nicht verflüchtigen soll.* Deswegen sind diejenigen, die diesem Erleben des Menschen schon aufgrund ihres Berufes ständig nachzugehen haben und zugleich über philosophische Reflexionskapazitäten verfügen, die ersten, bei denen man vermutlich einen einigermaßen stimmigen und auf Erfahrung aufruhenden philosophischen Deutungsansatz vorfinden kann. Dabei wird von diesem philosophischen Ansatz aus dieses Urerleben im Hinblick auf ganzmenschliche Sinnerfahrung gedeutet, der bestimmte Haltungen entsprechen können; zugleich bekommt von solcher grundlegenden Sinndeutung her das einzelne Verhalten, der einzelne Gestus eine ihm eigene Bedeutung und den ihm eigenen Wert vom vollziehenden Subjekt her, worin sich zwei mögliche Auswirkungen von Sinndeutung ergeben.

b) Die (Struktur-)Psychologie in philosophischer Reflexion

In der *Schule personaler (bzw. humanistischer) Psychotherapie*,[110] deren Vertreter für philosophische Deutungen offen sind, pflegt man in Anlehnung

[109] Zuzugeben ist, daß es mit Beispielen positiver Art in der neueren Literatur schlecht bestellt ist, wie *Sill* aufgewiesen hat (in: ders., Geschlechterliebe, bes.18-60); dies zeigt eindringlich, daß das Glücken auf diesem Gebiet keine Selbstverständlichkeit ist; aber es hebt das Gewicht der vielen Zeugnisse der Tradition nicht auf – vom Hohen Lied des Alten Testamentes bis zu moderner Dichtung wie bei Ingeborg Bachmann oder Erich Fried.

[110] Hier ist an *von Gebsattel*, Viktor E., *Lersch*, Philipp; *Vetter*, August; *Görres*, Albert; *Herzog-Dürck*, Johanna; *Binswanger*, Ludwig und andere gedacht. Eine Parallele des Vorgehens sehe ich bei *Müller*, Unverheiratet zusammenleben, der seinen Ausgangspunkt in dieser Vermittlung bei Viktor *Frankl* nimmt. (Teil II,A).
Dannecker sieht bei von *Gebsattel* eine „gleichsam säkularisierte Fassung christlicher Anthropologie" vorliegen, die eine „starre, historischen Veränderungen nicht unterworfene

Skizze 3:

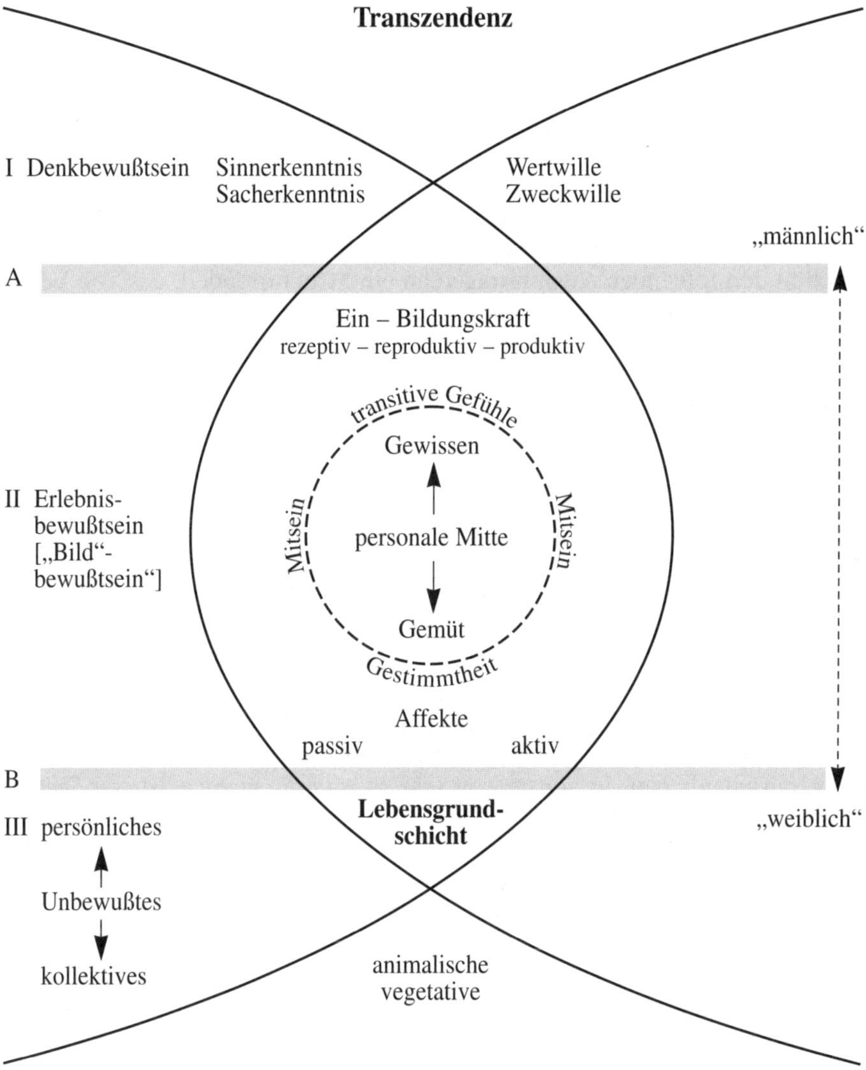

normative Grundstruktur der Sexualität" behaupte (Drama, 96); der hier versuchte Ansatz nimmt zwar überzeitliche Wertorientierungen auf, die Voraussetzung dafür sind, daß überhaupt von humaner Sexualität gesprochen werden kann; die Rede von ihr setzt zwar nicht Humanität in ihrer konkreten Gestalt als universell gleich voraus, wohl aber in Grundstrukturen, die zum Beispiel eine Gleichwertigkeit der Geschlechter beinhalten; auf sie bewegen wir uns de facto noch zu, wobei ich voraussetze, daß man hinter diese Zielorientierung auf der Basis eines Menschenrechtsethos nicht wieder zurückfallen sollte. Die konkrete normative Absicherung des Rahmens, in dem Sexulität sinnvoll gelebt werden kann, wird auch unter Voraussetzung einer solchen Anthropologie nicht starr und unveränderbar gedacht werden können; diese fordert im geschichtlichen Entwicklungsprozeß vielmehr jene Veränderungen heraus, die dem Menschen unter veränderten Bedingungen noch Zugang zu erfüllter Sexualität ermöglichen helfen.

an Freud u.a. die Erkenntnis vom Menschen in *Strukturmodellen*[111] zu verdeutlichen. Eine Teilung der Seele in ihre verschiedenen Schichten (vegetativ, sensitiv, rational) gibt es bereits seit der griechischen Philosophie. Natürlich ist ein solches Modell nur eine Verstehenshilfe, nicht konkrete Anschauung, die sich geschauter Realität gegenübersieht. Wie sich Schalen- und Bläschenmodell in der Atomphysik nicht auf einen Nenner bringen lassen, so wenig lassen sich alle Aspekte des Seelischen mit dem Oben-unten-Modell oder Zentral-peripher-Modell einfangen oder untereinander völlig zur Deckung bringen. Man kann sich nur annähernd an Erfahrungswerte der Psychologie heranarbeiten. Ich halte mich in den folgenden Ausführungen an ein Strukturmodell, das von Vetter und von anderen entwickelt und in einer meines Erachtens gelungenen Weise von Johannes Bours in eigener Wiedergabe vervollständigt und erweitert worden ist (Skizze 3).[112]

In diesem Schichtenmodell stellt die untere Sphäre etwas dar, wovon schon die Rede war;[113] die *vitale Grundschicht hat mit den biologischen und animalischen Gesetzlichkeiten zu tun*, die im menschlichen Dasein in ein größeres Ganzes integriert sind. Die untere Schicht wird also von diesen Basisgesetzlichkeiten her zu verstehen sein. Biologische und basale psychische Gesetzlichkeiten sind hier wirksam, insbesondere die Widerspiegelung instinktiver Dynamismen in seelischen (archetypischen) Regungen, die ihrerseits ins Bewußtsein drängen. Sie öffnen sich, wie wir sahen, der jeweils übergeordneten Gesetzlichkeit, letztlich humaner Gestaltung. Diese wird weiter in den darüberliegenden Schichten zu charakterisieren sein. Hier ist eine Dreischichtung zugrundegelegt, wie sie einerseits alter Tradition entspricht und andererseits geeignet ist, Erkenntnisse moderner Psychotherapie zu veranschaulichen. *In der oberen Schicht sind die mehr geistigen Seelenkräfte Verstand und Wille geortet, in der Mitte der personale Mittenbereich, der durch Erlebnisbewußtsein und Imagination gekennzeichnet ist.* Der endothyme Grund[114] liegt dann unterhalb der Schwelle des Bewußtseins. Die beiden Querlinien sind unterschiedlich zu verstehen. Die stärker zu betonende Linie liegt sicher zwischen bewußt und unbewußt; die obere Linie ist im Feld des Bewußtseins angesiedelt und trennt verschieden Weisen von Vollzügen des Bewußtseins voneinander. Beide Linien A und B sind schräg **halbfett gedruckt**, um anzudeuten, daß sie jeweils für bestimmte Vorgänge des Seelischen durchlässig sind.

Die beiden offenen Parabeln deuten die horizontalen Grundausrichtungen an, die menschliches Erleben kennzeichnen. Das Schaubild, das *ursprünglich als ein Schaubild des individuellen Seelenlebens verstanden* worden war, kann so weiteres andeuten: Es kann zugleich *die Spezifika der horizon-*

---

[111] Karol *Wojtyla* berücksichtigt in der psychologischen Analyse der Liebe ähnliche Zugänge (Verantwortung, 88-103).

[112] *Bours,* Von naturaler zu christlicher Meditation, 240.

[113] Vgl. oben, 1.1.

[114] *Lersch,* Aufbau, 121ff.

talen Grundbeziehungen und darin einige Charakteristika der Begegnung von Mann und Frau veranschaulichen. Auf der linken Seite befindet sich der *Eindruckspol*; von seiner innersten Mitte her ist jeder Mensch offen und darauf angewiesen – man beachte die nach links geöffnete Parabel –, daß er Annahme erfährt.[115] Ohne eine solche Annahme würde sich eine personale Mitte mit Gewissen und Gemüt überhaupt nicht bilden können. Die Mitte kommt durch solche Annahme erst zustande, durch Erfahrung von Zuwendung. *Von der Mitte her gestaltet der Mensch dann immer mehr auch seine eigene Ganzheit.* Wenn hier von Emotionen gesprochen wird, so sind damit eigentlich nicht nur Gefühle und Gestimmtheiten gemeint, sondern es sind Bewegungen der Mitte gemeint, Bewegungen, in denen das Herz des Menschen auf etwas zugeht, in der nach rechts geöffneten Parabel angedeutet; auch hier ist eine Notwendigkeit gegeben. Der Mensch lebt, indem er sich auf den anderen bezieht und sich ihm gegenüber äußert. Man könnte an Blaise Pascals Idee denken, der in seinen Pensées von einer Ordnung des Herzens über den Ordnungen des Verstandes spricht; er hat im Hinblick auf die religiöse Erfahrung gesagt: „Es ist das Herz, das Gott spürt, und nicht die Vernunft. Das ist der Glaube: Gott spürbar im Herzen und nicht in der Vernunft."[116] Diese Ordnung des Herzens hat eben auch ihre spezifischen Weisen des Wahrnehmens und des Bejahens. In ihr ist jeweils das Ganze im Kern zusammengehalten. Sie lebt vom Empfangen und Geben.

So deutet die doppelte Offenheit dieser Zeichnung an, daß Menschen *nicht nur die Zuwendung anderer in ihrer Mitte erfahren, sondern daß sie von der Mitte her auf andere bezogen sind.* Hier korrespondiert die Wahrnehmung der Psychologie weithin den Erkenntnissen des philosophischen Personalismus, wie er uns bei Martin Buber, Friedrich Ebner und anderen entgegentritt. In unserem Zusammenhang konnten wir feststellen, daß Mann und Frau schon von der biologischen Natur aufeinander bezogen sind und daß dieses Aufeinander-bezogen-sein immer schon in Deutungshorizonten kultureller Deutung erlebt und erfahren wurde.

c) Die geglückte Beziehung von Mann und Frau als Modell personaler menschlicher Begegnung überhaupt

Wegen der zentralen Bedeutung, die in allen Bemühungen personalistischer Philosophie dem Erfahrungsmoment der persönlichen Begegnung von Mann und Frau zugeschrieben wird als dem eigentlichen Ort der hier zu behandelnden Sinnerfahrung, beginne ich mit dem Versuch, einige darauf bezogene *Thesen* zu formulieren und auszulegen:

---

[115] *Dux*, Geschlecht, bestätigt dies, indem er unter anderem schreibt: „Das Geschlechterverhältnis hat seinen Grund in der Intimität der frühen Kindheit."(98).

[116] *Pascal*, Pensées Nr. 278; vgl. Nr. 277: „Das Herz hat seine Gründe, die die Vernunft nicht kennt."

1) Die geglückte Begegnung von Mann und Frau stellt ein Optimum an Möglichkeiten bereit, daß beide im Vollzug totaler wechselseitiger Hingabe zu tiefer Sinnerfüllung ihres je eigenen Lebens kommen. Sie trägt somit ihren Sinn primär in sich.

Seit Immanuel *Kant* ist es allgemein akzeptierter Grundsatz gemäß der dritten Form seines kategorischen Imperativs[117], daß man den Menschen um seiner selbst willen achten müsse, daß es der Person widerstreite, wenn sie zu einem bloßen Mittel herabgewürdigt wird. Der Mensch, der sich selbst aufgegeben ist, realisiert in seiner Selbstwerdung den entscheidenden Sinn seines Daseins. Dieses muß er tun in Verantwortung vor anderen und in seinem Glauben vor Gott; dann handelt er sinnerfüllt und darum menschlich. Wenn darum erwiesen werden kann, daß in der spezifischen Begegnungssituation von Mann und Frau der Mensch in tiefer Weise sich selbst erfährt und sein eigenes Dasein in der Überantwortung an den anderen verwirklicht, dann ist damit gesagt, daß diese Begegnung, sofern sie glückt, *ihren Sinn in sich selber trägt.*[118]

Bei Aristoteles fanden wir die Aussage, daß dasjenige Sinn in sich selbst trägt, was die ureigensten Möglichkeiten des Menschen in intensivster Weise realisieren läßt. Es geht um die *Erfüllung jener Offenheit, die der Mensch selber ist.* Die seinem Wesen zugrundeliegende Dialektik besteht gerade darin, daß er zu sich selber nur kommen kann, indem er sich über sich hinaus verwiesen erfährt. Wenn also Liebe zwischen Mann und Frau in ihrem Gelingen ihren Sinn in sich selber tragen soll, müßte ermittelt werden, daß hier in der Tat der Mensch sich „in seiner wesentlichen Tüchtigkeit", in seinem wesentlichen Vermögen vollziehen kann, in dem so gegebenen wesenhaften Vollzug der Seele nach Aristoteles.

Eine Beobachtung spricht für die Behauptung: Alle Beschreibungen religiöser Phänomene, vor allem dort, wo sie ihre höchsten Intensitätsstufen erreichten, in der Mystik zum Beispiel,[119] greifen nicht zufällig immer wieder

---

[117] *„Handle so, daß du die Menschheit, sowohl in deiner Person, als in der Person eines jeden andern, jederzeit zugleich als Zweck, niemals bloß als Mittel brauchest."* Grundlegung zur Metaphysik der Sitten, 61. In dem Verständnis der Liebe als Beziehung von Person zu Person ist auch die Grundlage der Anthropologie der Geschlechter bei Karol *Wojtyla* zu sehen (Verantwortung 38f. 63-122 u.ö.).

[118] Franz von *Baader* zitiert in einem ähnlichen Zusammenhang einen französischen Weisheitsspruch: „Denn nur die Liebe hat wie das Leben, das sie selber ist, kein Warum, nichts, was früher als sie wäre, weswegen sie allein absoluter Zweck (Ende oder Vollendung aller Dinge wie ihr Anfang) ist, dem alles andere sich als Mittel fügen muß, und von ihr gilt: L'amour, dit-on, n'a pas de loi, Pourquoi? Parce que l'amour lui-méme est la loi supréme!" (Erotische Philosophie 124); *Langemeyer*, Mann und Frau, 12, warnt vor dieser Formulierung, um nicht etwas gegen das notwendige Transzendieren der Zweierbeziehung zu sagen; diese wäre hier gerade mitzudenken. *Wannenwetsch* spricht von der Notwendigkeit, die Ehe als „*'zweckfreie' Lebensgemeinschaft*" zu beschreiben, um sie vor instrumentalisierender Verzweckung zu schützen und ihren Freiheitsraum zu wahren (Freiheit, 6f.)

[119] Einzelbelege erübrigen sich; seit den Hohelied-Predigten des Bernhard von Clairvaux haben immer wieder erotische Bilder die Begegnung von Gott und Mensch veranschaulicht – man denke an Mechtild von Magdeburg, Hadewijch von Antwerpen, Teresa von Avila, Johannes vom Kreuz, um nur einige bedeutende Mystikerinnen und Mystiker zu erwähnen. Über diesen Zusammenhang schreibt auch *Müller*, Exstase, passim.

auf die Erfahrungen menschlicher Liebe zurück, um auszusagen, was erlebt wird. Die das erfahren, sind ganz sicher, daß hier tiefste Sinnerfahrungen gemacht werden. Wenn sie sich in der Wiedergabe solcher Erfahrungen oft in Bildern ausdrücken, die der Begegnung von Mann und Frau entsprechen, müßten diese doch in gelungener Realitätsfülle eben dieses Prädikat verdienen.[120] Wenn dem so ist, dann kommt der Begegnung von Mann und Frau ein unvergleichlich hoher Wert zu, und es muß gerade deswegen nüchtern und genau nach den Bedingungen der Realisierung dieses Wertes gefragt werden, damit insgesamt die Art dieses Verhaltens in diese zentrale Erfahrung von Sinn und Selbstwert eingebunden bleibt.

Ich möchte im weiteren die These von *phänomenologischen Beschreibungen her begründen, die bezeugen, wie Menschen die Begegnung von Mann und Frau empfunden haben*, und wie sie darin ihr eigenes Dasein gesteigert erlebten, in eigener Verantwortlichkeit, in ganzer Harmonie.[121] Man müßte hier einen Chor unzähliger Zeugen anführen, die über die Menschheitsgeschichte hin sich zu dieser Erfahrung geäußert haben. Der Philosoph, der sich solchem Zeugnis gegenübersieht, hat dieses ernstzunehmen und es mit der Frage nach der Sinngebung dieser Erfahrung zu verbinden. Ich trage *Einzelbeobachtungen* zusammen, die im Grunde genommen nichts anderes sind als *Sinnausfaltungen dieser einen Realität Liebe*, die zwei Menschen miteinander verbindet, Bestätigungen der oben angeführten Grundthese.

Das geglückte Zueinander, in dem solche Begegnung gelingen kann, ist *nicht verfügbar*; zwar können potentielle Partner die Voraussetzungen üben, die „Kunst des Liebens"[122] zu erlernen versuchen; es gibt aber nicht eigentlich ein „Recht auf Glück". Dieses ist nicht einklagbar, so sehr es sich wieder und wieder auch als Frucht menschlicher Bemühung einstellen kann.

In gelingender Begegnung gilt: *Was urtümlich den Menschen zu sich selber kommen ließ*, in seiner eigenen Persongenese, das Angesprochensein und Angenommensein durch andere, vorab die eigenen Eltern, was erst eigentlich seine Herzmitte wachsen ließ, *ist nun für ihn selber*, jetzt in einer Gleichgewichtigkeit von Aktivität und Passivität, von Sich-Öffnen und Nehmen in Bezug auf den anderen *existentielle Möglichkeit und Vollzug*. Er ist

---

120 Wir werden im Bemühen um eine theologische Sinngebung noch sehen, wie gerade die Interpretation der Ehe als Sakrament diesen Sachverhalt bestätigen wird: *Theologisch gesprochen kann man diesen Satz*, Liebe von Mann und Frau trage ihren Sinn in sich selber, *nur richtig verstehen, wenn man begreift, daß diese Liebe vorwegnehmende Partizipation am endgültigen Heil* ist, was gerade einen wesentlichen Aspekt des sakramentalen Charakters der Ehe ausmacht (vgl. unten!).

121 Das entspricht der Voraussetzung, daß Sinn grund-legend nicht konstruiert werden kann, sondern gefunden und dann tradiert werden muß. Daß sich Sinn geschichtlich vermittelt, bedeutet auch die Möglichkeit von Entwicklungen der Sinnerfassung, wobei sich bestimmte Grundelemente durchhalten. Es ist festzustellen, daß sich einige wichtige Elemente der hier unterstellten Orientierung, vor allem die innere Einheit von Sexualität und Liebe erst durch die Romantik und ihre Vorstellung zum Leitbild geworden ist, das bis heute nachwirkt. Vgl. zusammenfassend: *Schmidt*, Das Sexuelle, 17; 23f.

122 *Fromm*, Die Kunst des Liebens, war lange Zeit Bestseller; Fromm macht klar, daß Liebe keineswegs nur passiv erfahrenes Gefühl, sondern durchaus eine – mehr oder weniger gut – erlernbare „Kunst" ist, um die sich jeder mühen sollte.

sozusagen von der Basis seines Selbstseins her erfaßt. Goethes Verse lassen dies ahnen:

„*Selige Sehnsucht*

Sagt es niemand, nur den Weisen,
Weil die Menge gleich verhöhnet,
Das Lebendge will ich preisen
Das nach Flammentod sich sehnet.

In der Liebesnächte Kühlung,
Die dich zeugte, wo du zeugtest,
Überfällt dich fremde Fühlung
Wenn die stille Kerze leuchtet.

Nicht mehr bleibest du umfangen
In der Finsternis Beschattung,
Und dich reißet neu Verlangen
Auf zu höherer Begattung.

Keine Ferne macht dich schwierig,
Kommst geflogen und gebannt,
Und zuletzt, des Lichts begierig,
Bist du Schmetterling verbrannt.

Und so lang du das nicht hast,
Dieses: Stirb und werde!
Bist du nur ein trüber Gast
Auf der dunklen Erde.“[123]

Jede Beziehung ist ein Prozeß, in dessen Entwicklung sich charakteristische Stadien ausmachen lassen: Ein Partner ist vom anderen angesprochen und in dem Maße dieses Angesprochen- und Aufgerufenseins öffnet er sich selbst für den anderen. In der *Faszination* (die auch ihre tückischen Phasen hat) wächst die Begeisterung des einen für den anderen im Aufeinander-Zugehen der beiden. Man könnte versuchen, dieses in eine Formel zu bringen, in der sich dieser Aspekt der Liebe äußern könnte. Hier könnte sie lauten, indem der eine seine Begeisterung für den anderen zum Ausdruck bringt: Ich liebe dich, weil Du Du bist. Dem einen ist der andere als solcher aufgegangen, der andere als Person, der andere, der einen fasziniert.

Auf dem Weg dieses Aufeinanderzugehens ist dort der Punkt eines entscheidenden *existentiellen Umschlags* gegeben, wo der eine im vollen *Ernst* sich der *Verantwortung* bewußt wird, daß da ein anderer sich ihm in seiner ganzen Existenz anvertrauen will,[124] und daß damit auch Verantwortung für

---

[123] *Goethe*, Divan, 299; der Horizont dieses Gedichtes ist weiter; er umfaßt die Ganzheit erlebten Daseins, hat zugleich „mystisch-religiösen Gehalt“ (*Eilert*, in: Kindlers Literaturlexikon VII, 10200); aber es macht auch deutlich, wie sich diese Totalität von ihrem Ursprung her versteht.

[124] Dieses Sich-anvertrauen geschieht in gegenseitiger „Selbstoffenbarung“ und das bedeutet: „das Leben miteinander zu teilen“; hierin sieht der Psychologe Nathaniel *Branden* einen entscheidend wichtigen Bestandteil der Liebesbeziehung (Liebe, 212).

den anderen bejahend angenommen werden will. Dahinter steht das Gewicht eines ganzen Lebens! Die Erfahrung des Angenommenseins geht über bloße Faszination hinaus. Da steht der eine für den anderen ein, *bejaht ihn mit sich selbst*, unbedingt. Das ist ein Vorgang, der die eigene Existenz ganzheitlich in Bewegung bringt – mit allen Dimensionen, in denen der Mensch lebt. Da *verlagert jemand in der Tat das Zentrum seiner eigenen Existenz* und verlegt es außerhalb seiner selbst; da ist ein anderer, der nun sein Zentrum ist, um den sich sein Leben „dreht". Es mag sein, daß es manchmal wie eine Naturnotwendigkeit ist, immer an den anderen zu denken; die Tatsache, daß man das eine Zeitlang so kann, und daß dadurch im eigenen Leben neue Kräfte in Gang kommen, zeigt, daß hier eine außerordentliche *Steigerung des Lebens* gegeben ist. Eine amerikanische Studie sagt: „Die Sexualität ist *des Schöpfers genialer Weg, Menschen beständig aus sich herauszurufen* in eine Beziehung mit anderen."[125] Das wachsende Erfülltsein vom anderen bringt beide dazu, einfach *intensiver zu leben*; sie haben, einer den anderen, jemanden gefunden, dem man voll vertrauen kann, und so sich selbst im andern geliebt erfahren. Alles wird anders, Umwelt, Familie, Arbeit, Verantwortung, alles bekommt einen neuen Charakter, alles spielt in der Beziehung eine Rolle. In allem ist der Bezug auf den anderen wichtig geworden. Unübertroffen ist auch hier die Formulierung des Dichters:

> „*Mailied*
>
> Wie herrlich leuchtet
> Mir die Natur!
> Wie glänzt die Sonne!
> Wie lacht die Flur!
>
> Es dringen Blüten
> Aus jedem Zweig,
> Und tausend Stimmen
> Aus dem Gesträuch,
>
> Und Freud und Sonne
> Aus jeder Brust.
> O Erd, o Sonne,
> O Glück, o Lust!
>
> O Lieb, o Liebe,
> So golden schön,
> Wie Morgenwolken
> Auf jenen Höhn!
>
> Du segnest herrlich
> Das frische Feld,
> Im Blütendampfe
> Die volle Welt.

[125] The *Catholic Society of America*, Human Sexuality, 105, in eigener Übersetzung, Hervorhebung v. Vf. Das Ekstatische in dieser Erfahrung beschreibt *Müller* mit einer Reihe von Zeugnissen (Ekstase, bes. 60-69).

O Mädchen, Mädchen,
Wie lieb ich dich!
Wie blinkt dein Auge!
Wie liebst du mich!

So liebt die Lerche
Gesang und Luft,
Und Morgenblumen
Den Himmelsduft,

Wie ich dich liebe
Mit warmem Blut,
Die du mir Jugend
Und Freud und Mut

Zu neuen Liedern
Und Tänzen gibst!
Sei ewig glücklich,
Wie du mich liebst!"[126]

Die Umarmung gewährt Sicherheit. In der Nähe entsteht ein Zuhause, beim andern ist man *daheim*. Gewiß – das könnte an Regression erinnern, welche Beziehungen gefährden kann. Das muß aber nicht so sein; Vertrautsein miteinander schafft ein Klima, in dem jeder sich loslassen kann oder – um es auch biblisch zu sagen – *Kind sein kann, das Annahme erfährt, aber hier immer so, daß man sie gleichzeitig gewährt*. Andernfalls – einseitig nur von einem auf den anderen bezogen – wäre das in der Tat als regressiv abzulehnen und kindisch. Das Mittelalter hat vom *amor benevolentiae* (wörtlich: Wohl-wollen) gesprochen, von der Liebe, die dem anderen Gutes wünscht;[127] diese Weise der Zuwendung übersteigt deswegen bloße Faszination, weil sie sich auch dann bewährt, wenn die Faszination nicht mehr das einzig Entscheidende ist. Jedermann weiß, daß man von letzterer allein in der Beziehung nicht leben kann. Die Formel solcher Liebe wäre: Ich will dir wohl, ich bin dir gut, ich möchte, daß du *bist*. Es kommt gar nicht mehr auf eine ganz bestimmte Qualität an, die der andere hat, sondern einfach auf ihn selbst. Liebe baut letztlich nicht auf Erfolg oder Leistung, die zu erbringen sind. Sie kann ja sagen zu dem anderen und muß es, so wie er ist, oder sie ist selber nicht. Sie stellt keine Bedingungen.

Die *Intensität* des Selbstvollzuges kann auf verschiedenerlei Weise an *Symptomen* wahrgenommen werden; dabei sind nicht primär Symptome des Verliebtseins gemeint, von der versalzenen Suppe angefangen bis zu einem totalen Übersehen jeglicher negativer Eigenschaften des anderen, sondern solche, die in dialektischer Zuordnung zueinander das Phänomen der Begegnung genauer erkennen lassen. Da ist zunächst, das war die erste Stufe, jemand völlig ‚hingerissen', ist aber gerade darin ganz er selbst. Faszination

[126] *Goethe*, Gedichte, 52f.
[127] Vgl. dazu den Abschnitt „Liebe als Wohlwollen" in der phänomenologischen Beschreibung bei Karol *Wojtyla*, Verantwortung, 71-73.

ist der Anfang davon. Die *Hingabe* ist die Vollendung. In der Liebe von Mann und Frau ergibt sich deren einmalig verdichtete Chance, das eigene Herz zum Pfande zu setzen, das zu lieben gemacht ist. Auch anderswo gibt es Hingabe; aber hier ist von der natürlichen unmittelbaren Erfahrung her eine optimale Möglichkeit zu solchem Selbstvollzug zu einem Über-sich-Hinausgehoben-sein in der Hingabe gegeben.

Das erste kirchliche Dokument, das sich als offizielle kirchliche Lehräußerung solche Einsicht zueigen gemacht hat, ist die Konstitution Gaudium et spes, in der es im Artikel 49 heißt: „Eine solche Liebe, die Menschliches und Göttliches in sich eint, führt die Gatten zur *freien gegenseitigen Übereignung ihrer selbst*, die sich in zarter Zuneigung und in der Tat bewährt, und durchdringt ihr ganzes Leben; ja gerade durch ihre Selbstlosigkeit in Leben und Tun verwirklicht sie sich und wächst... *Jene Akte also*, durch die die Eheleute innigst und lauter eins werden, *sind von sittlicher Würde*; sie bringen, wenn sie human vollzogen werden, jenes gegenseitige Übereignetsein zum Ausdruck und vertiefen es, durch das sich die Gatten *gegenseitig* in Freude und Dankbarkeit *reich machen*."[128]

Natürlich gilt auch: Wer sich ganz hingibt, *riskiert sich auch ganz*. Die sich hier anbietende *Übereignungsformel* mag unter dem Aspekt modernen Emanzipationsbemühens problematisch klingen.[129] Aber es ist unübersehbar, daß die Liebeslyrik aller Zeiten (auch die solchen Formulierungen manchmal entsprechende Offenbarung der Zuwendung Gottes zu seinem Volk) der *Terminologie des Zueigenseins* und Sich-Zueigengebens nicht entraten konnte. Das bekannte alte deutsche Liebeslied

„Du bist min, ih bin din:
des solt du gewis sin.
du bist beslozzen
in minem herzen,
verlorn ist das sluzzelin:
du muost immer drinne sin."[130]

ist ja nur ein Beispiel für viele, in denen in verschiedensten Ausformungen die Liebenden zueinander sagen: Ich bin dein. *Kant* hat festgestellt, daß das *menschenwürdig nur möglich sei in der Wechselseitigkeit der Übereig-*

[128] Hervorhebung v. Vf.; daß dieser Text im Zusammehang mit philosophisch-phänomenologischen Überlegungen zitiert wird, hat seinen Grund darin, daß die Pastoralkonstitution Grundüberlegungen philosophischer Anthropologie in einen theologischen Rahmen (mit der Vorstellung einer Berufung des Menschen zum Menschsein) übernommen hat.

[129] Vgl. hier z. B. *Lauster*: „Sobald die Inbesitznahme des Partners beginnt, vergeht die Liebe." (Liebe, 155); man kann das richtig und man kann das falsch verstehen. Innere Freiheit und Unabhängigkeit ist hier entscheidende Bedingung der Liebe. Man muß fragen, ob und wieweit sich eine innere Autonomie durchaus mit dem hier angesprochenen Zueigensein verbinden läßt. Ein einseitiges Bedachtsein auf innere Unabhängigkeit in der Verweigerung der Anheimgabe ermangelt am Ende der wirklichen Bindungsfähigkeit. Vgl. Karol *Wojtyla*: „Das Einander-Gehören der Personen" (Verantwortung, 109-113).

[130] Unbekannter Dichter, hier zitiert nach *Kemp*, Deutsche Liebesdichtung, 80.

nung.[131] Sonst würde sich der eine ja zur Sache machen, was gegen die Menschenwürde wäre. Es handelt sich hier um eine spezifische Anheimgabe. Es ist nicht eine Selbstver-"sach"-lichung, in der man sich zu einer Sache degradieren würde; „Ich bin dein", das ist der Wunsch, einfach *dem anderen anzugehören,* nicht mehr nur sich selbst. Darin drückt sich radikales Vertrauen aus. Richtig verstanden *verliert der Mensch dabei seine Freiheit nicht*, weil Anheimgabe wechselseitig vollzogen wird und impliziert, daß der jeweils andere die eigene Freiheit nicht aufhebt. Humanisierung, nicht Aufhebung der Freiheit ist gemeint, aber mit dem vollen Risiko der ganzheitlichen Selbstaufgabe. Es ist lächerlich, daraus ein Anspruchsdenken in Sinne einer Art Eigentumsanspruches abzuleiten. Das allerdings würde sofort die personale Beziehung zerstören. Aus diesen anthropologischen Phänomen ergibt sich grundsätzlich *die Möglichkeit, eine Verbindung zu Institution und Recht herzustellen*; diese können nie das Wesen ausmachen, aber sie können es schützen. Auf dieses Problem ist später noch einzugehen.

Die hier beschriebene Totalität der wechselseitigen Anheimgabe bewirkt aber auch die *Ausschließlichkeit der Beziehung*. Diese Ausschließlichkeit könnte formuliert werden als das: „Du und nur Du", unter Ausschluß anderer im Bezugsfeld geschlechtlicher Begegnung. Hier wird deutlich, daß es eben eine einmalige Form der Liebe zwischen Mann und Frau ist, die völlig anders zu beurteilen ist, als die Forderung etwa der Offenheit der Liebe zu jedem, der den anderen braucht. Das ist grundgelegt in der Tatsache, daß diese Liebe Anheimgabe ist. In ihr versucht eins dem anderen das Urbedürfnis zu erfüllen, ein Daheim zu haben, *Geborgenheit* zu finden, und dieses als dieser jeweils einmalige Mensch. Man kann zwar nie der einzige Mensch im Leben eines anderen sein wollen; aber in dieser spezifischen Weise der Beziehung der Geschlechter zueinander ist diese *Ausschließlichkeit Ausdruck der Tatsache, daß es hier um die ganzheitliche Bejahung der einmaligen Person als solcher geht.*

Die wechselseitige Anheimgabe und Hingabe *bereichert*. Gaudium et spes 48 spricht von der locupletatio (Bereicherung). Man könnte an den uralten Mythos denken, in dem der Urmensch in einer Art Kugelgestalt vorgestellt wurde, dessen Hälften voneinander getrennt sind; sie wachsen wieder zu

[131] Vgl. Metaphysik der Sitten, 388ff: „In diesem Akt macht sich ein Mensch selbst zur Sache, welches dem Rechte der Menschheit an seiner eigenen Person widerstreitet. Nur unter der einzigen Bedingung ist dieses möglich, daß, indem die eine Person von der andern, *gleich als Sache*, erworben wird, diese gegenseitig wiederum jene erwerbe; denn so gewinnt sie wiederum sich selbst und stellt ihre Persönlichkeit wieder her" (ebd. 390f.). Mit Recht wird das Prinzip der Gegenseitigkeit und der Balance zwischen Einigung und Selbststand der Partner von vielen hervorgehoben; Birgit *Rommelspacher* schreibt, auf Martin *Buber* fußend: „In der wesentlichen Beziehung muß Raum für das Selbst wie für das andere sein, d.h. es müssen Selbst- und Fremdinteressen zugleich wirksam sein. Und nicht anders ist es in der geglückten Liebesbeziehung, wo frau/man weder ganz bei sich noch ganz beim anderen ist, weder nur Eigeninteressen noch ausschließlich die des anderen verfolgt, sondern gerade die Balance, das Zusammenstimmen, die Koinzidenz macht den Glücksfall aus." (Mitmenschlichkeit 57).

einem Ganzen zusammen, wenn sie sich finden;[132] sie er-gänzen sich gegenseitig. Würde „Gleichberechtigung" die Polarität des Bezogenseins aufeinander gefährden, hätte sie keinen rechten Sinn. Denn ein Element positiver Sinnerfahrung ist immer dieses, daß der eine im anderen das Ergänzende seiner selbst erlebt, das ihn selbst zum vollen Menschsein führt. Wer sich im anderen bereichert wiederfindet, kann wohl sagen: „Ich danke dir, daß du so bist." Man verdankt jetzt ein Stück des eigenen Lebens dieser Einigung. Man denke an die im erwähnten Mythos von der Kugel angedeutete Vorstellung von der Androgynie als der ursprünglichen Einheit. Hegel schreibt zu diesem Thema:

„...in der Liebe ist dies Ganze nicht als in der Summe vieler Besonderer, Getrennter enthalten; in ihr findet sich das Leben selbst, als eine Verdoppelung seiner selbst, und Einigkeit desselben; das Leben hat von der unentwickelten Einigkeit aus, durch die Bildung den Kreis zu einer vollendeten Einigkeit durchlaufen... In der Liebe ist das Getrennte noch, aber nicht mehr als Getrenntes, [sondern] als Einiges, und das Lebendige fühlt das Lebendige."[133]

2) Die *Kreativität* wächst: Man wird in neuer Weise sensibel für die Welt, erfinderisch füreinander und für die Aufgaben nach außen. Mitten in der personalen Zweierbeziehung wird diese Transzendenz der Zweisamkeit besonders als Hinordnung auf gemeinsam angenommene und verantwortete *Elternschaft* erfahren.

Ein wichtiger Gesichtspunkt der Sinngebung der Beziehung von Mann und Frau wird in der Spruchweisheit folgendermaßen formuliert: *Liebe macht erfinderisch. Kreativität ist ihr Kennzeichen.* Das kann man in vielerlei Richtung verstehen. Einmal *im Sinne einer neuen Sensiblilität für die Welt* insgesamt, die den Liebenden im Licht solcher Begegnung neu aufgehen kann. *Gemeinsames Erleben prägt die Welthabe*, die dem einzelnen in der Erfahrung eines Angenommenseins durch den anderen möglich wird.

Weiterhin besteht das Sinnelement der Kreativität darin, daß jemand in solcher Beziehung *zu ganz neuer Aktivität kommen* kann. Dinge werden möglich, an die Liebende früher so nicht gedacht hatten; sie sind wie verwandelt. Diese neu erfahrene Kreativität richtet sich zunächst auf die Aktivierung der Beziehung selber, wie es das Sprichwort meint; sie kann sich aber auch in allen anderen Lebensbereichen auswirken. Darin zeigt sich gerade die Reife der Liebe. Beeinträchtigt sie den Menschen grundlegend in

[132] Dazu vgl. *Sill*, Androgynie, 40-43: „In jedem Menschen schlummert diese geheimnisvolle Sehnsucht nach der verlorenen Hälfte, nach dem Wieder-*ganz*-werden" (42); *Dux*, Geschlecht, formuliert: Liebe bedeutet „sich von der inneren Natur des anderen so sehr überwältigen zu lassen, daß das eigene Leben an ihm die Gegenlage des Daseins gewinnt. Weil Du so bist, kann ich so sein, will so sein – das ist das Realitätsprinzip der Liebe."(109); *Baader*, Erotische Philosophie, Satz 1, S.126; vgl hier auch Birgit *Rommelspacher*, Mitmenschlichkeit, die auf eine wichtige Bedingung hinweist, die nämlich, daß Einheit und Differenz in ihrer Gleichzeitigkeit diese Erfahrung bestimmen (z.B. 57).

[133] *Hegel*, Religion und Liebe, 246.

der Erfüllung seiner normalen Aufgaben, besteht mit Recht der Verdacht, daß in solcher Erfahrung etwas (noch) nicht stimmt. Insbesondere kann auf neue Weise *Zusammenwirken* erlebt werden. Gemeinsame Aufgaben gehen leichter von der Hand; in diesen Aufgabenfeldern erlebt man unter Umständen auch auf neue Weisung die Ergänzung des einen durch den anderen. Die *Gemeinsamkeit von Mann und Frau kann auf Dauer nur in gemeinsamer Kreativität, der notwendigen Transzendenz der Zweieinheit, wachsen*. Liebe heißt nicht nur einander anschauen, sondern immer auch *gemeinsam auf ein Ziel zugehen*.

Mitten in der personalen Zuwendung wird hier zugleich die Chance *gemeinsam verantworteter Elternschaft* erfahren. In der Zeugung entsteht neues Leben.[134] Dies ist ein Vorgang, der für den Menschen Geheimnis bleibt, aber ein Geheimnis, das menschlich außerordentliche Bereicherung für beide bedeuten kann. Forscher versuchen zwar alle Einzelheiten des biologischen Befruchtungsvorgangs von Ei- und Samenzelle zu entschleiern; im Kern aber bleibt der Zeugungsvorgang menschlicher Verfügung und menschlichem Machen entzogen. Er ist Geheimnis, vor dem man staunend verstummt, eben deshalb, weil das, was da wächst, selbst nur richtig wahrgenommen werden kann, wenn man darin das Inkognito der Person, das Geheimis menschlicher Existenz anerkennt. Wer dieses Staunen verlernt hat, wird gar nicht in der Lage sein, richtig zu lieben. *Selbst wenn einem Paar eigene Kinder verwehrt sind*, ist *das Element gemeinsamer Transzendenz auf ein Drittes*, in dem man Verantwortung für Leben übernimmt, in irgendeiner Form *wesentlich* für das Gelingen der Zweierbeziehung. Zwei Menschen allein können einander auf Dauer nicht genügen. Ein Abblocken dieser Sinnerfahrung würde wechselseitige Liebe zu einem Egoismus zu zweit entarten lassen. Aus Ich und Du wird ein Wir im Handeln. Die Ausweitung dieses Wir öffnet sich dann insbesondere und in

[134] Es ist erstaunlich, daß dieses Element der Sinnorientierung in dem klug geschriebenen Buch von Günter *Dux* (Geschlecht) praktisch keine Rolle spielt; aber diese Feststellung betrifft zugleich viele andere Studien zur Frage der Geschlechterbeziehung. Eindeutig dominiert die Reflexion auf die neuzeitliche Geschichte der Subjektivität des Menschen; ein radikaler Weltverlust wird diagnostiziert, der mit der Konzeption der romantischen Liebe eingetreten ist. Sinnorientierung im Rahmen naturaler Vorgabe ist praktisch in seiner Sicht nicht mehr möglich. „Durch die Freisetzung des einzelnen von jeder verpflichtenden Welt braucht jeder die kommunikative Bestimmung des eigenen Daseins dringlicher als je zuvor. Damit wird auch die Belastung deutlich, der das Lieben ausgesetzt ist. Sie besteht ... darin, eine kommunikative Praxis in einer Welt einzurichten, über die kommunikativ keine verbindlichen Deutungsmuster verfügbar sind." (469). Es bleibt die Frage, ob die Vorgaben des Menschseins, in seiner naturalen *und* kulturellen Dimension gesehen, nicht mehr an Deutungsmöglichkeit ergeben – man denke an die Plattform der Menschenrechte, die solches eigentlich voraussetzen. Reimut *Reiche* kritisiert: „So verfällt auch der Satz von Sigusch, der ‚die Konzeption als einen letztlich asexuellen biologischen Vorgang bezeichnet', ... als Kampfansage gegen die ‚reproduktive Sexualideologie' intendiert, selbst der Ideologie. Er zerreißt das Band, das Befruchtung und Begattung biologisch verbindet, mit antiviktorianischem Rigorismus." (Geschlechterspannung, 19). Zwar lehnt Reiche die katholische Position von der zu fordernden Einheit beider Elemente von Begegnung und Fortpflanzung ab, gesteht aber der naturalen Vorgabe mehr an Relevanz zu.

erster Linie auf eigene Kinder hin. Damit beginnt die Liebe, die eigene Generation zu transzendieren; sie ist auf eine unübersehbare Zukunft ausgerichtet.

> 3) Der Ernst in der Liebe macht ihren Totalanspruch bewußt: „Stark wie der Tod ist die Liebe“ (Hld 8,6). Sie ist auf *Dauer* angelegt. Die Chance besteht, die eigenen und die Möglichkeiten des anderen zu entdecken und zu aktivieren (Herausforderung kann befreiend wirken, wenn sie nicht überfordert); aber auch das Durchstehen von Grenzerfahrung und Scheitern enthält humane Sinnerfahrung.

Aus dem oben Gesagten ergibt sich: Bei allem Glück, bei aller Freude, die zwei miteinander erleben, ist die Begegnungssituation gerade da, wo sie entscheidend wird, durch einen eigentümlichen *Ernst* gekennzeichnet. Jede Liebe trägt so etwas wie eine Dynamik in sich, die auf den Ernstfall zuläuft. Ich sehe darin einen *Hinweis* darauf, *daß tatsächlich von der inneren Sinnstruktur her die Begegnung auf das Ganze geht.* Unser eigenes Ganzes, unser Leben, haben wir aber nur im *Vorgriff auf unseren Tod.*[135] Die Erfahrung des Ernstes in der Begegnung ist Spiegelung der Tatsache, daß es in der vollen Gestalt der Liebeszuwendung um Leben und Tod geht. Ganzheitliche Selbsthingabe bedeutet, sich selber bis zum Tod an den anderen binden; d.h. auch, daß man das eigene Leben für das des anderen geben könnte. Schon das Hohe Lied des Alten Testamentes kannte die in der These angedeutete Erfahrung: „Stark wie der Tod ist die Liebe.“ (Hld 8,6). Mit anderen Worten: *Implizit ist also in der wirklich verantworteten Begegnung immer auch ein Verhältnis zur eigenen Endlichkeit realisert.* Es steckt darin auch ein Stück der Vorwegnahme von Tod und Sterben. Von hierher gesehen ist die oft gewünschte „Liebe ohne Angst“ doch eine Trivialisierung, wenn sie um jeden Preis auf diese Weise gesucht wird. Es kommt darauf an, was unter Angst jeweils verstanden ist. Wenn man darunter dasjenige versteht, was den Ernst von Entscheidungssituationen für den Menschen bewußt macht, ist sie aus der Liebe nicht auszuklammern.

Wenn es tatsächlich Bedingung der Erfüllung in der Begegnung ist, daß beide sich ganz in die Beziehung einbringen, um gemeinsam den Weg zu gehen, dann *ergibt sich mit fast zwingender Notwendigkeit, daß die Verbindung von Dauer ist.* Als Menschen sind wir nicht in unmittelbarem Besitz unserer eigenen *Ganzheit.* Wir erreichen sie nur am Ziel des Weges, auf dem wir mehr und mehr wir selbst werden. *Ganzheitliche Beziehung bedeutet* darum *Gemeinsamkeit des Weges bis zum Ende, ja, Vorgreifen*

[135] *Bataille* sieht einen Zusammenhang von Erotik und Todesbewußtsein; vgl. *Bachmann*, Religion, 171f. *Wannenwetsch* zitiert Margaret *Mead*: „Keine Gesellschaft hat jemals eine Form der Ehe, die allem standhalten soll, erfunden, die nicht die Voraussetzung ‚bis der Tod euch scheidet‘ enthält.“ (Freiheit, 185).

auf den Tod.[136] Und das ist ja gerade das Signum, das die Liebe durch den Bezug auf den Tod bekommt: So ganz wie der Tod uns nimmt, so ganzheitlich beansprucht die Liebe:

„Am fünftausendsten Abend unserer Liebe bin ich noch immer so schüchtern wie einst: Beflecke meine weißen Handschuhe mit dem Blau feuchtgepflückter Glockenblumen und ersticke ungeschickt die Lerche, die ich dir mitgebracht in meiner Tasche; noch immer weiß ich nicht, wie ich dir lächeln soll, um die Traurigkeit meines Glücks zu verstecken, und wenn ich dich umarmen will, werfe ich die Sonne um."[137].

Wen würde das Gelingen auf Dauer nicht faszinieren? *Nietzsche* hat im „trunkenen Lied" geschrieben:

„O Mensch! Gib acht!
Was spricht die tiefe Mitternacht?
'Ich schlief, ich schlief –
aus tiefem Traum bin ich erwacht!
Die Welt ist tief –
und tiefer, als der Tag gedacht.

Tief ist ihr Weh, –
Lust – tiefer noch als Herzeleid!
Weh spricht: vergeh!
Doch alle Lust will Ewigkeit –
will tiefe, tiefe Ewigkeit!'"[138]

Der *Wunsch nach Treue in der Beziehung* ist nicht auszurotten. *Wenn so Ganzheitlichkeit als Anspruch erkennbar ist, dann kann sie nicht ohne das Bemühen um Dauer realisiert werden.* Eigentlich ist es nicht möglich, zu behaupten, daß man den anderen liebe und gleichzeitig anzudeuten, ob man ihn morgen noch liebe, das wisse man nicht. Wie Liebe zerfallen kann, wenn dieser Urwunsch nicht berücksichtigt wird, schildert *Albert Camus*:

---

[136] *Hegel* schreibt in seinem Fragment über die Liebe: „Weil die Liebe ein Gefühl des Lebendigen ist, so können Liebende sich nur insofern unterscheiden, als sie sterblich sind, als sie diese Möglichkeit der Trennung denken, nicht insofern als sie wirklich getrennt wäre... Die Liebe strebt aber auch diese Unterscheidung, diese Möglichkeit als bloße Möglichkeit aufzuheben, und selbst das Sterbliche zu vereinigen, es unsterblich zu machen ..." *(Hegel*, Religion und Liebe, 246f). Vgl. auch den Abschnitt „Der Tod in der Metaphysik der Erotik" bei *Dux*, Geschlecht, 120-126, auch 139; im vorliegenden Entwurf wird von der grundlegenden Möglichkeit der *einen* Liebe, in der sowohl die leidenschaftliche, erotisch-sinnliche Erfahrung ihren Ort hat als auch die eheliche Liebe, ausgegangen. Natürlich gibt es Phasenverschiebungen und Werdeprozesse aber nicht notwendig zwei grundlegend verschiedene Formen, wie sie *Dannecker* Sexualität in der Entgegensetzung von romantischer und ehelicher Liebe beobachtet; er spricht von „zweierlei Sexualitäten, ...derjenigen außerhalb der Ehe und derjenigen innerhalb der Ehe" (12). Man könnte sagen: „contra factum non valet argumentum"; doch wird man von bloßer Faktizität nicht auf normative Wertung schließen dürfen. Außerdem fragt sich, ob nicht doch die reale Erfahrung zeigt, daß es unter der Veraussetzung eines höchst unterschiedliche Phasen durchlaufenden Prozesses genügend Beispiele so gelingender Ehe gibt.

[137] *Gold*, zitiert von *Beier*, Du – wir, 9.

[138] Hier zitiert nach *Faßbinder*, Spiegel der Seele, 300.

„Am Abend holte Maria mich ab und fragte mich, ob ich sie heiraten wolle. Ich antwortete ihr, das wäre einerlei, aber wir könnten heiraten, wenn sie es wolle. Da wollte sie wissen, ob ich sie liebe. Ich antwortete, wie ich schon einmal geantwortet hatte, daß das nicht so wichtig sei, daß ich sie aber zweifellos nicht liebe. ‚Warum willst du mich dann heiraten?' fragte sie. Ich erklärte ihr, das sei ganz unwichtig; wenn sie wolle, könnten wir heiraten."[139]

Man wird davon ausgehen müssen, daß Dauer *nur möglich ist in beständigen Reifungsprozessen* der Liebe, über die zu sprechen sein wird, wenn es um die Frage der Stabilität in der Beziehung geht. Hier ist unser Blick zunächst einmal auf die Momente gerichtet, die mit der Sinngebung zusammenhängen; und da zeigt sich, daß ganzheitliche Liebe als solche von ihrer eigenen Struktur her eigentlich immer wird sagen müssen: Du – und Du für immer! Wenn dieses nicht gegeben ist, so scheint doch etwas an der möglichen Totalität der Beziehung zu fehlen. Denn Ganzheitlichkeit seiner Existenz gewinnt der Mensch nur in zeitlicher Erstreckung.

Es sieht so aus, als ob wir in die *Gefahr gerieten, die Sinnbestimmung ausschließlich in einem Kontext vollkommenen Gelingens vorzustellen.* Dies kann nicht gemeint sein; es geht vielmehr darum, Sinnvorgaben als dynamisierende Momente einer Richtungsweisung zu verstehen. Gerade die *Kreativität* in der Beziehung bedeutet immer *auch*, daß der *eine für den anderen und der andere für den einen Ideen entwickelt*, wie das Leben intensiviert, gesteigert werden kann. Wenn wir von Geborgenheit, von Stabilität gesprochen haben, davon, daß der eine gar vor dem anderen wie ein Kind sein kann, dann darf die andere Seite der Chance, die in einer solchen Beziehung liegt, nicht übersehen werden. Wirkliche Liebe sagt nicht immer: Bleib', wie du bist, du bist o.k., du kannst so bleiben. Es geht auch um *Herausforderung*; jeder der Partner sollte sich herausfordern lassen vom andern, nicht nur, um in seiner Liebesekstase über sich hinauszuwachsen, sondern auch über sich, bzw. seinen gegenwärtigen Stand, hinauszuwachsen in der Verwirklichung seiner Möglichkeiten. Die Annahme des einen durch den anderen in einer Reduzierung der Ansprüche auf ein bequemes Mittelmaß würde Liebe langweilig werden und auch ihren christlichen Stimulus verlieren lassen. Bestätigung im bloßen Selbstmitleid zum Beispiel nutzt dem, der davon betroffen ist, wenig. Es ist schon besser, unverdrossen im gemeinsamen Bemühen, miteinander unterwegs zu bleiben und so flexibel auf je neue Möglichkeiten hin offen, die sich als Anforderungen für beide oder für einen der beiden herausstellen. Das spezifische Moment von Sinnerfüllung liegt hier darin, daß die echten Möglichkeiten beider aufgedeckt und gefördert werden. Das bedeutet aber auch *Innovation*, biblisch entspräche dem die Umkehr.

Hier sind wir an einem Punkt, wo die *Grundwerterfahrung der Liebe wesentlich bedeutet, daß wir Menschen immer unterwegs sind und daß wir uns nur dann richtig annehmen, wenn wir uns ermuntern, auf dem Weg zu bleiben.* Jeder Weg kennt Höhen und Tiefen, und die Erfahrung der Liebe hat

---

[139] *Camus*, Der Fremde, 56.

auch die Erfahrung des Schwach-Seins des anderen, das Aufhelfen, das Entdecken der Möglichkeiten, das neue Aufstehen und Weitergehen durchzustehen. Mieth stellt fest, daß der einseitig eudämonistische Ansatz die Gebrochenheit des Menschen zu wenig sieht. Gerade da aber kommt der Sinnwert wirklich menschlicher Liebe voll zum Tragen, wo der eine auch das Scheitern des andern annehmen kann, ohne einfach nur dabei stehenzubleiben.[140]

Dorothee *Sölle* macht in einer Gegenüberstellung zweier bedeutender literarischer Texte das *Spannungsverhältnis* deutlich, das *zwischen Überforderung und Unterforderung des Partners* besteht. Max Frisch notiert in seinem Tagebuch die bekannte Geschichte des jungen Mannes in Andorra, den man für einen Juden hält, und dem überall das fertige Bild, das gängige Klischee vom Juden entgegengehalten wird. Dieses Bild formt ihn – es drängt sich an die Stelle der erhofften Wirklichkeit und verdrängt alle anderen Möglichkeiten. Frisch bezieht sich auf das Dekaloggebot: Du sollst dir kein Bildnis machen; dieses Sich-vom-andern-ein-Bildnis-machen würde der Tod der Liebe sein. Lieben heißt also, sich kein Bild machen. Die damit gegebene Festlegung erweist sich *auch* dann als lieblos, wenn das vom anderen gemachte Bild positiv und freundlich gemacht ist. Man stellt den anderen unter den Horizont der eigenen Erwartungen.

Dem wird die Geschichte von Herrn Keuner von Bertold Brecht gegenüber gestellt. Ich zitiere wörtlich:

> „Wenn Herr Keuner einen Menschen liebte. Was tun sie, wurde Herr Keuner gefragt, wenn sie einen Menschen lieben? Ich mache einen Entwurf vom ihm, sagte Herr Keuner, und sorge, daß er ihm ähnlich wird. Wer? Der Entwurf? Nein, sagte Herr Keuner, der Mensch."[141]

Das scheint eine deutliche Kritik an der Konzeption von Max Frisch zu sein. Und doch haben beide ihre Wahrheit je für sich, auch wenn sie in einer Spannung zueinander stehen. Es bleibt richtig, daß man den anderen nicht auf ein von sich selber her fixiertes Bild festlegen kann. Das kann Überforderung und Überfremdung bedeuten. Aber Brecht sieht die andere Seite, in der der eine dem anderen Neues zutraut. Entwurf ist doch nicht dasselbe wie Bild; Entwurf, das ist etwas, was nach vorne offen ist. Entwurf bedeutet Dynamik auf Zukunft hin. Allerdings geht Brecht hier von der optimistischen Überzeugung aus, daß in der Beziehung von Menschen so etwas vorkommen kann. Daß dieses den Menschen überfordern kann, ist keine Frage, daß es aber ein Mittel gegen Unterforderung sein kann, ist ebenso sicher.[142] Abschließend sagt Sölle:

---

[140] Mieth spricht davon in einem theologischen Deutungszusammenhang, der aber auch den Erfahrungen der Therapie entspricht: „Theologisch gesehen, ist das Phänomen des *Glückens im Scheitern* dagegen eine Erschließungssituation der Erfahrung der Gnade." (*Mieth*, Entwurf, 19, Hervorhebung durch d. Vf.).

[141] Nach *Sölle*, Atheistisch an Gott glauben, 30.

[142] Den christlichen Hintergrund macht Dorothee *Sölle* (ebd.) mit der Frage deutlich, wie denn Jesus geliebt habe; sie entdeckt beide Momente in dem, was Liebe im Neuen Testament bedeutet.

„Jeder Entwurf hat es in sich, Bild werden zu wollen, Verfestigung und Bescheidwissen; jeder Verzicht auf Bilder hat es in sich, müde zu werden, aufzugeben. Wer behütet den Entwurf vor Perfektionismus, wer das Sich-kein-Bild-machen vor der Resignation? Glaube und Hoffnung ‚hüten' die Liebe."[143]

Die Chance, miteinander zu wachsen, ist ein wesentliches Moment von Sinngebung.[144] Die hier angesprochene Herausforderung ist nicht einfach eine bestimmte Erwartung, die dieses oder jenes vom anderen verlangt, sondern, sondern die Bereitschaft, die positiven Möglichkeiten des andern wahrzunehmen und zu fördern. So hat Herausforderung ihren eigentlich positiven Sinn. Wir sehen, daß es eine Gefahr der Über- aber auch der Unterforderung in der wechselseitigen Beziehung geben kann. Überforderung kann schnell zu Resignation und Passivität führen, Unterforderung zu Bürgerlichkeit und Mittelmaß.

d) Leiblichkeit und Sexualität

Ein weiterer Bereich, über den sich die *philosophische Anthropologie* Gedanken macht, ist in der *leiblichen Komponente* der Geschlechterbeziehung zu sehen. Sie kann im Hinblick auf die in der Strukturpsychologie beschriebene Schichtung näher ins Auge gefaßt werden. Auszugehen ist von folgender Tatsache: Der Mensch ist in jeder Begegnung *leib*-haftig da. Er hat nicht nur einen Leib, sondern er lebt im Leib, und ist Leib; er „leibt", und so lebt er. Dabei ist Leib wesentlich Empfangs- und Ausdrucksorgan, das in der naturalen Struktur vorgeprägt, doch gestaltungsoffen ist.[145] *Der Leib selber kann wesentlich als Symbol, als Gebärde, als Ausdruck verstanden werden und ist somit wichtigstes Medium menschlicher Kommunikation.*

„Alle Ebenen des Bewußtseins sind von unserer leibhaftigen Präsenz in der Welt mitbestimmt...Ehe wir noch darauf reflektieren, sind wir schon immer leibhaftige Erkennende, Wahrnehmende, Strebende. Sexualität nun ist ein Aspekt dieses leibhaftigen in der Welt des Seins, wodurch wir offen sind für das, was unser anderes ist."[146]

---

[143] Ebd., 36.

[144] *Schmidt*, das Sexuelle, polemisiert heftig gegen diese Vorstellung, die er auch im Konzept der Koevolution bei Willi findet; er findet es abwegig, wenn Therapeuten Sozialgebote aufstellen und von der „Kunst gemeinsamen Wachsens in Partnerschaft" sprechen (74f.). Ich frage mich, ob Therapie ohne Ziel realisiert werden kann, und ob Ziele nicht einer Umschreibung bedürfen, die man dann sicher nur indirekt als ethisch relevant ansehen kann. Hier warnt Schmidt mit Recht vor zu schnellen Verallgemeinerungen und vor der Gefahr, daß man über die therapeutischen Bemühungen am einzelnen vergißt, daß es ansteht, die Therapie der (gesellschaftlichen) Rahmenbedingungen zu betreiben. Emanzipiert sei nur der, der in diesem Kontext Verantwortung zu übernehmen bereit ist.

[145] Vgl. dazu zusammenfassend *Metz*, Leiblichkeit, in: HThGB, Bd. 2, 30-37 und die dort verarbeitete Lit. *Gerl*, Geschlechtlichkeit, 18, formuliert: „Ich *habe* einen Körper, aber ich *bin* mein Leib [...] Ich *habe* ein Geschlecht, aber ich *bin* Frau, ich *bin* Mann."

[146] *The Catholic Society of America*, Human Sexuality, 103, in eigener Übersetzung. *Dux*, Gechlecht, formuliert folgendermaßen: Liebe äußert sich „als Verlangen (...), das eigene Leben in der Bindung an den anderen in dessen Körperzone zu führen" (40).

Menschliche Liebe wäre keine ganzheitliche Erfahrung, wäre sie nicht eine leibhaftige Erfahrung. Die Sexualität fördert grundlegend neue Selbsterfahrungen im leibhaftigen Dasein.

Wir haben schon davon gesprochen, daß sexueller Kontakt eine menschliche Ausdrucksform ist, die wir *mit Sprache vergleichen* können.[147] Sprache, die sich ganzmenschlich leibhaft formuliert in Gestik, Mimik, Zärtlichkeit, Berührung, Nähe, Wärme; darin liegt die besondere Chance einer spezifischen Erfahrung, die wohl nur über Sexualität in dieser Form vermittelt werden kann. Guindon sagt in diesem Zusammenhang: „Das Wort, das nicht Fleisch annimmt, lebt nicht unter uns."[148] Menschliches Leben bedeutet hier Integration der Leiblichkeit. Und die besondere Chance der ganzheitlichen Selbsterfahrung besteht eben gerade darin, *daß hier Inkarnation geschieht, daß personaler Selbstausdruck so leibhafte Gestalt gewinnt und gerade darin den Menschen zur Erfüllung kommen läßt.* „Wir ‚sagen' unser eigenes Selbst ursprünglich nur mit unseren Körpern. Dies ist der Grund, weshalb ‚Trennungen' immerzu etwas Tragisches sind; und wenn wir getrennt sind, versuchen wir, in Kontakt zu bleiben."[149].

Das Einssein von seelischem und körperlichem Empfinden ist zugleich ein sehr hohes Ziel, weil die wechselseitige Integrität von innerlich-personalem Vollzug und dem der Verwirklichung im Leiblichen keine selbstverständliche Realität ist. Der Leib ist zwar einerseits Zeichen, Symbol, Ausdruck, Instrument der Körpersprache, *aber andererseits sind Freiheit und Personalität nicht eindeutig darin faßbar.* Die letzte Zustimmung von der Mitte der Person her ist noch nicht dadurch garantiert, daß sich Körper finden, daß man sich leibhaft begegnet. Die Integrität des Menschen ergibt sich nicht automatisch.

Es wird deutlich, daß mehr gefordert wird – hier wird der Ansatz der Deutung schon in einer ethischen Konsequenz greifbar – als bloß körperlicher Kontakt, und daß sich das Verhalten in der sexuellen Begegnung verantwortlich wissen muß, indem sich der eine vor dem anderen verantwortet. Dies kann *legitim nur geschehen im Bemühen um Wahrheit bzw. Wahrhaftigkeit.*

---

[147] So insbesondere *Guindon*, Language; von ihm angeregt *Häring*, Frei in Christus; *Loewit*, Geheimsprache; *Rotter*, Sexualität; vgl. auch *Johannes Paul* II, Erlösung, 250ff., der von der „Sprache des Leibes" spricht.

[148] *Guindon*, Language, 86 (in eigener Übersetzung). Guindon beruft sich hier auf den amerikanischen Soziologen und Theologen *Greeley*, der in seinen Büchern über Erotik insbesondere darauf aufmerksam gemacht hat, daß Menschen diese Dimension pflegen müssen, wenn sie einander glücklich machen wollen; in deutscher Übersetzung sind erschienen: *Greeley,* Erotische Kultur und ders., Sexualität.

[149] Ebd., 87. Er nennt in diesem Zusammenhang *zwei Formen von Desintegration der sexuellen Sprache*, einmal im Spiritualismus, im Christentum vorbereitet seit den Wüstenvätern, andererseits im – das ist schwer zu übersetzen – corporealism, den Rollo May den neuen Puritanismus genannt hat. Er beruft sich auf Paul Ricoeur, wenn er ein dreifaches Element im corporealism diagnostiziert: Einmal den Abfall von Sexualität in Bedeutungslosigkeit, sinnlosen Sex als Antwort auf existentielle Fehlleistungen und schließlich die bloße Sucht nach sexuellen Fabeleien (fabulousness).

Hier drängen sich erste „mittlere Maximen“[150] *auf: Nicht das Erlernen von Techniken somatischer Art ist das Entscheidende, sondern das ganzheitliche Innesein in den Gesten der Zuwendung und Hingabe.* Darin liegt das Moment der Wahrhaftigkeit und Ganzmenschlichkeit, das hier wichtig ist. Es ist nur annäherungsweise erreichbar und kann nicht in jedem einzelnen Akt gleichermaßen anwesend sein. Es bezieht sich auf das Leben als Ganzes. Die Gesten der Zuwendung, die Zärtlichkeit, aber bedürfen ihrerseits, sollen sie lebendige Beziehung bewirken, kreativer Phantasie und immer neuer Gestaltung.

Jörg Splett meint, daß man dem Dilemma der Zweideutigkeit nur entgeht, „wenn das Dunkel des Symbols nicht nur als Mangel, sondern als Chance erfaßt“ ist.[151] Diese Dunkelheit gilt nicht nur für das jeweilige Gegenüber der Kommunikation, sondern auch für uns selbst. „Daß ich mein Symbol nicht nur gültig, sondern *geglückt* vollzogen habe, kann ich nur *erhoffen* – und muß und soll dies hoffen. Eben dasselbe aber darf und soll ich auch so vom Symbol des anderen glauben.“[152] Unvermerkt sind wir in diesem Zusammenhang der Überlegungen zum leibbedingten Lebensgrund zu entscheidenden Aussagen über die darin mit wirksame übergeordnete Gesetzmäßigkeit der Personalität vorgestoßen und sehen, daß die eigentliche Sinngebung von Begegnung, von Selbstwerden in Begegnung von der Mitte der Person als solcher her wird kommen müssen.

Die Integration des Leiblichen in den ganzmenschlichen Vollzug stellt sich als *personale Aufgabe* dar. Liebe ist leibhafte Liebe, oder sie ist nicht. Und: Liebe ist personale Liebe, oder sie ist nicht.[153] Die in der Ausübung der Geschlechtlichkeit erfahrene *Lust* ist integrierender Bestandteil des Einswerdens von Mann und Frau. Den entsprechenden leiblichen Vollzügen der Ehe wird erstmals in der Tradition kirchlicher Lehre von der Pastoralkonstitution des Zweiten Vatikanischen Konzils Gaudium et spes[154] sittliche Würde attestiert. *Pieper* sagt zu der Verbindung der Schichten:

„Es scheint mir in der Tat so zu sein, daß die Verknüpfung *aller* Aspekte des vielgesichtigen Phänomens ‚Liebe‘, wie sie, wenn es mit rechten Dingen zugeht, die Lebensgemeinschaft von Mann und Frau charakterisiert, gerade durch den Eros geleistet und verbürgt werden; daß also die erotische Liebe die Klammer ist, welche allein – zugespitzt formuliert – *sex* und *agape* zusammenzuhalten vermag. ‚Wer den Eros ächtet, verfällt dem Sexus‘ – das ist zwar ein gleichfalls scharf pointierender

---

[150] Darunter versteht man normative Weisungen, die eine Richtung des Bemühens angeben, ohne schon konkrete Verhaltenweisen im einzelnen festzulegen. Sie sind dem Haltungsethos, der Wertorientierung zuzuordnen.

[151] *Splett,* Mann und Frau, 40.

[152] Ebd., 41.

[153] Insbesonders haben immer wieder Frauen auf die Gefahr aufmerksam gemacht, die besteht, wenn man Frauen bzw. ihren Körper zu bloßen Sexualobjekten degradiert und damit entwürdigt. Daß für Frauen die Annahme ihres Geschlechts und seiner leibhaften Gestalt spezifische Probleme impliziert, hat Christa *Mulack* gezeigt (Gretchen).

[154] Die Pastoralkonstitution entwickelte eine Anthropologie (vgl. unten), die dazu führte, die überkommenen Sinnbestimmungen der Geschlechtsbestimmtheit des Menschen in einem neuen Licht zu sehen. Vgl. unten, 2.2.2.

Satz; aber mir scheint, das hier Gemeinte ist wert, sehr ernsthaft bedacht zu werden. Es handelt sich darum, den von Natur *mittlerischen* Charakter des Eros deutlich zu halten."[155]

Durch die Zeiten hindurch gibt es gegen alle stoische Leib- und Lustfeindlichkeit[156] bestimmte Gegengewichte, die ihre Wurzeln zum Teil in der christlichen Glaubenslehre haben.[157] Die theologische Deutung wird das näher erweisen können. Die Überzeugung von der guten Schöpfung hat jedenfalls bei christlichen Philosophen einen Rest der positiven Wertung sexueller Erfahrung lebendig erhalten. Hier zeigt sich gegen gewichtige Trends der Geschichte doch so etwas wie eine Ehrenrettung des Phänomens der Sinnenlust im Zusammenkommen von Mann und Frau. Daß *die rechte Erfahrung dieses Sinnwertes der Sexualität zusammenhängt mit der Kultur der Sexualität, zusammenhängt mit Zärtlichkeit,* auch mit Einübung, ist keine Frage. Aber immer war auch deutlich, daß diese Dimension ihre Sinnorientierung von der Ebene personaler Begegnung her bekommen müsse.[158] Das Stichwort von der zu fordernden Integration kennzeichnet praktisch alle Bemühungen um humanisiertes Ethos in kirchlicher und moraltheologischer Verkündigung. *Bedingung einer sinnerfüllten Aktuierung der Sexualität und der Genitalität ist ihre Integration in das personale Begegnungsgeschehen*, in dessen Mitte gerade „jener Eros" unverzichtbar ist, von dem Pieper gesprochen hat. Die so vollzogene Integration gewinnt normativen Charakter – hier zunächst nur im Sinn einer „mittleren Maxime": Für jeden Menschen, gleichgültig ob verheiratet oder nicht, ob heterosexuell empfindend oder homosexuell, ist entscheidend, daß die Dignität des Menschseins darin wächst, daß die Grunddynamik seiner persönlichen Beziehung zu anderen das eigentliche Movens ist, das die in der Sexualität selbst gegebene Dynamik zu ihrer Sinnbestimmung kommt.[159]

Das *Schichtenmodell* kann diesen Sachverhalt veranschaulichen. Eros spielt in der von der jeweiligen Mitte der Person getragenen Beziehung vom

---

155 *Pieper*, Liebe, 143f.

156 Das stoische Ideal bestand darin, sich von jeder Leidenschaft unabhängig zu machen, weil sie dem Ideal der unbedingten Unabhängigkeit von allen Gefühlsregungen zu widersprechen schien. Hier liegt – geschichtlich gesehen – eine der Hauptquellen für die Lustfeindlichkeit, die das Verhältnis zur Sexualität über Jahrhunderte hin belastet hat.

157 So in der Schöpfungslehre und in der Sakramentenlehre; in der Summa theologica des *Thomas von Aquin* I q 98 a 2 fragt der Aquinate, ob im Stande der ursprünglichen Unschuld die Zeugung auch durch den Koitus stattgefunden habe; dieses werde nämlich von einigen älteren Kirchenlehren nicht angenommen, weil dadurch der Schmutz der Konkupiszenz (Concupiscentiae foeditatem) realisiert worden wäre. Thomas hält dieses nicht für vernünftig; den es ist natürlich, daß Zeugung durch den Koitus stattfindet. Im Urzustand habe es eben jene Deformierung der Konkupiszenz nicht gegeben; im Gegenteil sei im Zustand ursprünglicher Unschuld die Sinnenlust keineswegs geringer gewesen, wie einige sagen; sie sei vielmehr umso größer gewesen, je reiner die Natur und je sensibler der Leib gewesen sei. Und gerade dieses zeichne die Paradieses-Existenz aus. In ihr bilden Vernunft und Natur eine solche Einheit, daß mit einer gewissen Automatik die Sinnenlust in den ganzheitlichen Vollzug des Menschen eingewiesen sei.

158 Darauf wird zurückzukommen sein; vgl. unten, 2.2.3.

159 Es wird noch zu zeigen sein, daß dies auch für die Menschen gilt, die als Unverheiratete leben.

Du zum Du, läßt eins im andern schwingen; nach Pieper[160] wird gesagt, daß der Sexus – der vitalen Dynamik entspringend – durch die Kraft des Eros in die Personmitte integriert und so humanisiert werden kann. Agape wäre jene Dimension der Liebe, die jenseits und in der Leidenschaft eine kritische Distanz wahren kann, die es verhindert, daß man sich aneinander verliert. Die eigentlich erotische Dimension ist zugleich jene, in der Körper und Geist aktiviert sind, in der „Inkarnation", Leibwerdung des Menschen geschieht. Die Ausdrucksformen der Erotik sind unendlich variabel. „*Zärtlichkeit*" kann hier als „Schlüsselwort für eine neue Erfahrung"[161] gelten, die die Wahrnehmung der Sexualität wesentlich gefördert hat. Daß *die rechte Erfahrung dieses Sinnwertes mit der Kultur der Sexualität in der Zärtlichkeit zusammenhängt,* die auch der Einübung bedarf, ist keine Frage, auch nicht, daß es Versagen und verpaßte Chancen gibt:

Es ist vorstellbar und *beobachtbar* – das ist vom Negativen her ein Grund für die Forderung nach Integration –, daß die biologisch-*vitale Triebdynamik desintegriert* vollzogen wird. Dabei ist in der Regel auch so etwas wie eine Enthumanisierung wirksam. Der Trieb als solcher, isoliert für sich genommen, sozusagen nur in Reaktion auf Sexualsymbole, ist, human gesehen, „blind". Er sieht nicht den anderen als Menschen, sondern nur als Sexualobjekt; damit setzt er ihn in seiner Menschenwürde herab. Schlimmste Folgen solcher Sicht der Beziehung der Geschlechter zueinander zeigen sich in der angewachsenen Gewalttätigkeit im Rahmen ausagierter Sexualität. Wenn nur der Trieb an sein Ziel kommen will, wenn der Mensch in seiner Verantwortung, mit seinem Herzen, mit all den Möglichkeiten, die er mit seiner Mitte her haben würde, außen vor bleibt, dann kann tatsächlich die Vernichtung des Menschlichen auf die reale Vernichtung menschlicher Möglichkeiten zurückfallen; in der äußersten Form geschieht das in der Gewaltanwendung, die sogar Kindern gegenüber nicht haltmacht, wie sich in steigendem Maße zeigt.

Anthropologisch ist es also richtig, daß die Humanisierung von Sexualität und Genitalität nur durch Integration geschehen kann. Das ist auch kritisch anzumerken gegenüber einer Entwicklung, die sich in manchen neueren Theorien findet. Die darin erkennbaren Tendenzen *trennen die Sinngehalte* der Sexualität voneinander. Dann wird das „Glas Wasser" für sich genossen, nur daß es sich hier um mehr und Wichtigeres handelt als ein Glas Wasser.[162] Die Gefahr, daß dadurch die zitierte menschliche Blindheit zunimmt und die Gefahr bloßen Konsums der Sexualität steigt, wobei sich eine Depotenzierung menschlicher Möglichkeiten entwickelt, ist nicht von der Hand zu weisen.

Eine wichtige Konsequenz, die sich aus der Phänomenologie dieser Aufgabe ergibt: Diese *hier geforderte Integration* in das personale Begegnungsgeschehen *ist immer nur annäherungsweise* zu verwirklichen. Hier ist auf

---

[160] Vgl. den oben zitierten Text.

[161] So *Mieth*, Die Kunst zärtlich zu sein, 10.

[162] *Ell*, Sexualmoral, sieht die unterschiedlichen Sinngehalte der Sexualität relativ unabhängig voneinander (65-86).

das Faktum hinzuweisen, daß es, wie das Mittelalter sagt, gerade auch in diesem Bereich actus primo primi gibt, d.h. ein Angesprochensein und ein Wünschen, daß der Mensch sich selbst nicht gewünscht hatte, in dem die Autonomie einer Triebregung für sich selber spricht. Sie wird auch durch äußere Beeinflussung aufoktroyiert, ohne daß man eigentlich hier von sich aus entschied oder etwas wollte. Gerade im Bereich der Sexualität erlebt sich der Mensch oft als gespaltener; das will sagen, daß nicht jede seiner genitalen Triebregungen bereits menschliche Integration erfahren haben, die diese zu wirklich menschlichen Regungen machen würden. Wenn aber Menschen so reagieren, wie sich zeigt, ist es eine Aufgabe, die sich ihnen stellt, ihre eigene sich oft selbständig gebärdende Sexualität zu gestalten und in den menschlichen Lebensvollzug einzubeziehen.

Die innere Harmonie in dem Sinne, daß der Mensch selber in der Mitte seines Herzens Herr seiner Möglichkeiten ist, auch Sexualität positiv und gut spielen zu lassen, ist *ein Ziel, auf das wir uns zubewegen, ohne es jemals endgültig zu erreichen.* Immer wieder erleben wir die Selbständigkeit von Anreizen, die auf uns zukommen. Es scheint, daß in diesem Zusammenhang Bewältigung der sexuellen Problematik ohne Sublimation oder Aufmerksamkeits(ab)lenkung nicht möglich ist. Das soll uns nicht in eine Defensivhaltung gegenüber der Triebdynamik bringen; es ist vielmehr von uns verlangt, daß wir aufgrund der Instinktenthebung und der teilweisen Instinktlenkung dazu angehalten sind, daß *wir im Prozeß des Gesteuert-werdens selbst mitsteuern.* Freud hat uns darauf aufmerksam gemacht, daß wir nicht ohne weiteres Herr im eigenen Hause sind[163] – es fragt sich nur, wer der eigentliche Steuermann ist. Daß wir Mühe haben, uns selbst als solcher durchzusetzen, ist schlichte Erfahrungstatsache.

Exkurs:
Diese Überlegung ist auch *Anlaß, eine traditionelle Sentenz überkommener Moral in Frage zu stellen,* die behauptete, daß es im Bereich der Sexualität nicht eine aus sich selber geringfügige Materie geben könne[164] – eine Ausdrucksweise, die

---

[163] „Zwei große Kränkungen ihrer naiven Eigenliebe hat die Menschheit im Laufe der Zeiten von der Wissenschaft erdulden müssen. Die erste, als sie erfuhr, daß unsere Erde nicht der Mittelpunkt des Weltalls ist ... Die zweite dann, als die biologische Forschung das angebliche Schöpfungsvorrecht des Menschen zunichte machte, ihn auf die Abstammung aus dem Tierreich ... verwies. ... Die dritte und empfindlichste Kränkung aber soll die menschliche Größensucht durch die heutige psychologische Forschung erfahren, welche dem Ich nachweisen will, daß es nicht einmal Herr ist im eigenen Hause, sondern auf kärgliche Nachrichten angewiesen bleibt von dem, was unbewußt in seinem Seelenleben vorgeht." So *Freud,* in: Einführung, 283f.

[164] Hierzu: *Kleber,* De parvitate; in der verbreiteten Handbuchmoral galt der Satz: „Delectatio venerea directe volita non admittit parvitatem materiae"; so *Noldin/Schmitt,* De Sexto Praecepto, 13, ein Satz, der aufgrund der humanwissenschaftlichen Erkenntnisse und der damit zusammenhängenden hier zusammengestellten Überlegungen nicht notwendig hätte weiter festgehalten werden müssen. *Häring* hat ursprünglich die strenge Meinung gegen andere Tendenzen in der Moraltheologie verteidigt (Das Gesetz Christi, 297-303), später eine mildere Position vertreten (Frei in Christus 2, 521f.); Persona humana, die Erklärung zu einigen Fragen der Sexualethik, die von der *Kongregation für die Glaubenslehre* am 29.12.1975 veröffentlicht wurde, brachte in diesem Punkt eine Überraschung: In der Nr.

zunächst befremdlich wirkt. Die materia gravis ist ein Sachverhalt, der, im Hinblick auf die Komponenten der freien Selbstverfügung, bedeutet, daß angesichts der hier zur Debatte stehenden Lebensprobleme Grundentscheidungen bzw. fundamentale Vorentscheidungengen fallen können. In der Ausdrucksweise der Sündenlehre bedeutet das, daß es im Bereich der Sexualität objektiv nur schwere Sünden gebe, also solche, die den Gnadenverlust immer zur Folge haben, wenn sie freiwillig getan werden; objektive Geringfügigkeit (also läßliche Sünden) gebe es auf diesem Gebiet nicht. Etwas Unwichtiges komme hier nicht vor.

Das ist aber aufgrund der bisherigen Beobachtungen zu bezweifeln; wenn es sich im Sexualleben wie auch in anderen Bereichen des Sittlichen immer um Aufgaben handelt, deren Erfüllung nur asymptotisch erreichbar sind, ist Grund genug für diesen Zweifel gegeben; die volle Integration der sexuellen Dynamik gelingt eben nie endgültig. Es gibt in diesem Bereich, wie auch bei der Wahrhaftigkeit beispielsweise gar nicht das einfache Ganz oder Garnicht, sondern immer ein Mehr oder Weniger an Integration und Humanisierung. Mehr oder weniger hat jeder sein Leben lang damit zu tun, damit es dann gelinge, mehr oder weniger gut. Mit dieser These ist umgekehrt nicht gesagt, daß es sich hier grundsätzlich nur um einen Bereich des Ethischen handelt, der eigentlich existentiell nicht so wichtig sei. Im Hintergrund der Möglichkeiten, die wir bedacht haben, und die hier zur Debatte stehen im Bezug auf den Selbstvollzug des Menschen, handelt es sich selbstverständlich um einen ethischen Bereich von zentraler Bedeutung für das Glück und das Gelingen des menschlichen Daseins.

e) Sexualität und Rationalität

Auch die *Dimension der Rationalität* – man vergleiche noch einmal das Schichtenmodell der menschlichen Psyche! – hat ihren bestimmten Stellenwert in der integralen Realisierung von Geschlechtsbeziehungen. Vernunft und Liebe schließen sich nicht aus; *ohne die selbstkritische Potenz der Vernunft kann die erotische Liebe sich nicht zur selbstloser Agape entwickeln.* Eine Gefahr kann entstehen, wenn die Beziehung von Mann und Frau ausschließlich durch berechnendes Kalkül reguliert wird. Bloßer Vernunftegoismus läßt menschlichen Liebesvollzug nicht zu. Rationalität, die unfähig ist,“das Herz sprechen zu lassen“, wäre negativ isoliert; sie könnte zwar einen Vertrag schließen, aber nicht die Hingabe des Herzens ersetzen. Isolierung der „Oberschicht“ in unserm Schaubild wäre demnach ebenso abzulehnen wie die Isolierung der Tiefenschicht.

Die Isolierung der rationalen Oberschicht wird durch eine einseitige *Kopflastigkeit* in unserer heutigen Lebensweise gefördert, nicht zuletzt bei denen, die sich ex professo mit Kenntnissen, mit Aneignung von Wissen befassen. Aufgrund einer Vernachlässigung der Lebensvollzüge, die die Mitte aktivie-

---

10 heißt es: „Nach der christlichen Überlieferung und der Lehre der Kirche wie auch nach dem Zeugnis der gesunden Vernunft beinhaltet die sittliche Ordnung der Sexualität Werte von so großer Bedeutung für das menschliche Leben, daß jede direkte Verletzung dieser Ordnung objektiv schwerwiegend ist.“ Als Beleg wird zu dieser Stelle Humanae vitae Nr. 14 zitiert, eine Stelle, die gerade dadurch auffiel, daß hier Paul VI. offensichtlich mit Absicht keinerlei Sanktionen oder Qualifikationen der Schwere anführt, die im Vorgängerdokument Casti connubii Pius‘ XI. massiv zu finden waren. Zur Unterscheidung der Sünden vgl. *Fraling*, Unterscheidung.

ren, das Herz, das Gemüt, kann es zu kompensatorischen Umschlagserscheinungen führen. *Kurzschlußartige Abreaktionen* im Bereich der Sexualität ergeben sich manchmal aus einer solchen einseitigen Kopflastigkeit. Wenn man das ernst nimmt, ist so etwas wie eine *seelische Hygiene* zu fordern und zu fördern, die auf einen Ausgleich seelischer Wirklichkeit bedacht ist. Es geht um eine Kultur der Emotionalität, die die Integrationskraft der Mitte stärkt. Einseitige Kopflastigkeit steht ihr im Wege.

Positiv gesehen hat aber die Vernunft, wie die vitale Grundschicht, viele *unverzichtbare positive Funktionen* im Zusammenhang des Gelingens von Beziehungen. Sie *ermöglicht erst die Selbstdistanz des Menschen,* den Gegenüberstand, der der Grund dafür ist, daß der Mensch sich selber kritisch sieht. Die Rolle der Vernunft besteht darin, daß sie die *Ausrichtung auf die Sinndimension* des Geschehens und der Begegnung *aufrechterhält.* Die bloße erotische Anziehung bindet zwar Menschen als Personen aneinander; aber aus sich selbst könnte sie manches nicht leisten, was wir als innere Sinngebung der Beziehung von Mann und Frau erkannt haben. Wir sollten nicht vergessen, daß *die Transzendenz der beiden über sich hinaus nicht mehr die spezifische Leistung des Eros* als solchem ist, so sehr seine Dynamik in diesem Prozeß eingeht. Mir scheint, daß hier die sinndeutende Wahrnehmung der Weisheit des Menschen, die ja nicht isolierte Vernunft ist, sondern Einsicht besagt, die das Herz aktivieren kann, den Vollzug der Transzendenz erst wirklich sichert. So öffnet diese weise Vernunft die Partner für übergeordnete Aufgaben und gibt die Möglichkeit, in der wechselseitigen Beziehung eine kritische Distanz einzuhalten, die, wie wir schon gesehen haben, für den menschlichen Selbstvollzug notwendig zu sein scheint. Ohne diese Funktion der Vernunft hätte der Eros nicht die Chance, in die Agape integriert zu werden.

Integration der Geschlechtlichkeit geschieht nicht nur in Paarbeziehung; sie stellt sich auch dem Unverheirateten als Aufgabe, ob sie nun freiwillig ehelos leben oder die Ehelosigkeit als hartes Schicksal empfinden.[165]

2.2. Aspekte theologischer Anthropologie

Neben der Philosophie gehört die Theologie zu den Wissenschaften, die sich mit der Sinnorientierung menschlicher Existenz befassen. Die theologische Anthropologie hat Vorgänger. Von den Anfängen der Geschichte, soweit sie sich dem forschenden Zugriff erschließt, hat es in Zusammenhängen mythischer und religiöser Lebensdeutung auch Sinnbestimmungen der Sexualität gegeben. Carl Heinz Ratschow fragt: „Was heißt eigentlich, daß die Ehe – in welcher Form sie auch gelebt wird – als Lebensvollzug angesehen wird, der

[165] Vgl. unten das Kapitel über Ehelosigkeit, 4.6.

nur *sub specie Deitatis* geschlossen, begründet und geführt werden kann."[166] Hier zeigt sich, daß man sie von Anfang an in einen Zusammenhang des Heiligen, nicht unmittelbar Faßbaren gerückt hat. Sie gehörte dem Bereich mythischer Weltdeutung an. In einem Buch über Sexualität und Mythos schreibt Jamake Highwater: „Die menschliche Sexualität wird von gesellschaftlichen Kräften geformt. Sie ist keineswegs die natürlichste Kraft in unserm Leben, sondern diejenige, die kulturellen Einflüssen am stärksten unterliegt ... Die Biologie ... bildet nur den beschränkenden Rahmen dafür, was wahrscheinlich und möglich ist."[167] Die hier entscheidende Dimension der kulturellen Einflüsse ist ursprünglich die Weltsicht der Religion, die sich im Mythos manifestiert.[168] Die Deutungen der Frühstadien mit ihren Mythen, die sich in der heutigen Auseinandersetzung finden, gehen weit auseinander, was sich besonders in den höchst unterschiedlichen Vorstellungen von einem urgeschichtlichen Matriarchat zeigt.[169] Es würde viel zu weit führen, wollte man hier diese Diskussionen aufarbeiten. Sie sind von vorrangig historischem Interesse, wenn auch nicht geleugnet werden kann, daß sich in ihm gegenwärtige Interessenlagen widerspiegeln.

Die Theologie hat es mit dem biblischen Zeugnis zu tun, das im eigenen Selbstverständnis Deutungen enthält, die für das Selbstverständnis der Gläubigen in der Polarität von Mann und Frau von bleibender Bedeutung sind.

2.2.1. Grundaussagen der Bibel[170]

a) Methodische Vorbemerkungen

Man muß davon ausgehen, daß es *keine einheitliche Sicht der Bibel* gibt, in der der Sexualität ein eindeutiger Stellenwert zugesprochen würde. Gerstenberger z.B. meint im Blick auf die Welt des Alten Testamentes: „*Partnerschaftliche Liebe und patriarchalischer Despotismus waren schon damals die Pole,* zwischen denen sich das Leben der Familie bewegte."[171] Der *Hintergrund ist in der Entwicklung der Sozialstrukturen zu sehen,* die ihrerseits

[166] *Ratschow*, Ehe, 309.

[167] *Highwater*, Sexualität und Mythos, 19.

[168] Vgl. ebd.: „'Der Ausgangspunkt vieler (sexueller) Annahmen scheint oft in den Schöpfungsmythen auf ... „ (21). Der Mythosbegriff dieses Buches allerdings beschränkt sich keineswegs auf religiöse Ursprungsmythen, sondern zeigt, wie auch das gegenwärtige sexuelle Verhalten weithin von mehr oder weniger bewußten mythischen Vorstellungen geprägt ist.

[169] Vgl. neben vielen andern: *Baudler*, Gott und Frau, bes. 14-24; anders: *Göttner-Abendroth*, Matriarchat I. Die von *Baudler* aufgewiesenen „harten Fakten", Spuren der Gewalt in der Jahrtausende langen Frühgeschichte der Menschheit, scheinen einen Abschied von der Vorstellung einer idealisierten Frühphase der Entwicklung nahezulegen.

[170] Zum biblischen Verständnis der Sexualität vgl. den Überblick bei Hans *Halter*, Bibel; außerdem: *Baumert*, Frau und Mann; *Bernt*, Sexualerziehung, 141-157; *Haag/Elliger*, Sexualität; *Gerstenberger*, Leben; *Langemeyer*, Mann und Frau; *Wolff*, Anthropologie 243-258.

[171] *Gerstenberger*, Herrschen oder leben, 335; Hervorhebung v. Vf.

die Rollenbestimmung von Mann und Frau weithin prägten. Doch das ist *nur ein Aspekt; ein anderer ergibt sich daraus, daß sich der Glaube mit der Doppelung der Geschlechter befaßt hat*; wenngleich diese Aspekte nicht zu trennen sind, so sind Akzentsetzungen möglich; ich neige dazu, in erster Linie theologischen Sinndeutungen auf die Spur zu kommen.

Bislang haben wir in der philosophisch-phänomenologischen Deutung Erfahrungen von Mann und Frau aufzuweisen versucht und festgestellt, daß sich hier die Ganzheitlichkeit menschlicher Existenz in einmalig intensiver Weise realisiert. Es geht also, wie wir dort gesehen haben, in der Bestimmung der Beziehung von Mann und Frau in der Tat um einen ganzheitlichen Aspekt des Menschseins. Diese Einsicht behält ihre Gültigkeit. Das bedeutet aber, daß *theologische Deutung in eine Beziehung zu setzen ist zu dem, was philosophische Vernunft erkannt hat*. Sie sollte nicht als eine Art ideologischen Überbaus übergestülpt werden und etwas Fremdes in die menschliche Erfahrung einbringen; es geht um Deutung eben dieses Phänomens. Es geht in der *theologischen Deutung* darum, das in der philosophischen Reflexion anfänglich grundgelegte *Sinnverständnis zu vertiefen. Ohne diesen Prozeß, in dem der Glaube in menschliches Leben eingeht, kann weder der Glaube seine je eigene Lebendigkeit erreichen, noch das Leben die Ausrichtung, die ihm der Glaube gibt*. Überdies gibt der Glaube eine durch alles Scheitern hindurchgehende Deutung, die eine humane Bewältigung anstehender Probleme erleichtert.

Methodisch möchte ich mich von einem Hinweis leiten lassen, den ich in den synoptischen Evangelien überlieferten Worten Jesu entnehme. Sie weisen den Weg in die Wirklichkeit der Begegnung von Mann und Frau *zunächst von den Gesichtspunkten der Schöpfungstheologie her*. In einer Zeit, in der es für die Frau in schwierigen Situationen in der Ehe keinen Rechtsschutz gab, nimmt Jesus die Gelegenheit wahr, im Rückgriff auf die ursprüngliche Absicht des Schöpfers in der Schrift an eine Ordnung anzuknüpfen, die als die ursprüngliche zu sehen ist: „Am Anfang der Schöpfung aber *hat Gott sie als Mann und Frau geschaffen. Darum wird der Mann Vater und Mutter verlassen, und die zwei werden ein Fleisch sein*. Sie sind also nicht mehr zwei, sondern eins. Was aber Gott verbunden hat, das darf der Mensch nicht trennen." (Mk 10,6-9)[172] Das ist eine Ermunterung, in der Sinndeutung der Theologie zunächst auf die Schöpfungserzählungen des Anfangs zurückzugreifen, auf die Jesus hier in wörtlichem Zitat hinweist. Es wird sich dabei bald zeigen, wie die schöpfungstheologische von der heilstheologischen Sicht umgriffen wird.

Zum Verständnis dieser alten Texte ist es wichtig, von vornherein selber mit dieser Frage an die alten Texte heranzugehen: *Ist in diesen deutenden Erzählungen auch die menschliche Erfahrung gedeutet und auf Tieferes zurückgeführt*, die man in Selbstzeugnissen aufgespürt, und an anderen erlebt oder miterlebt hat? Der Berechtigung einer solchen Fragestellung

---

[172] Die Einheitsübersetzung markiert durch Hervorhebungen Zitate des Alten Testaments; hier liegt eine kombinierte Zitation von Gen 1,27 und Gen 2,24 vor.

kommt entgegen, was Claus Westermann in der Einleitung zu seinem Genesiskommentar ausführt. Er stellt fest, daß die ersten Kapitel der Genesis „*Urgeschehen*“[173] sind, das heißt, daß sie menschliche Phänomene vorzeigen und deuten, die überall vorkommen, wo Menschen miteinander leben. Westermann zählt Parallelen in der Weltliteratur zur Genesis auf, nicht mit dem Ziel, irgendwelche wechselseitige literarische Abhängigkeit festzustellen; es geht vielmehr darum, *bestimmte Fragen als menschheitliche Fragen auszuweisen, die immer und überall, wo Menschen leben, eine Antwort erheischen.*[174] Das macht den Menschen zum Menschen, daß er sich selbst aufgegeben ist und nach sich selber fragt, nach seinen tiefsten Erlebnissen und darin natürlich nach dem Wesen, dem Wohin und Woher menschlichen Lebenkönnens und menschlichen Liebenkönnens. Ich erinnere an die Feststellung, die wir von C.G. Jung übernommen haben, daß es menschheitliche archetypische Modellierungen des Humanum gibt, die wir mehr oder weniger allüberall in Träumen und Sehnsüchten von Menschen wiederfinden. Nun kommt uns in der Offenbarungsgeschichte selber eine urtümliche Deutung des Anfangs entgegen, die etwas sagen will über das gegenwärtige Verhältnis von Mann und Frau.[175]

Die methodischen Vorbemerkungen haben uns gezeigt, wie die zu befragenden Texte in unserem Zusammenhang zu lesen sind; *man stelle sich den Jahwisten selber als jemanden vor, der menschliche Liebe erlebt hat, und zugleich die Nöte von Menschen*, die diese Liebe oft schafft, und dieses alles zu deuten versuchte von seiner persönlichen Überzeugung her, die Gott als den heilschaffenden Gott anerkannte. Die Art der Erzählung des Jahwisten wirkt anthropomorph, ist aber in hohen Maßen theologisch reflektiert.

---

173 *Westermann*, Genesis, bes. 73-95.

174 Schon *Ricoeur* hatte versucht, den Mythos vom Ursymbol her zu verstehen als eine Erzählung „symbolischer ... nicht ätiologischer Art“ (*Ricoeur*, Symbolik, 190). *Drewermann* meint dazu: „So verstanden ‚erklärt‘ der Mythos nicht eigentlich die Welt, sondern stellt sie dar; in einer Erzählung der Urzeit beschreibt er, ‚was niemals war und immer ist‘“ (Strukturen, XXVI). Der von *Ruppert* (Genesis, 42) aufgeworfenen Frage, ob sich hinter diesem Urgeschehen im Blickwinkel der biblischen Schriftsteller auch reale Geschichte zeigt, braucht hier nicht weiter nachgegangen zu werden, weil die Deutung auf den Menschen schlechthin sich auch mit dieser Hypothese verbinden läßt: „Auch wenn die biblischen Autoren die ursprünglich begrenzten Aussagen ihrer Überlieferungen auf eine allgemein menschliche, ‚urgeschichtliche‘ Ebene gehoben haben, so wollten sie doch durch die Verbindung der einzelnen Schuld- und Strafe-Erzählungen und ihre Einbindung in Genealogien einen *Geschehenszusammenhang* darstellen“ (ebd., 43).

175 *Westermann*, Genesis, hält es für wichtig, die *Kapitel 2 und 3 der Genesis als eine Ganzheit* zu sehen und sie auch so zu interpretieren. Dabei gilt: „Bei dem Gegenstand dieser Erzählung, einem Gegenstand von universalem Interesse und von universaler Verbreitung, ist von vornherein damit zu rechnen, daß eine Fülle von Erzählansätzen und Erzählmotiven aus der Vorgeschichte in die literarische Gestalt hineinragt“ (ebd., 259). Die *Schöpfungserzählung und die Paradieseserzählung sind so miteinander verwoben,* daß es möglich wurde, „das Geschehen von Schuld und Strafe als ein den Menschen in der Gemeinschaft betreffendes Geschehen darzustellen“ (ebd., 265). Es geht also nicht nur um den paradiesischen Ursprung, es geht auch um den Anfang der Geschichte der Gemeinsamkeit von Mann und Frau, die durch das Verhängnis mitbestimmt ist, daß der Mensch – Mann und Frau – gemeinsam in das Böse hineintappten.

b) Die wichtigsten Aussagen

1) Gen 2: Der Ursprung der Begegnung von Mann und Frau

Der Ausgangspunkt der jahwistischen Schöpfungserzählung ist die Tatsache, daß Gott den Menschen, so Gen 2,7, *aus dem Stoff der Erde* formt: Das bedeutet, wir sind Menschen, die „leiben" und so leben, wie wir oben schon sahen. Unsere bisherigen Überlegungen haben uns sehr deutlich gezeigt, daß wir auch in unseren menschlichen und auf die Geschlechtlichkeit bezogenen Wirklichkeitssphären *den Gesetzen des Materiellen unterworfen* sind, die uns durch Chemiker, Biologen, Ethnologen entschlüsselt werden. Aber in diesem Gebundensein an Materialität und Leiblichkeit, die sein Wesen ausmachen, ist der Mensch schlechthin in einer Orientierung auf Gott hin erschaffen. Die Lebendigkeit, die den gesamten Haushalt leiblichen Lebens erst belebt, geht von Gott aus und dieses, wie im Text angedeutet wird, von Angesicht zu Angesicht. Alle Lebendigkeit die im Menschen wirksam ist, hat ihren Ursprung in Gott; diese *vertikale Bezogenheit des Menschen von Angesicht zu Angesicht*[176] *auf den lebendigen Gott zeigt sich die lebensspendende Achse seines Daseins schlechthin.* Wir werden sehen, wie *auch gerade der ganze Reichtum der Beziehung von Mann und Frau zu wirklicher Lebendigkeit nur kommt und in ihr verbleibt, wenn diese Achse erhalten bleibt.* Wo immer die Grundausrichtung gefährdet ist – der Jahwist wird bald davon berichten – ist Lebensminderung die Folge, taumelt der Mensch in ein verkürztes Dasein. Von sich her ist der Mensch nichts, nur Staub, wertlos, haltlos amorph; aber er wird, indem er von Gott angenommen und mit Leben erfüllt wird.

Aber dann ist es so, als ob Gott den Menschen nun umdrehe: *Der aus der Welt genommene ist nun für sie bestellt*; er wird den Garten Eden bebauen und pflegen. Der *Garten Eden* ist zugleich eine bildliche Aussage für den *Raum vertrauter Nähe*, in der Gott mit den Menschen verbunden lebt. Großkönige hatten zu jener Zeit Gärten, die in der Regel strengstens bewacht waren, als Orte privater Erholung – im Orient eine besondere Kostbarkeit, ein besonderer Luxus. Nur Vertraute erhielten hier Einlaß. Leben im Garten des Herrn – das ist Leben in vertrauter Nähe zu ihm.

Dieses ist erst entfernte Anbahnung der Deutung, die der Jahwist der Zweieinheit von Mann und Frau gibt. Eine neue wesentliche Aktivität Jahwes, die unmittelbar auf das hinzielt, um was es uns geht, beginnt mit der Einsicht, daß es *nicht gut sei, daß der Mensch allein sei* (V. 18). Es beginnt ein kleines Drama: Gott reagiert auf das Bedürfnis des Menschen und schafft Lebewesen, die er dem Menschen zuführt. Adam gibt den Tieren Namen, er ergreift Besitz von ihnen, und nimmt Beziehung zu ihnen auf; aber er bekommt keine Antwort. Westermann schreibt: „...hier ist... gesagt, daß der Mensch den Tieren Namen gibt und sie in diesen Namen seiner Welt zu-

[176] Es fällt auf, daß ein deutlicher Unterschied zur in V 19 geschilderten Erschaffung der Tiere besteht, indem hier in einem eigenen Akt dem Menschen Lebensatem in die Nase geblasen wird. Vgl. aber *Ruppert*, Genesis, 129f.

ordnet",[177] und weiter: „Benannt wird ursprünglich nicht das Vorhandene, das Ding, sondern das Begegnende."[178] Aber noch gibt es kein Gegenüber, das Adam Antwort geben könnte und ihm insofern im wortwörtlichen Sinn ent-sprechen würde. Es gibt keine Gemeinsamkeit auf gleicher Ebene bei Mensch und Tier, eine Gemeinsamkeit, ohne die der Mensch auf Dauer nicht sein kann.

Die *Erschaffung der Frau* wird schon von ihrer ersten Phase an so geschildert, daß ihre *innige Zusammengehörigkeit mit dem Mann* zum Ausdruck kommt: Sie ist aus der Nähe seines Herzens genommen; *so* sind beide aufeinander bezogen. Buber läßt in seiner Übersetzung Adam sagen: „Diesmal ist sies!"[179] – das Aha der ersten großen Freude, die entsteht, wenn ein Mensch erfährt, daß ihm nicht nur irgend etwas geschenkt ist, sondern daß sich dieser lebendige andere Mensch ihm anvertraut – auf Gedeih und Verderb! Westermann schreibt: „So ist das dreifache ‚diese' zugleich ‚jauchzende Bewillkommnung' und die zum Schöpfer hin gerufene Freude, daß er nun die ihm entsprechende Hilfe gefunden hat."[180] Dietmar Mieth macht darauf aufmerksam, daß der Text Gen 2,4f insofern einzigartig in der altorientalischen Literatur sei, *als er als einziger Text in der Reihe der Schöpfungsüberlieferung das Menschsein als Miteinander von Mann und Frau darstellt.*[181]

Dieses Miteinander kommt zum Ausdruck in dem beglückten Ausruf des Adam: „...dies ist Gebein von meinem Gebein" (V. 23); das ist Teil einer Verwandtschaftsformel, in der hier bekundet wird, daß die Entsprechung voll geglückt ist. Beide sind *gleichrangig aufeinander bezogen, was ja nach dem Sündenfall in der Schilderung der Genesis nicht so bleibt.* Offensichtlich hat der unter den Bedingungen des Patriarchats lebende Schreiber dieser Zeilen geahnt, daß die gemeinte Vollendungsgestalt der Begegnung keine Über- und Unterordnung kennt – diese wird erst als Folge des Sündenfalles beschrieben. Westermann schreibt: „Mit der ‚Hilfe, die ihm entspricht', ist weder das Geschlechtswesen Frau noch die Frau als Arbeitskraft zur Hilfe beim Ackerbau gemeint... Es ist die personale Gemeinschaft von Mann und Frau in umfassendem Sinn gemeint, zu der sowohl die körperliche, wie die geistige Gemeinschaft von Mann und Frau, das gegenseitige Helfen bei der Arbeit, das gegenseitige Verstehen, die Freude aneinander, das Ausruhen aneinander gehören."[182]

Zwei Vergleiche haben dazu gedient, die *Einmaligkeit und Besonderheit der Liebe von Mann und Frau vor Augen zu stellen*: einmal der Vergleich

---

[177] *Westermann*, Genesis, 311.
[178] Ebd., 312.
[179] *Buber/Rosenzweig*, Bücher der Weisung, 14.
[180] *Westermann*, Genesis, 315.
[181] *Mieth*, Entwurf, 86; ziemlich genau entsprechend auch *Westermann*, Genesis, 316.
[182] Ebd., 317; *Trible*, die zunächst im Hinblick auf die Erschaffung Adams nur von einem (geschlechtslosen) „Erdgeschöpf" vor der Geschlechterdifferenz spricht, macht darauf aufmerksam, daß dieses im Unterschied zur vorausgehenden Szene keineswegs aufgefordert wird, dem Gegenüber einen Namen zu geben und damit Herrschaft auszuüben (Gott 119; vgl. 123).

mit den Tieren, der schnell übergangen werden kann in diesem Zusammenhang, dann aber der Vergleich mit der Beziehung zu den Eltern. Der Mann wird Vater und Mutter verlassen und der Frau anhangen. Es wird verständlich gemacht, daß diese Bindung an die Eltern durch diese andere neue Verbindung überboten wird. Das Ein-Fleisch-Werden ist ganzmenschliche Begegnung, die Sexualität, die Ganzheit des Psychischen, die Ganzheit des Seelischen und Geistigen einschließt. Es geht um eine totale Lebensgemeinschaft, die in der damaligen Zeit um vieles totaler war als die, die wir heute in der Ehe kennen.

Die entscheidende Glaubensaussage besteht darin, daß der gesamte Vorgang durch Gottes Schöpfung bestimmt ist; *Gott vertraut dem Menschen den Menschen an; er ist der eigentlich Schenkende*. Hochzeit wäre in dieser gläubigen Deutung auch Höhepunkt des Beschenktwerdens durch Gott. Heinrich Dickerhoff hat in seinem Büchlein „Daß wir Zärtlichkeit nicht gottlos nennen“[183], gewagt, seinem Büchlein folgende Widmung voranzustellen, die als eine gläubige Antwort auf die Aussage von Gen 2 verstanden werden könnte:

> „Für Christine
> Ob Gott diese Welt noch liebt
> das ist die Frage
>
> *Und seine Antwort*
> *für mich*
> *bist du*
>
> Der Cherub an der Pforte
> zum Paradies
> hat das Flammenschwert
> eingetauscht
> gegen ein Lächeln
>
> Mit dir möchte ich
> kopfschüttelnd
> die Schlange streicheln“[184]

Der andere ist Gottes Antwort auf die Frage des Menschen, ob er den Menschen noch liebe. Es ist die Frage, ob dieses eine Übersetzungsmöglichkeit für den einzelnen in seiner je einmaligen Erfahrung ist, ob es möglich ist, jene Elemente des Unverfügbaren in einer Beziehung als solche anzusehen, die so etwas wie ein Verweis sind auf jemanden, dem unser Schicksal nicht gleichgültig ist. In äußerster Konsequenz hat das Johann Klepper zum Ausdruck gebracht. Ein schweres Schicksal belastete ihn: Er war mit einer Jüdin verheiratet und wurde von den Nazis verfolgt; Freunde, die es „gut mit ihm meinten“, machten ihn darauf aufmerksam, daß er sich doch von seiner Frau trennen könne. Er schreibt dazu: „Es käme mir vor, als verriete man die Anrede Gottes.“[185]

---

[183] *Dickerhoff*, Zärtlichkeit.
[184] Ebd., 7; Hervorhebung v. Vf.
[185] *Mascher*, Jochen Klepper, 12.

Wenn Gott die Liebe ist und in jeder Liebe diese Urdynamik wirksam ist, ließe sich vielleicht von der eigenen Erfahrung her eine solche Brücke bauen. Manchmal ist ja in den Erfahrungen von Harmonie und Zusammenklang etwas enthalten, das den einen zum anderen sagen läßt: „Wir sind wie füreinander geschaffen". Und dieses „wie füreinander geschaffen" bräuchte nur eine kleine Korrektur, um eine korrekt theologische Aussage zu sein: Wir *sind* füreinander geschaffen. Das ist der Mut des Glaubens des einzelnen, der genährt wird vom Wort der Schrift, die die grundlegende Beziehung von Mann und Frau hier unter dieses Vorzeichen stellt, daß darin der Mensch selber unmittelbar erleben kann, wie Gott ihn liebt. *Der Jahwist will im Grunde genommen nicht mehr sagen und nicht weniger, als daß der Mensch hier ahnen kann, was Gott ursprünglich mit Liebe gemeint hat.* Das Innewerden des tiefen Geheimnisses der Beziehung von Mann und Frau läßt Dimensionen erahnen, die diese Tiefe erst gründen. Die Konsequenz, die sich unmittelbar ergibt, wäre einmal die unbedingte Ehrfurcht vor dem, was eigentlich gemeint ist. Wir sahen schon, daß manches am Vorgang der sogenannten Enttabuisierung in unserer Zeit dieser für den Respekt vor den Menschen unverzichtbaren Haltung der Ehrfurcht Abbruch tut.[186]

Ausleger haben darauf hingewiesen, daß der *Tiefschlaf*, der über Adam fällt, eben den Sinn hat, die Ehrfurcht vor dem Geheimnis des Erschaffens Gottes als eines eigentlich göttlichen Handelns zu wahren.[187] Der Schleier der Ehrfurcht wird über das Geheimnis der Entstehung menschlichen Lebens gebreitet. Der Mensch kann und soll Gott nicht auf die Finger schauen. Neben der Ehrfurcht ist in erster Linie der gläubige Dank die Antwort des Menschen, der dieses erlebt und im Glauben annimmt.[188]

Diese Ursprungsaussagen sollten schon hier in einen größeren Zusammenhang gestellt werden, um dem Eindruck zu wehren, es handle sich nur um wehmütiges Rückschauen auf ein endgültig verlorenes Paradies. Wie gut Gott ist, wie er den Menschen liebt, kann, das sahen wir, auch hier und heute erahnt werden, wo der Mensch dieses erlebt; dies ist ihm, so sagt auch Jesus in seiner Interpretation der Genesisstelle indirekt, von Anfang an zugedacht. Die Heilige Schrift und die Offenbarung hat nun kein besseres Bild

---

[186] Eine mögliche Konsequenz in der Praxis wäre folgende: *Philipp Dessauer* hat auf den *Unterschied von naturaler und religiöser Meditation* aufmerksam gemacht; hier wäre ein Paradebeispiel dafür, wie naturale Meditation in religiöse übergehen kann. Wenn der eine den anderen wirklich gewahrt, in der Stille eines guten Beisammenseins beglückt ist durch die Nähe des anderen, erlebt er eigentlich das, was naturale Meditation meint, ein Angesprochensein im Tiefsten seiner selbst. Das Gewahren des anderen in solcher Beziehung ist die vielleicht intensivste Form naturaler Meditation und – wie diese generell – ist sie offen für religiöse Interpretation. *Wirkliche Liebe wäre hier als Chance für den Glauben und nicht als dessen Gefährdung verstanden.* Im Geheimnis des menschlichen Gegenüber begegnet das Geheimnis der Schöpfung so intensiv wie sonst kaum einmal. Vgl. *Dessauer*, Meditation.

[187] Vgl. unter anderen *Ruppert*, Genesis, 141.

[188] Ich möchte hier auf eine Entsprechung bei Wannenwetsch hinweisen, die dort in einem anderen theologischen Kontext steht, aber sachlich eine Parallele darstellt: Er spricht über „Die eucharistische Wahrnehmung des ehelichen Lebens" (Freiheit, 66 u.ö.).

gefunden, um auch die *Vollendung des Menschen mit Gott zu beschreiben*; sie hat sie immer wieder als die Erfüllung eines Ehebundes Gottes mit seinem Volk gesehen. Das zeigt, daß diese Beziehung von dem erschaffenden Gott her als Höhepunkt des Glückes den Menschen zugedacht ist. Wir wissen, daß dieses ursprüngliche Wollen Gottes durch die Schuld der Menschen durchkreuzt wurde; aber wir sollten schon hier festhalten, daß für den Jahwisten eine Ahnung dessen, was Gott in dieser Beziehung von Mann und Frau stiften wollte, auch unter dem Gesetz der Sünde möglich bleibt. Im Licht aber der Botschaft der Propheten und des Neuen Testamentes *führt diese Ahnung zur Hoffnung. Was hier im Glauben wahrgenommen wird ist* nicht nur Rückblick, sondern *zugleich Ansatzpunkt einer Ausrichtung auf die Zukunft*. Positive Erfahrung der Liebe von Mann und Frau wird zu einer Vorauserfahrung dessen, was Gott in der neuen Schöpfung heraufführen will. Die Ehe selbst wird so zu einem Zeichen der Hoffnung. Wenn unter den Gesetzen dieser realen Welt die Stunden des Glückes auch vergehen mögen – die Verheißung, die in ihnen steckt, geht nicht verloren! Letztlich läßt sich Gott seine Pläne nicht durchkreuzen. Durch Kreuz und Auferstehung seines Sohnes führt er sie in letzter Konsequenz zur Vollendung. Das aber bedeutet, daß er im Glauben an den Auferstandenen an der neuen Schöpfung teilhaben wird. *Endgültiges Heil ist vollendetes Liebesglück und darin Erfüllung der Pläne und Verheißungen Gottes von Anbeginn.*

Schöpfungstheologische Aussagen sind somit immer schon im Rahmen der heilsgeschichtlichen verstanden: Auch wenn die ursprünglichen Absichten Gottes sich nicht unmittelbar erfüllten, so bleiben sie doch gültig: die Protologie wird zur Eschatologie; es bleibt dabei, daß in der Tat die Begegnung von Mann und Frau das sein kann, was das Arbeitspapier der Fédération Protestante de France einmal eine „*révélation réciproque*" genannt hat.[189]

Der Text macht noch eine letzte Aussage zur Vollendungsgestalt der Begegnung von Mann und Frau, wie sie in der Paradieseserzählung vorgestellt wird. Sie „waren nackt, aber sie schämten sich nicht voreinander." (V. 24) Die Scham wird offensichtlich als eine Beeinträchtigung der vollkommenen Begegnung angesehen. Wenn Scham die Reaktion des Menschen auf ein Bloßgestelltsein ist, so bedeutet die Freiheit von Scham, daß er dieses nicht fürchten muß. Er ist ganz identisch mit sich selbst. *Scham ist Ausdruck für eine innere Entzweitheit, die ursprünglich in der Vollendungsgestalt nicht gegeben war*, eine Vollendungsgestalt, in der es ja auch – wie wir schon gesehen haben – die Über- und Unterordnung von Mann und Frau nicht gab. Der Mensch – so die Vorstellung – war der selbstverständlich souveräne Herr seiner selbst und lebte in einer lauteren Ungeteiltheit seines Herzens, die das neue Testament als Reinheit des Herzens bezeichnet hat (Vgl. Mt 5,8). *Eigentlich sollte der Mensch ohne Arg sein können im Feld dieser Begegnung*. Er sollte nicht mißtrauen müssen, weder sich selbst, noch dem anderen.

---

[189] *Fédération Protestante de France*, Arbeitspapier, 25, Hervorhebung v. Vf.

2) Gen 2: Die Sexualität – eine geschöpfliche Wirklichkeit

Die Schöpfungsberichte enthalten in der Form ihrer Darstellung eine konsequente *Entdivinisierung der Sexualität*[190] und *gleichzeitig eine volle Bejahung der mit ihr verbundenen humanen Werte.* Die Zweigeschlechtlichkeit ist nicht wie im platonischen Mythos eine halbierte Existenz, in der der Mensch aus einer ursrpünglichen Einheit herausgefallen ist; sie ist vielmehr selbst als ursprüngliche und beglückende gewollt. Gerhard von Rad hat in seinen theologischen Studien zur Bibel betont herausgestellt, daß Gott selbst jenseits der geschlechtlichen Unterschiede vorgestellt werden müsse. Jahwe ist weder Mann noch Frau. Feministische Studien zur Bibel haben herausgearbeitet, daß diesem Gott nicht nur väterliche, sondern auch mütterliche Züge zukommen. Die Exegese weist darauf hin, daß diese Position des Alten Testamentes, in der Jahwe jenseits des Geschlechtsunterschiedes gesehen wird, zugleich eine Reaktion auf die Fruchtbarkeitskulte kanaanäischer Religionen darstellte, in denen in unterschiedlichen Formen die geschlechtliche Vereinigung von Gottheit und Menschheit begangen und nachvollzogen wurde. Israel sah sich dauernd der Gefahr ausgesetzt, daß das Volk solchen Kulten folgte. Um so deutlicher wird *die eigene Gottesvorstellung als von der Unterscheidung von Mann und Frau unabhängige* entwickelt. Damit ist zugleich der *erste entscheidende Schritt der Entdivinisierung* der Sexualität getan. Die Aufteilung der Geschlechter geht aus dem erschaffenden Handeln Gottes hervor, das selbst eben vor dieser Scheidung gesehen wird. Gott *wird* nicht mit den Menschen und seiner Fruchtbarkeit und der Fruchtbarkeit der Welt; er selbst ist vielmehr der radikal Jenseitige, der allen immer schon voraus ist, sowohl nach rückwärts auf den Ursprung hin betrachtet, wie nach vorne auf das Ziel hin. Gerade so aber wird die Bedingung für eine neue Unmittelbarkeit dieses Gottes zum Menschen geschaffen.

In einer frühen Phase seiner theologischen Entwicklung hat *Johann Baptist Metz* den Begriff der *Verweltlichung der Welt* geprägt.[191] Die Programmatik, die in diesem Begriff steckte, basiert auf einer Umwertung des Begriffs Ver-welt-lichung. War dieses Wort früher so verstanden worden, daß mit der Verweltlichung die Entgöttlichung und damit die Trennung von Gott einherging, so wollte Metz die *Verweltlichung* gerade als denjenigen Vorgang verstehen, der aus der *Bejahung der Welt als Gottes Schöpfung* und potenziert im Geheimnis der Inkarnation noch einmal als *Bejahung der Welt in Christus* hervorgeht. Indem Gott die Welt schafft und erlöst, setzt er sie *in ihr Eigenes.* Hier ist die Parallele zu der bemerkten Entdivinisierung der Sexualität zu sehen. Kraft der Schöpfung werden die *weltlichen Wirklichkeitsbereiche in ihre Eigengesetzlichkeit eingesetzt.* Die Vorstellung von Sexualität und Ehe, die in der leibhaftigen Begegnung *unmittelbar* Göttliches

[190] Vgl. *Josuttis*, Beziehungsstörungen, der schreibt: „In jener Kultur, die sich unter dem Einfluß jüdisch-christlicher Traditionen entwickelt hat, ist Sexualität radikal säkularisiert." (17). Hiermit tritt etwas Neues in die Deutung der Sexualität ein, das Israel von seinen Nachbarn radikal unterschied.

[191] Vgl. unter anderem: *Metz*, Welt.

quasi dingfest zu machen versuchte, würde diesem Vorgang der Entdivinisierung nicht gerecht und könnte zu schlechter Unmittelbarkeit führen.[192] Wenn Gott, wie Gerhard von Rad in seiner Auslegung zu Gen 2 gesagt hat, der erste Brautführer der Menschheit ist,[193] dann will er vor allem die Erfüllung in der Begegnung von Mann und Frau; so wie der Brautführer bleibt er hinter dem unmittelbaren Erleben zurück.

Eigengesetzlichkeit der Sexualität bedeutet aber, *Eigengesetzlichkeit der Erotik*, der Lust, der wechselseitig leibhaften Beziehung der beiden zueinander. Im Lebensvollzug dürfte es sinnvoll sein, Phasen voneinander abzuheben.[194] Entdivinisierung der Sexualität bedeutet nicht, daß das Zueinander von Mann und Frau seinen Geschenkcharakter verlöre; aber sie bedeutet, daß Sexualität in sich eine weltliche, eine Wirklichkeit, eine geschaffene Realität ist, die als solche und in sich dem Menschen als erfüllendes Moment seiner Möglichkeiten zugesprochen ist. Sie hat nicht in sich selbst göttliche Dignität.[195] In einer weiteren Phase der Reflexion, *in der Erinnerung sollte der Mensch dann wohl der Wirklichkeit ansichtig werden, daß hier ein anderer schenkend mitgewirkt hat*, und zu Dank und Lobpreis kommen. Aber das Verhältnis von unmittelbarem Erleben und Eigengesetzlichkeit dieses Erlebens und der ihr zuzuordnenden Dankbarkeit sollte doch die Unterschiedlichkeit von Vollzügen offenlassen.

Ein sprechender Erweis für diese Sicht der Sexualität als einer zugedachten menschlichen Möglichkeit zeigt sich in den Liedern, die im *Hohenlied* der Liebe zusammengestellt ist. Dieses gehört in den Zusammenhang der Entdivinisierung der Sexualität hinein, die diese als weltlichen Wert in sich neu entdecken lehrt. Hatte der Jahwist dazu schon einiges Grundlegende gesagt, so wird es hier in der ganzen Breite erotischer Wirklichkeit entfaltet. ExegetInnen sagen, daß eigentlich das Hohelied verstanden werden könnte als eine einzige Ausfaltung der adamischen Bewillkommnung der Frau in Gen 2, die, so wäre zu ergänzen, auf Gegenseitigkeit beruht. „Indirekt nimmt das Hohelied Verbindung mit dem älteren Schöpfungsbericht auf, wenn es etwa in Hld 7,11: ‚Ich gehöre meinem Geliebten, und ihn verlangt

---

192 Der Beispiele für „schlechte Unmittelbarkeit“ gibt es viele; vgl. z. B. *Feuerstein*, Erotik; auf diese Ausführungen könnte man beziehen, was *Bachmann*, Religion, kritisch über das Bemühen um religiöse Erfahrung in der New Age Bewegung sagt: „Der Scheinwerferglanz des Modischen, der auf diesen neuen Bewegungen liegt, sollte nicht darüber hinwegtäuschen, daß in Wirklichkeit auch hier Aufspaltungen der Realität und des Erlebens stattfinden.“(130) Sie weist damit auf das entscheidende Echtheitskriterium hin, das die große Mystik nie in immanenter Erlebnisqualität sondern immer in der Konsequenz der Lebensführung sah.

193 Vgl. *von Rad*, Das erste Buch Mose, 68.

194 Ein Vergleich sei gestattet: Wenn Eltern ihre Kinder beschenken, tun sie das nicht in erster Linie, damit die Kinder auch „Dankeschön!“ sagen lernen. Die Freude der Eltern besteht vielmehr darin, ihren Kindern wirklich Freude gemacht zu haben; daß im Gesamt des Lebensvollzuges Dankbarkeit dann eine entscheidende Rolle spielt, sei unbenommen. Aber die Dankbarkeit wird um so größer sein, je tiefer zunächst einmal die Freude am Geschenk erlebt wurde und gewachsen ist.

195 Vgl. hierzu *Müller*, Ekstase, 101-124.

nach mir' Gen 3,16 aufgreift und umwertet oder wenn die Bildreden vom Garten dem Paradies ähneln," schreibt bestätigend Frank-Lothar Hossfeld.[196]

In der Auslegung des Hohenliedes hat es sehr früh den Schwenk auf eine praktisch rein *allegorische Deutung* gegeben. Wahrscheinlich war diese Deutungsmöglichkeit sogar historisch eine Bedingung für die Aufnahme des Hohenliedes in den Kanon. Sie ist *die altjüdische, auch die altkirchliche Auslegung und hat auch in der Geschichte der Spiritualität wichtige Spuren hinterlassen.*[197] Neben der allegorischen mystischen Deutung gibt es eine kultisch mythische, die in den Liedern die Hochzeitfeier eines Geschwistergötterpaares zu entdecken vermeint.[198] In neuer Zeit weichen die allegorische und die kultisch mythische Deutung immer mehr der Einsicht, daß es sich hier ursprünglich einfach um eine *Sammlung von Liebesliedern profaner Art und Herkunft* handele. Der Zusammenhang mit unserm Thema könnte durch den Gedanken der von Gott bejahten Eigengesetzlichkeit geschöpflicher Wirklichkeit hergestellt werden. Auch wenn ich im einzelnen der exegetischen Diskussion nicht weiter nachgehen kann, möchte ich es nicht versäumen, auf einige zusammenfassende Feststellungen von Krinetzki hinzuweisen, der als „Botschaft" dieses Buches der Hl. Schrift, deren Entstehung in die späte Perserzeit (4. oder 5. vorchristliches Jahrhundert) verlegt wird, folgendes festhält:

„1. Die Liebe von Mann und Frau ist eine *übermächtige Kraft, die mit der Schöpfung gesetzt ist* und nicht durch menschliches Bemühen erworben werden kann." Er beruft sich auf die bekannte Stelle: „Auch mächtige Wasser können die Liebe nicht löschen; auch Ströme schwemmen sie nicht weg. Böte einer für die Liebe den ganzen Reichtum seines Hauses, nur verachten würde man ihn." (Hld 8,7)

---

[196] *Hossfeld*, Leib und Geschlechtlichkeit, 17; *Trible* fügt an ihre Interpretation von Gen 2 und 3 ein Kapitel über das Hohelied an: „Die Lyrik der Liebe wird zurückgewonnen". Sie bestimmt ihre Methode folgendermaßen: „Genesis 2-3 ist der hermeneutische Schlüssel, mit dem ich diesen Garten aufschließe."(Gott, 169); *Langemeyer* schreibt: „Was in der Genesiserzählung mit einigen Worten angedeutet ist, sprudelt in den Liedern des Hohenlieds nur so hervor und singt sich aus. Karl *Barth* beschreibt diese Fortführung des Entzückens Adams vor Eva im Hohenlied ... : ‚[...] Hier aber auch nur hier – und diese Ausnahme bestätigt doch geradezu die Regel – kommt Gen 2 zur Entfaltung, kommt es zum Vorschein, daß das Bild von Gen 2 nun doch nicht einfach zufällig und als Fremdkörper in das Alte Testament hereingekommen ist, ...'" (Mann und Frau, 60). Dies bestätigt auch *Thilo*, Norm, wenn er das Hohelied geradezu als einen Beweis für die positive Wertung der sinnlichen Freude in der Sexualität beibringt (69).

[197] Zur ersteren, der altjüdischen, bemerkt *Maier*, Zwischen den Testamenten, 130: „... in konsequenter Weise durchgeführt wurde diese Deutungsmöglichkeit (gemeinsam ist die Allegorese, d. Vf.) jedoch in Palästina nur am Hohenlied, das allein dank dieser Deutung zur ‚Heiligen Schrift' werden konnte." Für die weitere Entwicklung gilt: Hatte die Urkirche vorwiegend das Verhältnis zwischen Christus und seiner Kirche in den Bildern der Liebe abgebildet gesehen, so wurde es seit Bernhard von Clairvaux und seinen berühmten Hohelied-Predigten mehr und mehr als eine allegorische Deutung der individuellen Beziehung der einzelnen Seele zum Logos verstanden. Ein weiterer Höhepunkt dieser Entwicklung ist Johannes vom Kreuz.

[198] Von *Krinetzki* als nicht mehr haltbar bezeichnet: Hoheslied, 6f.

„2. Das Hohelied *plädiert für Partnerschaft, Gleichberechtigung und Personalität der Liebe und bindet sie an die absolute Ausschließlichkeit, Treue und Selbstbewahrung für den Partner.*“ Dies sind gewichtige Aussagen, die einen wesentlichen Teil der Sinnbestimmungen benennt, die wir bereits im Bereich philosophischer Phänomenologie erkennen konnten. Als Belege für Gleichberechtigung der Personalität führt Krinetzki die *Übereignungsformeln* an, die an zwei Stellen im Hohenlied vorkommen: „Meinem Geliebten gehöre ich, und mir gehört der Geliebte, der in den Lilien weidet.“ (Hld 6,3. Die Dublette findet sich 2,16). Die *Treueforderung* sieht Krinetzki in 8,6 belegt: „Legt mich wie einen Siegel auf dein Herz, wie ein Siegel an deinen Arm! Stark wie der Tod ist die Liebe, die Leidenschaft ist hart wie die Unterwelt. Ihre Gluten sind Feuergluten, gewaltige Flammen.“ Der Bereich der *Erotik im engeren Sinn* wird tangiert, wenn Krinetzki als drittes Moment der Botschaft des Hohen Liedes bezeichnet:

„3. Verherrlicht und offen, aber zugleich ehrfürchtig beschrieben wird die Schönheit vom Mädchen und Jüngling“; er weist hier auf die Beschreibungslieder hin, deren eines folgende Verse enthält: „Schön bist du, meine Freundin, ja, du bist schön [...] Rote Bänder sind deine Lippen; lieblich ist dein Mund [...] Deine Brüste sind wie zwei Kitzlein [...] Alles an dir ist schön, meine Freundin; kein Makel haftet an dir.“(4,1-7).

„4. Damit zusammen wird *der Liebesgenuß selbstverständlich befürwortet und zwar als etwas, das seinen Sinn in sich selber trägt*: als die den Liebenden gewährte Erfüllung in ihrer Beziehung.“[199] Davon zeugt praktisch das ganze Hohelied. Erich Zenger meint: Die theologische Bedeutung des Hohen Liedes dürfte „gerade darin bestehen, daß in ihm nicht direkt von Gott die Rede ist... *Und gerade indem nicht direkt von Gott geredet wird, wird die Güte Gottes sichtbar.*“[200] Es hat also einen guten Sinn, im Zusammenhang mit der gesamten theologischen Entwicklung des Alten Testamentes sich an die Weisung der Weisheitsbücher, neben dem Hohenlied auch an einen Kohelet zu halten: „Also: Iß freudig dein Brot, und trink vergnügt deinen Wein; ... mit einer Frau, die du liebst, genieß das Leben alle Tage deines Lebens voll Windhauch, die er dir unter der Sonne geschenkt hat...“ Koh 9,7-9.

Wenn wir wieder zurückkehren zum jahwistischen Schöpfungsbericht, dann sehen wir bestätigt, daß dort „in der sexuellen Vereinigung ein Element der Schöpfungsordnung“ gesehen wird, „im Verlust der Unbefangenheit dem Geschlechtlichen gegenüber dagegen eine Folge des Sündenfalles (Gen 2,24f.).“[201] Damit sind wir an die Schwelle zu den weiteren Überlegungen gelangt.

---

[199] *Krinetzki*, Hoheslied, 5 (für alle angeführten Zitate gilt: Hervorhebungen v. Vf.). Wäre diese Seite der Sexualität mehr herausgestellt worden, die ganz einfache, den Menschen zugedachte Lust und Freude, würden manche Stellungnahmen zur christlichen Auffassung der Geschlechltlichkeit anders ausfallen; vgl. *Dannecker*, Drama: „Da wären ... jene Versuche zu nennen, die nicht müde werden, Dämme gegen die Leidenschaft wiederzuerrichten, die bereits eingerissen waren. In diesen Umkreis gehört alle alle explizit christlich orientierte Sexualethik.“ (20; vgl. auch ebd., 37).

[200] *Zenger*, Leib, 61; Hervorhebung v. Vf.

[201] So *Richter*, Geschlechtlichkeit, 39.

3) Gen 3: Liebe im Verhängnis der Schuld

In der theologischen Interpretation von Gen 3 wird die *Erfahrung eines tiefgehenden Risses im Verhältnis von Mann und Frau* auf die Schuldverstrickung des Menschen zurückgeführt, *Gott bleibt jedoch der Garant aller menschlichen Gemeinschaft.* Dieser weitere Schritt der Deutung menschlicher Realität, den der Jahwist, der Autor der Paradiesesgeschichte tut, zeigt, daß er kein Utopist ist. Er weiß, daß die Menschen nicht mehr im Paradies leben. Es bleibt für ihn bestehen, daß der Mensch an den Höhepunkten seines Glücks erfahren kann, was Gott ihm eigentlich zugedacht hat. Aber der Mensch kann die Höhe dieses Glücks nicht halten; er nimmt seine eigenen Schwächen in die Verbindung mit, seine Vorstellungen von Über- und Unterordnung werden wirksam, sein Hang zur Konkurrenz, seine innere Unausgeglichenheit.

In der Genesis wird die *Erfahrung der Brüchigkeit menschlichen Liebesglückes auf die Schuld Gott gegenüber zurückgeführt.* Hossfeld weist eigens darauf hin, daß es sich hier *nicht etwa ausschließlich um die Schuld der Frau* handelt;[202] beide werden zur Verantwortung gerufen; dem Mann ist es nicht möglich, die Schuld abzuwälzen. Die Schuld, in der der Mensch in der Versuchung der Schlange unterlegen ist, hat nicht nur einen Schnitt zwischen Gott und Mensch gelegt; sie hat auch die Beziehung von Mann und Frau zueinander beeinträchtigt. Jene Achse, die eigentlich dem Menschen von Gott her Leben spenden sollte, ist in der Sünde brüchig geworden. Die Folge ist, daß sich da, wo das Leben am meisten und intensivsten er-lebt wird, Schwäche und Verfall zeigt.

Das erste, was die beiden voreinander nach der Sünde erfahren, ist die *Scham.* In ihr zeigt sich die erste Auswirkung der Schuld. Der Mensch erkennt, daß er innerlich schwach ist. Er schämt sich, weil der andere seine Schwäche mitansehen muß. Er ist nicht mehr der souveräne Herr seiner selbst. Er ist *darauf angewiesen, sich vor sich selbst und seiner inneren Zerbrechlichkeit zu schützen.* Es heißt im Text: „Da gingen beiden die Augen auf, und sie erkannten, daß sie nackt waren. Sie hefteten Feigenblätter zusammen und machten sich einen Schurz.“ (Gen 3,7) Wo der Mensch der inneren Souveränität verlustig gegangen ist, bedarf er des äußeren Schutzes, um sein Gesicht zu wahren.

Nachdem das Verhängnis hereingebrochen ist – immer wieder bricht es ein, wo Menschen versuchen, sich eine gemeinsame Beziehung aufzubauen – beginnen Mann und Frau sich *gegenseitig zu beschuldigen.* So wird der eine dem anderen zur Last. Bindung, die zur Erfüllung werden sollte, die höchste Verheißung für beide bedeutet, gerät in die Gefahr, in ein *bloßes Abhängigkeitsverhältnis* abzugleiten: „Du hast Verlangen nach deinem Mann; er aber wird über dich herrschen.“ (Gen 3,16b) Wir sahen schon, was hier zum Ausdruck kommt: *Die Über- und Unterordnung von Mann und Frau sieht der Jahwist nicht als etwas ursprünglich von Gott Gemeintes an.* Es

[202] *Hossfeld*, Leib und Geschlechtlichkeit, bes. 12-14.

wird hier herausgestellt, daß es sich als Folge eines Fehlverhaltens des Menschen ergibt. Unterdrückung, von welcher Seite immer, ist gegen die Würde des Menschen. Sie entspricht nicht dem, was ihm in seiner Ursprungsgestalt zugedacht worden war. Weiter kann man beobachten: *Was als Fülle des Segens zugedacht war, kann nunmehr nur unter Schmerzen angenommen werden.* In Gen 3,16a heißt es: „Zur Frau sprach er, viel Mühsal bereite ich dir, sooft du schwanger wirst. Unter Schmerzen gebierst du Kinder." Mit einem Wort: *Alle Sinnwerte der Geschlechtlichkeit sind durch Sünde gefährdet bzw. beeinträchtigt;* dies ist nicht nur eine Aussage über den Anfang – es sei noch einmal bewußt gemacht –, sondern eine Auslegung der menschlichen Erfahrung selbst im Zeichen des Glaubens. Immer wieder führt der Mensch selber die Mängel seiner eigenen Existenz durch sein Fehlverhalten herauf.

Trotz dieser grundlegenden Störung in allen menschlichen Bereichen, die das Zusammenleben von Mann und Frau betreffen, *bleibt* – auch inhaltliche – *Hoffnung jenseits von Eden:* Eva wird die *Mutter aller Lebendigen genannt* und *Gott selbst macht dem Menschen Kleider*, das heißt, er deckt ihre Schwäche, derer sie voreinander ansichtig geworden sind, zu. Auch wenn sie nicht mehr in der vertrauten Nähe des Gartens mit Gott leben können, er ist auch draußen in der Welt mit ihnen unterwegs. Auch wenn sie sich voreinander schämen müssen, er stellt sie nicht voreinander bloß. Er schützt den Menschen, daß er nicht gänzlich seiner Gebrochenheit verfällt. Er schenkt die Kraft zur Vergebung, die wechselseitige Beschuldigung immer wieder überwinden kann. Und er läßt sie *in dieser Situation, in der menschliches Leben nun unabweisbar auf den Tod zugeht, dennoch erfahren, was wir im Hohenlied lasen, daß Liebe mächtig ist wie der Tod* (vgl. Hld 8,6). Wenn auch unter erschwerten Bedingungen, so kann grundsätzlich noch gelebt werden, was Jesus in seiner Deutung später in dem Satz zusammenfaßt: „Was Gott verbunden hat, das darf der Mensch nicht trennen."(Mk 10,9) Wie Sünde gegen Gott die Beziehung von Mann und Frau aufs äußerste gefährdet, so ist umgekehrt *das Angebot neuer Versöhnung und Freundschaft in Gott zugleich eine Verheißung,* daß es in dieser Kraft des Vertrauens auch wieder möglich sein kann, in Treue zueinander zu stehen. So zeigt sich von Anfang an, daß Gott in der Überwindung des Bösen auch die Voraussetzung dafür schafft, daß menschliches Leben glücken kann.

Insgesamt erweist die Paradieses-Erzählung, *daß der Glaube die Möglichkeit gibt, die Sexualität auch in ihrer Ambivalenz,* in der sie erlebt wird, *zu interpretieren.* Allerdings zeigt sich hier auch wohl von allem Anfang an, daß die Schöpfungstheologie allein nicht ausreicht, um der realen Erfahrung des Menschen wirklich gerecht zu werden; was wir aus der Schöpfungstheologie entnahmen, war im Grunde genommen nur ein Element der Deutung; wenn es nicht idealistisch neben dem Leben herlaufen soll, muß es ergänzt werden durch dieses andere: Die nüchterne Erkenntnis der Ambivalenz sexueller Erfahrung ist ein Anruf an den Menschen, dem er aus eigener Kraft nicht voll gerecht werden kann. Im Verständnis des Jahwisten kann das Menschenpaar nur mit der Hilfe Jahwes seinen Weg machen, der die Menschen schützt; neutestamentlich entspricht solchem Schutz die Kraft der Vergebung, in der sich der Mensch auch dann angenommen wissen darf, wenn er den Anforderungen seines Lebens nicht entsprochen hat.

4) Die Eheordnung in den Bundessatzungen des Alten Testamentes

Sie „sicherte" unter den Bedingungen eines Lebens „jenseits von Eden" einen Freiraum für Sinnerfahrung in der Gemeinschaft von Mann und Frau und schloß schwerwiegendes Fehlverhalten aus dem Gemeinschaftsleben des Bundes aus.

In dem Augenblick, wo sich der Mensch von Gott abwendet, gerät sein Leben in einen Taumel; es wird ohne dessen Weisungen richtungslos und ziellos, so die Überzeugung des biblischen Glaubens. Aber Gott will nicht, daß der Mensch sich im Unglück verliere. *Daß menschliches Leben auch unter den eingeschränkten Bedingungen der Wirklichkeit gelingen kann, hängt von der Einhaltung bestimmter Weisungen ab, die Gott ihm gibt*; ohne sie kann der Mensch nicht zu wirklicher Sinnerfüllung kommen. Die Ordnungen des Bundes gehören zu jenen notwendigen Hilfen, die den Menschen instandsetzen sollten, in der Loyalität mit Gott zu leben und das zu erfahren, was ihm von Gott geschenkt werden soll.

Die Gesetzgebung des Alten Bundes enthält im Buch Deuteronomium folgende *überraschende Bestimmung:* „Wenn ein Mann neu vermählt ist, muß er nicht mit dem Heer ausrücken. Man soll auch keine andere Leistung von ihm verlangen. Ein Jahr lang darf er frei von Verpflichtungen zu Hause bleiben und die Frau, die er geheiratet hat, erfreuen." (Dtn 24,5)[203] Das klingt fast wie ein Märchen aus vergangenen goldenen Zeiten. Der Gesetzgeber des Volkes kümmert sich um das Glück der Jungvermählten! Die Gesellschaft sieht eigens einen Raum dafür vor. Wie immer auch diese Bestimmung verwirklicht worden sein mag, heute erlebt und empfindet man genau gegenteilig: Viele sagen, man muß sich den Raum privaten persönlichen Glücks förmlich stehlen, man muß sich den Institutionen und anderen Forderungen der anonymen Großgesellschaft, die wie mit Polypenarmen nach einem greifen, entziehen, um den Raum seines persönlichen Glücks sichern zu können. Es ist hier also ein *ganz anderes Grundverhältnis der übergeordneten Gesellschaft zum Leben des einzelnen* sichtbar, als man es gewohnt ist, zu sehen. Heute ist in der Tat die Vorstellung von der Ehe so weit privatisiert, daß wir gar nicht mehr merken, daß dieses Leitbild privatisierter Ehe im Grunde genommen ein gesellschaftlich vermitteltes ist. Dieses Leitbild bedingt aber, daß das einzelne Paar bald in viel höherem Maße auf sich selbst zurückgeworfen ist in seiner Entscheidung füreinander, als das jemals früher der Fall gewesen ist. Das macht eine Belastung für die wechselseitige Beziehung aus. Der Kontrast kann kaum größer sein: heutzutage die Häufung der Trauungen am Freitag; so wird es möglich, unter Umständen am Montag

---

[203] Diese Bestimmung findet sich nur im Deuteronomium; vgl. *Braulik*, Deuteronomium II, 177f.

schon wieder zu arbeiten, man verliert keine Arbeitszeit. Wir schwimmen zwar in einer Konsumgüterwelt, sind in dem Verhältnis zu den Völkern des alten Orients, aus deren Literatur diese Texte stammen, unglaublich reich, aber *das* wäre nicht zu bezahlen: ein volles Jahr bezahlter Hochzeitsurlaub!

Diese Konfrontation wirft Fragen auf, wer versteht eigentlich, besser sein Leben einzurichten? Hier wird ernst genommen, was unser Wort erahnen läßt, das *Hoch*zeit mit einmaligen Höhepunkten des Lebens zu tun hat. Eine Gesellschaftsordnung wird daraufhin entworfen, daß solche Höhepunkte auch entsprechend erfahren und erlebt werden können. Dabei dürften die Hochzeitsfeiern selbst Höhepunkte der Sinnvermittlung gewesen sein. Das amerikanische Theologenteam schreibt von der Freude in der Begegnung von Mann und Frau: „Menschlicher geschlechtlicher Ausdruck soll ohne Schuldgefühle und Gewissensbisse zu voller Freude führen. Er sollte die leidenschaftliche Feier des Lebens reflektieren, welches es hervorruft.“[204] Man kann sich des Gefühls nicht erwehren – bei allen Mißhelligkeiten, die es sonst in den damaligen Gesellschaften gab – , daß eine Gesellschaft insofern glücklicher dran war, die es sich leisten konnte, im Glück von Jungvermählten die Darstellung ihres eigenen Lebenssinnes zu entdecken und zu feiern.[205]

Auf einen Gesichtspunkt, der sich in diesem Text zeigt, sei noch hingewiesen: Die Aufforderung an den Jungvermählten weist der Frau eine besondere Stellung zu. Es gilt, einen Raum zu schaffen, daß er sie erfreue. Wir haben hier eines der „highlights“ innerhalb einer patriarchalen Welt vor uns, die zeigen, daß die Möglichkeit nicht völlig abgestorben war, die Beziehung von Mann und Frau anders zu sehen als unter den Gesichtspunkten der Verfügung des Mannes oder der Familie über die Frau.

Natürlich ist die genannte Stelle – ganz abgesehen davon, daß sie allein auf weiter Flur doch nur so etwas bleibt wie ein Tropfen auf den heißen Stein in einer ansonsten anders mit der Geschlechterbeziehung umgehenden Welt, – nicht die einzige im Gesetzbuch des Alten Testamentes, die das Verhalten von Mann und Frau ins Auge faßt. Dtn 22,13-21 enthält *Paragraphen über den Schutz der Frau*, der der Mann die Ehe versprochen hat, sie später aber ablehnt. Radikal wird der *Ehebruch unter Strafe* gestellt; Dtn 22,22 lautet: „Wenn ein Mann dabei ertappt wird, wie er bei einer verheirateten Frau liegt, dann sollen beide sterben, der Mann, der bei der Frau gelegen hat, und die Frau. Du sollst das Böse aus Israel wegschaffen.“ Die Strenge, mit der die Integrität der Ehe durch das Gesetz gewahrt wurde, zeigt vom Negativen her noch einmal deutlich, um was es letztlich geht, um das Leben, das Gott gewährt.

---

[204] *The Catholic Society of America*, Human Sexuality, 115.

[205] Wenn wir uns offenbar auf eine Welt mit mehr Freizeit vorbereiten müssen, wäre doch die Frage zu stellen, ob diese zukünftige Welt nicht nur einfach freie Zeiträume, sondern freie Räume der Sinnerfahrung ermöglichen müßte? Müßten wir nicht auf Distanz gehen und nachdenken, wohin unser Schiff eigentlich steuert? Es ist zu hoffen, daß solches Nachdenken in der Diskussion um die Um- und Nachweltproblematik unausweichlich wird und so Frucht trägt für sonstige grundsätzliche Überlegungen.

Hinter diesem Gesetz steht die Rechtsauffassung, daß *der Mann Eigentümer der Frau* ist; dieses Eigentumsgut wird durch die Gesetzesbestimmung geschützt. Dem entspricht auch, daß der Mann in der Regel an den Brautvater ein *Heiratsgeld* zu zahlen hat (vgl. Ex 22,16, Gen 34,12). Mit der Erstattung des Heiratsgeldes, so Wolff in seiner Anthropologie des Alten Testamentes, „ist die ‚Verlobung' besiegelt und der Rechtsanspruch des Bräutigams in Kraft. ... Deutlich von der ‚Verlobung' unterschieden ist der nächste Akt der ‚Heirat', die Heimführung..., das ‚Nehmen' ..., auch ‚in-Besitz-nehmen' der Frau ...; von Seiten der Frau heißt heiraten ‚dem Manne zuteil werden' oder ‚ihm zur Frau werden'."[206] Daß diese Sicht der Beziehung nicht die einzige war, zeigt sich an den Stellen, die wir bereits bedacht haben. Aber die rechtliche Grundlage der Ordnung des Geschlechtslebens ist die des Partriarchats, und es ist fast ein Wunder zu nennen, daß innerhalb des Partriarchats solche Texte weiter überliefert wurden, wie wir sie gesehen haben.

Unter den Vorbedingungen einer solchen Gesellschaftsordnung und einer solchen Rollenzuweisung von Mann und Frau *bleibt die Aufgabe gesetzlicher Regelungen eine Art Absicherung für das Gelingen menschlicher Lebensmöglichkeiten.* Nachdem die Geschichte menschlicher Liebesbeziehung von Anfang an auch durch die Schwäche der Menschen gekennzeichnet ist, wie wir gesehen haben, bedarf sie um ihrer selbst willen der Absicherung durch Normen, die den Raum ihrer Freiheit umgrenzen. Die *Gesetzgebung Jahwes* gehört zu jenen Aktivitäten Gottes, der in der Vermittlung der Thora *nicht die Freiheit des Menschen einschränken, sondern sie sichern will.* So gehört das 6. Gebot: „Du sollst nicht die Ehe brechen" (Ex 20,14), das hier einschlägig ist, in jenen *Dekalog*, der die Magna Charta des Bundesgottes ist, der sein Volk in die Freiheit geführt hat. „Ich bin Jahwe, dein Gott, der dich aus Ägypten geführt hat, aus dem Sklavenhaus." (Ex 20,2) Gerade der Zusammenhang des Dekalog selbst mit dem Bundesgeschehen macht sichtbar, daß der eigentliche Grundwert, der alles ethische Verhalten des Menschen im Tiefsten motiviert, seine Beziehung zu Gott ist. Auf dessen Güte ist Verlaß, man kann sich ihr anvertrauen. *Ausdruck eben dieses Vertrauens ist das Sich-Einlassen auf seine Weisung.* Diese umgreift alle zentralen Lebensbereiche des menschlichen Erlebens, nicht zuletzt die Beziehung von Mann und Frau. Auch sie wird geläutert durch das Bewußtsein der Verantwortung vor Gott.

Überdies gibt es innerhalb der alttestamentlichen Entwicklung gewisse *Verschiebungen in Richtung auf eine stärkere Personalisierung der Beziehung von Mann und Frau* – zumindest erwecken die beiden unterschiedlichen Fassungen des entsprechenden Dekaloggebotes diesen Eindruck. Das 9. u. 10. Gebot lautet im Ex 20,17: „Du sollst nicht nach dem Haus deines Nächsten verlangen. Du sollst nicht nach der Frau deines Nächsten verlangen, nach seinem Sklaven oder seiner Sklavin, seinem Rind oder seinem Esel oder nach irgend etwas, das deinem Nächsten gehört." Im Vergleich da-

[206] *Wolff*, Anthropologie, 244f.

zu wird in der Deuteronomiumfassung des selben Gebotes folgendes am Anfang bestimmt: „Du sollst nicht nach der Frau deines Nächsten verlangen, und du sollst nicht das Haus deines Nächsten begehren, nicht sein Feld, seinen Sklaven usw.“ (Dtn 5,21) *In der letzteren Fassung ist die Frau dem Besitz des Mannes vorgeordnet.* Sie wird schon in der Exodusfassung nicht einfach gleichgesetzt mit der Sklavin, die der Mann in seinem Gesinde hält.[207]

Das 6. Gebot in der Dekalogreihe *hat für Mann und Frau verschiedene Bedeutung*. Das hängt eben damit zusammen, daß zu dieser Zeit doch das Verhältnis unter den Kategorien des Eigentumsverhältnisses gefaßt wurde; so konnte der Mann in die Ehe eines anderen einbrechen und dadurch Ehebruch begehen; der Gang zur Dirne war aber nicht Bruch der Ehe, weil der Mann nicht das Eigentum von irgend jemand anderem antastete. Ganz anders bei der Frau. Für sie galt jeder außereheliche Geschlechtsverkehr als Ehebruch. Es liegt also de facto in dem Inhalt der Normen, die hier zum Ausdruck gebracht sind, so etwas wie eine doppelte Moral zwischen Mann und Frau vor.

Auch wenn man feststellen kann, daß diese unterschiedliche Sicht von Mann und Frau sich später geändert hat, so bleibt diese erste Feststellung doch einmal wichtig, um festzuhalten, *daß man nicht ungeschützt*, wie es manche Theologen in der heutigen Diskussion tun, *von geoffenbarten sittlichen Normen sprechen kann*. Welcher Inhalt ist und soll dann geoffenbart sein, wenn es schon manchen Autoren darauf ankommt, die Norm selbst als eine strikte unversalisierbare Verhaltensnorm zu verstehen, die als solche geoffenbart werden könnte.[208] Hier wird der Unterschied zwischen der Offenbarung eines Mysteriums, das sich im Zusammenhang mit der Selbstmitteilung Gottes an den Menschen nur in analogen Begriffen fassen läßt, und der Festlegung eines sittlichen Gebotes, das durchaus nicht Hinweis auf ein grundsätzlich unverstehbares Geheimnis ist, nicht beachtet.

Zum Gesetzescodex des Alten Testamentes gehören auch die *kultischen Bestimmungen*, in denen wir darauf stoßen, daß die Sexualität – vermutlich aus unterschiedlichen Gründen – als etwas angesehen wurde, was kultisch unrein machte. Anweisungen im Buch Levitikus weisen darauf hin. Es

[207] Die Meinung der Exegeten ist hier nicht einhellig: *Scharbert*, Exodus, macht rein formale Gründe (Erhaltung der Zehnzahl der Gebote in der einen Dekalogfassung, in der das Bilderverbot zum ersten Gebot gezogen worden war) für die Umstellung geltend (86); *Schmidt*, Zehn Gebote, nennt inhaltliche Gründe, denen ich mich angeschlossen habe (131-141); anders dagegen *Schreiner*, Zehn Gebote, 96-101.

[208] *Caffarra*, Magistero, bes. 9 und 17. Neuerdings macht Veritatis splendor unter Berufung auf den Römischen Katechismus (KKK Nr 2070) darauf aufmerksam, daß die „Zehn Gebote Teil der Offenbarung Gottes“ sind (Nr. 13). Das ist unbestritten; die Frage ist nur, ob über den im Zusammenhang mit dem Bundesschluß stehenden Dekalog, der selber Teil dieses Bundes ist und insofern Ausdruck des sich mitteilenden und so offenbarenden Gottes ist, und insofern er dieses ist, hinaus die einzelnen Gebots- und Verbotssätze als geoffenbart gelten können (so die Tendenz der Auslegung Caffarras); das würde in die Gefahr eines Offenbarungspositivismus führen und uns doch mit den gestellten Fragen nach dem überzeitlichen Sinn dieser Gebote allein lassen.

wird geschlechtliche Askese im Zusammenhang mit Kult gefordert. Neben strengen Inzestregeln finden sich hier auch *Bestimmungen über Reinheit und Unreinheit*, die jeweils *den Bezug zum Kult* beschreiben. Lev 15,16: „Hat ein Mann Samenerguß, soll er seinen ganzen Körper in Wasser baden und ist unrein bis zum Abend." 15,19: „Hat eine Frau Blutfluß und ist solches Blut an ihrem Körper, soll sie sieben Tage lang in der Unreinheit ihrer Regel verbleiben. Wer sie berührt, ist unrein bis zum Abend." Verbindung von Sexualität und Kult war ubiquitär im vorderen Orient, während Israel das eine streng vom anderen schied. Es ist keine Frage, daß hier manches geregelt wird, was für uns fremd wirkt und für eine angemessene Sinnorientierung kaum mehr von Bedeutung ist. Es hat aber in der Geschichte der christlichen Sicht der Sexualität nachhaltige Folgen gehabt.

Abschließend möchte ich darauf hinweisen, daß dieser Abschnitt über die Lebensordnung, in dem schon viel von Normen die Rede war, deswegen in die Überlegungen aufgenommen wurde, weil die Weisung Jahwes für den Glauben des Alten Testamentes ein Heilsgut war, von dem man auch gesagt haben könnte, daß es seinen Sinn in sich selber trug. Das gesamte Gesetz steht unter diesem Vorzeichen einer Weisung zum Heil. Ein angemessenes theologisches Verständnis von Normen wird dieses immer mit berücksichtigen.

5) Der zentrale Sinnwert in der Geschlechterbeziehung: Der Segen der Nachkommenschaft

Entscheidendes Stichwort für das Verständnis der Fruchtbarkeit ist für den Glauben des Alten Testaments der von Gott zugedachte *Segen* (Gen 1,28). Die Sinnorientierung der Sexualität auf Zeugung hin ist damals schlechthin *vorherrschend*. Die Anordnung dieses Abschnittes in der Reihenfolge folgt dem Grundsatz des last but not least. „Die Zuordnung von Mann und Frau hat sicher nicht nur aber doch zu einem wesentlichen Teil ihren Sinn darin, Kinder zu zeugen. Nach der Priesterschrift kann die Menschheit ihre Kulturaufgabe auf der Erde nur wahrnehmen, wenn sie sich vermehrt. Nach dem Jahwisten geht die Zusage an Abraham, daß er zum großen Volk wird, der Zielsetzung voran, daß in ihm alle Sippen der Erde Segen finden", faßt Hans Walter Wolff zusammen.[209] Immer steht Zeugung unter dem Vorzeichen des Segens Gottes. Die Volkwerdung Israels hängt an dem Segen, der den Vätern verheißen wurde; dieser besteht in der Zusage zahlreicher Nachkommenschaft.[210]

---

[209] *Wolff*, Anthropologie, 259.

[210] Die Frage ist, *ob der Mensch heute noch eine Deutung aus dem Glauben akzeptieren kann*, die in solcher Redeweise auf ihn zukommt. Die Situation sieht anders aus – die Sprache, die sich auf diese Realität bezieht, beweist dies; sie ist auch verräterisch im Blick auf das, was sich im Verständnis von Zeugung verändert hat. Längst sind andere Formulierungen an die Stelle des altehrwürdigen „Kindersegens" getreten. Abgesehen von den trivialen Ausdrucksformen wie „sich ein Kind anschaffen, Kinder machen" oder auch „ihr eins anhängen", müßten doch auch Ausdrücke „wir planen dann und dann ein Kind" oder „es sollte nur Wunschkinder geben", kritisch beleuchtet werden. Kann das perfekt Geplante

Der wichtigste Text zu dieser Frage findet sich in Gen 1,28: „Gott segnete sie und Gott sprach zu ihnen: Seid fruchtbar, und vermehrt euch, bevölkert die Erde, unterwerft sie euch und herrscht über die Fische des Meeres, über die Vögel des Himmels und über alle Tiere, die sich auf dem Land regen." Norbert Lohfink hat darauf aufmerksam gemacht, daß hier *keineswegs eine schrankenlose Vermehrung* mit dem Segen verbunden gesehen werden dürfte;[211] es heißt ja, „mehret euch und füllet die Erde." Damit ist der Rahmen gesetzt, der aller Fruchtbarkeit vorgegeben ist. Überdies ist zu sehen, daß es sich in diesem Spruch keineswegs um ein moralisches Gebot handelt, sondern ein Segensspruch zum Ausdruck gebracht wird und eine Aufforderung, die sich aus diesem Segensspruch ergibt. Sie *geht hervor aus dem unableitbaren Geheimnis seiner Liebeszuwendung*, die den Menschen andere Menschen anvertrauen will, die aus ihnen hervorgehen sollen als Frucht ihrer Liebe.

Welches sind die Chancen des Glaubens angesichts dessen, was in Zeugung und Geburt geschieht? Hier kommt es auch auf Nuancen der Formulierung an; es hat sich eingebürgert, davon zu sprechen, *daß der Mensch hier am Schöpfungswerk Gottes teilhabe*;[212] das ist eine bleibende Möglichkeit. Wohl kann man sich fragen, ob eine gewisse Zurückhaltung hier angebracht wäre, um nicht zu sehr die Ebenen zu verwechseln und dabei der realen Erfahrung von Paaren in diesem Zusammenhang nicht gerecht zu werden. Das erschaffende Handeln Gottes *trägt auch das Zueinander von Mann und Frau*. Dieses ist insgesamt unterfangen vom Grundgeheimnis der Liebeszuwendung des erschaffenden und schöpferischen Gottes. *Daran*, als etwas spezifisch Göttlichem, *kann kein Mensch mitwirken*. Der Mensch ist Gott gegenüber ganz und gar der Empfangende, der hoffen und erwarten muß. In der Offenheit des Glaubens müßte man bereit sein zu akzeptieren, daß vieles im Entstehen eines Menschen geschieht, was gerade nicht adäquat planbar machbar oder kreativ gestaltbar ist. Man denke nur an die Bestimmung des

---

noch zugleich unableitbares, unverfügbares Geschenk sein? Wenn es *ganz* das Ergebnis unserer Planung wäre, könnte es *kaum mehr das geheimnisvolle Geschenk sein*, das jedes Kind wirklich ist. Sogar beim *Ausdruck Geschenk* müßte man noch vorsichtig sein, weil allzusehr der Übergang in das eigene Eigentum ausgedrückt zu sein scheint; das gilt auch von der üblichen Rede vom *Wunschkind*; hier könnte schon der Ansatz falsch sein; allzuleicht assoziieren wir „wir wünschen *uns*", „ich wünsche *mir*" und würden darin im Blick auf das anvertraute unableitbare Leben leicht zu kurz schießen. Daß diese Bedenken nicht ganz aus der Luft gegriffen sind, zeigt sich auch in dem hier und da von Frauen geäußerten Wunsch, ein Kind allein zu haben, es allein zu erziehen, ohne zugleich die Belastungen einer Ehe auf sich zu nehmen. Hier wird der Kindeswunsch zu einem Ausdruck des Egoismus. Umgekehrt darf man selbstverständlich den Kindeswunsch nicht perhorreszieren oder von vornherein verdächtigen. Eltern, die sich nicht mehr auf Kinder freuen können und die dann tatsächlich am Kind keine Freude haben, sind schlechte Eltern. Das Kind bedeutet immer auch Erfüllung für die Eltern selbst; wird sie gar nicht erwartet, dann sollten sie vielleicht lieber davon Abstand nehmen.

[211] *Lohfink*, Wachstum.

[212] Insbesondere hat *Johannes Paul II.* diesen Gedanken variiert; vgl. z.B. die Nr. 28 von Familiaris consortio, die in der deutschen Ausgabe überschrieben ist: „Mitarbeiter des liebenden Schöpfergottes"; in: Papst *Johannes Paul II.*, Dem Leben in Liebe dienen, 57.

Geschlechts und die Weitergabe des Erbgutes. *Im Maß seiner Verantwortung hat der Mensch natürlich die Aufgabe, verantwortlich zu handeln, auch die Zahl seiner Kinder verantwortlich mitzubestimmen;* aber in Richtung auf das Positive, im Blick auf den Menschen, der da entsteht, haben Vater und Mutter kaum direkt gestaltende Einflußmöglichkeit, wenn man von ihren späteren Erziehungsbemühungen einmal absieht. In der Tat ist bei sehr vielen Paaren heute das Problembewußtsein gewachsen; die Möglichkeit von Erbschäden und Probleme der Schwangerschaft werden diskutiert; viele Frauen sind sich ihrer selbst und ihrer Kinder gar nicht so sicher und können es nicht sein, wie die Rede von der Mitwirkung an Gottes Schöpfung nahelegen könnte.

Wir stehen vor einer ambivalenten Situation, was die Stellung der Menschen zum Kind angeht. Vielleicht ist noch in keinem Jahrhundert davon so viel die Rede gewesen wie in unserem. Das mag einerseits Zeichen einer verbreiteten Verunsicherung sein. Hiobsbotschaften von Mißbrauch und Gewalt verdunkeln das Bild. Auf der anderen Seite scheint die Freude am Kind zu wachsen, und damit auch die Chance, den Sinn des urtümlichen Wortes vom Segen neu zu verstehen, gleichgültig in welcher Terminologie man das nun zum Ausdruck bringt. Aber es ist eben für eine spirituelle Durchdringung solcher tiefgreifenden Vorgänge des Lebens nicht gleichgültig, wie man an die Wirklichkeit herangeht, welchen Deutungsansatz man wählt. Der Gedanke der Teilhabe am Schöpfungswerk Gottes ist sicher ein möglicher Gedanke; aber er sollte eben den anderen, mehr von Empfänglichkeit bestimmten Aspekt nicht überdecken. Die Bibel bevorzugt den letzteren Akzent. Mir will scheinen, er würde auch eher der realen Erfahrung der Paare entsprechen. Die „mittlere Maxime" würde hier lauten: *Die Haltung annehmenden Hoffens sollte prägend sein.*

Im Alten Testament stand diese Sinngebung der Sexualität im gesamten Lebensgefühl der Menschen so sehr im Vordergrund, daß *Kinderlosigkeit* für eine Frau *als schweres Leid galt*; für viele ist es das heute auch noch. Die Geschichte der Hanna im 1. Kapitel des Samuelbuches zeigt das, wo es am Anfang heißt: „Hanna war verzweifelt, betete zum Herrn und weinte sehr." (1 Sam 1,10) Dieselbe Erzählung zeigt aber auch, wie tief die persönliche Beziehung von Mann und Frau in Kontrapunktik dazu erfahren werden konnte, wenn ihr Mann Elkana sie fragen konnte: „Hanna, warum weinst du? warum ißt du nichts, warum ist dein Herz so betrübt? Bin ich dir nicht viel mehr wert als zehn Söhne?" (1 Sam 1,8)

6) Die Verbindung von Mann und Frau als Sakrament

Im *Neuen Testament wird der heiligende Charakter der Ehe erkannt,* ein Grund, die Ehe als *Sakrament* zu sehen, als wirksames Zeichen der liebenden Zuwendung Gottes und der Ausrichtung auf endgültige Vollendung (Eph 5,21-33; 2 Kor 1,19-21; Offb 21,2).

In der Darstellung der Synoptiker nimmt *Jesus* in seiner Lehre die alttestamentliche Deutung der Beziehung von Mann und Frau in der Schöpfungstheologie auf, vertieft sie und stellt damit die zeitgenössische Diskussion über das Scheidungsrecht auf eine neue Grundlage (Mk 10,2-12 parr).[213] Er zitiert in Kombination den ursprünglichen Willen des Schöpfers, den er ausgedrückt sieht in Gen 1,26 f. und 2,21-24. In seiner *Lehre* findet sich also über das hinaus, was im Alten Testament grundgelegt war, kein entscheidend neuer Inhalt in der Sinngebung.

Durch das aber, was er in seinem Heilswerk für die Menschen *getan* hat, so sagt unser Glaube, ist der Mensch erlöst worden; dadurch ist ihm ein neuer Zugang zu seinem eigenen Wesen und zu Gott erschlossen. *Die brüchig gewordene Liebe der Menschen wird durch die Liebe Gottes geheilt.* Wie tief die Erlösung in das Geheimnis menschlicher Lebenswirklichkeit eindringt, zeigt sich darin, daß die Ehe Sakrament ist. Was will das sagen? Ich versuche einen Zugang zur Erschließung der Spiritualität des Sakramentes, der von jenem entscheidenden Schritt ausgeht, in dem Mann und Frau vor Gott und den Menschen eins werden. Wir sagen, sie geben sich vor Gott das Ja-Wort.[214] Im zweiten Korintherbrief bezeichnet Paulus Jesus Christus selbst als das lebendige Jawort des Vaters. In 2 Kor 1,19 c heißt es: „Nai en auto gegonen“. Die Interlinearübersetzung von Jeremias sagt: „(das) Ja in ihm ist geschehen (= verwirklicht)“. Die Einheitsübersetzung hat entsprechend: „In ihm ist das Ja verwirklicht“. Paulus deutet das so, daß in Jesus alles das erfüllt wird, was Gott verheißen hat. In ihm löst Gott seine Versprechungen ein. *In Jesus Christus verbindet sich Gott also mit den Menschen in endgültiger unverbrüchlicher Bejahung* – denn dieses ist präzise der Inhalt der Verheißungen. Der von ihm gestiftete Neue Bund ist nunmehr unaufhebbar; es ist getragen von der endgültigen Treue Gottes. Dieses Jawort wird nie mehr zurückgenommen, es hat sich in der Auferstehung Jesu endgültig bestätigt. In ihm ereignet sich die radikalst vorstellbare Annahme der Menschen durch Gott.

Dieses Jawort in Jesus Christus *soll unter den Menschen weiterwirken.* Die Eltern sollen ihre Kinder annehmen, sie sollen einander annehmen. *In der Ehe verdichtet sich Bejahung unter Menschen in einmaliger Weise*; nirgendwo kommt wechselseitige Annahme so radikal, so unbedingt und total zum Ausdruck wie hier. Wenn wir sagen, Ehe ist Sakrament, sagen wir eigentlich nur, daß *das Jawort der beiden zueinander Nachvollzug jener größeren Liebe ist, in der Gott den Menschen in Jesus Christus ein für allemal angenommen hat.* Die Liebe Christi wirkt im Jawort, das sich Mann und Frau einander geben, weiter.

---

[213] Die speziellere Frage der Unauflöslichkeit der Ehe wird noch eigens zu behandeln sein.

[214] *Wannenwetsch* macht darauf aufmerksam, daß es sich hier um „performatives“ Sprechen handelt, ein Sprechen, daß zugleich ein Wirken ist: „Es gibt Dinge, die gar nicht anders *getan* werden können als eben ‚with words‘.“ (Freiheit, 184 mit Anm. 193). *Baumann* sagt entsprechend: „In *Wort und Zeichen*, so kann man sagen, kommen Jesu Christi Wirken und das Tun der Brautleute (im wechselseitigen Ja-Wort, in der Übergabe des Ringes, in der symbolischen Ineinanderfügung der Hände) zusammen. Die Bedingtheit menschlicher Entscheidung ist so im Wirken Jesu Christi aufgehoben und geborgen.“ (Sakrament, 389).

Um die Dimensionen der Bedeutung der Sakramentalität von hierher zu entwickeln, ist an *die Verwirklichungsformen dieses Ja zu denken, in dem sich alle Verheißungen Gottes erfüllen*; sie sind so weit wie die Heilsgeschichte reicht. Der Vergleich beginnt mit einer fundamentalen *Unähnlichkeit*: In jedem zwischen Mann und Frau gesprochenen Jawort der Annahme reagiert der Mensch bereits auf das unfaßbare Geschenk, das in diesem anderen Menschen auf ihn zukommt. Selbst wenn die Vorteile der Verbindung sehr greifbar und manchmal trivial sind, immer wird es Gründe geben, den eins zum andern Ja sagen läßt. Das Jawort Gottes in Jesus Christus *macht* allererst die Menschen für Gott liebenswert, und zwar so, daß er sie befähigt, ihm zu antworten. Gott erschafft sich das Gegenüber und schafft es sich neu, indem er im Zuspruch seiner Bejahung Liebe unter Menschen, unter Mann und Frau ermöglicht und fördert.

In ganz abgewandelter *analoger Form ist es auch in der Beziehung von Menschen so*; es stimmt, was ein alter Schlager gewußt hat: Eine Frau wird erst schön durch die Liebe. *Menschen verändern sich innerhalb der Erfahrung einer solchen Annahme*, eines solchen Bejahtseins. Sie werden durch diese Erfahrung selber liebenswerter. Der Glaube sagt nun, daß in solcher Erfahrung etwas nachklingt von jener Dynamik, die von der Schöpfung an in der Liebe zwischen Mann und Frau wirksam ist, die aber gerade durch das heilschaffende Wirken Jesu Christi auf eine neue Basis gestellt ist. Dieses heilschaffende Wirken, *diese heilschaffende Bejahung Jesu Christi hebt nicht etwa die Eigengesetzlichkeit des Beziehungsfeldes von Mann und Frau auf*; sie bestätigt vielmehr die eigentliche Humanität, die darin liegt, und trägt sie.[215]

Wie wir wissen und in den Deutungen des Jahwisten schon vorfanden, ist diese Humanität gefährdet; sie kann korrumpieren, ist möglichem Verfall ausgesetzt. Dem entspricht, daß das Handeln Gottes in Jesus Christus, daß dieses Ja-Wort erlösend und befreiend wirkt. Befreiung zu sich selbst ist gerade dadurch ermöglicht, daß sich der einzelne auch in seiner Fehlbarkeit neu bejaht findet und in der Bejahung des anderen diesen selber zu sich kommen läßt.

Dieses Jawort, von dem der Korintherbrief spricht, ist geworden; es *hat eine Geschichte*. Sie läßt sich am Leben Jesu selber ablesen – und daran ist zu sehen, welche existenzielle Bedeutung diesem Jawort konkret in der Geschichte von Menschen zukommen kann. In Jesus Christus ist die Liebe Gottes zum Menschen in die zeitliche Abfolge und das Auf und Ab mensch-

---

[215] Wir stießen schon auf den Begriff der „Verweltlichung“, wie er von *Metz* entwickelt worden ist (s. o. 2.2.1. b) 2)); er hat diesen Prozeß der Verweltlichung am selben Schriftwort bei Paulus festgemacht (Vgl. Welt, 17-28, bes. 18) und sodann in dieser bestätigenden Wirksamkeit des Jawortes noch einmal vertieft gesehen, Inkarnation sozusagen als Bestätigung und Erhöhung des in der Schöpfung Angelegten, was nun im sakramentalen Vollzug realisiert wird. Von der Vermittlung des Heils in der Begegnung von Mann und Frau spricht *Rotter*, Sexualität, 13f. *Koch* beschreibt die existentiellen Konsequenzen aus der Tatsache, daß das „schöpferisch-sakramentale Geschehen der Ehe ... Handeln Gottes im freien Handeln von Menschen ist.“ (Ehe, 69-73).

licher Existenz hineinbuchstabiert worden. Sie bedeutet Partizipation an Freud und Leid der Menschen, Solidarität bis zum äußersten, ein Miteinandergehen durch dick und dünn, ein Aushalten bis in den Tod, eine Solidarität, die auch in der Lage ist, über die Schuld des anderen hinwegzusehen. Hier kann die Realität der gemeinsamen Geschichte von Mann und Frau vorgebildet und ermöglicht gesehen werden, und zwar in diesem im voraus realisierten, ein für allemal gesprochenen und gewordenen Jawort Jesu Christi in der Geschichte. Dietmar Mieth fragt in einem Aufsatz nach ‚Orten' der Erfahrung sakramentaler Dimension in der Ehe. Er sagt: „Ein ...'Ort' der Erfahrung ist, daß Scheitern anders gesehen werden kann, anders erlebt wird und andere Handlungsmöglichkeiten freisetzt, wenn dieses Scheitern unter die im Sakrament verbürgte Solidarität des Kreuzes gestellt wird."[216] Mit Recht wehrt er sich gegen eine falsche Anwendung des Begriffes vom Kreuz und stellt heraus, daß das Spezifikum der Liebe Jesu Christi gerade darin besteht, mit den Scheiternden und Leidenden solidarisch zu werden.

„Wenn das Kreuz nicht mehr der befreiende Zuspruch der Erlösung ist, sondern das Einverständnis mit der Unterdrückung in unerträglichen Lebensverhältnissen abverlangt, dann wird spirituell, auch im Zeichen des Sakramentes der Ehe, falsch vom Kreuz gesprochen. Hier ist durchaus ein Ort der Erfahrung: Wenn im Mißlingen einer Beziehung, im Mißverständnis der Kommunikation, in der Fremdheit der beiden beieinander Beheimateten, in der Aggressivität des ehelichen Alltags, ... eine Möglichkeit der inneren Umkehr erfolgt, in der etwas davon sichtbar wird, daß der Mensch, als unter dem Kreuz Angenommener, nicht allein steht, sondern Anteil gewinnt an dieser erlösenden Kraft der befreienden Solidarität Gottes."[217]

Wenn – wie gesagt – das Jawort Jesu in die Geschichte hineinbuchstabiert ist, dann entspricht dieser Tatsache, daß die *Weggemeinschaft der Eheleute selbst*, die nur in einer immer wieder wiederholten Entscheidung füreinander die Entschiedenheit des Ja füreinander vertiefen kann, *Ort der Erfahrung des Sakramentes* ist. Mieth stellt hier fest, daß es in diesem Zusammenhang eine *Wiedergeburt des Eros aus dem Ethos* geben könne. Er schreibt:

„Die humanwissenschaftliche Analyse von Beziehungsproblemen weiß oft nicht darum, daß der Eros nicht nur auf sich selber und seinen ‚Restbeständen' durch eine Kultur der erotischen Sublimierung wiedergeboren werden kann, sondern daß der Eros aus der Entscheidung wiedererweckt werden kann: Aus der Treue, aus dem Ethos der Verbindlichkeit. Dabei geht es ... um eine neue Erfahrung erotischer Anziehungskraft und jenes erotischen Tiefengeheimnisses, das seine Beschreibung in einem der schönsten Texte des Alten Testamentes im Hohen Liede gefunden hat. Diese Erfahrung ist dann möglich, wenn aus der Einzigkeit des ‚Gefühls für die Gestalt des Anderen' (Peter Handke) wie heute Liebe benannt werden kann, die Entscheidung zum Anderen mit allen existenziellen Kräften der Person erfolgt ist, diese Entscheidung zur Entscheidung, die in Grenzsituationen, die dem Eros immer eigen sind, weiterhilft... Wer die Ganzheitlichkeit des Eros will, bedarf seiner Wiedergeburt aus der Entscheidung zur Entschiedenheit des Lebens, die gerade in dieser

[216] *Mieth*, Sakrament, Zitat 104.
[217] Der Satz schließt nicht ganz, ebd.

Ganzheitlichkeit durch die gegenseitige Zuwendung des ganzen Lebens der getauften Christen in der Formel des Sakramentes zum Ausdruck gebracht wird. Das vom Sakrament her zu entfaltende Ethos der christlichen Ehe stellt eine ‚ars vivificandi' eine Kunst der Verlebendigung des Eros der christlichen Ehe dar; ..."[218]

Vom *eschatologischen Bezug* der Ehe war schon die Rede, als die alttestamentliche Heilsgeschichte zur Sprache kam; Gott läßt sich in seinen Plänen nicht irritieren; schon in der Protologie ist uns der Aufgang der Eschatologie begegnet. Dies ist nun durch Christus bestätigt und endgültig verbürgt. *Erfahrung der Liebe von Mann und Frau hat grundsätzlich Verheißungscharakter.* Was Menschen unter den Bedingungen dieser irdischen Zeitlichkeit und ihrer eigenen Schwäche und Ängste ahnungsweise erleben können, ist eine Vorauserfahrung dessen, was Gott endgültig schenken will. Wenn die Liebe dasjenige ist, was bleibt, wie Paulus im Korintherbrief (1 Kor 13,8.13) sagt, dann gilt dieses insgesamt von der Gesamtgestalt christlicher Ehe. Dieses darf auch individuell verstanden werden und sollte es, wie Mieth gegen Ende seines Aufsatzes ausführt.[219]

Ausdrücklicher wird die Heiligung in der Beziehung von Mann und Frau in Eph 5,21-33 vorgestellt. In der Ehe von Getauften, so lesen wir dort, wird die Liebe Christi zu seiner Kirche abgebildet und nachvollzogen; hier ist ein wirksames Zeichen, das die Liebe Gottes zu den Menschen hier und jetzt und immer wieder gegenwärtig setzt und erfahrbar macht. Im gesamten Lebensvollzug, nicht etwa nur punktuell am Anfang, stellt der eine Ehepartner dem anderen diese Liebe dar. Sie ist dabei nicht aus ihrer Gebrochenheit herausgenommen, wie der Text zeigt, aus ihrer Hinfälligkeit; es bleiben menschliche Schwäche, es bleiben Krankheiten, es bleibt das Zugehen auf den Tod; aber es wohnt der Ehe von Jesus Christus her jene unaufhebbare Dynamik auf die Vollendung hin inne, auf die Gott den Menschen zugehen läßt. Hier wird also auf neue Weise vertieft bestätigt, was wir schon in der Interpretation der Paradiesesgeschichte gesehen haben: Da, wo jemand am intensivsten Bejahung und Annahme erfährt, ahnt er Vollendung. Was Gott immer auf die Tafeln des Herzens der Menschen an Verheißung geschrieben hat, das ist in Christus endgültig erfüllt. Diese Treue zu den Verheißungen Gottes kennt keine Grenzen. Sie soll sich in der Treue der Ehegatten zueinander nachvollziehen und verwirklichen. *Seine Gnade ist in der Wirklichkeit ihrer herzlichen, leibhaftigen, persönlichen Bejahung gegenwärtig wirksam. Indem Ehe in diesem Sinn gelebt wird, wird sie zum wirkmächtigen Zeichen seiner Anwesenheit, und das bedeutet, sie ist Sakrament.*

---

[218] Ebd., 105.

[219] Dies gilt unbeschadet der Antwort Jesu auf die *Sadduzäerfrage* (Mk 12,18-27 parr), die aus einem völlig anderen Kontext heraus zu verstehen ist; der Kontext war hier die unangemessene indiskrete Weise, die Vollendungsgestalt menschlichen Lebens in einem jenseitigen Leben vorzustellen und gleichzeitig lächerlich zu machen. Natürlich kann die Ehe, sei sie noch so sehr im Himmel geschlossen, in der Vollendungsgestalt nicht als gradlinige Fortführung irdischen Ehelebens verstanden werden. Aber das darin erfahrene Werthafte, was die Liebe Gottes ahnen läßt und weitervermittelt, von dem kann zurecht auch im Hinblick auf 1 Kor 13 gesagt werden, daß das bleibende Realität ist.

2.2.2. *Die Sinnbestimmung der Sexualität in der Entwicklung der lehramtlichen Sicht*

Die *Erneuerung der Theologie und der kirchlichen Lehre unseres Jahrhunderts hängt unter anderem mit dem neuen Rückgriff auf die Quellen des Glaubens zusammen.* Deshalb kann sich das Thema dieses Abschnittes an die Erfassung der in der Bibel vermittelten Sinngehalte der Geschlechtlichkeit anschließen. Die biblische Erarbeitung geschah bereits in systematischer Absicht; man findet die wichtigsten biblisch erarbeiteten Sinnorientierungen entsprechend in neueren systematischen Entwürfen; hier interessiert deren Auswirkung auf die kirchliche Lehre. Es geht nur um einen Überblick über deren Entwicklung in diesem Jahrhundert; diese ist gerade im Hinblick auf die Modifizierung der Sinnbestimmung der Ehe bedeutsam.[220]

Als Ausgangspunkt der Beschreibung der Entwicklung seien hier die bekannte *Definition und Sinnbestimmung der Ehe im CIC von 1917 und die im neuen Kodex von 1983 gewählt;* bei der Äußerung von 1917 müßte man eher von Zwecksetzung als von Sinngebung sprechen. Der Can 1013 1 handelt von den Ehezwecken und lautet: „Matrimonii finis primarius est procreatio atque educatio prolis: secundarius mutuum adjutorium et remedium concupiscentiae." Zu deutsch: „Erster Zweck der Ehe ist die Erzeugung und Erziehung von Nachkommenschaft, der zweite die wechselseitige Hilfe und ein Heilmittel für die Konkupiszenz". Inzwischen ist *1983* auf der Basis der Texte des Zweiten Vatikanischen Konzils der neue Codex erschienen, dessen *Can 1055 1 lautet:* „Matrimoniale foedus, quo vir et mulier inter se totius vitae consortium constituunt, indole sua naturali ad bonum coniugum atque ad prolis generationem et educationem ordinatum, a Christo Domino ad sacramenti dignitatem inter baptizatos evectum est." Zu deutsch: „Der Ehebund, durch den Mann und Frau unter sich die Gemeinschaft des ganzen Lebens begründen, welche durch ihre natürliche Eigenart auf das Wohl der Ehegatten und auf die Erzeugung und die Erzichung von Nachkommenschaft hingeordnet ist, wurde zwischen Getauften von Christus dem Herrn zur Würde eines Sakramentes erhoben."[221] An dieser Stelle ist es nicht möglich, alle einzelnen Schritte nachzuvollziehen, die zwischen diesen beiden Eckpfeilern einer Entwicklung in den Äußerungen der Kirche nachzuweisen sind, die allmählich die Sinnbestimmung der Ehe sich hat verändern lassen.

Zu erwähnen wäre hier zunächst das Rundschreiben *Casti connubii Pius' XI.* vom 31. Dezember 1930. Es nimmt Bezug auf die Güterlehre der Ehe, die vom hl. Augustinus überkommen ist, und dieses in einer bemerkenswert positiven Form, indem es vom Gut des Kindes, vom Gut der ehelichen Treue und vom Gut des Sakramentes spricht. *Konkreter Anlaß* war die aktuelle *Diskussion um die Fragen der Empfängnisverhütung,* die durch die Lambethkonferenz 1929 des Weltrates der Kirchen mit einer weitgehenden Konzession beantwortet worden war. Casti connubii läßt *erstmals in der kir-*

[220] Vgl. das Kapitel „Wandel des kirchlichen Eheleitbildes zwischen 1930 und 1965 – von der generativ geprägten zur personal integrierten Sicht der Ehe" bei *Gruber*, Ehe 91-148.
[221] CIC 470f.

chenamtlichen Lehre erkennen, daß es eine legitime Form der Geburtenkontrolle gibt und zwar in der damals erst seit kurzem bekannten Form der Zeitwahl nach Knaus-Ogino. Im übrigen wurde *jede künstliche Form der Verhütung mit strengen Worten untersagt.*

Im wesentlichen wird die Ehelehre von Casti connubii durch *Pius XII.* weitergeführt, der in verschiedenen Ansprachen *immer stärker die Bedeutung der personalen Beziehung* herausarbeitet, in allen normativen Fragen im einzelnen aber die in Casti connubii festgelegten Normen beibehält. Der Fortschritt bei ihm ist auf dem Feld einer tiefergehenden Sinnbestimmung der Beziehung von Mann und Frau zu sehen.

Die *Lehre des Zweiten Vatikanischen Konzils* über die Ehe ist in dieser Linie der Entwicklung von eigentlich zentraler Bedeutung. Hatte es schon in den dreißiger Jahren von seiten der Theologen Versuche gegeben, die Güter- oder Finis-Lehre damaliger offizieller kirchlicher Weisung, wie sie im derzeit gültigen Codex verankert war, in Frage zu stellen,[222] so hatten sie sich nicht gegen den Widerstand des Lehramtes durchsetzen können. Erst das Konzil nimmt die Impulse eines veränderten Verständnisses der Geschlechterbeziehung auf; es repräsentiert in einem gewissen Sinn hier nicht nur die lehrende, sondern auch die lernende Kirche. Der erste entscheidende Satz in Nr. 48 von Gaudium et spes (Gaudium et spes 47 hatte die Problemsituation der Ehe in der Welt von heute geschildert) lautet: „Die innige Gemeinschaft des Lebens und der Liebe in der Ehe, vom Schöpfer begründet und mit eigenen Gesetzen geschützt, wird durch den Ehebund, das heißt, durch ein unwiderrufliches personales Einverständnis gestiftet." Aufgenommen wird aus der *Schöpfungstheologie* der Gedanke, daß Ehe im Schöpferwillen gründe; sie soll nach dem Willen des Schöpfers ein auf personaler Entscheidung beruhender Bund sein, der in der innigen Gemeinschaft der Liebe gelebt wird. In diesem einleitenden summierenden Satz wird Ehe zugleich in ihrem *institutionellen Charaker dargestellt*; es ist interessant, daß hier schon die deutschen Übersetzungen in der Interpretation auseinandergehen, insofern foedus hier und da auch mit Vertrag übersetzt worden ist, was den theologischen Hintergrund des Wortes Bund nicht recht wiedergibt. Das lateinische foedus ist nicht dasselbe wie contractus. Aber auch als Bund wird er durch eigene Gesetze, wie es heißt, geschützt. Die *Institution Ehe*, mit ihren gesetzlichen Bestimmungen, steht aber *eindeutig im Dienst an der sinnerfüllenden Gemeinschaft wechselseitig erfahrener personaler Liebe.*

Von dieser heißt es: „Dieses heilige Band unterliegt im Hinblick auf das Wohl der Gatten und der Nachkommenschaft sowie auf das Wohl der Gesellschaft nicht mehr menschlicher Willkür. Gott selber ist Urheber der Ehe, die mit verschiedenen Gütern und Zielen ausgestattet ist;[223] sie aber sind von größter Bedeutung für den Fortbestand der Menschheit, für den persönlichen

[222] Hier ist vor allem zu nennen: *Doms*, Ehe. Doms wurde gemaßregelt; in der Vorbereitungsphase des Konzils meldete er sich erneut zu Wort, was in dem Band „Gatteneinheit und Nachkommenschaft" dokumentiert wurde.

[223] Hier wird auf Augustinus und auf Casti connubii u.a. verwiesen.

Fortschritt der einzelnen Familienmitglieder und ihr ewiges Heil;" (GS 48,1) hier wird auch deutlich, was diese Vorstellung *von der modernen Konzeption von Partnerschaft trennt: Der Gegenstand dieses Bundes ist nicht Gegenstand einer jeweils freien Vereinbarung der Partner.*[224] Partnerschaft impliziert ja, daß man miteinander bespricht, was man miteinander tun will. Dieses, was beide, Mann und Frau, betrifft, und deren Zueinander, ist aber in der Glaubensvorstellung der Kirche etwas in bestimmten Grundlinien Vorgegebenes, das der Mensch nicht ohne Schaden seiner selbst und der ganzen menschlichen Gesellschaft verändern kann!

In dem zitierten Text war schon die *Sinnorientierung auf Nachkommenschaft* mit im Blick, die dann im folgenden ausführlich aufgenommen wird, wenn der Artikel sagt: „Durch ihre natürliche Eigenart sind die Institutionen der Ehe und die eheliche Liebe auf die Zeugung und Erziehung von Nachkommenschaft hingeordnet und finden darin gleichsam ihre Krönung." (GS 48,1) Auch hier handelt es sich in der Blickrichtung der Kirche fraglos um eine entscheidende Sinndimension der Beziehung von Mann und Frau. *Auch sie ruht auf der Schöpfungsordnung auf,* ist von Gott den Menschen zugedacht unter den Vorzeichen des Segens, wie wir gesehen haben.

Auch die *Sinngebung im Bereich der Heiligung* wird vom Konzil aufgegriffen, indem es sagt: „Echte eheliche Liebe wird in die göttliche Liebe aufgenommen und durch die erlösende Kraft Christi und die Heilsvermittlung der Kirche gelenkt und bereichert, damit die Ehegatten wirksam zu Gott hingeführt werden und in ihrer hohen Aufgabe als Vater und Mutter unterstützt und gefestigt werden. So werden die christlichen Gatten durch ein eigenes *Sakrament* gestärkt und gleichsam geweiht. ... Im Geist Christi, durch den ihr ganzes Leben mit Glaube, Hoffnung und Liebe durchdrungen wird, gelangen sie mehr und mehr zu ihrer eigenen Vervollkommnung, zur gegenseitigen Heiligung und so gemeinsam zur Verherrlichung Gottes." (GS 48,2) In traditioneller Theologie ausgedrückt, ist hier von helfender und von heiligender Gnade die Rede. Entscheidend ist die Einbeziehung in den Bund Gottes mit den Menschen und in die Wirklichkeit der Kirche.

Mit den grundlegenden Ausführungen von Art. 48, den ich zum Teil zitiert habe, *ist die Disposition für die weiteren Gedankenschritte des Konzils geschaffen.* In Art. 49 wird das Zueinander der Ehegatten in seiner immanenten Sinnhaftigkeit erfaßt. Es wird in einer Weise von dem hohen Wert der ehelichen Begegnung gesprochen, die bislang in lehramtlichen Dokumenten so nicht zu finden war. Was wir in der theologischen Rückschau als Elemente der Sinngebung erkennen konnten: die leibseelische Ganzheit des Vollzuges, die personale Würde, die wechselseitige Ergänzung und Bereicherung,

[224] Entwicklung und Sinn der Rede von der Partnerschaft in diesem Zusammenhang beschreibt Eugen *Kleindienst*, (Partnerschaft), der auch kritische Rückfragen an deren Verwendung richtet. Gleichwohl bleibt das Modell der Partnerschaft für das Verständnis und die Begleitung von Paaren unverzichtbar. Die Ehe- und Familientherapie arbeitet mit ihm (vgl. etwa *Masshof-Fischer*, Partnerschaft); es bestimmt auch weithin die kirchliche Verkündigung. Hans *Kramer* macht auf Probleme und Kontroversen über Partnerschaft aufmerksam (Ehe, 29-40).

der eheliche Akt als personales Ausdrucksgeschehen, wird beschrieben. In solcher Verbindung ist die personale Würde von Mann und Frau gewahrt und realisiert.

Der *Art. 50* wendet sich dann dem Sinngehalt der Fruchtbarkeit zu. Er nimmt den *Gedanken verantworteter Elternschaft erstmals* auf und wendet sich hier bald mehr den normativen Fragen zu, auf die wir bei der Behandlung der Empfängnisverhütung zurück kommen müssen; sie wird in Art. 51 weiter entwickelt. Die Ausführungen des Konzils zu diesem Thema schließen mit einer *Aufforderung an alle, besonders die politisch Verantwortlichen, die gesellschaftlichen Rahmenbedingungen für das Gedeihen für Ehe und Familie positiv zu gestalten.*

Was die Sinngebungungsproblematik der Beziehung von Mann und Frau angeht, führen die Enzyklika *Humanae vitae* und das Rundschreiben *Familiaris consortio* die Grundaussage des Konzils weiter. Die Enzyklika Humanae vitae beginnt mit einem Abschnitt über die Sinnbestimmung der Begegnung von Mann und Frau, in der es heißt: „Die eheliche Liebe zeigt sich uns in ihrem wahren Wesen und Adel, wenn wir sie von ihrem Quellgrund her sehen; von Gott, der ‚Liebe ist', von ihm, dem Vater, ‚nach dem alle Vaterschaft im Himmel und auf Erden ihren Namen trägt'." (Nr.8) Der Papst fügt hier den Gedanken des Konzils diesem hinzu, daß Gott in der Liebe von Menschen gegenwärtig ist als deren eigentlich wahrer Quellgrund. Damit im Zusammenhang steht die Übernahme der wesentlichen Gedanken personaler Ergänzung des einen durch den anderen, den auch schon das Konzil aufgenommen hatte. So wird der Abschnitt Nr.9 vorbereitet, in dem in knapper Zusammenfassung eine kurze Phänemenologie der Geschlechterliebe geboten wird. *Die Verbindung zu personalistischem Denken wird in den Rundschreiben Johannes Pauls II. noch deutlicher.* Die Elemente positiver Sinngebung entsprechen dem bisher Genannten.

2.2.3. Sexualität und Glaubensvollzug – Wertorientierte Ausrichtung des Umgangs mit der Sexualität

Der Sinndeutung im Glauben entspricht ein wertorientierter Umgang mit der Sexualität; zum Teil war von ihm schon die Rede. Grundhaltungen legten sich nahe, die sich aus der Interpretation ergaben: Dankbarkeit für die Gabe Gottes, Hoffnung über Stadien des Scheiterns hinaus, Vertrauen auf die Möglichkeiten des Gelingens. *Der Glaube verändert nicht die naturalen Strukturen* der Geschlechter-verschiedenheit. *Deren Gestaltung hat zugleich humanen und spirituellen Sinn.* Wir sahen, daß die Bibel selbst im Vollzug des Glaubens die Breite der Werterfahrungen des Erotischen in der Liebe zwischen Mann und Frau kennt und bejaht.

Die theologische Tradition hat sich diesem Thema immer wieder gewidmet, aber nicht immer die biblischen Perspektiven als eigentliche Orientierung vermittelt. So sind manche Haltungen, die hier gefordert wurden, in ein schiefes Licht geraten, weil sie Einseitigkeiten einer verkürzten Anthropologie mittransportierten. Ich denke hier vor allem an das, was sich in der Geschichte mit dem Begriff der Keuschheit verbunden hat. Die Deutung menschlicher Erfahrung im Bereich der Sexualität ließ bereits erkennen, daß *verfehlte Sinndeutung der Sexualität dehumanisiernd* wirkt. Beeinträchtigung des Menschseins erwächst aus dieser Defizienz. Eine Sinnbestimmung aber, wie sie hier versucht wurde, weist dagegen eine Richtung auf, die in der Begegnung von Mann und Frau Chancen menschlichen Reifens und Bereichertwerdens sieht. *Gutsein heißt ja nach thomistischer Lehre: sich selbst in die vorgegebene Ausrichtung des eigenen Lebens einschwingen*, das bedeutet im Kontext heutiger Terminologie: *Werte wahrnehmen und realisieren*. So erwächst die Richtung der Existenz aus der Lebenswirklichkeit, die der Mensch erkennen kann. Verhält er sich gegen diese Sinnausrichtung, gerät er faktisch in einen Widerspruch zu sich selbst und zum Menschlichen in sich selbst. Ist das der Fall, ist die sittliche Ordnung tangiert. Deutlich wurde auch, daß *Sinnausrichtung nicht automatisch wirksam* wird, weil in diesen Fragen der Mensch zur Entscheidung aufgerufen ist. Eingehen auf eine bestimmte Sinnausrichtung bedeutet immer *Einübung von Werthaltungen*;[225] sie wachsen in der Konstanz von Entscheidungen, die immer stärker zur *Vorentschiedenheit* wird; darin wird die Gestaltung der eigenen Sexualität entwickelt, die *bestimmenden Leitbildern* entspricht. Solche Werthaltung, die auf bestimmte Realisierungsformen des Menschseins ausgerichtet sind, hat man traditionell *Tugend* genannt. Sie meint ein sittliches Können aufgrund bestimmter Wertausrichtung. Tugend heißt Nähe zu Werten, die der Mensch mit einer gewissen Leichtigkeit und, nach Thomas von Aquin, auch mit Freude realisiert.

Hier müßte nun im Rückblick auf die Tradition von *Keuschheit* gesprochen werden; man traut sich kaum, dieses Wort zu gebrauchen, weil es aufgrund verquerer Vorstellungen früherer Moralen schlechterdings mißverständlich geworden ist. Hier und da hat man sich um Rehabilitierung bemüht. Man sollte aber wahrnehmen, daß an dieser *Umschlagstelle in der ethischen Reflexion*, wo es von der Frage der objektiven Sinn- und Wertbestimmung zur subjektiven Realisierung dieses Wertes hingeht, grundsätzlich von Tugend gesprochen werden muß. Hier ist im wesentlichen nur zu ergänzen, was schon in der Darstellung mittlerer Maximen begonnen wurde.

Es muß zunächst kurz darüber gesprochen werden, wie man *Keuschheit traditionell verstanden* hat. Man hat sie in der Nähe von Enthaltsamkeit definieren wollen; das geht daraus hervor, daß die *castitas perfecta* eben vollkommene Enthaltsamkeit bedeutete. Das kann man nicht als die optimale Bewältigung des anstehenden Problems ansehen.[226] Weitsichtig formuliert Leonhard M. Weber, daß zur Keuschheit eigentlich die „christliche Pflege und Kultur des Geschlechtlichen", wir würden heute das Erotische ausdrücklich einbeziehen, die Zärtlichkeit, mitbeinhalten muß. Die Tradition

---

[225] Defensivtaktiken können erst auf den Hintergrund positiver Wertbejahung Sinn bekommen; hier wäre vieles zur traditionellen Sicht zu sagen, die sich zu sehr auf die bloße Verteidigung gegen Triebregungen etc. konzentrierte.

[226] Diese Auffassung vertrat *Weber* schon in seinem Artikel über Keuschheit im LThK2 (Bd. 6, 135), der noch vorkonziliar (1961) erschien.

war zu sehr in einer Art Verteidigungsstellung befangen. Es geht aber *um kreative Gestaltung der Beziehungen.* Man kann also gar nicht die Keuschheit in sich selbst beschreiben, ohne den inneren Zusammenhang dieser Tugend mit allen anderen, besonders der Liebe, zu sehen. Der *Wert der Keuschheit besteht darin,* daß jemand seine eigene geschlechtliche Bestimmung, sein Mann- oder Frausein, so in seinen personalen Lebensvollzug integriert, *daß sie der Realisierung menschlicher Liebe dient*; das ist ein allgemeingültiger Satz, der sowohl für die Verheirateten wie für die Ehelosen gilt. Johannes Gründel definiert:

„Keuschheit bezeichnet die innere Bereitschaft des Menschen, seine Geschlechtlichkeit voll zu bejahen und die sexuellen Triebkräfte in ihrem ganzheitlich personalen und sozialen Charakter anzuerkennen und in das Ganze des menschlichen Lebens sinnvoll einzuordnen. Es geht nicht nur um eine Steuerung und Formung der grundsätzlich plastisch angelegten menschlichen Sexualität, sondern um die Integration, um das Gesamtverhalten des Menschen, um eine Überformung und Nutzung überschüssiger Antriebkräfte für weitere Lebensaufgaben (Sublimierung). Damit findet auch eine gewissen Sozialisierung der Triebkräfte statt.“[227]

Wertmesser ist in jedem Fall für diese Tugend die damit im Zusammenhang stehende *Liebesfähigkeit* des Menschen. Das ergibt sich aus den anthropologischen wie theologischen Überlegungen. Letztere spricht von der der caritas als forma virtutum, die von Paulus in 1 Kor 13 als eine solche geschildert wird, die jegliches andere Gute erst wirklich gut macht. Hier ist zugleich die humane Dimension ins Auge gefaßt – Spiritualität und Humanität korrespondieren.

André Guindon weist in diesem Zusammenhang darauf hin, daß sich Thomas in dieser Frage gegen die Augustinische Tradition gewandt habe, die zu sehr von der Vorstellung einer Triebunterdrückung gelebt habe. „*Tugend*“, so sagt er, „ist eine *Fähigkeit zu einer besseren Realisierung menschlicher Möglichkeiten.* In der Sicht des hl. Thomas ist die Tugend nicht als reiner Gehorsam zu einem kalten Gebot der Vernunft verstanden. ... Die Sinnlichkeit selbst ist graduell überformt, intensiviert und auf die Ziele der Person hingeordnet. Von daher ist die sexuelle Tugend nie ohne Körper. Im Gegenteil, sie besteht in der Fähigkeit, in menschlicher Weise leibhaft zu lieben und im Körper die Person zu erkennen.“[228] Unglücklicherweise hat die moralische Tradition der Kirche spiritualistische Züge beibehalten, in denen man vorab alles asexuelle Verhalten als Ausdrucksform der Tugend der Keuschheit ansah. Sie sollte aber, nach der allgemeinen Tugendlehre des Aquinaten, so meint Guindon, eher ein Optimum an Integration der Sexualität bedeuten, welches jeder anzustreben hätte: „Die Keuschheit ist nichts anderes als eine innere und dynamische Modifikation des sexuellen Strebens, welches dazu befähigt, voll und ganz die Sinnausrichtung menschli-

[227] *Gründel*, Keuschheit, in: *Stoeckle*, Wörterbuch Christlicher Ethik, 155-157, hier 155; neuere Versuche der Umschreibung finden sich bei *Becker*, Liebe, 83-88; *Torello*, Liebe, 96-98.

[228] *Guindon*, Language, 64 (eigene Übersetzung).

cher Liebe zu realisieren."[229] Josef Pieper macht darauf aufmerksam, daß das Gegenteil von Thomas geradezu verurteilt worden ist: „... Die völlige aller Geschlechtslust unempfindlich abgewandte Unsinnlichkeit (insensibilitas) ... wird in der *Summa theologica* nicht nur als Defekt, sondern als geradezu sittlicher Mangel (vitium) bezeichnet."[230] Allerdings muß zugegeben werden, daß Thomas innerhalb der normativen Sexualethik andere Seiten erkennen läßt, die stark von stoischem Denken durchzogen sind.

Die amerikanische Gemeinschaftsstudie Human Sexuality nennt einige *Bedingungen für die richtige Beziehung zur eigenen Sexualität* und damit die Realisierung der Tugend der Keuschheit, ich schließe meine Überlegungen zu diesem Punkt ab, indem ich sie mit eigenen Ergänzungen anführe; gefordert wird:

1. Eine *Kenntnis der grundlegenden Sinnbestimmungen* der menschlichen Sexualität. Was hier versucht wurde, darf nicht bloße theoretische Bemühung bleiben. Es geht bei den Sinnbestimmungen nicht um abstrakte Größen, sondern um konkrete *Leitbilder*, mögen sie voll bewußt sein oder nicht, die das Verständnis der Sexualität bestimmen. Die Voreinstellungen bestimmen die Art der je eigenen Erfahrung mit. Erfahrung ist nie reines Erleben, ist immer in der Art und Weise der Annahme des Gegebenen abhängig von dem, was man erwartet, und was man an antezipierenden Schemata mitbringt. Was also bisher erarbeitet wurde in der Bemühung um die Sinnerfahrung der Begegnung von Mann und Frau, wird hier zu einer ersten allgemeinen *Zielnorm*, einer allgemeinen Faustregel, die sich im Zwischenfeld der allgemeinen Sinngebung und konkreter Verhaltensbestimmung befindet. Der Name einer *mittleren Maxime* trifft zu. Die erste hier zu ergänzende würde also eine richtige Weise der Wahrnehmung vor dem Hintergrund sachentsprechender Sinngebung fordern. Wie bilden sich Leitbilder heraus? Gewiß nicht nur in bewußten Vorgängen; doch darf hier die eigene Steuerungsmöglichkeit nicht ausgeklammert werden. Die Rolle der *Phantasie* ist wichtig. An sich aufdrängenden Bildern, an gespürten Wünschen wie an ausgemaltem Erleben läßt sich die Wirksamkeit und Art vorhandener Leitbilder erkennen.

Etwas ist zu dieser ersten Bedingung für die Realisierung wichtig, was vielen als selbstverständlich erscheinen will: Es bedarf auch eines *Grundwissens* über die Funktionsweisen der Genitalität, über Fruchtbarkeit und Unfruchtbarkeit im biologischen Sinn. Es ist eine mehrfach bestätigte Erfahrung in der Schwangerschaftskonfliktberatung, daß ungewollte Schwangerschaften immer noch auch aufgrund mangelnden Wissens entstehen!

2. Ein zweites gewichtiges Moment als Bedingung für das richtige Verhältnis zur Sexualität ist die *(Selbst-)Annahme der eigenen geschlechtlichen Bestimmung*: Jeder sollte *so leben, daß sich der Sinn der sexuellen Anlage in einer Aktivierung aller psychischen Kräfte im Vollzug der Liebe und darin der Selbstfindung erfüllt* (das Moment der Selbstidentität). Wir sahen ja, daß

[229] Ebd., 65.
[230] *Pieper*, Viergespann, 215.

die Sexualität die Möglichkeit bietet, in höchst intensiver Weise in der Hingabe an den anderen sich selber zu verwirklichen. Das heißt nicht – wie wir auch bereits gesehen haben –, daß Sexualität notwendig in Form der Genitalität aktuiert werden müßte; d.h. aber andererseits, daß die Annahme der je eigenen geschlechtlichen Bestimmung nicht gelingen kann, ohne daß jemand von der Mitte seines Wesens auf andere hin lebt (das Moment der Selbsttranszendenz) und so gerade den eigenen Lebenssinn verwirklicht. *Nur in der Liebe und durch sie wird Selbstannahme als Mann oder Frau voll und ganz möglich*; dies gilt, das sei noch einmal betont, von jedem Menschen, ob er zölibatär lebt oder in einer sexuellen Lebensgemeinschaft.

Hier könnte man das Thomas-Wort „amat se amare“[231] als ein spezifisches Grundgesetz auch für die Modellierung der Sexualität ansehen. Sie ist immer etwas am Menschen, was ihn auf den anderen und die anderen bezogen sein läßt. Wenn in bestimmten Fällen, z.B. bei der zölibatären oder der mönchischen Existenz nicht ein Geschlechtspartner dieser oder diese andere ist, auf die sich einer im Sinne einer Lebensentscheidung bezieht, bleibt es dabei: *Annahme und Integration der Sexualität ist nur dadurch zu leisten, daß er liebt, das heißt, daß er sich in seiner Lebensaufgabe auf andere bezogen weiß und so lebt.*[232] Daß dieses immer „Sache des Herzens“ sein, die Mitte des Menschen tangieren muß, versteht sich nach dem oben Gesagten von selbst. *Ohne in diesem Sinn realisierte Sozialbeziehung dürfte die Selbstannahme der Sexualität auch im Zölibat kaum möglich sein;* hier müßte man sogar warnen vor einer zu einseitigen Sicht einer isoliert aktuierten Vertikalbeziehung von Mensch zu Gott, in dem Sinn, daß gewissermaßen der direkte religiöse Vollzug an die Stelle des Vollzugs einer Ehe rücken würde. Die Überlegungen zur Nächstenliebe zeigen, daß Gottesliebe überhaupt nur in dem Maße möglich ist, wie mitmenschliche Liebe realisiert wird. Das gilt auch hier, und somit ist eine Richtung angedeutet, in der sinnerfülltes Verhalten auch dort möglich ist, wo die volle Ausagierung der Genitalität nicht gegeben ist. Zu warnen ist wohl auch vor jeder verbissenen Willensakrobatik, die auch nicht das Bild wiedergibt, das Thomas von Aquin von der Tugend zeichnet.

3. Im Hinblick auf die sexuelle Beziehung selbst kann an schon Bekanntes erinnert werden: Man soll dem anderen so begegnen, *daß der Ausdruck des eigenen sexuellen Verhaltens der eigenen inneren Haltung entspricht* (das Moment der Selbstidentität), daß also die Form der Zärtlickeit, die Form der Hingabe der inneren Hinneigung des Herzens entspricht; man weiß, daß dieses nicht selbstverständlich ist. Jeder muß, wenn die Begegnung gelingen soll, zu innerer *Wahrhaftigkeit* kommen. Die humanistische Psychologie spricht von Selbstkongruenz oder von Selbstidentität. Ohne sie kann die personale Begegnung nicht gelingen. Dies ist eines der vorrangi-

---

[231] „Unde ex hoc ipso quod amat aliquis, amat se amare“ (S. th. II/II 26, 2c).

[232] Konsequenterweise wird daher Liebesfähigkeit als eine der Zielbestimmungen für die Erziehung zum Zölibat angesehen: *Kongregation für das Katholische Unterrichtswesen*, Leitgedanken, bes. die Nrr. 32 und 51.

gen Argumentationsmodelle, die Johannes Paul II. in seiner Sexualethik immer wieder herausstellt. Es kommt auf die Wahrhaftigkeit des ethischen Vollzuges an; *dabei ist ein Teil des Selbstausdrucks der sexuellen Sprache durch Vererbung und physiologisch-biologisch-psychologische Gesamtkonstitution mitbestimmt.* Deswegen kann es nach der Lehre des Papstes Lüge sein, wenn bestimmte Sinnwerte der Sexualität, die in der Körperlichkeit des Menschen mitgegeben sind, nicht zum Zuge kommen. Aus diesem Grund ist es auch falsch, die Verbindung von Mann und Frau in vollem Sinn etwa auf der Basis des *Mitleids* aufzubauen. Da ist die in diesem spezifischen Vollzug anzustrebende Selbstidentität nicht gegeben. Man kann nicht Liebe, wie sie hier sein sollte, zu einem Medium der Wohltätigkeit machen. Das würde den Partner degradieren und über kurz oder lang zu schweren Enttäuschungen führen. Dies wäre die eine Seite. Der Ausdruck des Verhaltens muß der inneren Haltung entsprechen, Selbstidentität wird so realisiert.

Die andere Seite ist: Der Ausdruck im eigenen *Verhalten soll der berechtigten Erwartung des anderen entsprechen* (*das Moment der Selbsttranszendenz*). *Einer* bezieht *sich* auf den *anderen*, und indem er sich auf ihn bezieht, wird er selbst mit sich identisch. Beides steht zwar in einem gewissen dialektischen Spannungsverhältnis zueinander, kann jedoch nur miteinander entwickelt werden und wachsen. Man stellt sich auf den andern ein, ohne Angst zu haben, sich dabei zu verlieren. *Dem Maß der Einigung entspricht dann auch das Maß der Verantwortung füreinander.* Das meint etwas anderes, als wenn man sagt, daß Maß der Einigung entspreche dem *Gefühl* füreinander. Das Gefühl der Liebe füreinander kann unter Umständen über den Ernst der Verantwortung, die man dann für den andern übernehmen muß, hinwegtäuschen; es ist möglich, daß auch sexuelles Wünschen so stark wird, daß es den Gedanken weitergehender Verantwortung leichthin überspielt. Dieses Postulat erwächst aus der Einsicht in den Sinnverhalt, den wir uns vor Augen gestellt haben; Selbstausdruck füreinander wird in Verantwortung gesucht.

Eine wichtige Tugend der Geschlechterbegegnung ist die *Ehrfurcht*, heute eher Achtung, Respekt, Toleranz genannt, insbesondere der *Respekt vor der Personwürde und der Freiheit des anderen.* Ohne Werbung wird sich eine Beziehung kaum entwickeln – aber sie wird nicht Überredung werden, und erst recht nicht Täuschung oder Verführung.

4. Wir sahen, daß die Kommunikation, die die Sinnerfahrung erst ermöglicht, von der *Einhaltung kulturbedingter Sprachgesetze im sexuellen Verhalten abhängt.* Generell kann man sagen, daß die Sprache immer in irgendeiner Form Sinnvermittlung ist. Einer läßt den anderen an seiner Erkenntnis teilnehmen; je tiefer diese Teilnahme existenzielle Konsequenzen hat, umso wichtiger wird das sorgfältige Umgehen mit dieser Sprache. *Man muß sie kennen, gerade dann, wenn man sich in Länder fremder Kultur hineinbegibt,* in denen es manchmal geradezu tragische Mißverständnisse im Verständnisfeld der Sexualität geben kann. Sexuelles Verhalten ist sprachliches, kommunikatives Verhalten. Da solche Sprache aber in ihren Regeln vorgegeben

ist, ist es als Voraussetzung für das Gelingen der Kommunikation unverzichtbar, daß man die Regeln solcher Sprache beherrscht und einhält. In der Begegnung von Mann und Frau wird nicht nur dieser oder jener Sinn eines Satzes vermittelt; sondern hier wird *der Sinn der Existenz selber den anderen mitgeteilt und in der Mitteilung erfahren.* Diesen Sinn aber, so sahen wir bereits, können sich die beiden in ihrer eigenen Beziehung nicht adäquat selber geben. Von daher ist das Gelingen der Sinnerfahrung in der Begegnung in der Tat bis zu einem gewissen Grad abhängig von der Einhaltung ganz bestimmter vorgegebener Spielregeln, vor allem in gemeinsamer Vorstellung von Sinngebung.

Das Medium, in dem das Bemühen um richtige Kommunikation gesucht wird, wird das Gespräch sein müssen. Bis in unsere Gegenwart hinein zeigen viele Veröffentlichungen, wie wenig selbstverständlich das offene Gespräch über die Erfahrung der Sexualität des einen und des anderen ist. Wirklich treffen können sich zwei nur in einem *gemeinsamen Sinnverstehen*, das man austauschen muß, das ohne Austausch wohl auch nie ganz zustandekommen kann. Ist hier auch der Ort, die *Dimension des Glaubens* ausdrücklich zu machen? Ohne Kommunikation auf dieser Ebene werden Wirklichkeiten des Lebendigen nicht gelebt. Solcher wechselseitiger Austausch bleibt ein wesentliches Moment für das Wiederauflebenlassen ursprünglich anfänglicher glücklicher Sinnerfahrung. Das Gespräch ist also als begleitendes Moment für das Zueinander unverzichtbar, – und doch, wie sich auch aus anderen Erfahrungen nachweisen läßt, nicht so leicht und nicht selbstverständlich. Die Équipes Notre Dame, die vor allem die Intensivierung des Glaubens in Ehepaargruppen suchen, haben das regelmäßige Gespräch über die wechselseitige Beziehung ausdrücklich als ein Moment der ehelichen Spiritualität benannt.

Über alle Sinnvorgabe von Gesellschaft, überkommener Tradition usw. hinaus, die in vielfältiger Artikulation auf das Paar zukommt, geschieht *Sinnfindung innerhalb der Beziehung selber neu und kreativ.* Man kann – wie wir gesehen haben – von einer dreifachen Ebene sexueller Sprache reden, von der vor aller Kultur schon vorgegebenen Grundlage quasi instinktiver Reaktionen zwischen Mann und Frau, die Kommunikation herstellen können, von der Ausnutzung der Vorgabe kulturbestimmter Sprache und schließlich von der sich auch individuell entwickelnde Sprache, in der die eigene Lebensgeschichte dieser beiden eine vorherrschende Rolle spielt; durch die Lebensgeschichte ist dann auch solche individuelle Sprache geprägt.

5. Die Kreativität der wechselseitigen Formen der Kommunikation führt weiter. *Auf Dauer kann die Verbindung von Mann und Frau nur dann ihren vollen Sinn finden, wenn ja gesagt wird zu gemeinsamer Kreativität.* Beide sollen zu einem Wir werden, indem sie gemeinsam *Verantwortung für menschliches Leben übernehmen*, das die Zweieinheit transzendiert. Das ergibt sich sowohl im Blick auf die Fruchtbarkeit im engeren Sinn, wie im Blick auf gemeinsames Tun, das sich auch auf andere bezieht. Wir sahen, daß die Sinnbestimmung der Sexualität diese Bedingung in sich trägt. Die

beiden können einander letztlich nicht ganz genügen. Sie sind immer auch gemeinsam über sich hinaus verwiesen. Dieser Aspekt der gemeinsamen Sinntranszendenz ist dann in Gefahr, wenn das Verhältnis der beiden zu einem Egoismus zu zweit degeneriert.

6. Zur Humanisierung des Verhältnisses von Mann und Frau wird es auch gehören, daß beide *ihre je eigenen Grenzen und die Grenzen des anderen akzeptieren.* Wie wir schon gesehen haben, wird der Mensch immer mit der Integration der sexuellen Dynamik zu tun haben. Darum spielen hier *Geduld mit sich selbst und miteinander, Ausdauer im Bemühen*, die aus der Entschiedenheit füreinander wächst, eine entscheidende Rolle. Hier darf an eine Voraussetzung erinnert werden, um deren Schaffung sich der Mensch wohl immer neu mühen muß, die *Frustrationstoleranz.* Es muß die Möglichkeit geben, über Erfahrung von Versagung hinwegzukommen. Das mag einerseits Voraussetzungen in der Vorgeschichte der beiden haben, andererseits wird es in der konkreten Form nüchterner Einübung gesucht werden müssen. Mieth weist darauf hin, daß auch Scheitern zu menschlichem Glücken gehören kann. „Es ist ja wohl kein Zufall, daß die beste Liebesliteratur der Geschichte zugleich eine Geschichte des Scheiterns menschlicher Existenz ist. Es geht also darum, bei einem Ethos der Geschlechtlichkeit schon im Ansatz vom Glücken im Scheitern und vom Scheitern im Glück zu sprechen. Das christliche Ethos ist vom Anliegen her sowohl ein Ethos des Glückens, als auch ein Ethos des Scheiterns. Daß der Mensch im Scheitern glücken kann, sieht die Kunst, und sie betrachtet es meist als Tragik. Theologisch gesehen, ist das Phänomen des Glückens im Scheitern dagegen eine Erschließungssituation der Gnade in der Erfahrung.“[233]

7. Last but not least darf als die letztlich alles *entscheidende Wertausrichtung die Bemühung um den Glauben* nicht fehlen.[234] Für den Gläubigen ist sein Glaube an den, der in der Begegnung schenkend und heilbringend mitliebt, die Basis aller Sinnerfahrung im Bereich seiner geschlechtlichen Bestimmung. Die Dimension des Schöpfungsglaubens und des Erlösungsglaubens sind hier zusammengefaßt. Es käme darauf an, hier geradezu einen Jungbrunnen wirklicher Gläubigkeit aufzutun. Je näher der Glaubensvollzug am Lebensvollzug angesiedelt ist, je mehr er die Realität dieses Lebensvollzugs in sich aufnimmt und ihn dadurch umgekehrt formt, um so besser. *Indem die Erfahrung wechselseitigen Sich-schenkens auf Gott zurückgeführt wird, gewinnt der Glaube an Vitalität; indem der Glaube dem menschlichen Urerleben das letzte deutende Sinnverständnis vermittelt, gibt er diesem Halt und Richtung. Indem Mann und Frau sich bemühen, ihr Leben unter das Licht des Glaubens zu stellen,*

---

[233] *Mieth*, Entwurf, 18f.

[234] Es gibt eine wachsende Zahl von Veröffentlichungen zum Problembereich Sexualität und Spiritualität, der sich manchmal zu einseitig auf die Spiritualität der Ehe konzentriert: *Liss*, Ehe; *Caffarel*, Briefe; *Emeis*, Partnerschaft; *Dickerhoff*, Zärtlichkeit; *Thiele*, Erotik; *Mieth*, Sakrament u. a.; *de Locht*, les couples.

vitalisieren sie ihren Glauben und humanisieren ihre wechselseitige Beziehung.[235]

Was hier als Zielformung oder mittlere Maximen im Bereich der Sexualethik formuliert wurde, könnte subsumiert werden unter die Forderung der Keuschheit. Die Tugend ist ja immer etwas, was eine Grundhaltung des Menschen zum Ausdruck bringt. Es handelt sich hier um den Grundwert des rechten Vollzugs seiner Geschlechtlichkeit. Diesen ist die Keuschheit zugeordnet. Guindon umschreibt sie: „Chastity is nothing else than an internal and dynamic modification of the sexual appetite which makes it share fully in the meaningfulness of human love."[236]

---

[235] Ein ähnliches Ziel hat *Josuttis* vor Augen, wenn er schreibt: „Wenn Sexualität nicht mehr religiös ausgelegt und wenn Religiosität nicht mehr libidinös erlebt werden kann, dann droht für beide Bereiche eine elementare Deformation.[...] *Wenn die Sexualität von der Gottheit getrennt wird, dann geht sie zum Teufel.*" (Beziehungsstörungen, 20). Allerdings sieht er den Anfang der Beziehungsstörung, von der er schreibt, und die er überwinden möchte, bereits in der Bibel grundgelegt in eben jener Entsexualisierung des Gottesbildes und der Säkularisierung der Sexualität, die oben als eine Bedingung der richtigen Einstellung zu beidem herausgestellt wurde, um die Eigengesetzlichkeit der Sexualität bewußt zu halten. Daß im Vollzug der Liebe die Grunddynamik der Sexualität zu integrieren ist, wurde gezeigt und wird von Josuttis in der Übernahme des Konzepts der Sublimierung bejaht (ebd., 23). Nach *Bachmann*, Religion, dürfte vom Gelingen dieser spirituellen Integration der Sexualität, die über Jahrhunderte hin durch einseitig ausgelegte Offenbarung eher verhindert wurde, abhängen, ob junge Menschen den Weg zur christlichen Religion finden: „Die kirchlich-familiär vermittelte christliche Religion als mögliche Orientierungshilfe erweist sich in diesem, für die Ich-Entwicklung wichtigen Krisen- und Wendepunkt (gemeint ist die Adoleszenz, d. Vf.) hinsichtlich wirkungsvoller religiöser Sozialisationsbegleitung, als defizitär und wurde von fast allen Befragten, bezogen auf die sexuelle Identitäts- und Geschlechtsrollenfindung als ausgesprochen restriktiv erlebt. [...] *Wenn kirchlich vermittelte christliche Religion nicht mehr sinnlich erfahrbar ist und Religiosität zu einer Technik ohne Anschaulichkeit erstarrt ist, entwickelt sich im Zuge der Säkularisierung eine spezifische Form ‚Neuer Religiosität'.*"(226f.). Entscheidend dürfte bei der Vorstellung der Transzendenz, die es nach Bachmann in der Sexualität und im Bereich des Religiösen gibt, darauf ankommen, wie das Woraufhin dieser Transzendenz näherhin charakterisiert wird. Dies bleibt bei Bachmann offen. Die Lösung von ekstatischen Fruchtbarkeitskulten dürfte die Bedingung dafür gewesen sein, daß Gott monotheistisch als Person und transzendenter Schöpfer erkannt werden konnte. Gott *in* sexueller Ekstase im Sinne verschmelzender Einigung erfahren zu wollen, das würde sein Anderssein nicht wahren können. In diesem Sinn bleibt negative Theologie unverzichtbar.

[236] *Guindon*, Language, 65.

3. Kapitel

Universalisierbare Bedingungen des Gelingens im konkreten Verhalten – das Normproblem im engeren Sinn

Nach den Bemühungen um Sinnbestimmung und die haltungsethischen Überlegungen müssen wir uns dem Normproblem zuwenden. Bevor ich zu Einzelnormen im Bereich der Sexualethik übergehe, ist hier noch über die spezifische Weise zu sprechen, in der sich das Normproblem innerhalb der Sexualmoral stellt. Ich beginne mit Überlegungen zum Normbedürfnis.

3.1. Das Normbedürfnis

Hier ist zurückzugreifen auf die Beobachtungen aus der Kulturanthropologie und den anderen Humanwissenschaften. Die *Biologie* hatte uns bereits gezeigt, daß es innerhalb der menschlichen Sexualität nicht jene instinktive Festlegung des einzelnen Verhaltens gibt, die wenig Spielraum lassend das Verhalten der einzelnen Lebewesen einer Gattung determiniert. Bei Menschen gab es, *schon biologisch gesehen, Rückkoppelungen* vom Steuerungszentrum der Sexualität *zur Großhirnrinde,* worin sich aus der Perspektive dieser Wissenschaft das andeutete und als notwendig herausstellte, was wir aus der Sicht der Kulturanthropologie *die kulturelle Überformung natürlicher Sexualität* genannt haben. Diese stellt sich als eine entscheidende kulturschaffende Aufgabe in menschlichen Gesellschaften dar. Zunächst kann thetisch behauptet werden:

These 1: Jede kulturelle Überformung und Gestaltung des sexuellen Lebens der Glieder einer Gemeinschaft impliziert eine den Sinnbestimmungen und Wertsetzungen entsprechende Normierung sexuellen Verhaltens.

Die Kulturanthropologie läßt einmal eine außerordentlich große Verschiedenheit des Verhaltens erkennen. Zweitens zeigt sie, daß die Verschiedenheit des Verhaltens auf dem Hintergrund unterschiedlicher Sichtweisen vom Menschen zu erklären ist. Schließlich ist drittens zu beobachten, daß es in keiner der bekannten untersuchten Kulturen einen völligen Ausfall der Normierung sexueller Verhaltensweisen gibt. Zwar gibt es kaum eine durch alle

Kulturen hindurch gültige sexuelle Verhaltensnorm (selbst das Inzestverbot kennt Ausnahmen), aber es gibt die *Tatsache der Normierung* als solcher, die *ubiquitär* ist. Halten wir also fest, daß die kulturelle Gestaltung der Sexualität jeweils auch eine Normierung impliziert, eine Regelung sexuellen Verhaltens.[1] Daß es sich hier *nicht um bloße Faktizität, sondern um eine innere Notwendigkeit* handelt, die einem ursprünglich gegebenen Bedürfnis des Menschen entspricht, legt sich *von der Biologie her nahe.* Weitere Gründe für die Notwendigkeit einer Normierung werden auf dem Hintergrund der Theorien, die diesen Zusammenhang bestreiten,[2] noch genannt. So mag auf die in der These zunächst behauptete quaestio facti nun die quaestio iuris angegangen werden, in der eine innere, aus den Orientierungen des Menschseins selbst sich ergebende, Notwendigkeit einer Normierung zu belegen ist:

> These 2: Es besteht die Notwendigkeit einer Normierung, die jeweils integrierender, unverzichtbarer Bestandteil des gesamtgesellschaftlichen Ordnungsgefüges ist.

- Aus bloßer Faktizität ergibt sich die innere Notwendigkeit von Normierung nicht; es wird ja, wie wir gesehen haben, die Meinung vertreten, jede Regelung der Sexualität bedeute Triebunterdrückung und verkürze damit die Entfaltungsmöglichkeiten des Menschen in seinem sexuellen Leben. Da gilt entsprechend die Befreiung von jedem Normzwang als Befreiung der Sexualität und des Menschen überhaupt. Dieser Tendenz ist zu widersprechen; man kann zunächst einmal *davon ausgehen, daß zumindest die festgestellte Faktizität zu denken gibt.* Es liegt nahe, zu *fragen, warum* denn immer und überall in irgendeiner Form sexuelles Verhalten auch normativ geregelt wird; beim Aufspüren dieser Konstante hinter aller Verschiedenheit der Ausformung ist eine zu unterstellende menschheitlich gegebenen Notwendigkeit *zumindest wahrscheinlich.*

  Das bestätigt sich einmal von den Beobachtungen der biopsychischen Grundlage her, von der wir ausgingen. Es scheint eine *biologische Notwendigkeit* solcher Regelung zu geben. Ohne sie wäre die *Überlebenschance* verringert oder verunmöglicht. Das Arterhaltungsgesetz bzw. nach neuerer Terminologie das Generhaltungsgesetz, das aller Evolution zugundeliegt, dürfte auch hier Auswirkungen haben. Die sozialen Spielregeln innerhalb einer Gruppe von Primaten sind in der Tat auf das Überleben hin angelegt. Dieses wird in den Primatengruppen zunächst durch instinktive Verhaltensmechanismen erreicht. Diese fallen aber zum Teil beim

---

1 Vgl. *Höver*, Normative Interessen, der darauf aufmerksam macht, daß auch Liberalisierung der Sexualität der Normen nicht entraten kann (14).

2 Solche Bestreitung ist zu erwarten; Normierungen bedeuten Regelungen und Rahmenbestimmungen, die Verhalten gelingen lassen wollen; sie kommen nicht ohne Grenzziehungen aus und sind damit im Repressionsverdacht. Man denke hier insbesondere an Wilhelm *Reich* (s.o. 2.1.1. a) 3)); Volkmar *Sigusch* polemisiert gegen naive Normanfragen in kaum überbietbarer Heftigkeit (Kritik 48). In diesem Zusammenhang wäre auch *Drewermann* zu erwähnen, aus dessen psychoanalytischer und therapeutischer Sicht Normen zumeist kontraproduktiv wirken (z. B. in: Wege, 77-111).

Menschen aus, wie wir wissen; bzw. sie sind komplexer geworden und bedürfen neuer Steuerungen. Sie lassen verschiedene Möglichkeiten der Regelung offen, die dann im Zuge der kulturellen Überformung der Mensch tatsächlich nutzt. Er *kann nicht darauf verzichten,* dieses in irgendeiner Weise zu tun, da es jeweils, aufs Ganze gesehen, um das Gelingen menschlichen Lebens und *um eine solche Ordnung des Gemeinschaftslebens geht, die das Überleben sichert.*

- Gleichzeitig bedeutet aber die Emanzipation des Menschen von der Natur auch bis zu einem gewissen Grad eine *Befreiung vom Überlebenszwang, so daß ein größerer Spielraum der Freiheit* in die Gestaltung der Lebensvorgänge eindringt. Das ist keine Frage. Der Mensch wird zum Menschen, indem er sein Dasein als menschlich zu gestalten beginnt. Diese Gestaltung ist *nie ausschließlich Leistung einzelner individueller Paare gewesen.* Denn sie geschieht immer unter Sinnvorgaben, die sich geschichtlich entwickeln und Sinnverstehen für die einzelnen ermöglichen. Sinn wird somit immer durch übergeordnete Gemeinschaften vermittelt. Im Zuge dieser Sinnbestimmung wird zugleich den einzelnen Orientierung gegeben, die bestimmte Verhaltensweisen vorschreibt.
- Das Verhalten des einzelnen ist *in die übergeordnete Gemeinschaft eingebunden, schon um der Sicherung der gemeinsame Existenz willen;* das bedeutet immer eine gewisse Über-“form“-ung; und diese Form heißt eben Norm. Daß es sich in solchem Kontext um ethische Normen handelt, hängt damit zusammen, daß hier der einzelne aufgrund seiner spezifisch menschlichen Existenzsituation in Freiheit Verantwortung für soziales Verhalten übernimmt. Dieses tut er in Richtung auf eine Sinnerfüllung im gesellschaftlichen Ganzen. Das aber ist spezifisch für *ethische Normen.* So ist in die kulturelle Überformung durch die übergeordnete Gemeinschaft das Instrument ethischer Norm mit innerer Notwendigkeit eingeführt worden. Es ergibt sich aus den biologischen Notwendigkeiten, hat aber aufgrund der Tatsache, daß es in humanem Kontext geschieht, die Qualität ethischer Norm angenommen. Und gerade dadurch erweist sich Gestaltung der Sexualität als spezifisch humaner Auftrag für den Menschen. Die Notwendigkeit ergibt sich hier auch daraus, daß es sich in der Regel bei der Sexualität um etwas handelt, was in der Tat mit Überleben von Menschen zu tun hat. Es übersteigt insofern auch die Kompetenzen des einzelnen als eines solchen, als er hier immer schon in einem übergreifenden Zusammenhang steht.
- *Malinowski* hat zeigen können, daß *in allen Kulturen die Regelung der Sorge um den Nachwuchs nicht nur individuellen Paaren anvertraut* war, sondern im Interesse der jeweiligen Gesellschaft von dieser geregelt wurde.[3] Dabei ist zu beobachten, wie stark die sinndeutende Bemühung das faktische Verhalten mitbestimmte.

---

3 *Malinowski:* Geschlecht und Verdrängung, 201, gibt ein Beispiel: „In allen menschlichen Gemeinschaften ... findet man durchweg einen Faktor, den man die Herrschaft der Legitimität nennen könnte. Ich meine damit, daß in sämtlichen menschlichen Gesellschaften die Frau nicht schwanger werden solle, ehe sie verheiratet ist.“ Wichtig ist, daß ein Paar Verantwortung für das Kind übernimmt.

- Auch von den *Jungschen* Beobachtungen her wird gesagt werden müssen, daß *Archetypik der Prägung bedürftig* ist und gerade im Geprägtwerden die Konkretion das Verhalten mitsteuert und –bestimmt: Der Archetypus Frau (Anima) und der Archetypus Mann (Animus) im jeweils anderen Geschlecht ist in konkreter Ausformung in der Annahme eine Voraussetzung für das Gelingen der wechselseitigen Kommunikation. Die Archetypik selbst ist für Prägungen offen, da sie von sich aus das Konkrete nicht festlegt.
- *Ein letzter Gesichtspunkt hinsichtlich der Notwendigkeit der Normsetzung* im Sexualethos ergibt sich aus der Beobachtung, daß es sich hier um ein *Kommunikationsverhalten* handelt, das auch sonst in aller Regel schon deswegen einer gestalteten und geregelten Form bedarf, weil es sich darin um „sprachliches"[4] Verhalten handelt und um „sprachliche" Verständigung, die als unverzichtbarer Bestandteil menschlicher Gestaltung der Sexualität angesehen werden kann. Wenn man das Bild der Sprache beibehalten will, könnte man an jene *Regelungen auf den drei Ebenen* denken, die wir in der Geschlechterbegegnung ausmachen konnten:

Die Ebene der *Körpersprache* ist am stärksten durch biologische Konstanten determiniert. Natürlich wird sie modifiziert und individuell gestaltet, aber viele festliegende Verhaltensstandards sind vorkulturell wirksam und durch die Genese determiniert.

Die *Ebene des bewußten Austausches von Sinngehalten*, die das Verhalten prägt, die also auf der Ebene der *kulturell vorgegebenen Sprache* liegen, unterliegen aufgrund dieser Gebundenheit an die Kultur den Grundorientierungen und Sachgesetzlichkeiten dieser jeweiligen Kultur. Soweit es innerkulturell Sachverhalte gibt, die transkulturell von Bedeutung sind, die schlechterdings humane menschheitliche Bedeutung haben, *stellt sich dann innerhalb der konkreten Gestalt kulturell bestimmten Ethos*, wie wir gesehen haben, *die Wahrheitsfrage auf dem Hintergrund einer jeweiligen implizierten Anthropologie.*

Die *dritte Sprachebene betrifft individuelle Regelungen, die miteinander verabredet, erfahren, realisiert sind;* auf dieser Ebene gibt es dann in der Tat eine Menge von individuellen Verständigungszeichen des bestimmten einzelnen Paares, die abhängig sind von der einmaligen Geschichte, die dieses Paar durchlaufen hat und durchläuft. Es ist keine Frage, daß es auch hier eine Reihe von „Normen" gibt, die menschlich, und indirekt auch ethisch, verbindlich sind – selbst wenn sie nicht universalisierbar sind.

Soll in diesem dreifachen Sinn von Sprache, Kommunikation und Austausch gelingen, ist es selbstverständlich, daß *die grammatischen Regeln beachtet* werden. Wechselseitiger Austausch kann nur so „verstanden" werden. Die Bezogenheit der Ausdrucksgestalten auf das Verstehenkönnen beim jeweils anderen ist Bedingung für gelingende Begegnung.

---

[4] Die Anführungszeichen wollen andeuten, daß sprachlich hier in einem sehr weiten Sinn verstanden wird und auch vorsprachliche Formen der Kommunikation mitumgreift.

Das *Arbeitspapier* Sinn und Gestaltung menschlicher Sexualität der *Sachkommission 4* der gemeinsamen Synode der Bistümer in der Bundesrepublik Deutschland geht beim Aufweis der Notwendigkeit der Normierungen entsprechend von der Bedürfnislage des einzelnen aus. Den Notwendigkeiten der Gesellschaft einerseits entspricht hier andererseits auf individueller Ebene auch das *Bedürfnis, bestimmte Strukturierungen des eigenen Verhaltens vorgegeben zu bekommen,* damit eine *Verhaltenssicherheit* ermöglicht wird. Wörtlich heißt es dort:

„Den Menschen von Normen freizustellen hieße, ihn einem Entscheidungsdruck auszusetzen, dem er nicht gewachsen ist. Normen im Sinne vorgegebener Verhaltensmuster und Verhaltenserwartungen haben eine Entlastungsfunktion, die den Menschen vor Schaden bewahrt. Insofern sind Normen unverzichtbar. Die gegenwärtige Tendenz, die auf Abschaffung oder Überwindung bisheriger Sexualnormen – auf ihre ‚ersatzlose Streichung' – hinzielt, führt häufig zur Installierung neuer Normen. Diese beruhen – ebenso wie die bisherigen Normen – zu einem erheblichen Teil auf Sozialzwängen, wenn auch unter umgekehrten Vorzeichen: Verbote von einst verkehren sich in Gebote."[5]

Das Papier ist zu einer Zeit verfaßt worden, in der der Einfluß der linken Studentenbewegung in der Gesellschaft der jüngeren Generation virulent war. Dieser Einfluß war aber von den Gedanken Reichs und der durch ihn inaugurierten „sexuellen Revolution" geprägt, die in der Tat zu einem Zwang zu machen drohte, was früher mit Tabu und Verbot belegt war.

Dieser letzere Sachverhalt wurde von Klaus Dörner in einer Studie über die Sexuelle Partnerschaft in der Industriegesellschaft,[6] bestätigt. *An die Stelle früherer Normen tritt seiner Meinung nach heute zwar die Selbstnormierung der Gesellschaft*, diese vollzieht sich aber weithin *als Angleichung an den sozioökonomischen Prozeß,* wenn er sagt:

„Die Gesellschaft hat die Sexualität unmittelbar und ohne Distanzierungschancen in Regie genommen und sich ihrer Anstößigkeit in verschiedener Weise entledigt: Einmal und hauptsächlich durch Synchronisierung der Sexualität mit dem *Leistungsprinzip* (... *Kinsey's* Orgasmuszwang); zum zweiten durch die Kreierung eines obsoleten *Hygiene-Ideals* (Mittel zur Entspannung, Harmonie bzw. Ungesundheit sexueller Unterdrückung); drittens durch *Almalgamierung mit der Konsumsphäre* (hier wird zwar die bislang verfehmte rein körperliche Lust erstmals gesellschaftlich zugestanden, doch nur um den Preis der Verkümmerung zum bloßen Ablauf, der garantierten sozialen Folgenlosigkeit, der Beliebigkeit und Motivlosigkeit ...);"[7]

Wir stoßen hier auf das sehr schwierige und verwickelte *Problem*, das es auch auf anderen Gebieten des Moralischen gibt, wie weit eine individualistisch konzipierte Ethik *Individualforderungen aufrechterhalten kann, wenn der gesamte Rahmen des gesellschaftlichen Lebens bestimmte Einzelforde-*

---

5 Ergänzungsband der Offiziellen Gesamtausgabe, Freiburg/Basel/Wien 1977, 172, unter der Nr. 3.3.3. des Arbeitspapiers. *Gehlens* Gedanken sind hier wiederzuerkennen (vgl. oben, 2.1.1. b) 1)).

6 *Dörner*, Sexuelle Partnerschaft.

7 Ebd., 176; die Hervorhebungen (bis auf die des Namens) vom Verf.

rungen mehr und mehr unerfüllbar erscheinen läßt. Wenn solche Zusammenhänge von der gesamtgesellschaftlichen Struktur des Zusammenlebens und dem Verhalten einzelner nicht zu leugnen sind, wird man isolierte Forderungen an den einzelnen nur sehr zurückhaltend formulieren können, wenn es nicht gleichzeitig gelingt, *die Erfüllung solcher Forderungen auch zu ermöglichen.* Das führt implizit zu der Konsequenz, daß ein genuin christliches Verhalten vielleicht nur möglich sein kann, wenn es gelingt, bis zu einem gewissen Grad *Binnenräume christlicher Alternative* zu schaffen, in denen das Verhalten einzelner durch das Verhalten der übergeordneten Gemeinschaft mitgetragen und mitgesichert ist.

Man kann abschließend feststellen, daß das Normbedürfnis des einzelnen durch die gesellschaftliche Wirklichkeit heute in unzureichendem Maß befriedigt wird; auch wenn man Dörners kritischer Analyse nicht voll und ganz zustimmen will – sie hat in erster Linie die achtundsechziger Generation vor Augen und sicher auch nur einen Ausschnitt daraus – so wird man doch mit einem *Pluralismus von Bezugsgruppen* in unserer Gesellschaft rechnen müssen, die, aufs Große und Ganze gesehen, Verhaltensmuster der Sexualität vermitteln, die der Tradition kirchlicher Lehre keineswegs entsprechen. Nun haben sich diese Traditionen allerdings selber geändert; wir müssen uns dem Phänomen des Normenwandels stellen – nicht nur insofern sich in der Gesellschaft Normen verändert haben, sondern auch insofern dieser Wandel die ethische Reflexion der Kirche selber bestimmt hat.

3.2. Der Normenwandel

Normalerweise wird man in der Ethik davon ausgehen, daß die *grundlegenden Sinnwerte unverbrüchlich vorgegeben* sind, daß in ihnen das *Unveränderliche* ein für allemal festgeschrieben ist, während man die *normativen Konkretionen* als relativ auf den Sinnwert hin und damit *eher als veränderlich* bezeichnen würde. Nun stellt sich die Entwicklung der Sexuallehre der *Kirche* in unserem Jahrhundert genau *umgekehrt* dar: *Ihre Vorstellung von den Sinnwerten der Sexualität* von der Hierarchie der Sinnziele, hat sich, wie wir gesehen haben, *verändert.* Die *konkreten Normen haben sich nicht verändert.* Zum ersteren kann gesagt werden, daß Vorgänge deutlicherer Erfassung der Sinnwerte in der Geschichte auch sonst beobachtet werden können. Aber sie geschehen doch wohl immer in der Überzeugung, wirklich etwas *entdeckt* zu haben, was immer schon da war, und nur noch nicht im Bewußtsein der Menschen reflektiert wurde; man hat das Gefühl, daß eine solche Entdeckung etwas erschließt, das von jetzt an nicht mehr aus der Weitergabe des Glaubens und des Ethos wegzudenken ist. Das sollte nicht wieder verlorengehen. Um so mehr gibt es Reibungspunkte innerhalb der heutigen Diskussion im Bereich konkreter Normierung des Sexualverhaltens, ohne daß die Kirche von der veränderten Sicht der Sexualität abgelassen hätte, die auf dem Konzil in aller Deutlichkeit in Erscheinung trat. Wenn da Neuentdeckungen gemacht wurden, könnten grundsätzlich normative Modifikationen die Folge sein, wenn sich auch im Augenblick diesbezüglich kaum etwas ausmachen läßt; man muß bedenken, daß die Kirche hier in der Tradition einer anderthalbtausendjährigen Lehre steht, die sie kaum von heute auf morgen völlig hinter sich lassen kann. Der Einfluß von Stoa und Neuplatonismus ist noch nicht aufgehoben.

Ganz allgemein ist *Normenwandel ein Ausdruck neuen Suchens*;[8] er löst fraglos auch vielfältige Verunsicherung aus und ist wohl selber deren Ausdruck. Faktisch „funktionierte“ „sexuelle Befreiung“ häufig gar nicht unter den Siegesklängen und Fanfarenstößen, die sonst revolutionäre Befreiung zu begleiten pflegen. Eine Beobachtung aus einem entsprechenden Artikel der Enzyklopädie für Bioethik,[9] zeigt dies. Es werden dort Ergebnisse von Kinsey mit späteren verglichen und festgestellt, daß die Menschen in dieser Zeit freizügiger geworden sind in der Sexualität, als sie je gewesen waren. Das gilt insbesondere von jungen Leuten. Das Spezifische ist, daß sich nicht nur das Verhalten geändert hat, sondern auch die Einstellungen dazu. B. London *nennt einige Folgen der Entwicklung,* die für ihn gravierend und bemerkenswert sind:

1) Die Folgen sind fast so gravierend wie die der Prüderie der viktorianischen Ära (deren gegenläufiger Pendelschlag hier beobachtet wird), wahrscheinlich sogar in bestimmten Symptomen verbreiteter: „*Frigidität* und Vaginismus bei Frauen, sekundäre *Impotenz* und vorzeitige Ejakulation bei Männern.“[10]

2) Andere Konsequenz sind vielleicht noch fataler: 1975 überstieg die Zahl der *Scheidungen* in den USA die der Eheschließungen; 1976 schon wurden im Staat Washington mehr Kinder nichtehelich geboren, als ehelich.[11]

3) Es werden Theoretiker zitiert, die dem „make love not war“ nicht nur widersprechen, sondern der Permissivität auf dem Gebiet des Sexuellen genau gegenteilige Konsequenzen zuschreiben, so z.B. der Soziologe Philipp Rieff, der in einer Parallelisierung zu anderen geschichtlichen Epochen behauptet, daß der uneingeschränkte Ausdruck von Sexualität unvermeidlich korreliert mit einer generellen gesellschaftlichen *Akzeptanz von Gewalt.*[12]

4) Noch etwas scheint sich in der Sicht der amerikanischen Forscher im Normenwandel auszudrücken: *Eine wachsende Ent-ethisierung von Sexualität.* Gesundheit ist die Norm sexuellen Verhaltens, nicht mehr irgendein Ethos; es entstehen nicht mehr so sehr moralische Ängste in solchem Kontext, sondern solche der Perfektion, die einer zu bieten hat oder nicht. Ethi-

---

[8] Hans-Joachim *Thilo* sieht in der berechtigten Bemühung um eine den veränderten gesellschaftlichen Verhältnissen angepaßte neue Normierung als notwendig an und grenzt sie von überkommenen moralischen Verhaltensmustern ab (Norm, 79-132).

[9] *London*: Sexual Behavior, 1560-1569.

[10] Ebd., 1566, Hervorhebung v.Vf.

[11] Ebd., 1567.

[12] Ebd.

sche Werte also, sonst hier angesiedelt, werden durch Gesundheit und Leistungsfähigkeit ersetzt.

Die solcher Kritik immanente Widerstandskraft signalisiert zugleich *positive Tendenzen.* Es gibt zumindest sich entwickelnde Standards, die weit verbreitet sind, welche im Verhältnis zu den Zeiten viktorianischer Prüderie positiver zu werten sind:

1) Bei vielen läßt sich heute eine Sicht der Sexualität beobachten, in der *Sexualität eng an Personalität* gebunden wird. *Alfons Auer* führt folgenden Vergleich an[13]: „Bei dieser Stichprobe im Jahre 1912 gaben 99% der befragten Studenten vorehelichen Geschlechtsverkehr an. Im Jahre 1960 waren es 90%. Der eigentliche Strukturwandel der Studenten des Jahres 1966 gegenüber ihren Kommilitonen aus dem Jahre 1912 wird aus den Angaben über den ersten Partner und über die Motive des vorehelichen Geschlechtsverkehrs überaus deutlich. 75% der befragten Studenten von 1912 hatten ihren ersten Geschlechtsverkehr mit Prostituierten, 17% mit Dienstmädchen und Kellnerinnen, 4% mit Bürgermädchen und 4% mit anderen. 1966 gaben die Hälfte der befragten Studenten die spätere Ehepartnerin als erste Koituspartnerin an, 44% Freundinnen, mit denen eine längere Bekanntschaft bestand und 7% Prostituierte." Entsprechend unterschiedlich wird das Motiv benannt: „Innerer Drang" und „Verführung" am Anfang des Jahrhunderts, in viel höherem Maß aber „Liebe" und „Freundschaft" im Jahre 1966.

2) Man kann ein *unbefangeneres positives Verhältnis zur Leiberfahrung* feststellen; hier wäre die Aufmerksamkeit neu auf das Phänomen „erotische Kultur und Zärtlichkeit" zu richten.

3) Es läßt sich ein *Rückgang doppelter Moral* feststellen; die Bedürfnisse der Frau innerhalb der Sexualität werden ernster genommen; ihre Gleichberechtigung wird grundsätzlich anerkannt, wenn auch die gesellschaftlichen Folgen der Ungleichheit noch nicht überwunden sind.

Man kann also *nicht jedwede Veränderung des Normverhaltens als einen Abfall,* als ein Abgleiten in einen Zustand der Anomie beurteilen. Verhaltenswandel als solcher kann nicht ausreichen, um Werturteile über die Gesamtentwicklung abzugeben; denn dann müßten die Haltungen, Werterfahrungen und Orientierungen einbezogen werden; Veränderung im Verhalten allein kann nicht das Ethos insgesamt charakterisieren.

Überdies kann Normenwandel unter Umständen sinnvoll sein, wenn sich durch die veränderten Lebensbedingungen herausstellt, daß ein früher auf bestimmte Art erreichter Wert so nicht mehr erreicht werden kann. Dann müßte also das Verhalten verändert werden, um eben diesen Wert zu realisieren. Klassisches Beispiel dafür auf einem anderen Gebiet ist die Veränderung der Normierung des Zinsnehmens. Christliche Ethik muß sich unvermeidlich *der Frage stellen, ob die veränderten Bedingungen des Zusammenlebens der Geschlechter in der Gesellschaft auch die Möglichkei-*

---

[13] Wobei gleichzeitig, die Datenbasis der zitierten Untersuchung angezweifelt wird, was die Aussagekraft aber kaum ganz aufheben dürfte; *Auer/Strätling*: Menschenfreundliche Sexualmoral.

ten der Wertrealisierung so verändert haben, daß nur mehr veränderte Verhaltensweisen diese Werte voll wahrhalten können.

Ob und inwieweit nun Veränderungen im faktischen Verhalten auf dem Gebiet der Sexualität im einzelnen und konkret beanspruchen können, die bessere Auslegung dessen zu sein, was der Mensch auf dem Gebiet der Sexualität leben sollte, kann noch nicht beantwortet werden, weil sich hier auch das Ergebnis sehr ambivalent darstellt. Man wird sich in den Einzelfragen jeweils mit dem Normenwandel konkret zu befassen haben. Dem soll hier nicht vorgegriffen werden.

3.3. Der Geltungsanspruch von Normen

Die Gestaltung gelingenden Lebens steht auf dem Spiel. Da Leben nur interpersonal gelingen kann, ist nie nur der einzelne tangiert, sondern immer auch die anderen, die in einem Beziehungsgeflecht mit ihm leben. *Normen können also insoweit Geltung beanspruchen, als ein eindeutiger Zusammenhang hergestellt wird zwischen den Kernelementen des Gelingens menschlichen Lebens, den Zielvorstellungen, die die Wertorientierung bestimmen, und dem einzelnen Verhalten*, das solchem Gelingen entweder entgegensteht oder es zu fördern vermag. Normen sind meistens Richtungsweiser, die die Grenzlinien markieren, die ein Abweichen vom richtigen Weg verhindern wollen. Sie sind als solche zumeist negativ formuliert, indem sie bestimmte Verhaltensformen als gegen das letzte Gelingen gerichtet aus dem Bereich des Erlaubten ausklammern. Folgt der Mensch diesen Normen nicht, gerät er in einen Widerspruch zur Sinnausrichtung seines eigenen Daseins. In dem Maße also eine Norm durch diesen Zusammenhang begründet ist, kann sie Geltung beanspruchen.

Eine schöpfungstheologische Rückbindung dieses Geltungsanspruchs sagt, daß der Schöpfer selbst dem menschlichen Dasein eine bestimmte Sinnstruktur gegeben hat, deren Befolgung Erfüllung und Gelingen schenkt. Dieses geschieht immer im Zusammenhang menschlicher Gemeinschaft im bewußten Eingehen des einen auf den anderen. Verantwortung ist nie abstrakt Verantwortung einer Norm gegenüber, sondern immer dem Wert gegenüber, der dann jeweils dieser andere konkrete Mensch ist, auf den sich der einzelne bezieht. Der Geltungsanspruch wird also am meisten in der konkreten Begegnung mit dem anderen erfahren. Auf das Gelingen des Lebens mit ihm sind alle Normen hin zu befragen. Aber wir sahen auch, daß Menschen sich immer unter den Vorzeichen von Wertorientierungen erst treffen, die geschichtlich gesellschaftlich vorgegeben sind. So ruht der Geltungsanspruch nicht ausschließlich in der individuellen Zweierbeziehung, sondern in einem zu erwartenden Gelingen dieser Zweierbeziehung unter den Vorzeichen des Einsseins mit gesellschaftlichen Wertungen. Selbst der individuelle Raum, in dem sich das Paar von der Gesellschaft selbst und ihren Wertungsmuster emanzipieren würde, gäbe als Alibi zu wenig Grundlage für das Gelingen der beiderseitigen Kommunikation auf Dauer. Dabei bleibt die Gesellschaft zurückgebunden an das heute mehr auf anderen Gebieten des Ethischen angewandte Prinzip von der Bewahrung der Schöpfung. Sie kreiert nicht die ethische Wertorientierung, sondern muß versuchen, sie an der Wirklichkeit abzulesen. Dabei stößt sie in der Bemühung um den Erweis der Geltung von Normen auf die Personengerechtigkeit, in die das Verhalten zurückzubinden ist; nur so kann Orientierung an eigentlichen Sinnwerten der Sexualität, die über gesellschaftliche bzw. gemeindliche Zusammenhänge vermittelt sind, gelingen. Orientierung an den Sinndeutungen des Glaubens ist dabei die Leitlinie der theologisch-ethischen Reflexion.

4. Kapitel

Normative Einzelprobleme der Sexualität: Unverzichtbare Bedingungen des Gelingens

Vorbemerkung:

Bisher wurde versucht, aus den Sinnvorgaben Haltungs- und Verhaltensbilder zu entwickeln, die eine Richtung der Lebensgestaltung vorgaben. Die mittleren Maximen legen einzelnes Verhalten nicht fest; sie orientieren in einem mehr allgemeinen Sinn. Es sind Zielsetzungen, auf die hin der eigene Lebensentwurf gewagt werden kann. Doch werden die konkreten Lebensentwürfe hier so verschieden aussehen wie die Menschen und ihre individuellen Geschichten sind, die sich auf oft verschlungenen Bahnen aufeinanderzubewegen. Wenn im folgenden das Normproblem im engeren Sinn aufgegriffen wird, dann werden *universalisierbare Forderungen an das Verhalten* bedacht, die den Menschen auf der Bahn sinnvoller Lebensgestaltung halten sollen. Normen in diesem Sinn enthalten Ansprüche, die sich an den Menschen als Menschen richten und darum grundsätzlich für jeden gelten.[1] Insofern dienen sie dem Gelingen menschlicher Existenz. Daß solches Gelingen nur denkbar ist unter den endlichen, oft ärmlichen Möglichkeiten, die mit dem Menschsein gegeben sind, ist mitzubedenken. Normen fallen nicht vom Himmel; sie sind uns überliefert und transportieren ein Lebenswissen, das nicht ohne Grund als irrelevant angesehen werden kann. Wieweit in der in vielerlei Hinsicht veränderten Situation solches Lebenswissen hinterfragt werden muß, ist im einzelnen zu prüfen. Ich halte mit Klaus Demmer dafür, daß jeweils eine neue Orientierung die Beweislast zu tragen hat.[2]

Während die Gestaltung der geschlechtlichen Selbstbestimmung des Menschen im Rahmen mittlerer Maximen in ihrer positiven Ausrichtung vielerlei Möglichkeiten zuläßt, kann *eine Normierung, die für alle gültige Verhaltensanforderungen enthalten soll, nur negative Abgrenzung bedeuten.* Eine solche Norm müßte sich dadurch ausweisen, daß gezeigt werden kann, daß ohne die Beachtung der durch sie bezeichneten Grenze sinnvoll gelebte Sexualität unmöglich wird. Leicht einsehbar ist, daß Vergewaltigung oder

---

[1] Anhand der Befunde der Kulturanthropologie wurde oben gezeigt, daß es auch angesichts der Verschiedenheiten der Kulturen doch möglich sein muß, allgemeingültige Grundstrukturen humaner Gestaltung der Sexualität zu entwickeln.

[2] *Demmer,* Voreheliche Enthaltsamkeit, 237, hier mit Blick auf die in sittlichen Traditionen gespeicherte Weisheit, gegen die sich alles Neue erst beweisen muß.

sexueller Mißbrauch von Kindern Beispiele sind, die zeigen, daß hier solche generell gültigen Bedingungen des Gelingens nicht eingehalten wurden; diese sind also fraglos als Verbote, d.h. als negative Normansprüche existent. Andere Grenzziehungen werden als erheblich weniger plausibel angesehen. Hier gilt es, im einzelnen abzuwägen und zu entscheiden.

Ich nehme das Bild vom Rahmen noch einmal auf, um den Sinn abgrenzender Norm und zugleich deren begrenzten Stellenwert zu verdeutlichen. Die *Norm ist eine Rahmenbedingung des Gelingens;* das bedeutet, daß der Mensch an dieser Grenze daran gehindert werden soll, „aus dem Rahmen zu fallen" und so sich selbst, seine und vielleicht des anderen Möglichkeiten zu verspielen. Der Rahmen, die äußere Grenze eines Bildes, hat *nicht den Sinn, daß sich der gestaltende Künstler ausschließlich an ihm orientiert. Es geht um die Gestaltung der ganzen Fläche*, auf der ein Bild entstehen soll. Wer das Verbot des Ehebruchs etwa dadurch erfüllen möchte, daß er dauernd an den Grenzen dieses Verbotes und der damit abgesteckten Möglichkeiten entlangläuft, hat nicht begriffen, daß Treue nur in der Kreativität der Liebe bestehen kann, in der immer neue Wege der Liebe zueinander gesucht und entwickelt werden. So erst kann das „Kunstwerk" entstehen, von dem Erich Fromm indirekt spricht, wenn er die Kunst des Liebens beschreibt.[3] Es bedeutet Gestaltung des Lebens selbst.

Ausgehen möchte ich in der moraltheologischen Einzelüberlegung von einer Art *Grundaxiom überkommener kirchlicher Sexualmoral,* durch das fast jede sexuelle (genitale) Aktivität normativ mitbestimmt wird. Es besteht in der *Betonung der unauflöslichen Einheit der Sinn-Ziele der Sexualität*; sexuelle Lust, Hinordnung der Sexualität auf Fortpflanzung und die Bereicherung der Partner durch die geschlechtliche Begegnung dürfen nicht voneinander getrennt werden. Nur so kann in der Ausübung des Geschlechtlichen Humanisierung und Wahrung der Menschenwürde gelingen. Institutionell soll diese Einheit der Sinnorientierungen durch die Ehe abgesichert werden. Das bedeutet, daß sexuell-genitale Aktivitäten außerhalb der Ehe grundsätzlich abzulehnen sind. Es ist keine Frage, daß sich hier die Geister scheiden. Über diesen Grundsatz hinaus möchte ich dann zu weiteren einzelnen normativen Aussagen und ihrer Anwendung kommen, die alle mehr oder weniger im Gefälle dieses Grundaxioms gesehen werden können. Es wird genau zu prüfen sein, ob es sich in allen Einzelanwendungen für die Menschen der Gegenwart plausibilisieren läßt.

4.1. Der zentrale Normsatz traditioneller Moral

Der hier zu behandelnde Grundsatz könnte so formuliert werden: Jede direkt angestrebte sexuell-genitale Lusterfahrung außerhalb der Ehe ist Sünde – teilweise sogar generell als peccatum grave, als schwere Sünde, angese-

[3] *Fromm*, Die Kunst des Liebens, 15-22.

hen[4]; anders gesagt: *Der einzig legitime Ort bewußt erlebter Geschlechtslust ist die Ehe.*[5]

Es ist bemerkenswert, daß dieser Normsatz in allen amtlichen Dokumenten der Kirche zu diesem Thema bislang in irgendeiner Form wiederholt worden ist. Auch in jenem Arbeitspapier der Sachkommission IV der Gemeinsamen Synode der Bistümer Deutschlands – das man als offenstes Statement im Rahmen kirchlicher Verlautbarungen ansehen muß[6] –, heißt es: „Für die volle sexuelle Gemeinschaft von Mann und Frau ist nach christlicher Auffassung die Ehe der legitime Ort."[7] *Zum ersten Male in der Entwicklung kirchlicher Lehre wird hier allerdings versucht, in einer differenzierteren Weise das Umfeld der allein legitimen Ausübung von Sexualität zu bewerten.* Man spricht von einer „Stufenleiter der Zärtlichkeit" und von einer notwendigen Entsprechung der Ausdrucksgestalt der Zuwendung und der inneren Hinneigung.[8]

Aber an der grundlegenden Norm wird auch hier, wenngleich mit einem etwas anderen Normverständnis, festgehalten. *Begründet* wird im Text summarisch. Erstens *entspricht* dieser Grundsatz *der christlichen Sicht der Ehe als einer sakramentalen Lebens- und Liebesgemeinschaft;* zweitens dient diese Auffassung der Ehe der *bestmöglichen Sinnverwirklichung* des Sexualität. Die Sinnwerte werden kurz erwähnt, wechselseitiges Gewähren von Geborgenheit, was die notwendige Vorausetzung auch für die Annahme von Kindern schafft. Entscheidend bleibt für die kirchliche Lehre, daß durch die Praxis die Einheit der Sinnziele der Sexualität aufgehoben wird. Die *Untrennbarkeit der zentralen Sinngehalte* gilt als Bedingung für die Ganzheitlichkeit und Integrität des personal verantworteten geschlechtlichen Verhaltens.

---

[4] Zu dieser Problematik vgl. oben, den Exkurs vor 2.1.3. e).

[5] *Häring,* Gesetz Christi, 3, 296, formuliert: „Die Sünde der Unkeuschheit besteht im *Mißbrauch,* das heißt im sinn- und zweckwidrigen Gebrauch der Kräfte der Geschlechtlichkeit. *Nicht die Geschlechtslust als solche ist unkeusch, sondern das Suchen derselben durch den Mißbrauch und außerhalb der heiligen Schöpferordnung der Ehe.*" Er hat in seiner späteren Entwicklung seine Stellungnahme erheblich modifiziert, bleibt aber bei der Aussage: „Die sexuelle Vereinigung hat ihren legitimen Ort nur in der Ehe." (in: Frei in Christus, 2, 482).

[6] Das Papier wurde nicht Beschluß der Synode in Würzburg; vgl. die Erklärung der Deutschen Bischofskonferenz, die bei der Veröffentlichung dem Papier vorausgeschickt wurde: „Die Deutsche Bischofskonferenz nimmt die Veröffentlichung des Arbeitspapieres ‚Sinn und Gestaltung menschlicher Sexualität' der Sachkommission IV der Gemeinsamen Synode zum Anlaß, fogendes zu erklären: Wie bei allen ‚Arbeitspapieren' der Gemeinsamen Synode ist besonders bei diesem zu beachten, daß es keineswegs die Autorität der Gemeinsamen Synode in Anspruch nehmen kann. Viele Aussagen dieses Arbeitspapiers bedürfen einer sorgsamen Prüfung, andere einer gründlichen Korrektur..." (in: GSyn II, 162). Es wird aber nicht im einzelnen gesagt, was von den Bischöfen näherhin in diesem Arbeitspapier kritisiert worden ist.

[7] Ebd., 173, unter 4.1.1. KKK formuliert: „*Unzucht* ist die körperliche Vereinigung zwischen einem Mann und einer Frau, die nicht miteinander verheiratet sind. Sie ist ein schwerer Verstoß gegen die Würde dieser Menschen und der menschlichen Geschlechtlichkeit selbst, die von Natur aus auf das Wohl der Ehegatten sowie auf die Zeugung und Erziehung von Kindern hingeordnet ist" (Nr. 2353).

[8] Ebd., 174, unter 4.2.3; die Formulierung wurde auch in dem Synodenbeschluß Ehe und Familie aufgenommen (GSyn I, 441, 3.1.3.3)

4.1.1. Einige Einwände gegen diesen Grundsatz

Gegen die zitierte Grundnorm gibt es eine Reihe gravierender *Einwände*. Ich fasse kurz einige zusammen, ohne Vollständigkeit erreichen zu wollen:[9]

1) Die *Ethnologie* belehrte uns darüber, daß keineswegs davon die Rede sein kann, „*daß die Monogamie als bevorzugte Eheform eine kulturelle Dominante* menschlicher Gesellschaft sei",[10] so Franz Xaver Kaufmann, der außerdem feststellt: „Aus der Übersicht von Murdock geht hervor, daß ein generalisiertes Sexualtabu, also das Verbot aller außerehelichen Geschlechtsbeziehungen außerhalb des christlichen Einflußbereichs äußerst selten anzutreffen ist."[11]

2) Man *bestreitet das Verbot, die Sinngehalte innerhalb der Sexualität voneinander zu trennen*. Dieser Trennung wurde insbesondere durch die Verbreitung empfängnisverhütender Mittel der Boden bereitet. Vor allem, so der Eindruck, ließ sich jetzt das personale Begegnungsgeschehen von der Bindung an eine mögliche Zeugung lösen. Daß aber für die geschlechtliche Begegnung eine Reihe anderer Bedingungen nach wie vor von vielen gefordert werden, bleibt hier außer Betracht. Einer noch weit stärkeren Auflösung des Sinngefüges als der durch die Trennung dieser beiden zentralen Sinngehalte entspricht dann auch eine Verwässerung sinnentsprechender Kultivierung der Sexualität.[12]

3) Alle *Gegner einer Institutionaliserung der Ehe* müßten hier aufgezählt werden,[13] die sich bei sehr vielen Autoren der achtundsechziger Generation findet. Sie hat ihren Wurzelgrund unter anderem in einer – man könnte sagen – Gesellschaftverdrossenheit des modernen Menschen, der von den übergeordneten Größen der Gesellschaft nicht viel mehr erwartet. Über die Schulter schaut Wilhelm Reich,[14] der damals enormen Einfluß ausübte; doch die „sexuelle Revolution" hat inzwischen an Überzeugungskraft verloren.

4) Sexualität werde *zu sehr hochstilisiert*, wenn man davon ausgeht, daß in der sexuellen Begegnung jeweils das Ganze der menschlichen Person in Bewegung kommen und alle Sinnwerte gleichzeitig realisiert werden sollen.[15]

---

9 Dies wäre nicht möglich; insbesondere muß ich hier auf eine breite Aufarbeitung der Argumente aus der Geschichte christlicher Sexualmoral verzichten, weil dafür der Raum fehlt.

10 *Kaufmann*, in: *Böckle* (Hg.), Naturrecht, 45.

11 Ebd., 29.

12 In diese Richtung geht, was z.B. Ernst *Ell*, Dynamische Sexualmoral, in einer möglichen Isolierung der Eigengehalte der Sexualität aufzählt (65-86). Er wird hier deswegen ausführlicher zitiert, weil die zentrale Stoßrichtung seiner Argumente das genannte Axiom im Visier hat.

13 Auch hier wäre *Ell* als Beispiel zu nennen, der sich mit dem Argument hier etwas leicht tut, wenn er feststellt: „*Sexualität ist eine Qualität der Person nicht der Institution*... weil nur die Person und nicht die Institution Träger der sexuellen Organe ist und daher nur die Person selbst ihre im Wesen angelegte Sexualität zu realisieren vermag..." (33f.), um die Irrelevanz institutioneller Regelung darzutun.

14 Vgl. oben, 2.1.1. a) 3).

15 *Ell* sagt: „Die Liebe wird hochstilisiert zu einer edlen klassischen Leiche; sie ist nicht unsere Liebe ... Ebenso ist es eine Lüge, wenn einer behauptet, er ginge zu seiner Frau ins Bett, um seiner Liebe zu ihr Ausdruck zu geben. Dafür gäbe es viel günstigere Möglichkeiten: abends pünktlich heimkommen, ... sich um die Kinder kümmern, ... ein gutes Wort, ein Lob usw" (54).

5) Vielleicht ist *die Praxis* der gewichtigste Einwand; das heute in der Gesellschaft gelebte Leben entspricht in keiner Weise mehr dieser Normierung; Statistiken zeigen an, daß *nicht nur das Verhalten* nicht mehr solcher Norm entspricht, sondern *diese Norm* von *der Mehrheit* auch *nicht mehr als gültig angesehen*, nicht mehr positiv bewertet wird. Vom Großteil unserer Gesellschaft wird sie abgelehnt, ja, oft geradezu als schädlich bekämpft. Für die veränderte Situation in der Praxis und in dem faktischen Bewerten gibt es eine Menge von Gründen in der Gesamtentwicklung der Gesellschaft.

6) Ich erinnere an *Wilhelm Reich* und seine These, daß jegliche *Triebunterdrückung* Herrschaftsmechanismen begünstige.

7) Die totale Bindung aneinander in der *Ehe lasse Liebe zur Gewohnheit werden*; sie verhindere geradezu die freie Treue, in der die Partner sich füreinander neu entscheiden. Gewöhnung sei der Tod wirklicher Liebe, so wird gesagt.

8) Der Mensch *habe viel mehr Möglichkeiten*, seine Sexualität zu leben, als in der einen Beziehung in der Ehe. Hier liege eine unzulässige Einschränkung vor.

4.1.2. Ein erster allgemeiner Begründungsversuch

Ist dieser Normsatz auf dem Hintergrund der bisherigen Überlegungen moraltheologisch positiv zu begründen? Bruno Schlegelberger[16] hat die Argumentationsweisen der Moraltheologen seit Alfons von Liguori kritisch unter die Lupe genommen, die sich mit der Frage vor- und außerehelichen Geschlechtsverkehrs befaßt haben. Die Hauptargumente, die er diskutiert, sind folgende: das *Schriftargument*, das *Autoritätsargument*, die *Vermutung einer allgemeinen Gefahr* (induktives Moment), die Berufung auf die *Wesensordnung* von Sexualität und Ehe, die Lehre vom *alleinigen Verfügungsrecht Gottes*, die Begründung aus der *Würde der Partner* und schließlich der Verweis auf die *sakramentale Ermächtigung*. Ich zitiere die Zusammenfassung Schlegelbergers, in der er feststellt, „daß *den Moraltheologen bisher kein überzeugender Beweis dafür gelungen ist*, daß Geschlechtsverkehr in *jedem* Fall der Ehe vorbehalten sein muß. Die Schwierigkeiten, auf die ihre Sachargumentation gestoßen ist, sollten uns wenigstens bereit machen, nicht jede Ausnahme von vornherein als unsittlich zu verwerfen, sondern uns sachlichen Auseinandersetzungen neu zu stellen."[17]

Die Frage ist, ob inzwischen andere Formen der Argumente bereitgestellt wurden, die traditionelle Norm in überzeugender Weise plausibel zu machen. Für uns stellt sich die Frage so: Läßt sich die genannte Grundnorm als eine generell zu erfüllende Bedingung beschreiben, um sinnerfüllte Sexualität sich entwickeln zu lassen? Was könnte sich *aus der Sicht der Bibel* ergeben?

---

[16] *Schlegelberger*, Geschlechtsverkehr.
[17] Ebd., 229-232, Hervorhebung v.Vf.

Seit Artur Vermeersch (1858-1936), dem lange Zeit maßgeblichen Moraltheologen an der Gregoriana in Rom, wird anerkannt, daß *in der Bibel kein direktes Verbot* von außerehelicher geschlechtlicher Beziehung als solcher nachzuweisen sei.[18] Auch im Blick auf das Neue Testament wird festgestellt, daß porneia sich grundsätzlich auf den Verkehr mit Dirnen bezieht und nicht undifferenziert auf andere Formen sexueller Aktivität angewandt werden kann. Man wird somit generell sagen können, daß der Normsatz in dieser strengen Form in der Bibel nicht vorkommt. Das Gegenteil wird behauptet: Die Studie von Haag-Elliger über das Hohelied[19] sieht dieses als einen einzigen Beweis dafür an, daß dem Axiom nicht entsprochen wurde, weil man sich die erotischen Darstellungen in diesen Lieder innerhalb einer Ehe nicht vorstellen könne.[20] Allerdings trifft diese Deutung insofern die alttestamentliche Situation nicht ganz, als *hier als normal vorausgesetzt wird, daß geschlechtliche Beziehungen erst mit der Eheschließung beginnen;* man denke an die Regelungen, die Dtn 22,13-21 über die Beschuldigung der Ehefrau getroffen sind, der man den Vorwurf vorehelichen Verkehrs gemacht hat. Verbindlichkeit entsteht auch durch den Verkehr mit einer noch nicht Verlobten: „Wenn ein Mann einem unberührten Mädchen, das noch nicht verlobt ist, begegnet, sie packt und sich mit ihr hinlegt und sie ertappt werden, soll der Mann, der bei ihr gelegen hat, dem Vater des Mädchens fünfzig Silberschekel zahlen, und sie soll seine Frau werden, weil er sie sich gefügig gemacht hat. Er darf sie niemals entlassen." (Dtn 22,28f.) Indirekt läßt sich daraus eine Tendenz ablesen, die eigentliche sexuelle Kommunikation als etwas anzusehen, was Partner aneinander bindet. So entstehen *Verbindlichkeiten.* Sie haben ihren Ursprung in der Ausdrucksgestalt geschlechtlicher Vereinigung.

Auch im *Neuen Testament* lassen sich Aussagen finden, die eine entsprechende Lebensordnung, wie die gerade im Alten Testament beschriebene, voraussetzen. Man ging auch zur Zeit des Neuen Testamentes selbstverständlich davon aus, daß *der normale Ort geschlechtlicher Beziehung die Ehe* war. Das älteste Dokument, das diese Auffassung eindeutig widerspiegelt, ist der 1. Brief des Apostels Paulus an die Korinther; der Apostel läßt erkennen, daß es „besser" sei, „zu heiraten als sich in Begierde zu verzehren" (wörtlich: „zu brennen",[21] so 1 Kor 7,9). Er setzt offensichtlich voraus, daß es außerhalb der Ehe keine legitime Möglichkeit gibt, dem geschlechtlichen Verlangen zu folgen.

Ein *anderer indirekter Hinweis* findet sich im *Streitgespräch Jesu mit den Pharisäern* über die Ehescheidung. Dort zitiert er die Genesis, indem er sagt: „Die zwei werden ein Fleisch sein... Was Gott verbunden hat, ...das darf der Mensch nicht trennen." (Mk 10,8f.) Pesch sagt in seinem Kommen-

[18] Vgl. ebd., 25.
[19] *Haag/Elliger*, Sexualität.
[20] Die oben, im Abschnitt 2.2.1. 4) kommentierte, Stelle Dtn 24,5 läßt anderes für möglich halten.
[21] Vgl. *Klauck,* 1. Korintherbrief (NEB 7), 51.

tar dazu: „Die abschließende, ... paränetisch angefügte Maxime setzt voraus, daß Gott die Eheleute zusammenspannt, zur Einheit verbindet. Die Trennung des von Gott Vereinigten entspricht nicht seinem Willen.“[22] Der Gedanke, daß Gott die Eheleute zusammenfügt, ist dem zeitgenössischem Judentum nicht fremd. Dafür bringt *Klaus Berger* einige Belege ins Spiel.[23] Hier ist nicht ein Verbot sexueller Aktivität vor dem Vollzug der Ehe ausgesprochen; aber *es scheint hier vorausgesetzt zu sein, daß das leibhaftige Einswerden Einheit auf Dauer stiftet.* Das entspräche ja auch jener Vorstellung innerhalb des Alten Testamentes, in denen auch der Verkehr zwischen Nichtverheirateten bereits bestimmte Verbindlichkeiten stiftet.

Offensichtlich ist der Satz: „Was aber Gott verbunden hat, das darf der Mensch nicht trennen“, auf dem Hintergrund von Gen 2 eine Interpretation des Zusammenkommens von Mann und Frau: die beiden werden ein Fleisch sein. *Dieses Einswerden ist ganzmenschlich verstanden und es hat offensichtlich eine bestimmte Signifikanz.* Es bringt die *Endgültigkeit des Einswerdens zum Ausdruck.* Wer aus freiem Willen dem ehelichen Konsens entsprechend ein Fleisch mit dem anderen wird, ist ganzmenschlich mit ihm verbunden. Sexuelle Einigung bedeutet somit in dieser Sicht ganzheitliche Zusammengehörigkeit.

Es ist in den gesamten damaligen Lebensumständen vorausgesetzt, daß die Ausübung des Geschlechtsverkehrs der Ehe zugeordnet war. *Es stellt sich die Frage, ob nicht,* wenn die Bedingungen der Humanisierung der Sexualität bedacht werden sollen, *von der sexuellen Begegnung als einer Ausdruckshandlung ausgegangen werden müßte.* Die Frage wäre, ob die vorgegebene natürliche Gestalt geschlechtlicher Einigung des Zueinander tatsächlich die Signifikanz ganzmenschlicher endgültiger Bindung hat. Dann wäre verbindliches Zusammensein Bedingung für das Gelingen der Geschlechtsgemeinschaft. Drückt die geschlechtliche Begegnung immer diese umfassende Einheit aus? Wenn nicht, ist sie dann nicht auf der schiefen Ebene einer Trivialisierung? Dicse Fragen müssen im Kontext unserer Zeit neu gestellt werden.[24]

Hier beginnt das eigentliche hermeneutische Problem: Man kann davon ausgehen, daß die gesellschaftlichen Verhältnisse, die *Lebensumstände des Familienlebens damals ganz andere waren als heute.* Es stellte sich einfach das Problem nichtehelicher Beziehungen nicht in gleichem Sinn wie in unserer Gesellschaft. Dieses aus verschiedenen Gründen. Einmal lebte man noch in Sippenverbänden, die überschaubar waren, und die es ermöglichten,

---

[22] *Pesch,* Das Markusevangelium. II. Teil, 124.

[23] *Berger,* Gesetzesauslegung, Teil 1, 536.

[24] *Müller*, Unverheiratet zusammenleben, zögert nicht, diesen Gesichtspunkt der Signifikanz geschlechtlicher Einigung als eigentlich zentralen Punkt seiner Argumentation ins Spiel zu bringen (290-302) und ihn in der Bewertung nichtehelicher Lebensgemeinschaften als eigentlichen Maßstab zur Geltung zu bringen(498-424). Dabei bleibt die Frage unbehandelt, in welcher Weise diese *Deutung* – von dieser spricht auch Demmer (vgl. Anm. 26) – sexueller Vereinigung gesellschaftlich mitbedingt ist und darum im Zuge gesellschaftlicher Veränderungen immer neuer geschichtlicher Vermittlung bedarf.

daß Mann und Frau, sobald die Geschlechtsreife eingetreten war, in Beziehung treten konnten und heirateten. Die Heirat war nicht in erster Linie durch die individuelle Wahl der Partner vorbereitet; Familien suchten die Partner füreinander aus, wie es heute noch in manchen Ländern der sogenannten Dritten Welt der Fall ist. Bis in die Neuzeit hinein hat man viel früher geheiratet. André Guindon notiert für den Beginn der Ehe Ludwigs XIII. von Frankreich: er sei gerade 14 Jahre alt gewesen, als er die Ehe einging.[25] Die Verlobten waren einander ganz früh versprochen. Wir brauchen nur an das Beispiel der hl. Elisabeth von Thüringen zu erinnern, um das an einem anderen Beispiel für das Mittelalter bestätigt zu sehen. Die Situation, wie wir sie in unserem Jahrhundert, in der Jetztzeit vorfinden, hat es wohl in dieser Form fast noch nie so gegeben: Normalerweise besteht eine Spanne von fast 10 Jahren vom Eintritt der Geschlechtsreife bis zur Möglichkeit, zu heiraten und zu einem eigenen Hausstand zu kommen. Wenn nun ganz bestimmte Veränderungen der gesellschaftlichen Umwelt die Möglichkeit des Menschen grundlegend anders erscheinen lassen, entsteht die *Frage, ob Verhaltensvorstellungen aus der damaligen Situation trotzdem ohne weiteres übertragbar bleiben*; in anderen Fragen, z. B. der Frage der Subordination der Frau, sieht man das durchaus nicht so; man würde die Aufforderung von Eph 5,22, daß die Frau ihrem Mann untertan zu sein habe, nicht mehr als eine unmittelbar gültige Verhaltensnorm für das Leben von zwei Menschen in der Ehe ansehen.

Die *Bibel*, so haben wir festgestellt, gibt uns *grundlegende Richtlinien hinsichtlich der Wertung der Sexualität* in ihrem inneren Zusammenhang mit der Ehe – wir sind dem Verweis des Evangeliums nachgegangen und haben diese Sinnbestimmung aus aus der Schöpfungstheologie des Alten Testamentes erarbeiten können. *Diese richtungsweisenden Wertsetzungen haben sich damals mit bestimmten Verhaltensweisen verknüpft* und in ihnen ihren je eigenen Ausdruck gefunden. *Unter veränderten Bedingungen der Lebensverhältnisse muß neu gefragt werden,* ob der ursprüngliche Sinnwert der Sexualität, daß sich in der Begegnung von Mann und Frau die schöpferische Liebe Gottes zum Menschen darstellt, heute nur unter den gleichen Verhaltensweisen realisiert werden kann und muß.

Die offizielle Lehre der Kirche kennt in diesem Punkt keine Abweichung von der traditionellen Normierung. Sie kann gestützt werden durch einige theologische Gedankengänge, die *von der gelebten und gedeuteten Praxis der Kirche ausgehen*; das scheint mir die naheliegenste Form theologischer Hermeneutik zu sein, wobei immer zu fragen ist, ob und wie diese Praxis die ursprünglichen Sinnausrichtungen bewahrt hat und deren gegenwärtige Verwirklichung trägt. Hinzukommen sollen einige Überlegungen aus der Perspektive wissenschaftlich arbeitender Anthropologie.

Ich komme noch einmal auf den Text Mk 10,1-12 zurück; wir haben ja *festgestellt, daß Normbegründung* sich immer so vollziehen muß, daß in der Norm selbst sichtbar wird, daß *sie einem bestimmten Sinnwert zu dienen* hat.

---

[25] *Guindon*, Language, 257.

Auf ihn hin ist sie funktional. Wenn dieser Sinnwert durch die Norm nicht mehr gesichert wird, hat die Norm sozusagen ihren Legitimationsgrund verloren. Das besondere an dieser Stelle des Markusevangeliums liegt nun darin, daß *hier Sinnverstehen und Normanspruch* (zumindest, was den Anspruch der Dauer, die Unauflöslichkeit angeht) *außerordentlich eng miteinander verknüpft* sind. Sinnorientierung aber läßt sich zwar – wie wir auf dem Hintergrund der Entwicklung kirchlicher Lehre in unserem Jahrhundert gesehen haben – tiefer und jeweils neu und vollständiger erfassen; sie ist aber selber nicht etwas, was sich ohne fundamentale Veränderung des Menschseins ändern könnte. Sie hängt ja mit der Wahrheit der Anthropologie selbst zusammen; und wir haben uns bemüht, diese Sinngebung von Sexualität in humanen Vollzügen zu verdeutlichen.

Jesus bringt hier den Vorgang der geschlechtlichen Einigung dadurch mit dem Glauben an Gott in einen Zusammenhang, daß er sinngemäß feststellt: *Hier ist der Schöpfer mit am Werk und dadurch gewinnt das Einswerden Signifikanz; das heißt, es zeigt die Zusammengehörigkeit auf Dauer an*; das ist zugleich der Grund dafür, daß in diesem Fall die Normsetzung sehr eng mit der Sinnorientierung verbunden ist. Das dürfte damit zusammenhängen, daß hier eine *exemplarische Form der Ausdruckshandlung* gegeben ist, wie sie in anderen sittlichen Zusammenhängen selten so deutlich vorkommt. In einem ähnlichen Zusammenhang schreibt Klaus Demmer: „Alle geschlechtlichen Handlungen sind *Gesten vergleichbar*, denen *eine kulturell festgelegte Ausdrucksqualität innewohnt. ...* Je tiefer die Überzeugung von der Ausdrucksqualität, umso nachhaltiger die Wirkung. Es ist darum nur konsequent zu sagen, daß man *mit Ausdruckhandlungen auch Verpflichtungen eingeht.* Man übernimmt Verantwortung, weil man zur Geschichte, ja zum Geschick des Partners geworden ist.“[26]

In der ganzen Tradition ist der Rückgriff Jesu auf die Schöpfungstheologie immer als etwas verstanden worden, was Sinndeutung vermitteln soll. Zu solcher Sinnschöpfung ist das einzelne Paar aus sich nicht in der Lage. Die *Ehe wird nicht im Intimraum allein.* Begegnung kann nur geschehen *im wechselseitigen Austausch von Sinn, der seinerseits immer schon unter der Vorbedeutung dieses umfassenden geschichtlich vermittelten Sinnentwurfs aus dem Glauben steht.* Indem der Mensch sich bewußt und persönlich auf diesen Sinnentwurf bezieht, ist schon vieles vorentschieden. Er sieht unter diesem Sinnentwurf auch die Erfahrung der eigenen Begegnung mit dem anderen. Er lebt auf den anderen zu in einer Dynamik, die ihm von der ihn umgebenden sinnvermittelnden Gemeinschaft vorgegeben ist.

Hier sei ein Hinweis auf *die Praxis der Kirche* gestattet, der zwar nicht ein ethisches Argument ersetzen kann, der aber auf seine Weise bestätigt, was hier angedeutet wird. Wie ist es möglich, daß die ganzmenschliche Begegnung von Mann und Frau auch tatsächlich alle die genannten Sinnwerte in etwa zum Ausdruck bringt, die vom Glauben dieser Beziehung mitgege-

---

[26] Voreheliche Enthaltsamkeit, Zitat 241f. Hervorhebungen v. Vf. Bemerkenswert bleibt, daß hier von einer kulturell festgelegten Ausdrucksqualität gesprochen wird.

ben sind? In ihrer Praxis hat die Kirche eine Form der Antwort entwickelt, die zugleich die *Möglichkeit bietet, Sinnausdruck für die Partner zu sein, und darin den Empfang der Sinnvermittlung durch die Gemeinschaft gewährt.* Ich möchte die Feier der kirchlichen *Trauung* so sehen. Hier scheiden sich die Geister. Verdächtig häufig begegnet man dem Argument, in dem der Trauschein als eine Art „Freifahrtschein für sexuelles Verhalten" diffamiert wird; gleichzeitig wird behauptet, daß es menschenunwürdig sei, fundamentale menschliche Bezüge von einem Papier abhängig zu machen, das irgendein Kirchenbeamter ausstellen würde. Für andere bedeutet die Trauung grundsätzlich und auch existenziell etwas völlig anderes.[27]

Es scheint, daß man in den letzten Jahren *wieder mehr Verständnis dafür zurückgewonnen hat, daß wir Menschen Wesen sind, die sich Sinn in Symbolen vermitteln müssen*, in Symbolen, die man eben gerade nicht durch bürokratische Akte ersetzen kann. Und wenn man überhaupt Trauung als Element und Ausdrucksform in Verbindung mit der Spendung eines Sakramentes theologisch ernst nehmen will, kann man nicht umhin, diesen Vorgang als wirksame symbolische Handlung zu verstehen, in der bewirkt werden soll, was im Zeichen zum Ausdruck kommt. Es geht um die Wahrung der Chance, daß Glaube und Leben an einer Stelle eins werden, wo das Leben so intensiv erfahren wird, wie sonst nie. Hier soll im Austausch des Jawortes vor dem Altar die Überzeugung bekundet werden, daß ein anderer die Brautleute einander anvertraut. Der Glaube an den „ersten Brautführer der Menschheit"[28] sollte sich hier symbolisch vergegenwärtigen und dadurch selbst erst voll realisiert werden. Nirgendwo sonst wird auch vom Theologischen her so deutlich, daß die beiden eben sich gerade nicht selbst letzte Sinngebung als private Personen vermitteln, sondern als Glieder einer Glaubensgemeinschaft, die diesen Glauben heilig hält, tradiert und wirksam macht, indem sie ihn im Zeichen zum Ausdruck bringt. Gewiß hat eine vergangene Ideologisierung vieler Einzelelemente der Hochzeitsfeier und insbesondere eine totale Veräußerlichung der Zeremonien im bloß noch äußeren Getue den Wesensgehalt überdeckt. Aber es bleibt die Frage, ob es denkbar ist, daß in einem Horizont lebendig erfahrener Gläubigkeit Ehe von hierher neu gesehen werden kann.[29]

---

[27] *Demmer* charakterisiert die Gefahr gegenwärtig verbreiteter Praxis: „Es darf nicht dazu kommen, daß der Eheabschluß zur öffentlich-rechtlichen Legitimierung der bestehenden Verhältnisse verkommt" (ebd., 243); vgl. die nächste Anm.

[28] Vgl. oben, unter Abschnitt 2.2.1. 1).

[29] Dies bedeutet selbstverständlich keinesfalls eine Vorentscheidung darüber, ob man *Ehe als ein Dauersakrament ansieht*, das sich auf die ganze Wirklichkeit in der Geschichte gelebter Gemeinschaft erstreckt, oder nicht – ich würde nachdrücklich für das erstere plädieren und mich dagegen wehren, die Sakramentalität der Ehe punktuell an den Akt der Trauung zu binden; aber dieser kommt doch ein besonderer Zeichencharakter zu, der im gesamten Leben wirksam werden sollte. Soll die Ehe als Sakrament wirksam werden, dann auch hier nicht ohne die Ausdrucksgestalt ekklesialer Feier; alle Sakramente sind immer Vollzüge der Kirche selbst und wurzeln in ihr als dem „Ursakrament". *Baumann* spricht von einer „eminent theologische(n) und paränetische(n) Bedeutung der sakramentalen Feier des Ehebeginns ..." (Sakrament, 137). Er möchte sogar „für die Bestimmung der *Sakramentalität* der Ehe statt von einer vagen religiösen Symbolik des Ehelebens vom kirchlich-liturgischen Akt der Eheschließung ..." ausgehen (ebd., 388).

Hier und da sind *Erfahrungen innerhalb kirchlicher Gruppen* gemacht worden, die den Eindruck erwecken, daß sich in der Tat aufgrund einer Intensivierung des Glaubens auch ein anderes Verhalten nahelegt als sonst in der Gesellschaft üblich, bis hin zur Einhaltung jenes Axioms, an dem sich die überwiegende Mehrzahl der Menschen in unserer Gesellschaft reibt.[30]

Man entdeckt die Hochzeit als den Punkt einer Entwicklung, den man als einen entscheidenden *Knotenpunkt* ansieht, auf den man sich vorher einstellt, und von dem man nachher lebt. Das bedeutet nicht, daß man dieses erlebnismäßig übertrieben hochstilisieren sollte. Es ist aber existenziell anzuvisieren. Vielleicht sollten uns die Leute von Kana lehren, was es bedeutet, Hochzeit zu feiern – eine Woche lang die Feier, die einen Sinn vermittelt, der sich für das Paar hier in exemplarischer Weise verwirklicht, der aber für alle gilt: die Feier des Lebens für alle Beteiligten.[31]

Damit ist ein zweiter wesentlicher theologischer Grundgedanke erreicht. Die genauere Erläuterung dessen, was eigentlich Trauung als symbolische und so wirksame Sinnvermittlung bedeuten sollte, hat uns dazu geführt, die *Rolle der Kirche* im Rahmen der Ehe neu in den Blick zu nehmen. Sie ist die Institution, die mit der Verkündigung des Glaubens an den Schöpfergott, den Erlösergott zugleich *die eigentlichen tragenden Sinngründe für eine dauerhafte Verbindung von Mann und Frau vermittelt.* Die Meinung, daß der einzelne in der Beziehung zu anderen etwas erfährt, was nur die beiden individuell und persönlich und ihrer privaten Sphäre angeht, ist Illusion. Gerade diese Sicht, daß Liebe etwas sei, was nur zwei Menschen angehe, dieses Leitbild ist gesellschaftlich vermittelt und bewirkt mit, daß die Beziehung von Mann und Frau tatsächlich so gesehen wird. Das war nicht immer so; wir sollten darum heute diese Sicht keineswegs verabsolutieren. Das Positive der heutigen Sicht ist fraglos, daß man ein deutlicheres Gespür für das individuell Persönliche in der Beziehung entdeckt hat. Aber belastend wirkt, daß die Ehe der Stützen um sie herum fast völlig entbehren muß. Das ist Auswirkung dieses faktisch wirksamen gesellschaftlichen Leitbildes, unter dessen Horizont heute Menschen normalerweise zueinander finden. Aber gerade an diesem Leitbild sind Zweifel anzumelden.

Im Blick auf Kirche und Gemeinde müßte man *zusammenfassend* zweierlei sagen:

---

[30] Ein bestimmter Gemeinschaftszusammenhang kann Überzeugungen intensivieren und ihnen entsprechendes Verhalten zumindest mit ermöglichen, wie sich in manchen religiösen Bewegungen der Gegenwart und der Vergangenheit zeigt, z.B. in der Charismatischen Erneuerung (vgl. hierzu: *Erneuerung* in Kirche und Gesellschaft, 1979 Heft 6), der Bewegung der Jesus-People, früher im Quickborn u.a.

[31] Die totale Privatisierung von Trauung in Richtung auf ein Ereignis „im engsten Familienkreise", der wir heute allenthalben auch in unseren Gemeinden begegnen, widerspricht dem Sinn von Liturgie, widerspricht auch dem Sinn der Sakramentalität der Ehe, die ja darin besteht, daß die beiden im Raum der Kirche zueinander finden, jene Liebe abbildend und vergegenwärtigend, die in der Kirche konstitutiv für deren eigenes Wesen ist. Auf die Gemeindebezogenheit von Ehe und Eheschließung weisen auch *Baumann* (Sakrament, 387-393), *Koch* (Ehe, 74-83) sowie der kommunikationstheoretische Ansatz des Sakramentsverständnisses von *Ganoczy* (Einführung, 100-135) hin.

1. Die Kirche ist, wie schon angedeutet, die Institution, die im Blick auf das Zueinander zweier Menschen den eigentlichsten tiefsten *Sinn vom Glauben her vermitteln* kann. Somit ist die Kirche so etwas wie der tragende Mutterboden eines Glaubens, der dann auch Stabilität im vertieften Maß fördern kann.
2. Es ist nun aber auch zu sehen – und das betrifft vor allem auch die Brautleute selbst –, daß die *Gemeinde ihrerseits auf dieses Zeugnis des Glaubens angewiesen ist*, das die Brautleute in der Vermählung vor der Gemeinde geben; daß immer wieder Menschen sich in so unbedingter Weise angehören wollen, ist für den Glauben der Gemeinde Hinweis darauf, daß letztlich Gott ein liebender Gott ist. Jede Ehe, so vorläufig sie ist, bleibt eschatologisches Zeichen. Wenn nicht mehr im Volk Gottes die Leitbildlichkeit von dem, was Liebe, Brautschaft, Einheit von Mann und Frau bedeutet, wachgehalten wird, verliert diese Gemeinschaft selber eine unverzichtbare Erfahrungsgrundlage für die eigene Beziehung zu Gott und für die eigene eschatologische Ausrichtung. Es ist so, daß in den positivsten Momenten einer erlebten Beziehung zwischen Mann und Frau der Mensch ahnen kann, so sahen wir, was Liebe Gottes zum Menschen eigentlich bedeutet. Welche anderen Möglichkeiten haben wir als Menschen denn, erfahrungsmäßig wahrzunehmen, wie gut Gott es mit den Menschen meint? Darum braucht die Kirche das Zeugnis derer, die sich unverbrüchlich lieben.

Haben diese Überlegungen noch mit der Frage nach dem entscheidendem Grundsatz kirchlicher Sexualethik zu tun, der hier zu diskutieren ist? Wir hatten festgestellt, daß man in der Deutungsgeschichte des biblischen Glaubens der sexuellen Gemeinschaft einen ganz bestimmten Ausdruckswert beigemessen hat. Das Ein-Fleisch-Werden brachte eine ganzheitliche Einheit auf Dauer zum Ausdruck, deren Stiftung nicht nur als Ergebnis menschlicher Tat, sondern zugleich göttlicher Mitwirkung angesehen wurde. Eine eigentümliche Besiegelung fand diese Auffassung in der Überzeugung, Ehe sei ein Sakrament. Dessen Initiationsfeier, die Trauung, wurde als Ort der symbolisch-wirksamen kirchlichen Sinnvermittlung erkannt. Welche Ausdrucksgestalt der sexuellen Begegnung könnte dem am ehesten entsprechen? Welche Verhaltensweisen würden diese Sinnerfahrung in ihrer eigenen Tiefe eher verhindern? Eine Frage stellt sich hier eindringlich: Was könnte denn überhaupt in der gegenwärtigen Situation der Sinn vorehelicher Enthaltsamkeit sein?

Der *Sinn der Enthaltsamkeitsforderung vor der Ehe* gehört zum Umstrittensten in diesem Zusammenhang. Wenn hier ethisch argumentiert werden soll, dann haben Argumente nicht den Charakter mathematischer Beweise; sie stellen Angemessenheitsgründe zusammen. So ist es auch zu verstehen, wenn ich hier von einem Modell ausgehen möchte, das aus einem ganz anderen Zusammenhang stammt. In Dtn 26,1-11 ist uns ein uralter Erntedankritus überliefert. Es wird beschrieben, wie der Bauer auf die *Erstlingsgabe* verzichtet und sie zum Altar bringt. Darin ist so etwas wie ein *wirksames Zeichen* vorgegeben, das ganz tief in die Existenz und das Leben des Bauern eingelassen ist; es läßt Abstand gewinnen. Nur in dieser Distanznahme ist es ihm möglich, wirklich wahrzunehmen, daß es Gott ist, der die Ernte auf dem Acker der Verheißung hat wachsen lassen. Der *Sinn dieser anfänglichen Entsagung* ist der, *den eigentlich Schenkenden in allen Gütern der Ernte zu erkennen*, „sich zu freuen über alles Gute das der Herr, dein Gott, gegeben hat", (Dtn 26,11).

Wenn hier im Kontext einer Anbahnung der Ehe auch von Entsagung gesprochen werden soll, dann wohl vor allem in diesem Sinn: *als Glauben erwirkendes Verhalten*, das erst in vollem Sinn die Wirklichkeit des von Gott her Gemeinten wahrnehmen und erkennen läßt. Ich bin mir bewußt, daß solche theologischen Überlegungen noch keine strikten Beweisgründe sind; es ging hier um Hinweise aus der kirchlichen Praxis und dem darin gespeicherten Lebenswissen, die bis heute die genannte Grundnorm stützen. Gewiß sind es nur Angemessenheitsgründe. Ich sehe sie aber an als Elemente einer im Blick auf die Realität unserer Gesellschaft alternativen tieferen Sinnvermittlung, die zugleich das Glück der Menschen garantieren helfen will.

Weitere Überlegungen, die vom Anthropologischen her die hier angeführten Gedanken ergänzen können, sollen im Zusammenhang mit den einzelnen normativen Stellungnahmen vorgestellt werden.

Nun einiges Vorläufige zu den einzelnen Einwänden, auf die ich dann bei einzelnen normativen Problemen noch einmal zurückkommen müßte, soll hier gesagt werden:

1) Zunächst zu dem Einwand aus der Perspektive der Ethnologie. Es ist festzustellen, daß es innerhalb von Kulturen und ihrer Verschmelzung ein *beobachtbares Entwicklungsgefälle* gibt, eine Gravitation hin zu einer Wertung der individuellen Zweierbeziehung, in der der eine sich vom anderen ganz angenommen fühlt. Polygamie wird nicht mehr in gleicher Weise ubiquitär als gleichberechtigt angesehen. Pfürtner schrieb in seiner Studie „Kirche und Sexualität": „Die Entwicklung läßt ‚ein typisches Gefälle zur Monogamie' erkennen (Ringeling...), die sich in den neutestamentlichen Gemeinden endgültig durchsetzt, wiederum zugleich bestimmt von theologischen und kulturanthropologischen oder soziologischen Motiven. Dabei scheint diese Entwicklung zur Monogamie ‚weitgehend irreversibel zu sein.'"[32] Mit der Monogamie ist noch nicht die absolute Exklusivität sexueller Betätigung ausgedrückt; diese läge aber in der Linie einer wachsenden Bedeutung der auf Dauer gestellten Monogamie.

2) Auf die Einwände von Ernst Ell kann folgendes gesagt werden: Einmal ist eine beliebige *Trennung der Sinngehalte* der Beziehung in der *Gefahr*, die Liebe selber *zu trivialisieren*. Zum anderen ist die Behauptung, Sexualität sei Sache der Person, nicht der Institution, bereits genügend *widerlegt durch die Beobachtungen der Kulturanthropologie*. Ein weiterer Vorwurf geht dahin, daß der *Anspruch zu hoch* sei, wenn gefordert würde, jeweils

---

[32] *Pfürtner*, Kirche und Sexualität, 91; *Schockenhoff*, Ehe 38, zitiert in diesem Zusammenhang Paul Mikat: „Die Eheform der Monogamie der Subjekt-Subjekt-Beziehung zwischen Mann und Frau ist Ausdruck eines Ethos der Menschenwürde. Die in ihr angelegte ... Vernunft markiert eine geschichtlich irreversible Ordnung der Geschlechterbeziehung."

alle Sinnwerte in einzelnen Vollzügen der Sexualität zu realisieren. Es wäre unmöglich, jeweils in der Ganzheit der personalen Zuwendung gegenwärtig zu sein. Dies weist auf eine *Schwierigkeit* hin, die grundsätzlich in *der Tugendethik* gegeben ist; sie besteht darin, daß man in einer Haltungsethik selbstverständlich die *angezielte* Haltung immer als etwas beschreiben muß, was rundum positiv ist, handelt es sich doch in der Tugend um die konstante Ausrichtung auf einen (positiven) Wert. Dabei ist nun in der Tat zu berücksichtigen, daß es sich hier um eine Zielorientierung, und nicht um ein Erfüllungsgebot handelt. Jedermann weiß, daß der Mensch nicht in jeder Begegnung in gleicher Weise personale Intensität realisiert. Wenn man aber diese Zielvorstellung der Integration in das Personale aufgibt, ist man, so scheint mir, auf einer schiefen Ebene; sobald man damit anfängt, in der Sexualität nur eben Entspannung zu suchen, besteht die genannte Gefahr der Trivialisierung. Außerdem ist natürlich ein Unterschied zu machen, je nachdem die Trennbarkeit der Sinngehalte innerhalb einer sonst stabilen Beziehung von Mensch zu Mensch vorgestellt wird, oder ob die Trennung der Sinngehalte zugleich bedeutet, daß man, wo keine personalen Beziehungen sind, eben bei Trennung der Sinngehalte beliebig miteinander sexuell verkehren kann.

3) Der *Einwand der Praxis* wird uns auf dem Gebiet der Sexualethik weiter begegnen. Die Statistik spricht gegen manche Normvorstellung, die die Kirche aufrechterhält. Es ist dann die Frage der Gesamtinterpretation der vorgegebenen Situation in unserer Gesellschaft gestellt. Die Statistik allein weist nicht unmittelbar die ethische Dignität von Normen aus.

4) Zum 6. Einwand wurde bereits *in der Stellungnahme zum Triebkonzept* von Verhaltensforschung und Psychoanalyse einiges gesagt.

5) Der 7. Einwand bezieht sich auf die *Gefahr einer Gewöhnung* an das Beieinandersein, die ihrerseits zu einer Trivialisierung der geschlechtlichen Beziehungen führen kann. Hier könnte *umgekehrt gefragt* werden, *ob der Verzicht auf feste Einbindung* in die vorgegebene Ordnung *nicht gerade eine Überforderung ist*, mit der der Mensch auf die Dauer kaum mehr fertig wird; es sei hingewiesen auf die bereits erwähnte Entlastungsfunktion von Norm und Institution. Es *fragt sich, welche Grundvorstellung von Freiheit in den Einwänden wirksam* ist. Es scheint so zu sein, daß in diesem Einwand jenes Freiheitsverständnis wirksam ist, in dem die größere Freiheit in dem größeren Freiheits(spiel-)raum gesehen wird, die der einzelne hat, nicht aber im Grad der Entschiedenheit, in der er zu den endlichen Möglichkeiten seiner eigenen Freiheitsgeschichte steht. Ziel freier Entscheidungen ist nicht eine beständige Ausweitung der Freiheitsmöglichkeiten, sondern die Entschlossenheit, die eigene Lebensaufgabe wahrzunehmen und darin zu wachsen.

Hier ist auch *das Geborgenheitsbedürfnis tangiert*, das der Mensch in eine Beziehung mit einbringt. Auch hier wird gesagt, daß es unter dieser Rücksicht eine Überforderung sein kann, sich jeden Tag neu seiner Zuneigung vergewissern zu müssen, so wichtig es sein mag, auch innerhalb der Ehe immer neu zueinander zu finden.

6) Der 8. Einwand wird sich erst richtig behandeln lassen im *Zusammenhang mit der Problematik der Stabilitätsforderung der Ehe.*

4.2. Die Moralität ehelicher Bindung

4.2.1. Die Situation

„Ehe und Familie stehen unter dem besonderen Schutz der staatlichen Ordnung."[33] Der Kommentator des Artikels 6 unseres Grundgesetzes spricht von einer „eine(r) *wertentscheidende(n) Grundsatznorm*, die Maßstab und Grenzen für Gesetzgebung und Gesetzanwendung setzt."[34] Sie wird menschenrechtlich verstanden[35] und auf einen *„vorstaatlichen Kern"*[36] zurückgeführt, der naturrechtliche Bedeutung hat. Der unterstellte Begriffsinhalt von Ehe wird folgendermaßen skizziert: „'Ehe' als Gegenstand des staatlichen Schutzes (Abs. 1) ist die grundsätzlich *lebenslange Verbindung* eines Mannes mit einer Frau zur Lebensgemeinschaft. Voraussetzung ist die Eheschließung."[37] Zwei Elemente charakterisieren die hier wirksame Leitvorstellung von Ehe: ihre *monogame Struktur* und ihre grundsätzliche Ausrichtung auf eine *lebenslange Verbindung*. Die Norm richtet sich an den staatlichen Gesetzgeber, der den angemahnten Schutz zu gewährleisten hat. Es wird nicht näher bestimmt, wie das zu geschehen hat.

Die *unterstellte Wertorientierung hat in beiden Punkten an Selbstverständlichkeit in unserer Gesellschaft eingebüßt.* Die Wertentscheidung beinhaltet auch keine moralische Anweisung an den einzelnen Bürger, sich in seinem persönlichen Leben an diese Lebensform zu halten. Nichteheliche Lebensgemeinschaften sind also durch diesen Artikel nicht „verboten",[38] ebensowenig wie die Ehescheidung. Nichteheliche Lebensgemeinschaften sind aber auch nicht der Ehe gleich. Die Diskussion darüber ist durch die rasante Zunahme unverheiratet zusammenlebender Paare in unserer Gesellschaft in Gang. Wir beobachten eine weitgehende Privatisierung der Moral auf diesem Gebiet, von dem sich der Gesetzgeber seinerseits mit eigenen rechtlichen Regelungen (vgl. die Streichung des Kuppeleiparagraphen) zurückgezogen hat. Das entspricht der faktischen Entwicklung, in der die allgemein anerkannte Plausibilität des wertbestimmten Bildes von Ehe, das im Grundgesetz unterstellt wird, zurückgegangen ist.[39] Das zeigt sich in ei-

---

33 Artikel 6, Absatz (I) des Grundgesetzes der Bundesrepublik Deutschland.

34 *Maunz* zu Artikel 6 des GG 1980, in: *Maunz/Dürig* u.a. (Hgg.), Grundgesetz Kommentar, 1, 6, Rdnr. 6.

35 Vgl. ebd., Rdnr. 4.

36 Ebd., Rdnr. 2.

37 Ebd., Rdnr. 15.

38 Vgl. ebd., Rdnr. 15a u. b. Es ist andererseits die Frage, ob eine völlige Gleichstellung von Ehe und nichtehelichen Lebensgemeinschaften dem Sinn dieses Artikels gerecht würde.

39 *Noelle-Neumann/Köcher*, Die verletzte Nation, 117f., teilen folgende Ergebnisse mit: Auf die Frage, ob man Ehescheidung möglichst erleichtern oder erschweren solle, antworteten 1953 29% der Frauen mit möglichst erschweren (34% votierten für Unlösbarkeit!) und 12% mit möglichst erleichtern, 1979 hatten sich die Prozentzahlen verändert: 30%, (10%) 24%; bei den Männern sah das Bild folgendermaßen aus: 1953 29% (28%) 16%; 1979 26% (6%) 34%, wobei 55% der unter 30-jährigen die Ehescheidung möglichst leicht haben möchten.

ner rasanten Zunahme von Scheidungen, die die Instabilität der Ehe in der modernen Gesellschaft erweisen.

René König weist im Bernsdorf'schen Wörterbuch zur Soziologie im Artikel über Ehe und Ehescheidung darauf hin, daß es *kaum eine Kultur ohne Ehescheidung* gebe. Natürlich gibt es unterschiedlich stabile Verhältnisse. René König zeigt auf, daß – etwa im Unterschied zur Abtreibungsproblematik – Rechtsordnungen hier praktisch kaum einen Einfluß ausüben.[40]

Einige wenige *statistische Angaben* können die zunehmende Instabilität belegen; ihnen zufolge ist die Zahl der Ehescheidungen in den letzten Jahrzehnten stark gestiegen; prozentual gesehen ist es etwa so, daß fast jede dritte Ehe geschieden wird. Nach einer Übersicht des Europarates wurden 1970 in der damaligen Bundesrepublik Deutschland 15 % der Ehen geschieden, 1985 30 %! In anderen Ländern war dies anders; die skandinavischen Länder hatten wesentlich mehr Scheidungen (nahe 50 %), Italien stand demgegenüber besser da, in Irland war die Scheidung verboten.[41]

Mögliche *Gründe* für diese Entwicklung sind: Das Bemühen, eine Stabilität ehelicher Bindung zu garantieren, ist in unserer Zeit völlig *anderen Belastungen ausgesetzt* als in vergangenen Zeiten. Es gibt kaum noch eine wirksame Sozialkontrolle, die früher die Stabilität der Ehe in höherem Maße stützte. Die Konstanz der Beziehungen zur Umwelt ist einer gewachsenen Flexibilität und Mobilität gewichen. Die ökonomische Struktur, in der Familienbetriebe mit der Einheit von Wohn- und Arbeitsplatz mehr oder weniger gegeben war, hat sich weithin verändert. So ist die Dauerhaftigkeit von Beziehungen fast ausschließlich dem persönlichen Verhalten überantwortet. Beck/Beck-Gernsheim machen in ihrer Studie über „das ganz normale Chaos der Liebe"[42] auf das Problem aufmerksam, daß die Biographien von Ehepartnern immer häufiger entweder das Opfer der eigenen Karriere eines der Partner oder räumliche Trennung fordern.

Es kann auch gefragt werden, ob *die psychischen Bedingungen für eine Dauerbindung* sich unter den heutigen gesellschaftlichen Verhältnissen günstig entwickeln können. Die Zahl emotional Geschädigter jedenfalls hat zugenommen; das Stehen des Menschen zu sich selbst ist für viele zu einem Problem geworden. Dieses aber ist für die Stabilität innerhalb von Beziehungen von ausschlaggebender Bedeutung.[43] Die gedehnte Zeit des Miteinander in der Ehe hat zugenommen; man „traut" sich nicht mehr so selbstverständlich zu, über den zu verfügen, der man dreißig Jahre später einmal sein wird.

Die *Scheidungsfolgen* sind unübersehbar. Scheidungswaisen nehmen an Zahl zu; oft kommen sie nur schwer über die traumatischen Erfahrungen hinweg, die für sie mit der Trennung der Eltern verbunden sind. Folgenden Einzelfall stellen Judith Wallerstein und Sandra Biakeslee an den Beginn ihrer Langzeitstudie über Scheidungsfolgen:

---

[40] *König*, Ehe, 172ff.

[41] Nach *Hettlage*, Familienreport, 165.

[42] *Beck/Beck-Gernsheim*, Chaos der Liebe.

[43] Auch die einseitige Vorstellung von der Liebe als einer mehr schicksalhaft gegebenen Erfahrung mag das ihrige dazutun.

„Sie waren schon seit ihrer Kindheit miteinander befreundet. Und wie so viele ihrer Altersgenossen heirateten Christina und Nicholas Moore gleich nach dem College und gründeten eine Familie. Ihre drei Kinder waren völlig verstört, als Nicholas 1971, nach zwanzigjähriger Ehe, die Scheidung einreichte.

In den darauffolgenden Jahren wurden die Kinder von starken Wut- und Angstgefühlen geplagt. Ruth, die Älteste, fühlte sich um ihre Jugend betrogen, weil sie pflichtgemäß in die Rolle der Helferin und Vertrauten ihrer Mutter schlüpfte. Denise, die Zweitälteste, schien zunächst unter der Scheidung überhaupt nicht zu leiden, bis sie aufs College ging und versuchte, sich an einen jungen Mann zu binden und dadurch mit ihren lange verdrängten Gefühlen konfrontiert wurde. Sammy, der Jüngste, kämpfte sich durch die Grundschule. Seine Lehrer beklagten sich über sein aggressives Verhalten und seine mangelnden Leistungen. 1988 sah ich die Familie zum letzten Mal. Sammy und Ruth hatten die Scheidung schließlich persönlich und sozial gut überwunden. Denise hingegen ging es nach wie vor schlecht.

Christina war bei der Trennung eine schlanke lebhafte Frau Anfang Vierzig. Aber noch Jahre nach der Scheidung fühlte sie sich innerlich tot. Als ich Nicholas und seine zweite Frau zuletzt traf, arbeitete er sich bei einem Bankett durch einen riesigen Saal zu mir durch. Er kam strahlend auf mich zu und sagte: ‚Judy, ich möchte dir sagen, daß ich heute glücklicher bin als je zuvor in meinem Leben – glücklicher als ich es jemals für möglich gehalten hätte.'"[44]

In der Bundesrepublik Deutschland lebten 1981 9% der Kinder infolge von Scheidungen mit alleinerziehenden Elternteilen, 8% nach Wiederheirat in Stieffamilien.[45] Tendenziell scheinen die Zahlen noch zuzunehmen. Die wahrscheinlichen Scheidungsfolgen machen den Ernst der Entscheidung deutlich, die Eltern zu treffen haben, die sich nicht mehr verstehen. Es dürfte im Vergleich zu früher die Schwelle erheblich niedriger geworden sein, die jemand überschreitet, der diesen Entschluß faßt, von dem man ihm durchaus nicht in allen Fällen wird abraten können. Doch stellt sich die Frage, *ob vor einer solchen Trennung, die fast immer unabsehbare Folgen hat, immer genügend die Möglichkeiten ausgelotet wurden*, die Ehe weiterzuführen. Ein Eherichter, der viele Scheidungsprozesse zu führen hatte, meint dazu: „Wenn ich mich in all den konkreten Fällen frage, ob diese Scheidung wirklich nötig war, so bin ich nur relativ selten zu einem klaren Ja gelangt."[46]

Wir sahen schon, daß praktisch alle Untersuchungen, die Gründe für diese Situation beibringen, darauf zu sprechen kommen, *daß hier die vorgegebene Situation der Gesellschaft*, das veränderte Bild von Ehe, von den Geschlechtsrollen und alles, was damit zusammenhängt, *die gewachsene Instabilität der Ehen mitbedingt.* Es dürfte darum unangemessen sein, diese Situation allein mit moralischen Appellen zu beantworten, die ihrerseits oftmals einseitige Schuldzuweisungen enthalten. Sexualethik hat sich faktisch weithin als Ethik des individuellen Verhaltens entwickelt. Hier wäre

---

44 *Wallerstein/Biakeslee*, Gewinner und Verlierer, 7.
45 *Hettlage*, Familienreport, 188.
46 *Troje*, Gestohlene Liebe, 12.

auf ein Defizit hinzuweisen, daß diesem Verfahren anhaftet: *Wie fast alle ethischen Probleme, so hat auch die Frage der Stabilität der Ehe sehr viel zu tun mit dem Ineinander individualethischer und sozialethischer Beanspruchung.* Die Reflexion auf die gesellschaftlichen Bedingungen des Gelingens der Ehe kann hier zwar nicht geleistet werden. Ihre Dringlichkeit liegt aber auf der Hand. *Es gilt, die Sexualethik auch als ein Thema der Sozialethik zu entdecken.*[47]

Die theologische Ethik hat hier ihre eigenen Möglichkeiten einzubringen. Gerade die Beobachtung, daß die Selbstidentität für viele Menschen zu einem Problem geworden und von daher die Bindungsfähigkeit gesunken ist, läßt an eine *mögliche Bedeutung des Glaubens* für ein Ethos der menschlichen Beziehungen zwischen Mann und Frau denken. Richtig verstandene Gläubigkeit läßt den Menschen in Hoffnung mit sich identisch werden und die Kraft gewinnen, zu sich und zum andern ja zu sagen. Schwund des Glaubens bedeutet Schwinden einer entscheidenden Stabilitätsbedingung.[48] Der Rückgang in der Treue im Glauben korreliert auch fast genau mit dem Rückgang der Treue in der Liebe. Aber auch der Glaube braucht seinen sozialen Hintergrund. Hier gilt es, die positive Chance der Kirche, die auf diesem Gebiet an Terrain verloren hat, neu zu entdecken. Ein im Glauben kommunikativ vermitteltes Ethos kann andere Chancen des Gelingens wahrnehmen.

4.2.2. Begründung der Treueforderung

a) Anthropologische Überlegungen

1) *Beobachtungen der Ethologen* lassen Angemessenheitsgründe für die hier postulierte Unauflöslichkeit ehelicher Bindung erkennen. Ich erinnere an die „menschheitliche" Sprache der sexuellen Begegnung, die *unabhängig von einzelnen Kulturen* über kulturelle Schranken hinweg aus dem gemeinsamen Erbgut der Menschheit hervorgegangen ist. Es handelt sich um eine *Gebärdensprache*, in der, stammesgeschichtlich gesehen, Momente des Brutpflegeverhaltens weiterleben. Sowohl Umarmung wie Kuß, letzterer als Weiterleben einer von Mund-zu-Mund-Befütterung gedeutet,[49] bringen wechselseitige Vermittlung von Geborgenheit zum Ausdruck. Der eine gibt dem anderen Heimat. Das ist ohne eine, zumindest relative, Stabilität nicht denkbar.

Auch der *Koitus* ist beim Menschen *nicht nur* – aus der biologischen Blickrichtung betrachtet – *auf Fortpflanzung ausgerichtet*; die sexuelle Dau-

---

[47] Vgl. oben, 1.0.

[48] Eine persönliche Reminiszenz mag das illustrieren: Es wird von einer amerikanischen Studie berichtet, die eine außerordentlich hohe Korrelation von gemeinsamem Gebet der Eheleute und der Ehestabilität festgestellt hat. Ehescheidung kam unter so praktizierenden Gläubigen fast überhaupt nicht vor.

[49] *Immelmann,* u.a. (Hgg), Psychobiologie, 638f*; Eibl-Eibesfeldt*, Liebe und Hass, 154-166.

erbereitschaft erweist, daß *das Zusammenleben der Partner weitere Sinngehalte* hat,[50] die durch den sexuellen Kontakt erreicht werden sollen. Die darin erfahrene Stabilität hat sich für die Entwicklung des Menschen positiv ausgewirkt. Irenäus Eibl-Eibesfeld vertritt die Meinung, daß sich diese Form der Paarbindung beim Menschen aufgrund der ungewöhnlich langen Entwicklungszeit des menschlichen Kindes herausgebildet habe, für dessen Entwicklung unter dem Dach einer stabilen elterlichen Bindung am besten gesorgt ist. Die schon früh festzustellende Überzeugung,[51] daß sexueller Austausch verbindet und Verbindlichkeit schafft, hat hier eine biologisch vitale Wurzel. Sie wirkt sich auch in der anthropologisch erhärtbaren Einsicht aus, daß in der Tat gemeinsame Verantwortung für Kinder gelingende Gemeinsamkeit der Eltern als dringend notwendig erscheinen läßt.

Ein letzter Hinweis aus diesem Bereich: Wenn denn naturale Vorgaben nicht unterdrückt werden sollten, dann wäre auch an Ergebnisse der Soziobiologie zu erinnern, die dargetan hat, daß von der Evolution her die Frau als Erstverantwortliche für die Brutpflege die mehr ortsgebundene und auf Stabilität angewiesene ist. Gerade ihrem Urbedürfnis entspräche von daher die auch vom Mann zu leistende, wenn auch natural keineswegs so stark motivierte Treuepflicht.[52]

2) Die auf Dauer orientierte Monogamie ist das *Ergebnis eines langen geschichtlichen Entwicklungsprozesses*; sie ist in den Kulturen der Welt durchaus nicht ubiqitär. Aber sie kommt insbesondere einer Entwicklung entgegen, die immer mehr von einer grundlegenden Gleichberechtigung von Mann und Frau ausgeht. Der Hintergrund des Argumentierens mit den Menschenrechten wäre hier zu aktivieren. Die Würde der Frau dürfte am ehesten in monogamen Praxen der Gesellschaft zu sichern sein. Troje hält die Ehe für einen „Zentralwert abendländischer Hochkulturen",[53] dies auf dem Hintergrund der geschichtlichen Entwicklung der europäischen Kultur.

3) *In den Sinndeutungen,* die der Mensch seit je der Erfahrung der Sexualität der menschlichen Liebe gegeben hat, *erscheint schon sehr früh der Wert der Treue.*

In der Analyse, die wir vorgenommen haben, zeigte sich, daß die *Ganzheitlichkeit*, in der sich in der Liebe der eine auf den anderen bezieht, *nur in der Form der Dauer realisiert werden kann.* Zu ihr gehört notwendig, wie wir gesehen haben, der Vorgriff auf die Zukunft, ja auf den Tod. In der Liebe geht es ums Ganze. Soll darum das Ganze gelingen, müßte dem im Verhal-

---

[50] Ebd.,177-178; *Wickler,* Sind wir Sünder?, hat entsprechend in einer Reaktion auf die 1968 erschienene Enzyklika Humanae vitae herausgearbeitet, daß dem genitalen Verhalten nicht nur Fortpflanzungsfunktion sondern auch die Funktion der Paarbindung zuzuschreiben ist – schon von verhaltensbiologischen Beobachtungen her; in *Wickler/Seibt*, Männlich Weiblich, begründet er anders nach soziobiologischen Ansätzen: „Eine Maßnahme gegen die Spermienkonkurrenz fremder Männchen ist häufiges Kopulieren mit dem eigenen Weibchen" (ebd., 136f.).

[51] Vgl. die Bestimmungen des Alten Testamentes, oben unter 2.2.1. b) 4).

[52] Dazu vgl. *Vogel*, Evolutionsbiologische Grundlagen; in: *Böhm/Lindauer*, Mann und Frau, 151-164.

[53] *Troje*, Gestohlene Liebe, 17.

ten selbst die Konstanz der Treue entsprechen. Hier könnte sich der *Vorwurf zirkulärer Argumentation* einstellen: Man legt vorher in die Sinngebung hinein, was man nachher als normative Forderung heraushören will. Dieser Einwand ist nur im Blick auf das Wirklichkeitsverständnis zu beantworten. Methodisch war der Versuch unternommen worden, phänomenologisch die Wirklichkeit des Menschlichen zu erfassen; es handelt sich um eine Selbstinterpretation menschlicher Existenz in der Geschlechterbeziehung auf dem Hintergrund einer ganz bestimmten kulturellen Entwicklung. Solche Interpretation ist immer nur möglich in einem hinnehmend-setzenden Zugriff auf diese Wirklichkeit, der sich bei unserem Vorgehen die Erfahrungswerte von Psychologie und Literatur zunutze zu machen versuchte; die Freiheit des Menschen ist immer schon in solchem erkennenden Zugriff mitbeteiligt. Insofern kann es sich auch nie um strikte Beweise handeln, in denen nur streng schlußfolgernd gedacht wird; es wird vielmehr auslegend gedacht, das heißt, es wird versucht, die Realität des Menschlichen bewußt zu machen, zu deuten, zu interpretieren und so zu verstehen. *Ist man aber auf diese Weise zu einem bestimmten Sinn-Verständnis gekommen, dann ergibt sich daraus die entsprechende Verhaltensanforderung.*

4) Neuerdings macht man mit Recht darauf aufmerksam, daß sich das Modell monogamer Dauerbindung auch als dasjenige geschichtlich profiliert habe, was der *Würde und Eigenständigkeit der Frau am besten gerecht* werden könne. Dafür sind im grundlegenden Teil Beispiele ausgeführt worden.

b) Die theologische Begründung der Treuebindung

1) *Biblische Überlegungen*: Stabilität der Beziehungen von Mann und Frau galt seit eh und je als Grundlage des menschlichen Zusammenlebens. Das sechste Gebot lautet: „... du sollst nicht die Ehe brechen ..." (Dtn 5,18). Schon in der Sicht des Dekalogs war auch die Gesinnung im Blick, die zum Ehebruch führen kann: „... du sollst nicht nach der Frau deines Nächsten verlangen, ..." (Dtn 5,21). Im letzteren ist bereits das Haltungsethos im Blick; Treue kann nicht in der bloßen Vermeidung äußerer Normübertretung bestehen. Beide Gebote, die sich so wechselseitig ergänzen, erhalten im Kontext eines theologisch verstandenen Normverständnisses im Alten Testament tiefere Motivationen. So dürfte die Beschreibung des *Bundes Jahwes mit seinem Volk, in dem dieser als Brautbund bezeichnet* wurde (Jes 61,10; 62,5; Jer 2,2; Hos 2,21f.), eine Rückwirkung gehabt haben auf das Verständnis menschlicher Brautschaft und Treue.[54]

Dem korrespondiert im Neuen Testament die *Parallelisierung von Ehe und Bund im Hinblick auf die Verbindung von Christus und Kirche.* Zwar gilt selbstverständlich das sechste Gebot (Jesus zitiert es Mk 10,19 parr); dieser Rahmen muß bleiben. In einer anderen Achtung vor der Würde der Frau bahnt sich auch ein neues Verständnis der Treue an; sie wird nicht

---

[54] Zur Gesamtentwicklung vgl. *Berger*, Gesetzesauslegung, 307-326.

mehr so sehr von der Vorstellung her begründet, die Frau sei das Besitztum des Mannes.[55] Die personale Dimension ist herausgefordert. Das wird am meisten dort herausgehoben, wo die eheliche Liebe des Mannes zur Frau als Nachvollzug der kenotischen Liebe Christi zu seiner Kirche angesehen wird (Eph 5,25-32).[56]

2) *Überlegungen systematischer Theologie* führten auf diesem Hintergrund – in der geschichtlichen Entwicklung unseres Jahrhunderts suchte man das kirchliche Leben von den biblischen Quellen her zu erneuern – dazu, *die eheliche Treue vom Glauben her zu bestimmen. „Treue ist Antwort auf den Zuspruch erwiesener Verheißung"* formuliert Demmer.[57] Der Satz gilt grundsätzlich von jeder Glaubensentscheidung, in der es ja um das Ganze geht. Diese wird hier an einem konkreten Fixpunkt und Erfahrungsort in die Wirklichkeit des eigenen Lebens übersetzt. Eugen Drewermann[58] ist sogar der Auffassung, daß der vertrauende Glaube an Gott die unverzichtbare Bedingung eines Gelingens der ehelichen Dauerbindung ist. Im Zusammenhang mit seiner Interpretation der Genesis, insbesondere der Paradieseserzählung, stellt er fest, daß die Bindung des Mannes an die Frau und umgekehrt nur möglich ist, wenn beide sich von ihren Eltern gelöst haben. Sie müssen, bevor sie sich selber wirklich begegnen können, neuen Stand gefaßt haben. Soll Liebe nicht zu einer wechselseitigen Anklammerung verkommen, ist der Glaube an ein anderes Fundament des Getragenwerdens Voraussetzung für das Gelingen.[59]

In solcher unverbrüchlichen Liebe *kommt jene Struktur der Freiheit zu ihrer inneren Sinnerfüllung,* die das Wesen des Menschen bestimmt. Unsere Freiheit ist *Freiheit unter endlichen Voraussetzungen*; sie kann sich selber nur vollziehen, indem sie ja sagt zur Endlichkeit des eigenen Lebensentwurfs. Aus der Freiheit vieler Möglichkeiten muß die Freiheit der Entschiedenheit zu dieser eigenen Möglichkeit stehen. Sie realisiert sich in einer op-

---

[55] So noch weithin die Sicht des Alten Testamentes; auch das sechste Gebot des Dekalogs verpflichtete von daher Mann und Frau in verschiedener Weise.

[56] Vgl. den Abschnitt über die Sakramentalität der Ehe unter 2.2.1. b) 6).

[57] *Demmer*, Lebensentscheidung, 81.

[58] *Drewermann*, Psychoanalyse und Moraltheologie 2, bes. die ersten Studien in diesem Band.

[59] *Drewermann* macht in seinem Ausführungen den Eindruck, als ob es sich immer notwendig um ausdrücklichen Glauben handeln müsse, der die Ehe trägt. Dieses würde darauf hinauslaufen, daß nur einem an einen gütigen Gott glaubenden Menschen eine gelingende Ehe möglich wäre. Ich könnte Drewermann zustimmen, wenn er die Konzeption eines impliziten Glaubens zuließe, wie sie etwa in der Rahnerschen Vorstellung vom anonymen Christen vorkommt. Die fides implicita verwirklicht sich in der Treue zu sich selbst, in der sich der Mensch unabweisbar dem stellt, was er in seinem Gewissen als Forderung für sich erkennt. Jedem ist aufgegeben, sich selbst als eigene verantwortliche Person zu übernehmen, eine unabweisbare Rolle zu akzeptieren, die einem im Leben zugedacht ist. Dieses ist eine Totalforderung, an der keiner vorbeikommen kann – sei sie nun reflektiert oder nicht. Niemand nimmt einem das Leben und seine Entscheidungen ab. Die bewußte Übernahme der unverwechselbar eigenen Rolle in diesem Leben würde also jenen Glauben implizieren, in dem der Gläubige vor seinem Gott steht. Diese Ständigkeit, dieses „Stehen zu" – ob mit oder ohne expliziten Glauben – scheint in der Tat eine entscheidende Vorbedingung für eine Dauerbindung zu sein.

timalen Weise in einer persönlichen Bindung an den anderen. Zugleich ist sie darin Selbstannahme und Treue zu sich selbst; so wenig Liebe ohne Selbstannahme möglich ist, sowenig auch die Treue zum anderen ohne die Treue zu sich selbst.[60]

Glaubenstreue ist immer *das Sich-Einlassen auf einen Bund, der Zukunft verheißt*, ein Sich-Festmachen in Gott. Im Geschenk ehelicher Begegnung konkretisiert und verdichtet sich auf eine spezifische Weise dieser Zuspruch erwiesener Verheißung, wie wir ihn in der Sinnbestimmung der Sexualität erkannt haben. *Das ganze Dasein des Gläubigen*, sein Erleben in den vielschichtigen Bereichen solcher Begegnung, *hat* – wie wir sahen – *bleibend Verheißungscharakter*. Alles, was erfüllend, bereichernd und beglückend ist, wird in der Vorläufigkeit irdischen Erlebens zu einem Hinweis auf Endgültiges. In der Erfahrung des Ehebundes ahnt der Gläubige die Unbedingtheit der Treue Gottes und versucht, sie nachzuvollziehen. So wird einerseits alles, was er erlebt, zu einem Vorläufigen, andererseits gewinnt es erst seine volle Tiefendimension von diesem Glauben her.

> „Und diese Treue meint, daß Gott unermüdbar seine Geschichte mit den Menschen sucht und von den Menschen her nicht abbrechen läßt, vielmehr immer neu beginnt und weiterführt. Gott läßt sich von seinen guten Zielen für die Menschen nicht abbringen. ... Diese Treue Gottes ist der Lebensgrund des Christen und trägt sein Vertrauen. ... dieses Vertrauen trägt die christliche Überzeugung von der Ehe."[61]

Wenn also der Gläubige in der Ehe erkennt, *daß in ihr Gottes Jawort selber in seiner Unverbrüchlichkeit nachwirkt*,[62] ist damit von innen her die Ausrichtung auf unbedingte Treue gegeben nach dem Wort des Evangeliums, in dem Christus unter Rückgriff auf die Schöpfungstheologie sagt: „Was... Gott verbunden hat, das darf der Mensch nicht trennen" (Mk 10,9) – womit wir das biblische Fundament wieder erreicht hätten

3) Aus dieser Begründung ergeben sich auch die zentralen *Eigenschaften der Treue: Statik und Dynamik* wohnen in der Treue nahe beieinander. Zwar wirkt die Statik vorrangig; aber sie würde sofort erstarren, wäre in ihr nicht die Dynamik des stets neuen Stehens zueinander wirksam, die Kreativität der Liebe, die die Beziehung lebendig gestaltet. Sie braucht den Rahmen der Beständigkeit ebenso wie den Erfindungsgeist, der in der Liebe wohnt. „Stetigkeit entzieht sich demgemäß einer ein für allemal verfügbaren Fixierung, so daß Treue...jede Verabsolutierung eines bestimmten geschichtlichen Einsichtsstandes ausschließt."[63]

Ganzmenschlichkeit und Personalität durchwirken die Treue. Hans Kramer schreibt: „In der Treue ist die Person aus ihrem innersten Kern – man

---

[60] *Wannenwetsch* macht auf eine Problematik aufmerksam, die sich hier ergeben kann; die Treue zu sich selbst und den immer neuen eigenen Möglichkeiten könne sich am Ende gegen die versprochene Treue dem Ehepartner gegenüber wenden (Freiheit, 186); vgl. auch seine weiteren, sich an Barth anlehnenden Gedankengänge zu diesem Zusammenhang.

[61] *Emeis*, Ehe, 36.

[62] Vgl. oben, unter 2.2.1. b) 6).

[63] *Demmer*, Lebensentscheidung, 84.

könnte auch sagen: aus ihrer Mitte heraus – engagiert. Wo ein Mensch nur Teilkräfte seiner Person ins Spiel bringt, haben wir nur Vorformen von Treue."[64] Entsprechend meint Bollnow: „Sie ist ihrem Wesen zufolge ‚ewige Treue', und es gibt grundsätzlich keine andere Treue als eine solche ewige Treue."[65]

Treue *schließt Ausschließlichkeit ein*, die sich nicht nur auf die geschlechtliche Begegnung im engeren Sinn bezieht. Sie muß in ganzmenschliche Existenz eingebunden sein. Das bedeutet natürlich nicht, daß nicht Freundschaftsbeziehungen zu anderen Frauen und Männern möglich sind, sie sind geradezu notwendig. Beziehungen, die die Treue gefährden könnten, deuten sich dadurch an, daß sich in ihnen umgekehrt von innen her auf andere gerichtete Ausschließlichkeitsansprüche anmelden.

Dietmar Mieth hat darauf hingewiesen, daß das Zueinanderstehen *auch im Scheitern* Eigenschaft besonders einer christlichen Treue sein muß.[66] Die Botschaft des Neuen Testamentes zeichnet eine Liebe, die der Vergebung und der Versöhnung fähig ist. Dieses dürfte ein unverzichtbares Element der Treue sein.

Hier wäre weiter auszuholen: es wäre nachzudenken über die psychologischen Bedingungen der Treue, über das Miteinanderwachsen, über die Gefahren, die der Treue in der Ehe entstehen können.

4.2.3. Fehlverhalten und mögliche Heilung

a) Ehebruch

1) Gegen monogame Bindung in der Ehe ist der Ehebruch dasjenige Vergehen, was in der gesamten Geschichte der Theologie einstimmig als gravierendes Fehlverhalten verurteilt worden ist. Im *Alten Testament* steht der Ehebruch unter *Todesstrafe*; das Ehebruchsverbot des Dekalogs wird in einigen Texten deutlich so sanktioniert: Lev 20,10 nennt die Strafe: „Ein Mann, der mit der Frau seines Nächsten die Ehe bricht, wird mit dem Tod bestraft, der Ehebrecher samt der Ehebrecherin." Dem entspricht Dtn 22,22. Das alttestamentliche Verständnis des Ehebruchs kannte noch so etwas wie eine doppelte Moral: Der Mann brach nur die Ehe, wenn er mit der Frau eines anderen verkehrte, nicht aber, wenn er zu einer Prostituierten ging. Die Frau brach die Ehe bei jedem außerehelichen Geschlechtsverkehr.

2) *Jesus* formuliert in der *Bergpredigt* radikal: „Ihr habt gehört, daß gesagt worden ist: *Du sollst nicht die Ehe brechen*. Ich aber sage euch: Wer eine Frau auch nur lüstern ansieht, hat in seinem Herzen schon Ehebruch mit ihr begangen. Wenn dich dein rechtes Auge zum Bösen verführt, dann reiß es aus und wirf es weg!... Denn es ist besser für dich, daß eines deiner Glieder verlorengeht, als daß dein ganzer Leib in die Hölle geworfen wird" (Mt

---

[64] *Kramer*, Entscheidungen, 222-231, hier 227.
[65] *Bollnow*, Tugenden, 160.
[66] *Mieth*, Entwurf, 19; Sakrament, 104f.

5,27-30). Ulrich Luz warnt hier vor einer Tendenz der Auslegungsgeschichte, die in „den Sog lust- und ehefeindlicher Tendenzen“ geriet. Im übrigen stellt er aber fest, „daß Jesus mit seiner Antithese etwas ausgesprochen hat, was nicht nur in der gesamten antiken Welt, sondern insbesondere auch im damaligen Judentum Unterstützung gefunden hätte.“[67]

3) Daß auch aus philosophisch ethischer Sicht der Ehebruch abzulehnen ist, versteht sich aus der oben entwickelten Sinnbestimmung der Geschlechtlichkeit des Menschen. Dennoch kann auch bei so genereller Verurteilung nicht davon ausgegangen werden, daß in diesem Punkt Übereinstimmung im gegebenen Pluralismus der Wertüberzeugungen herrscht. *Unsere heutige Gesellschaft* ist dem Ehebruch gegenüber „tolerant“, vielleicht sagt man besser *permissiv*, geworden – nicht nur was die Rechtsordnung angeht.

Das Verhalten im einzelnen ist höchst unterschiedlich; hier wäre eine *differenzierte Beurteilung des Fehlverhaltens* angebracht: Unterschiedliche Formen und Motive kennzeichnen es.

- Der Ehebruch geschieht als „Abreaktion“ oder „Triebbefriedigung“.
- Er wird gesucht als Mittel der *Selbstbestätigung*,
- als freiheitsverheißendes *Abenteuer*. Es ist bezeichnend, daß aus der Perspektive solchen Verhaltens die Treue nur noch als Trottelei gesehen werden kann. Die chinesische Spruchweisheit wußte schon: „Treu und ehrlich ist ein anders Wort für unbrauchbar.“ Auch den Polen ist nicht unbekannt, daß es hier und da gilt, „Treue Liebe, Schlittenfahren und Sperberfang dauern nicht lang.“[68]
- Eine völlig andere Situation ist dort gegeben, wo geschlechtliche Beziehungen aus *Mitleid* erwachsen. Es gibt in unserer Gesellschaft viele Unverheiratete oder auch Verwitwete, die allein stehen.
- Ein weiteres Motiv kann das Nachgeben einem *Gruppenzwang* gegenüber sein.
- *„Ausnahmesituationen“* lassen Bindungen als irrelevant erscheinen, ob das Urlaub, Kur, Feste oder auch Messen sind – der Varianten sind viele.

Zur differenzierten Beurteilung ist der Ehebruch jeweils *in seiner symptomatischen Bedeutung zu erfassen*. Das heißt, er ist Ausdruck einer Krise, die keineswegs immer einseitig zu Lasten des/der TäterIn geht. Es kann notwendig werden – den Willen zur Heilung vorausgesetzt –, hier fremde Hilfe in Anspruch zu nehmen.[69]

Heilung hat beide Ursachenfelder ins Auge zu fassen, die veränderte gesellschaftliche Situation und die Besonderheit eines jeden einzelnen Falles. Zusammenschlüsse bewußter Christen können dazu beitragen, das Klima

[67] *Luz*, Matthäus 1, 265.

[68] *Rauch* (Hg.), Sprichwörter, 178 bzw.113.

[69] Gedacht ist an Formen der Therapie oder Beratung, die auf ganz verschiedenen Ebenen realisiert werden können. Subsidiär ist das Netzwerk von Ehe- und Familienberatungsstellen zu verstehen, die von der Kirche eingerichtet wurden. Hier kann überdies nur hingewiesen werden auf die fast unübersehbare Literatur zur Ehe- und Familientherapie. Moraltheologische Integration therapeutischer Erfahrung haben versucht: *Bleske*, Konfliktfeld; *Beirer*, Liebe, letzterer in einem mehr allgemeinen Sinn.

der jeweiligen Umgebung zu beeinflussen. Und sie können den einzelnen stabilisieren, seine Identität in den verschiedenen Zusammenhängen zu bewahren, in die er unvermeidlich gerät. Es liegt eine große Chance in wiedergewonnener Treue.

b) Scheidung und Zweitheirat

1) Zur Situation

Die *Ehescheidung*, die zivilrechtlich vorgenommen wird, ist *moraltheologisch nicht von vornherein abzulehnen;*[70] sie *kann* geboten erscheinen – auch um des Wohles der Kinder willen. Zerüttete Ehen können sich, wenn die Zerrüttung einen bestimmten Grad erreicht hat, auf deren Entwicklung störender auswirken als eine unter Umständen rechtzeitig vollzogene Scheidung der Eltern. Sei es wie immer – fast in jedem Fall sind Kinder die Leidtragenden, wie die schon zitierte Langzeitstudie an vielen einzelnen Fällen vor Augen führt.[71]

Oft fehlt ein gewisses Maß an Frustrationstoleranz, so daß die Neigung besteht, zu früh eine Ehe für gescheitert zu halten. Ehe man das tut, sollte man neutrale Instanzen (Eheberatung) in die Beurteilung einbeziehen. Viele Möglichkeiten der Wiedergewinnung der Einheit sind entwickelt worden.

Für den gläubigen Christen *bedeutet eine solche Scheidung nicht die Erlaubnis zu neuer Heirat*, die der pluralistische Staat als solcher zulassen kann. Manche Länder haben erst in den letzten Jahren eine Gesetzgebung eingeführt, die Scheidungen ermöglicht. In Lateinamerika geschah das in einigen Ländern gegen den erbitterten Widerstand der katholischen Kirche. Wenn man aber davon ausgeht, daß niemand zu seinem Glauben gezwungen werden darf, so kann man in einer pluralistischen Gesellschaft nicht Gesetze durchsetzen, die in erster Linie im christlichen Glauben ihre Grundlage haben. Zwar läßt sich ganz sicher – das ist der Inhalt des Artikel 6 unseres Grundgesetzes – davon ausgehen, daß Ehe und Familie als stabile Formen des Zusammenlebens für die Gesamtgesellschaft und das Gelingen menschlichen Lebens in ihr von schwer überschätzbarer bzw. ersetzbarer Bedeutung sind, und daß sich darum auch die Favorisierung von Stabilität in der Rechtsordnung nahelegt, so wird man doch nicht Einzelelemente christlicher Normativität unmittelbar in staatliche Gesetzgebung übertragen können. Wenn es im ersten Teil dieses Abschnittes vor allem um die Einhaltung der Monogamie ging, so jetzt um die Frage der Unauflöslichkeit. Deren Ausdruck ist insbesondere das Verbot der Wiederverheiratung.

---

[70] Der Weltkatechismus sagt zwar in Nr. 2384: „*Ehescheidung* ist ein schwerer Verstoß gegen das natürliche Sittengesetz"; was aber unklar bleibt, ist, was hier unter Ehescheidung verstanden wird, wenn man sie in Nr. 2383 von der zivilen Scheidung unterscheidet; man könnte den Text besser verstehen, wenn es statt Ehescheidung im ersten Text Zerstörung einer Ehe hieße; aber das ist ja nicht dasselbe.

[71] Siehe *Wallerstein/Biakeslee*, Gewinner und Verlierer.

2) Die Begründung der Unauflöslichkeit[72]

Wie die Monogamie, so war auch die Einhaltung eines absoluten Scheidungsverbotes im *Alten Testament unbekannt.* Im Gegenteil, Scheidung und dann mögliche Wiederheirat war unter bestimmten Bedingungen erlaubt: Dtn 24,1-4 bestimmt, daß jemand, der sich durch die Übergabe einer Scheidungsurkunde von seiner Frau getrennt hat, sie nicht wieder heiraten darf. Scheidung ist also in dieser Sicht möglich und entsprechend auch eine Wiederheirat. Man stritt darüber, welche Gründe zureichend sein sollten, um eine Scheidung – deren Initiative in aller Regel beim Mann zu liegen hatte – zu rechtfertigen. Die Hilleliten waren äußerst liberal und sahen schon eine versalzene Suppe als genügenden Grund an, während die Schammajiten nur die eheliche Untreue der Frau als zureichenden Grund für eine Scheidung annahmen.

Der Streit wirkte bis in die Zeit Jesu fort; ihm wurde die kontroverse Frage vorgelegt (vgl. Mk 10,1-10 parr.). Die Antwort ist bekannt; sie überführt zunächst die Fragesteller einer Gesinnung der Herzenshärte, die Liebe nicht gedeihen lassen kann. Dann *spricht Jesus das Scheidungsverbot aus, das weniger als rechtlich verbindliches Gesetz denn als prophetische Weisung verstanden werden muß*: „Was aber Gott verbunden hat, das darf der Mensch nicht trennen. ... Wer seine Frau aus der Ehe entläßt und eine andere heiratet, begeht ihr gegenüber Ehebruch. Auch eine Frau begeht Ehebruch, wenn sie ihren Mann aus der Ehe entläßt und einen anderen heiratet" (Mk 10,9.11f.)[73]. Viele Ausleger gehen davon aus, daß sich Jesus mit dieser Stellungnahme auf die Seite der oft unterdrückten Frau gestellt habe.[74] Dabei handelt es sich in der zitierten Fassung schon um eine erweiternde Anwendung der jesuanischen Beurteilung der Ehescheidung als Anlaß zum Ehebruch; sie setzt hellenistischen Umraum voraus, in dem auch die Frau die Initiative zur Scheidung ergreifen konnte.[75] Diese Ausweitung „ist offenbar eine sachgemäße, durchaus Jesu Intention aufnehmende Anwendung des Kernsatzes auf die heidnische Welt."[76] Wir können an dieser Stelle weiteren Auslegungen, die das grundlegende Eintreten Jesu für die Einheit und Unauflöslichkeit der Ehe auf je neue Situationen der Gemeinde (bei Matthäus und Paulus) angewandt haben, nicht folgen.

Entscheidend ist, daß die Grundorientierung einer Ehe, die auf Glauben gründet, Treue und endgültige Bindung meint; diese Orientierung ist vom Glaubensbewußtsein der Kirche aufgenommen worden. An der Stabilität von Ehen hängt auch heute noch weithin das Gelingen menschlicher Existenz. Wenn die Kirche darum diese Wertorientierung, die in der Sakramen-

[72] Hier wäre auch einschlägig, was im Kapitel 2 über die Sinngebung der Sexualität und im ersten Abschnitt dieses Kapitels über den grundlegenden Normsatz bereits gesagt wurde.

[73] Die Literatur zu diesem Text ist kaum überschaubar (Vgl. *Schrage*, Ethik, 92-100; *Schnackenburg,* Sittliche Botschaft 1986, 148-153; *Luz,* Matthäus, 268-279 mit vielen Hinweisen auf Lit.

[74] Schnackenburg belegt das an der angegebenen Stelle, auch Luz, obwohl er selber hier eine andere Meinung vertritt.

[75] So *Lohfink,* Freie Treue, 34; und bes. *Berger:* Gesetzesauslegung, 557-570.

[76] meint *Lohfink*, ebd., G. Delling zitierend.

talität der Ehe[77] eine noch einmal vertiefte Motivation erhalten hat, auch in der Durchsetzung von Normen wirksam zu machen versucht, ist das vor diesem Hintergrund zu sehen. Die Frage, die sich angesichts der heutigen Situation stellt, ist hier die, wie mit dem Scheitern unter diesen Voraussetzungen begonnener Ehen umgegangen werden soll.

3) Umgang mit dem Scheitern von Ehen

Ich möchte mich hier auf einige Thesen zur aktuellen Problemlage beschränken, die vor allem durch die Frage gekennzeichnet ist, ob wiederverheiratete Geschiedene, und unter welchen Bedingungen, zu den Sakramente zugelassen werden können.

1. Das *Verhältnis von kirchenrechlicher und moralischer Beurteilung* der anstehenden Problematik ist etwa wie folgt zu sehen:

a. Immer mehr wird die *Schwierigkeit* empfunden, im Bereich des Kirchenrechts *die Gültigkeit oder Ungültigkeit* geschlossenener Ehen *festzustellen*. Das hängt mit der tieferen Einsicht in die Bedingtheit menschlicher Entscheidungen zusammen, bei denen der wirkliche Anteil selbstbestimmender Freiheit kaum jemals vollständig festzustellen ist. Sicher gibt es relativ „klare Fälle“, die zu einer „moralischen Gewißheit“ führen können im Blick auf die beim Eheabschluß gegebene Freiheit. Aber der Umfang möglicher Selbsttäuschung in dieser Entscheidung ist fraglos gewachsen.

b. Von daher stellt sich die *Frage der ethischen Verbindlichkeit rechtlicher Feststellung für jeden Einzelfall* neu; es geht keineswegs um die Bezweiflung der Gültigkeit der Norm der Unauflöslichkeit, sondern um die Klärung der Vorbedingungen, die für das Eintreten der verpflichtenden Kraft dieser Norm erfüllt sein müssen.

c. Grundsätzlich kann die *Möglichkeit* nicht bestritten werden, daß jemand ohne Gewissensirrtum zur *festen Überzeugung gelangt, seine Ehe sei ungültig, ohne daß* diese Ehe kirchlicherseits *für ungültig erklärt werden kann*; in aller Regel wird sich allerdings niemand diese Meinung aus bloßer eigener Innenschau bilden können, sondern fachlichen Rat erfragen müssen. Kommt er zu dieser Überzeugung, daß seine erste geschlossene Ehe nicht gültig ist, ist er im Gewissen nicht an sie gebunden.

d. In einem solchen Fall ist aber die *Differenz der Foren zu beachten;* es ist in dem genannten möglichen Fall zu respektieren, daß eine neue Ehe pro foro externo (in etwa: öffentlich-rechtlich, wobei hier die Öffentlichkeit der kirchlichen Gemeinde mitgemeint ist) nicht als gültig angesehen werden kann. Pro foro conscientiae (vor dem eigenen Gewissen) wäre der Sakramentenempfang nach einer (Zweit-)Heirat verantwortbar.[78] Hier pflegt man

[77] Siehe dazu oben, unter 2.2.1. b) 6).

[78] Hier ist die Verantwortbarkeit beim einzelnen gemeint, nicht die Frage der öffentlich geduldeten Zulassung. Die Erklärung der Glaubenskongregation vom 15.10.1994 schließt auch diesen Fall in Nr. 3 aus, scheint aber offensichtlich dabei die Möglichkeit „anonymen Empfangs“ nicht zu berücksichtigen, da sie sich im wesentlichen an die Zulassenden, nicht aber an den einzelnen in der Situation Stehenden wendet.

hinzuzufügen in der lateinischen Fachsprache überkommener Moraltheologie: „Excluso scandalo", unter Ausschluß des Ärgernisses.

In diesem Zusammenhängen wird oft von *Ärgernis* gesprochen; die Zulassung ruft Ärgernis hervor, weil die Kirche hier nicht mehr grundsatztreu zu agieren scheint. Man hat aber inzwischen den Eindruck, daß in vielen Fällen der Anstoß, das Ärgernis genau gegenläufig empfunden wird, d.h. daß es eher Ärgernis hervorruft, wenn zu hart mit denen umgegangen wird, die ihren Willen der Zugehörigkeit zur Gemeinde wiederholt deutlich zum Ausdruck gebracht haben und dennoch nicht zu den Sakramenten zugelassen werden, weil sie geschieden und wiederverheiratet sind. Das ist ein Zeichen dafür, daß die strenge Norm der Kirche hier von vielen nicht mehr so mitgetragen wird, wie das noch vor wenigen Jahrzehnten als selbstverständlich empfunden worden wäre.

2. Das Verhältnis von dogmatischer und moraltheologischer Sicht

a. Die *Sakramententheologie* geht von der Tatsache aus, daß im Ehebund die Einigung Christi mit der Kirche nachvollzogen und von ihr auch getragen wird. Das Eheband partizipiert somit an der Unauflösbarkeit des Bundes Christi mit seiner Kirche und stellt sie zugleich zeichenhaft in der Gemeinschaft der Gläubigen dar. Der tiefste in Wort, Gebärde und sakramentalen Zeichen geschehene Selbstvollzug der Kirche in der Feier der Eucharistie setzt darum die Integrität im Zeichen wechselseitiger Treue bei den Ehepartnern voraus. *Der bestehende Bruch des Ehebandes* bei wiederverheirateten Geschiedenen *widerspricht der Ausrichtung der Eucharistiefeier selbst*, die ihrerseits beständige Anamnese der Treue Gottes und Christi gegenüber seiner Kirche ist, auf der Ebene des sakramentalen Zeichens. In den Diskussionen auf der Bischofssynode 1980 verschob sich die Argumentation auf diese Ebene; *man nahm die Diskriminierung zurück,*[79] die darin besteht, daß man die wiederverheirateten Geschiedenen als Menschen ansieht, die in schwerer Sünde leben, und die deswegen nicht zur Eucharistie zugelassen werden können.

Familiaris consortio spricht nicht mehr von ständig neuer Sünde, sondern bezieht sich in der Begründung ganz auf die objektive Ebene und sagt: „Die Kirche bekräftigt jedoch ihre auf die Hl. Schrift gestützte Praxis, wiederverheiratete Geschiedene nicht zum eucharistischen Mahl zuzulassen. Sie können nicht zugelassen werden; denn ihr Lebensstand und ihre Lebensverhältnisse stehen im objektiven Widerspruch zu jenem Bund der Liebe, den Christus und der Kirche, den die Eucharistie sichtbar und gegenwärtig macht" (FC 84). Es handelt sich also bei dieser Begründung nicht mehr um moralische Disqualifizierung, sondern um die Feststellung eines von der Dogmatik und von der Zeichenfunktion der Kirche her gegebenen ‚obex', Hindernisses.

---

[79] Wiederholt betont auch die jüngste Erklärung der Glaubenskommission vom 15.10.1994, daß es sich bei der Regelung dieser Frage auf keinen Fall um eine Diskriminierung der Betroffenen handele.

Es ist *eine Frage, ob man in dieser dogmatischen Feststellung nicht eine Festschreibung vorgenommen hat*, die im Grunde genommen eine Einengung bedeutet. *Das Geheimnis der Eucharistie* ist ein Geheimnis im strengen Sinn, das bedeutet; es *hat viele Aspekte,* unter denen der stets erneuerte Bundesschluß Christi mit seiner Kirche einer ist. Ein anderer könnte der sein, *daß in der Eucharistie die Feier der Versöhnung Jesu mit den Sündern* stets erneut begangen wird. Dieses kommt ja an verschiedenen Stellen der Messe sehr deutlich zum Ausdruck, sowohl am Anfang im Bußritus, wie in den Wandlungsworten, dem Gebet vor der Kommunion usw. Aus dieser Perspektive wäre eventuell doch *eine andere Argumentation zumindest denkbar*, die sich auch noch aus folgenden weiteren Überlegungen nahelegen könnte.

b. Im *übrigen bezieht sich die Fragerichtung der Moraltheologie* auf den im geschenkten und aufgegebenen Sein ergehenden Existenzanspruch oder – theologisch gesprochen – *Anruf Gottes*. Sie muß sich von der Überzeugung leiten lassen, daß sich der sittlich verpflichtende Wille Gottes in Bezug auf einen Menschen in einer bestimmten Situation *nicht selber widersprechen kann*. Sie ist weiter davon überzeugt, daß wirkliche Verpflichtung ohne entsprechendes Können nicht verbindlich ist („ultra posse nemo tenetur"). Es ist davon auszugehen, daß vom Beginn einer Ehe an *das Eheband positiv bindet*; gelingt die Ehe nicht, findet eine Trennung statt, bindet es *negativ im Verbot, eine neue Ehe einzugehen.* Geschieht dies doch – aus welchen Gründen, auch möglicherweise schuldhaften, auch immer –, *entstehen in der neuen Verbindung auch neue ethische Verbindlichkeiten*; man ist verantwortlich für das, was man sich hier und jetzt vertraut gemacht hat, um Saint-Exupéry zu zitieren.[80] Hier sind *Situationen denkbar*, in denen *die Negativverpflichtung zu kollidieren scheint mit nunmehr übernommener Verantwortung Frau und Kindern in der Zweitehe gegenüber*. Der positiven Verpflichtung des ersten Ehebandes *können* dann beide Partner nicht mehr entsprechen, wenn sie neue Verantwortung übernommen haben.

An deren Stelle sind neue Verbindlichkeiten getreten. Objektiv befindet sich das Paar im Widerspruch zur Forderung der Unauflöslichkeit der ersten Ehe, aber kann ihm jetzt nicht mehr nachkommen. *Familiaris consortio sagt:* „Die Wiederversöhnung im Sakrament der Buße, das den Weg zum Sakrament der Eucharistie öffnet, kann nur denen gewährt werden, welche die Verletzung des Zeichens des Bundes mit Christus und der Treue zu ihm bereut und die aufrichtige Bereitschaft zu einem Leben haben, das nicht mehr im Widerspruch zur Unauflöslichkeit der Ehe steht. Das heißt konkret, daß, wenn die beiden Partner aus ernsthaften Gründen – zum Beispiel wegen der Erziehung der Kinder – der Verpflichtung zur Trennung nicht nachkommen können, ‚sie sich verpflichten, völlig enthaltsam zu leben, das heißt, sich der Akte zu enthalten, welche Eheleuten vorbehalten sind.'"[81] Die

---

[80] Vgl. *Saint-Exupéry*, Der kleine Prinz, 556.

[81] Das Rundschreiben zitiert hier Johannes Paul II. in seiner Homilie zum Abschluß der VI. Bischofssynode, AAS 72 (1980) 1082; die gleiche Forderung wird in der zitierten Erklärung (vom 15.10.1994) noch einmal bekräftigt.

vorgeschlagene Lösung kann nur schwer der theologischen Anthropologie des Zweiten Vatikanischen Konzils entsprechend gedacht werden, da sie faktisch die Sexualität als einziges Wesensmerkmal der Ehe herauslöst aus dem gesamten Lebenszusammenhang, den Ehe ausmacht. Unterstellt wird in solcher Konzeption nun doch, daß die Betroffenen in einem dauernd neu aktualisierten Zustand der schweren Sünde leben. Dieses ist moraltheologisch anfechtbar, weil man nicht so einseitig die nicht mehr erfahrene Realität der ersten Ehe gegen die Erfahrung unmittelbarer Verantwortung in der zweiten Ehe und Familie ausspielen kann. Die Frage des ethischen „Könnens" ist ernst zu nehmen, wenn man die Menschen dort begleiten muß, wo sie sich realiter befinden und erleben.

Stattdessen wird von anderen *eine andere ‚harte Lösung'* vorgeschlagen: Leben in der Gemeinschaft der Kirche; Aushalten der *Trennung von der Eucharistiegemeinschaft im „negativen Zeugnis" für die Einheit und Unauflöslichkeit der ersten Ehe.* Man begnügt sich mit jenem Kontakt mit der Gemeinde, der für das Paar möglich ist. Die drängenden Hinweise der Bischöfe und des Papstes zielen darauf ab, daß sich die Betroffenen nicht ausgeschlossen fühlen. Dagegen sind *mittlere Lösungen* vorgeschlagen worden, allerdings vor dem Erscheinen von Familiaris consortio, die auf die *Ermöglichung einer gestuften Wiedereingliederung abhoben.*[82]

Ein anderer Weg wurde oft begangen; es handelt sich um den Weg, der sich auch angesichts bestimmter allgemeingültiger Regelungen nach der Einsicht des je eigenen Gewissens fragt. Der Fall ist nicht auszuschließen, daß jemand subjektiv zu der Überzeugung kommt und diese auch in ihrer Redlichkeit durch andere prüfen läßt, daß er sich nach innerer Umkehr und Reue gerufen fühlt, am Mahl der Eucharistie teilzunehmen. Der *Hirtenbrief des Bischofs von Hildesheim* nimmt dazu Stellung:

„Viele Christen empfinden die Kirche als unmenschlich und hart im Umgang mit Eheleuten in einer zerbrochenen Ehe, mit Geschiedenen und wiederverheiratet Geschiedenen. Sie können Jesu Liebe und Barmherzigkeit nicht wiedererkennen, wenn die Kirche eine zweite Ehe verbietet und die Eheleute in einer Zweitehe von den Sakramenten ausschließt. Nicht wenige, deren Ehe zerbrochen ist, die sich vom Ehepartner getrennt haben, allein leben oder eine zweite Ehe eingegangen sind, sehen sich über die ohnehin vorhandenen Empfindungen von Angst und Einsamkeit, Trauer und Schuld, hinaus von kirchlichen Regelungen, aber auch von vielen Mitchristen verurteilt, ausgeschlossen und bestraft. Im Empfinden vieler wirkt Kirche nicht hilfreich, sondern verstärkt das Leid. Hier geht es um zwei Anliegen, die wir als gesamte Kirche ernstnehmen müssen, und die sich nicht widersprechen. Wir müssen immer wieder verkünden und vorleben, daß wir in Jesus Christus und im Glauben an ihn zu neuen Lebensmöglichkeiten befreit sind, trotz aller Widersprüche und Zerrissenheit im Leben der Kirche und jedes einzelnen Christen. Und zu diesen neuen Lebensmöglichkeiten gehört auch die Fähigkeit zu unzerbrechlicher Treue. Andererseits sehen wir auch, daß Ehen scheitern können, daß es Eheleuten unmöglich werden kann, beieinander zu

[82] So etwa von *Forster*, Herder-Korrespondenz, 466.

bleiben, wenn sie nicht noch größeres Unglück schaffen wollen. Niemals darf es darum gehen, den Druck von Schuldgefühlen zu verstärken, aus der Kirche auszuschließen oder zu bestrafen, sondern es kommt darauf an, auf die Eheleute zuzugehen, sie hilfreich zu begleiten: – Wenn sie in ihrer Ehe scheitern und sich trennen – wenn sie allein leben und Kinder allein erziehen, – wenn sie eine zweite Ehe eingehen. ... Wenn Geschiedene ein zweites Mal heiraten, dann treffen viele diese Entscheidung nicht leichtfertig, sondern tun dies vor Gott und des Wohles ihrer Kinder und um ihrer selbst willen. *Auch diese Menschen haben in der Gemeinde ein Recht auf Annahme,* Hilfe und Freundschaft (vgl. FC 84). Können wiederverheiratete Geschiedene wieder zu den Sakramenten zugelassen werden? Nach der Lehre und Praxis der Kirche ist eine generelle Zulassung nicht möglich, weil die Kirche an die Weisung Christi gebunden ist. Wenn Betroffene meinen, in ihrem Fall lägen besondere Verhältnisse vor, dann mögen sie das Gespräch mit einem Seelsorger suchen. In dem Gespräch soll dieser ihnen helfen zu einer persönlichen Gewissensentscheidung zu kommen. Ich vertraue darauf, daß dabei ein Weg gefunden wird, der vor Gott in der Kirche verantwortbar ist und den Glauben der Eheleute vertieft."[83]

In etwa entsprechend und weiter differenzierend haben sich die *Bischöfe der oberrheinischen Diözesen* in einem Hirtenbrief zu dieser Frage geäußert; sorgfältig werden Bedingungen erwogen, die erfüllt sein müssen, will der/die einzelne zu einer gerechtfertigten Gewissensentscheidung kommen. Ist dies der Fall, wird der Priester „das Gewissensurteil des einzelnen, der nach Prüfung seines Gewissens zu der Überzeugung gelangt ist, den Zutritt zur hl. Eucharistie vor Gott verantworten zu können, respektieren."[84] Dieser pastorale Lösungsversuch wurde von der Glaubenskongregation nicht akzeptiert.[85] Es bleibt abzuwarten, ob eine längst weithin üblich gewordene Praxis, die ja, wie die Schreiben der Bischöfe zeigen, nicht ohne Gründe eingeführt worden war, sich jetzt ändern wird. Bischöfe und Priester stehen hier vor schwierigen Gewissensfragen, die mit dem bloßen Hinweis auf die objektive Ordnung der Kirche nicht ohne weiteres erledigt sind. Ein Grundsatz der *Epikie* wäre hier zu bedenken: Die Durchsetzung einer Norm verliert dann ihren Sinn, wenn sie kontraproduktiv würde; das wäre der Fall, wenn im Gefolge einer konsequenten Durchsetzung der Norm ganze Familien sich von der Gemeinschaft der Glaubenden abwenden würden.

---

[83] Hirtenbrief von Bischof Josef *Homeyer*: Das Zitat findet sich S. 6. Ein Teil des hier zitierten Textes wurde in die Beschlüsse der Diözesansynode Hildesheim 1989/90 aufgenommen: Kirche und Gemeinde. Gemeinschaft mit Gott, Miteinander, Mit der Welt. Hg. vom Bistum Hildesheim, Hildesheim 1990, hier S. 80-82.

[84] *Saier/Lehmann/Kasper*, Gewissensentscheidung, 460-467, Zitat 465. Das Hirtenwort hat breite Zustimmung und vereinzelt Widerspruch gefunden, so z.B. bei *Laun:* Doppelte Pastoral, 34-40.

[85] Vgl. die Erklärung vom 15.10.1994!

4.3. Nichteheliche Paarbeziehungen

4.3.1. Situationsbeschreibung

a) Fakten

Es läßt sich in den letzten Jahren ein starkes Anwachsen der Zahl unverheiratet zusammenlebender Paare beobachten, wobei es sich um ein Phänomen handelt, das sich zumindest in westlichen Industrieländern fast allgemein zeigt, in den USA und Schweden zum Beispiel noch mehr als in der Bundesrepublik.

Die *Benennungen* weichen stark voneinander ab: Früher sprach man von „wilder Ehe" oder von „Konkubinat"; diese Formulierungen waren eindeutig abwertend, insbesondere für die Frau. In der neueren Diskussion sucht man zunächst – vor den Bewertungen – *wertneutrale Formulierungen*, von denen jede auch ihre Nachteile hat: Ehe ohne Trauschein, nichteheliche Lebensgemeinschaft u.ä. Hier ist ein Maßnehmen an Begriff und Wirklichkeit der Ehe immer noch gegeben. Das muß nicht nur nachteilig sein. Andere Bezeichnungen: Lebensgefährtenverhältnis, Dauerpartnerschaft, Freie Verbindungen, Partnerschaften u.a.m. Am meisten hat sich der Begriff Nichteheliche Lebensgemeinschaften durchgesetzt. Mit diesem Begriff werden „jene Formen der Beziehung bezeichnet, wo ein gegengeschlechtliches Paar, das nicht verwandt und verheiratet ist, Beziehungsformen des zeitlich unbefristeten Zusammenlebens praktiziert."[86]

Rita Süssmuth geht in einem Artikel[87] davon aus, daß es *in der Bundesrepublik in der zweiten Hälfte der achtziger Jahre rund 1 Million nichtehelicher Lebensgemeinschaften gab.* Heller gibt die Zahl mit 1,9 Millionen Haushalten mit nichtehelichen PartnerInnen an.[88] Das Schwergewicht, so Süssmuth, liege bei den jüngeren Altersgruppen:

„61 % der in der repräsentativen Untersuchung Befragten sind jünger als 30 Jahre, 78 % sind ledig, 14 % geschieden und getrennt lebend und 8 % verwitwet. Im Vergleich der Mikrozensusdaten von 1972 und 1982 hat sich die Zahl der nichtehelichen Lebensgemeinschaften in diesen 10 Jahren vervierfacht, in der Altersgruppe von 18 – 25 Jahren aber sogar fast verzehnfacht. 25 % der in nichtehelichen Lebensgemeinschaften lebenden Männer und Frauen haben Kinder, aber *nur in 15 %* der nichtehelichen Lebensgemeinschaften *leben* auch Kinder, bei 10 % sind es Kinder aus früheren Partnerschaften (in der Regel der Frau) und bei 5 % sind es gemeinsame Kinder. Und damit wird deutlich, daß in nichtehelichen Lebensgemeinschaften in der Regel keine Kinder leben und diese Lebensformen vor allem Kinderlose betreffen.[89]

---

[86] *Heller,* Zusammenleben, 39; vgl. *Müller*, Unverheiratet zusammenleben, 28-32.
[87] *Süssmuth*, Nichteheliche Lebensgemeinschaften.
[88] *Heller*, Zusammenleben, 41.
[89] *Süssmuth*, Nichteheliche Lebensgemeinschaften, 318.

Dazu wird festgestellt, daß es in der Lebenspraxis hier keine wesentlichen Unterschiede gebe zwischen den verschiedenen gesellschaftlichen Schichten. Wohl gibt es noch ein Gefälle zwischen Stadt und Land. Diese Entwicklung bedeute aber keineswegs bereits eine Alternative zur Ehe. Immerhin *wünschen 33 % der zusammenlebenden Befragten zu heiraten* und zwar ihren derzeitigen Partner bzw. Partnerin. *39 % sind sich darüber nicht klar*, 28 % wollen den derzeitigen Partner nicht heiraten, und *nur 9 %* haben erklärt, daß sie *grundsätzlich gegen die Ehe* eingestellt seien. Dagegen notiert Allensbach auf die Frage: „Halten sie die Einrichtung der Ehe grundsätzlich für notwendig oder für überlebt?" folgende Antworten: 1963 antworten 92 % der Frauen mit „notwendig", 1978 nur noch 61 %. Die Vergleichzahlen bei den Männern sind 86 % und 60 %[90]. Eine neuere vom Bundesministerium für Familie und Senioren herausgegebene Studie bestätigt im wesentlichen den Befund: „Ein wesentliches Merkmal junger Ehepaare ist der Tatbestand, daß in meisten Fällen der Ehe eine längere Partnerschaft vorausging. Im Durchschnitt hatten sie vor der Eheschließung eine 3,6 Jahre dauernde Beziehung zueinander und zu 80 % vor der Eheschließung bereits in einer nichtehelichen Lebensgemeinschaft zusammengelebt, und zwar im Durchschnitt etwa zwei Jahre."[91] Viele überkommene Leitbilder sind trotz der Normabweichung im konkreten Verhalten weiter wirksam. Die Studie unterscheidet 6 Typen unterschiedlicher Lebensorientierung: Bei etwas mehr als einem Viertel dominiert die *Familien- und Kindorientierung*. 10% der Befragten können als dominant *karriereorientiert* gelten, 10 % weisen als dominantes Muster eine *Wohlstandsorientierung*, auf und 11 % sind vor allem *freizeitorientiert*. 20% möchten ganz explizit *Familie, Kinder und berufliche Karriere verbinden* und 23% schließlich weisen *keine dominante Orientierung auf.*"[92]

b) Faktische Bewertungen

Der *deutlichste Wandel* zeichnet sich ab *in der Tatsache, daß nichteheliche Lebensgemeinschaften keinen gesellschaftlichen Vorurteilen mehr unterliegen:* „Was aber früher eine soziale Randerscheinung war, ist innerhalb weniger Jahre fast zu einer gesellschaftlichen ‚Normalität' geworden. Jedenfalls wird ein freies Zusammenleben toleriert oder nicht beanstandet. Vielen erscheint die Ehe als altmodisch. Das ist das Neue."[93] In einer Studie zum gleichen Thema deutet Robert Schlund an, daß hier die „veröffentlichte Meinung ... zur öffentlichen Meinung" wurde. [94] „*Die ethisch-sittliche Orientierung wird als eine individuelle Kompetenz beansprucht*, die sich nicht notwendig an überkommene Vorgaben hält."[95] Auch angesichts dieser Sach-

---

[90] *Noelle-Neumann/Köcher*, Die verletzte Nation, 110.
[91] *Bundesministerium für Familie und Senioren*, Lebensgestaltung, 7.
[92] Ebd., 10.
[93] *Lehmann*, Hirtenbrief, 3.
[94] *Schlund*, Nicht-eheliche Lebensgemeinschaften, 13.
[95] *Heller*, Zusammenleben, 56.

lage aber kann festgestellt werden, daß *personaler Treue in den Wertvorstellungen der meisten Jugendlichen nach wie vor hoher Wert zukommt:* 78 % der durch Allensbach 1976 befragten 17 – 18jährigen erklären eheliche Treue für unentbehrlich. Kirchengebundene Jugendliche waren in der selben Frage zu 89 % der Auffassung, daß Ehepartner einander Treue versprechen und auch halten sollen. Die Studie des Bundesministeriums für Familie und Senioren bestätigt: „Für die Hälfte der Befragten bildete die Partnerschaft zum jetzigen Ehepartner die erste feste Beziehung.“[96] Die geforderte Treue, die dem Wunsch nach Geborgenheit entspricht, wird also offensichtlich auch von vielen gehalten.

c) Die Ursachen

der Entwicklung sind *vielschichtig*. Sie liegen nach Meinung fast aller Sachverständigen in den veränderten Lebensbedingungen unserer modernen Industriegesellschaft, die eine Dauerbindung enorm erschweren. Sie sind so, daß der einzelne von seinem Eingebundensein in die Gesellschaft her kaum mehr Geborgenheit und noch weniger Sinnerfüllung erwartet. Eher fühlt er sich als Nummer, als Rädchen, nur noch auf eine Funktion hin beansprucht, kaum mehr als Person – so *bleiben die tieferen Bedürfnisse humanen Daseins im öffentlichen und im Berufsleben weithin unabgedeckt.* Man erwartet ihre Erfüllung eben gerade nicht von übergeordneten Instutionen mit ihren Normen und Verhaltensregeln, sondern fast ausschließlich von der privaten Gestaltung individueller Beziehung. So *verändert sich offenbar das Verhältnis zwischen Person und Institution.*

Es wächst aber die Einsicht in die *Schwierigkeit, eine individuelle Dauerbindung durchzustehen.* Man erlebt, wie man sich ändert, und man glaubt nicht an die Möglichkeit einer lebenslangen fruchtbaren Dauerbindung. Man möchte darum nicht durch institutionalisierte Bindung aneinander gekettet sein. Die Ehe der Eltern wird häufig nicht gerade als „Himmel auf Erden“ erlebt. Man fürchtet so, daß die Freiheit füreinander leiden könnte. Hier, in das intimst Persönliche, hat niemand dreinzureden, die Gesellschaft nicht, die Eltern nicht und natürlich erst recht die Kirche nicht. Schlund hatte eine weitere Ursache der *Rolle der Massenmedien* angedeutet, die hier als *Trendverstärker* wirksam sind.

Helmut Lukesch nennt u.a. folgende Motive der Partner:
- „Ehe erhebt den Anspruch auf Dauer, kann aber gerade zu einem Hemmnis für Beständigkeit werden...
- Eine Ehe lähmt, erdrückt oder zerstört die Beziehung...
- Wesentlich ist der Wunsch nach Unabhängigkeit, die Heirat sei für die Partnerschaft überflüssig.“[97]

---

[96] Ebd., 7.
[97] *Lukesch,* Ehe, in: *Beinert,* Liebe, 66-93, hier 76f.

d) Einige Folgeerscheinungen

Nicht zu übersehen ist, daß die faktisch gegebene Situation, wenn man sie auf das Glücken menschlichen Lebens bezieht, fraglos für viele auch harte *Leiderfahrung* bedeutet. *Rita Süssmuth* stellte in den Studien, die sie am Anfang der achtziger Jahre in der Herder-Korrespondenz veröffentlicht hat, fest: „Die Erfahrungen aus der Beratung der unverheiratet zusammenlebender Paare zeigen, daß Abbruch der Beziehungen so wie bei Verheirateten als Scheitern und Versagen erlebt werden. Die Trennung löst auch bei ihnen nicht selten tiefe persönliche Krisen aus, verbunden mit Ängsten, Einsamkeit und Ausweglosigkeit ... Enttäuschte Liebe kann je nach dem Grad der persönlichen Verletzung oft ein Leben lang nicht wieder geheilt werden.“[98]

Die veränderte Situation stellt *die Kirche* vor eine nicht leichte Verantwortung; es geht inzwischen nicht nur um die Bewertung einzelner vorehelicher Kontakte geschlechtlicher Art, sondern *es geht spiegelverkehrt genau um die Wertung dessen, was die Kirche unter Ehe versteht.* Fraglos ist von der humanen Dimension und Idealvorstellung von Liebe vieles in die Wertvorstellungen der jüngeren Generation eingegangen und in ihnen wirksam; aber alles, was geeignet wäre, die Rückbindung an die Sinnerfahrung, die tatsächlich von zweien selber nicht hergestellt werden kann, auch im Rahmen gläubiger Interpretation zu leisten, ist, wenn nicht grundsätzlich in Frage gestellt, so doch im faktischen Dissens mit der offiziellen Lehre der Kirche schwerer zugänglich.

4.3.2. Notwendigkeit differenzierter Beurteilung

Als die Erklärung zu einigen Fragen der Sexualethik, die die Glaubenskongregation 1975 veröffentlichte, voreheliche geschlechtliche Beziehungen einfachhin generell als Unzucht bezeichnete – der neue Weltkatechismus ist hier nicht differenzierter[99] – und sie aufgrund der Verurteilung, mit der Paulus die porneia bedacht hatte, zurückwies, kam spontan die Reaktion auf, daß hier zu undifferenziert Stellung bezogen worden sei. Die tatsächliche Situation der Betroffenen wird durch ein so allgemeines Urteil nicht genügend genau wahrgenommen. Fast alle Autoren, die für eine deutlichere Differenzierung eintreten, so zum Beispiel auch Lehmann, skalieren, dieses in verschiedener Weise, um in differenziertem Urteil der Wirklichkeit näher zu kommen.[100] Will man die Überlegungen nicht einschränken auf die nichtehelichen Lebensgemeinschaften, sondern auf Paarbeziehungen vor und außerhalb der Ehe überhaupt, wird man etwa folgende Skalierung annehmen können:

---

[98] *Süssmuth*, Bindungsverhalten, 247f. Weitere mögliche Folgen der Veränderungen im sexuellen Verhalten im Blick auf die Stabilität der Bindung wurde oben schon unter 3.2. genannt.

[99] KKK 2353.

[100] *Müller*, (Unverheiratet zusammenleben, 52-93) zählt eine Reihe von Modellen auf, mit deren Hilfe man in den Sozialwissenschaften differenziert; hier sind nur in aller Knappheit ethisch relevante Gesichtspunkte der Differenzierung genannt.

1) Da sind zunächst Paarbildungen in Begegnungen zu nennen, in denen ein *Anspruch auf wechselseitige Erfüllung von Triebwünschen* erhoben wird; hier wird Sexualität *konsumiert*; wenn man will, handelt es sich um eine Auswirkung von Konsumismus, der durch mancherlei Entwicklungen unserer Konsumgesellschaft gefördert wird. Ein hedonistischer Grundzug wirkt sich aus; ganzmenschliche Erfüllung wird von Sexualität geradezu bewußt abgekoppelt. Distanznahme von sich unmittelbar anmeldenden eigenen Triebwünschen ist nicht gegeben. Der Grundsatz, daß alles in der Sexualität gut sei, was zwei miteinander verabreden, könnte sich hier auswirken und auch auf eine solche flüchtige Paarbeziehung Anwendung finden. Man verbindet sich in Unverbindlichkeit; man ver-"sach"-licht den Sex. In einer bestimmten Phase der Protestbewegung unter den Studenten wurde die Dauerbereitschaft auch zu flüchtigen Kontakten geradezu als Anzeichen der Emanzipation gewertet, die dort zu wachsender Promiskuität führte. Svende Merian bezeichnet dieses Zerrbild als „Emannzipation".[101] Inzwischen sind Gegenbewegungen wirksam.

2) Ein weiteres weithin wirksames Motiv, welches in sexuelles Verhalten eingehen kann, ist das der *Neugier* und zugleich ein *Glaube an die Normalität solcher Versuche*, die anzustellen sind, um eben einer bestimmten Vorstellung von Normalität zu entsprechen. Angst, ganz bestimmten Normvorstellungen der Umgebung nicht zu entsprechen, kann in die Bereitschaft zu sexueller Selbstpreisgabe einfließen; hier ist vor allem an die Tatsache zu denken, daß Sexualität auch im Sinne der Genitalität immer früher ausgeübt wird, weil es – dieses wird zum Teil von Erwachsenen gefördert – notwendig zu sein scheint, um sich gesund zu entwickeln, nicht zu einem Mauerblümchen zu werden. Irmgard Bsteh hat in Tiefeninterwievs herausgefunden, daß in der Tat Jugendliche oft in solchen Zusammenhängen wie unter Zwang handeln.[102] Oft ist nur ein Kontakt mit einem Menschen gesucht, mit dem man vertraut ist, den man gern hat, den man liebt – an eine Dauerbindung ist dabei kaum gedacht; eine lebenslange Orientierung aufeinander zu ist noch nicht im Blickfeld.

3) Wenn man die bisherigen Formen wahrscheinlich im innerkirchlichen Bereich generell mehr oder weniger ablehnt, so könnte das bei der nächsten Gruppe der Skala anders werden: Hier stoßen wir auf eine Motivlage und Einstellung, der wir schon in der Situationsanalyse begegneten: *Ablehnung institutionalisierter Regelung in Anerkennung tiefer personaler Bindung im sexuellen Austausch.* Aus den bereits beschriebenen Gründen des Mißtrauens gegenüber den Institutionen der Gesellschaft wird hier, wo es um das private, persönliche Glück geht, institutionelle Regelung grundsätzlich zurückgewiesen. Es wird aber verlangt, daß man bei Aufnahme geschlechtlicher Beziehungen persönlich dem andern verbunden ist. Was so aus Liebe

---

[101] *Merian*, Tod des Märchenprinzen; ich führe diesen Bestseller (1988: 471-495. Tausend!) aus symptomatischen Gründen an; er zeigt, wie sich die sexuelle Revolution auch gegen ihre Kinder wendete.

[102] *Bsteh*, Interviews.

geschieht und in diese Weise voreinander verantwortet ist, ist gut. Dieses rein immanente Kriterium des Gefühls füreinander ist Bestimmungsgrund für die Sinnhaftigkeit des Verkehrs.

4) Bei den bisherigen Typisierungen war die Glaubensmotivation noch ausgeklammert; sie taucht in der Einstellung der nächsten Gruppe auf, bei der die Lebensgemeinschaft, die man eingegangen ist, anders motiviert wird: Man fühlt sich unsicher im Bezug auf die endgültige Wahl, *erkennt aber grundsätzlich die im Glauben geforderte Unauflöslichkeit der Ehe und die Notwendigkeit der Integration der Sexualität in personale Beziehung an.* Hier hätte man so etwas wie das Phänomen der *Probeehe*, die einerseits wie ein Vorstadium der Ehe sein könnte, andererseits aber noch eine Probezeit ist, die eine Auflösung nicht vollkommen ausschließt. Die Intention ist, eine Gemeinsamkeit wachsen zu lassen, die die Chance hat, von Dauer zu sein. Aber man ist sich seiner selbst bei seinem Bemühen nicht so sicher, daß man schon glaubt, für die Dauer garantieren zu können. Gerade weil man die Ehe in ihrer Bedeutung so ernst nimmt, Unauflöslichkeit anerkennt, weil in ihr die Treue Gottes nachvollzogen wird, möchte man eine größere subjektive Sicherheit, die einen diesen Schritt wagen läßt.

5) Eine letzte Gruppe, die man in langen Jahren der Diskussion fast allein näher ins Auge gefaßt hat, ist *die derjenigen, die den vollen und klaren Ehewillen haben*, sich endgültig einig geworden sind, daß sie heiraten wollen und gewissermaßen in einer existentiellen Antizipation der Ehe selbst miteinander leben. Da und dort wird in der Theologie dann so etwas wie eine Vorauswirkung des Sakramentes für möglich gehalten.[103]

4.3.3. Argumentation und Stellungnahme

1) Argumente

Hinsichtlich der theologischen Überlegungen weise ich zurück auf das, was in den Abschnitten 4.1.2 und 4.2.2. gesagt wurde. Nachgetragen seien hier anthropologische Gesichtspunkte, die in diesem Zusammenhang als weitere Ermessensgründe genannt werden. Sie nehmen hier im ersten Teil besondere Rücksicht auf die Problematik verfrühter Kontakte.

a) Zunächst möchte ich auf eine Überlegung hinweisen, die *Drewermann* in Anlehnung an Sigmund Freud vorgelegt hat. Er hat in seiner Stellungnahme insbesondere Jugendliche vor Augen, auf deren Situation in den Entwicklungsjahren unter den Aspekten der Akzeleration schon einmal eingegangen worden ist. Drewermann meint:

„Entsprechend sucht der Heranwachsende, im richtigen Verständnis der Aufgabe der Persönlichkeitsentfaltung, die sich ihm mit Beginn der Pubertät stellt, in der sog. Pubertätsaskese durch ein hohes Maß an Idealismus die Herrschaft über seine sexuellen Triebe zu gewinnen. Es ist klar, daß die Praxis des vorehelichen Verkehrs sehr

[103] Hier werden von *Heller*, Zusammenleben, 310f., Zulehner und Rahner zitiert.

störend in die Persönlichkeitsentfaltung eindringen kann und de facto auch oft nur von Jugendlichen gewählt wird, weil sie unter dem Diktat eines zu strengen Über-Ichs bzw. Protest dagegen nicht zu einer geordneten, das Triebleben regelnden Idealbildung fähig sind oder weil ihnen jede Idealbildung durch ein fehlendes unglaubwürdiges Vorbild ihrer Eltern verstellt ist. Eine elementare Voraussetzung der Persönlichkeitsentfaltung und die Einübung in ein erwachsenes Sexualverhalten ist also der langdauernde Verzicht auf vorehelichen Verkehr."[104]

Drewermann nennt hier die von Sigmund Freud so verstandene Abstinenzregel, in der *Kulturaufgaben durch Triebverzicht* bewältigt werden können. Er sieht etwa auch in der Bildung der Entwicklung der Minnelyrik im Mittelalter und der Formung der Begriffe von Zucht und Maß, Ergebnisse solcher Kulturentwicklung, die ohne Verzichtleistungen nicht denkbar sind, aber für die Kultivierung des Menschseins erhebliche Bedeutung haben. Von daher können zu früh angesetzte voreheliche Beziehungen die Entwicklung des jungen Menschen nachhaltig stören. Eine Faustregel könnte lauten: Wenn die Liebe die Lebensaufgabe der einzelnen fördert, dann ist die Wahrscheinlichkeit, daß sie in das Lebensganze integriert werden kann, größer; blockiert sie die Lebensaufgaben junger Menschen, zeigt sich wohl, daß diese für einc volle Form der Liebe noch nicht reif sind. Andererseits geraten sie aber in die Gefahr, Reifungschancen zu verpassen und die Liebe unter Vorzeichen zu erfahren, die äußerst schmerzliche Lösungsprozesse oder Fixierungen auf vorschnelle Konsumerfüllung auf dem Gebiet der Sexualität bedeuten.

b) Dem *Kriterium „Liebe"* fehlt die Aussagekraft, wenn sie nicht an ein übergreifendes Ganzes zurückgebunden ist, das über die Erlebniswelt eines Paares hinausreicht. Kritisches ist zu sagen gegenüber der Erfahrung, die man in solchem Zusammenhang als Liebe zu bezeichnen pflegt: Die Rolle und die *Möglichkeit der Freiheit*, die einerseits postuliert wird, ist hier offensichtlich andererseits auf ein Minimum reduziert. Die *Liebe ist wie Schicksal*. Sie kommt, sie geht, sie ist vorhanden oder nicht – daran kann man nichts ändern. Und nur solange ist die Verbindlichkeit der Beziehung gegeben, wie sie da ist. Sie unterliegt dem „zu-Fall" des Glückes oder eben dessen Aus-fall. Rita Süssmuth meint: *„In den Selbstaussagen Jugendlicher und junger Erwachsener* spielt der Gedanke, daß Menschen sich miteinander verändern können, und dieses eine gemeinsame Aufgabe in Partnerschaft ist, eine untergeordnete Rolle."[105] Diese Vorstellung aber reicht nicht aus; Liebe ist nicht nur Schicksal oder Glück, auch wenn in ihr immer Unverfügbares mitschwingt.[106] Ein wichtiges anthropologisch fundiertes Kriterium für die Echtheit einer Beziehung ist das Stehen zu ihr in der Öffentlichkeit – dieses gehört in die Beziehung selber hinein.

c) Ein weiterer anthropologisch erhärtbarer Grund, der mit den theologischen Überlegungen eng zusammenhängt, betrifft die Vorstellung, die *sexu-*

---

[104] *Drewermann*, Formen sexuellen Fehlverhaltens, 185f. Zur Pubertätsaskese beruft er sich auf Sigmund Freud.
[105] *Süssmuth*, Bindungsverhalten, 47.
[106] Hier wäre einmal mehr auf *Fromm*, Die Kunst des Liebens, 247, hinzuweisen.

elle Einigung stifte Bindung. Wir fanden sie schon in der Schrift dokumentiert; sie beherrscht auch die Tradition. Die neuere Anthropologie macht diesen Gesichtspunkt in dem Hinweis geltend, daß die Partnerwahl ihrerseits durch zu frühe intensive Bindungen erschwert werden könnte. Das Arbeitspapier der *Sachkommission 4* der Synode sagt dazu, daß das Sich-Kennenlernen und die Freiheit der Entscheidung sich am besten verwirklichen lassen, „wenn die Art der Beziehungen zwischen den Partnern dem noch nicht endgültigen Charakter der Verbindung entspricht. Die Aufnahme voller sexueller Beziehungen vor der Ehe erschwert durch vorzeitige Bindung die freie Wahl, macht sie unter Umständen sogar unmöglich."[107]

Entsprechende Gedankengänge finden sich bei Klaus Demmer. Er meint: „Je mehr man vorwegnimmt, um so weniger engagiert man sich, wenn das Prüfen seiner selbst, des Partners und der anstehenden Wahl auf einen zukommt. Das bringt insofern einen erhöhten Risikofaktor in die Stabilität der Wahl ein, als die eigene Freiheit bereits konditioniert ist. ... Geschehenes läßt sich nicht ungeschehen machen."[108]

d) Die weit verbreitete *Meinung, man müsse das sexuelle Zueinanderpassen zunächst erproben,* um sicher sein zu können, daß es gelinge, geht an der Tatsache vorbei, daß *in aller Regel Störungen der Sexualität Auswirkungen tiefergehender Störungen der personalen Beziehung* sind und nicht umgekehrt. Dieses läßt sich nicht beliebig im Sinne des Einander-Ausprobierens klären. Daß nicht jede Selbst- und wechselseitige Prüfung damit ausgeschlossen ist, wird sich noch zeigen.

e) Das *Arbeitspapier der Sachkommission 4* zeigt sich aber offen in der Einsicht, daß selbstverständlich im Begegnungsfeld der Geschlechter vor der Ehe der unterschiedliche Grad der Beziehung eine Rolle spielt. In diesem Sinn gibt es im Vorraum „der vollen sexuellen Gemeinschaft ein breites Spektrum sexueller Beziehungen unterschiedlicher Intensität und Ausdrucksformen, auch eine Stufenleiter der Zärtlichkeiten. Diese Beziehungen können als gut und richtig gelten, solange sie Ausdruck der Vorläufigkeit sind und nicht intensiver gestaltet werden, als es dem Grad der zwischen den Partner bestehenden personalen Bindung und der daraus resultierenden Vertrautheit entspricht."[109]

f) Es bleibt die Frage nach der Möglichkeit dringlich, die religiöse Dimension in die Beziehung einzuholen; ist sie beliebig verbindbar mit der Praxis nichtehelichen Zusammenlebens? Wirkt sie sich nicht notwendig auf das gläubige Verständnis von Ehe und Sexualität aus?

2) Stellungnahme zu den einzelnen Gruppen

a) Von allen Gruppen gilt:

- Es besteht Einigkeit über bestimmte ethische Grundsätze für die Gestaltung des sexuellen Lebens. Allgemein dürfte (abgesehen von der ersten

[107] GSyn II, 174, 4.2.1; entsprechend GSyn I, 441, 3.1.3.1.
[108] *Demmer* Vorcheliche Enthaltsamkeit, 240.
[109] GSyn II, 174, 4.2.3; entsprechend GSyn I, 441 f, 3.1.3.3.

Gruppe) eine – *wenigstens relative – Treueforderung* akzeptiert sein; es scheint, daß die radikalen Versuche der Kommunen, die im Zusammenhang des Aufbruchs der späten sechziger Jahre entstanden und um der neuen „Freiheit" willen einen Promiskuitätszwang kannten, den wirklichen Wünschen der Partner nicht entsprachen, sondern eher neurotisierende Wirkung zeitigten.

- Die meisten unverheiratet zusammenlebenden Paare werden auch der Meinung beipflichten, sexuelles Verhalten müsse *in personale Beziehungen eingebettet* sein.
- Nicht zufällig wird auch der *Wert der Zärtlichkeit* in neuer Weise entdeckt und realisiert; damit wird eine Bedingung für die personal-ganzheitliche Gestalt des Sexualverhaltens erfüllt, die positiv gewertet werden kann, ist sie doch der Intention nach Ausdruck der personalen Liebe des einen zum anderen, der auch das Verantwortungsbewußtsein füreinander vertiefen kann.
- Ein Ergebnis der Befragungen (viele Paare aus nichtehelichen Lebensgemeinschaften wollen heiraten, wenn sie *Kinder* haben) zeigt, daß ein Sinnwert der Sexualität, der höchsten Stellenwert hat, bei den meisten faktisch nicht realisiert und dennoch in seiner Bedeutung anerkannt wird; es zeigt sich, daß untergründig die Überzeugung weiterwirkt, daß, wenn *Verantwortung für Kinder* übernommen wird, diese ein stabiles Dach haben sollten; sie sind für ihr Wachsen und Gedeihen auf eine Dauerbeziehung der Eltern angewiesen. Vorerst aber scheint die (zumeist vorläufige) Lebensperspektive der unverheiratet zusammenlebenden Paare zu bewirken, daß man nicht glaubt, Kindern bereits den notwendigen Lebensraum schaffen zu können.
- Kritisch kann außerdem angemerkt werden, daß auch in der Zweierbeziehung *narzißtische Tendenzen* nicht auszuschließen sind, und daß Fixierungen auf einen *Kult des (jugendlich-) Leiblichen* die menschliche Reifung der Liebe erheblich beeinträchtigen können. Ich gehe allerdings hier davon aus, daß bei nichtehelichen Lebensgemeinschaften in der Regel nicht jene Negativerscheinungen auf dem Gebiet des sexuellen Verhaltens, in denen Sexualität häufig nur mehr ver-"sach"-licht konsumiert wird, noch weniger die in der Sexualität sich mehrende Gewalt, *intendiert* sind.

Einige „essentials" eines auf die Geschlechtsbestimmtheit des Menschen bezogenen Haltungsethos werden demnach auch von unverheiratet zusammenlebenden Paaren gesucht. Es läßt sich auch feststellen, daß die überwiegende Anzahl derer, die so leben, die Ehe nicht grundsätzlich ablehnen.

b) Versuch einer differenzierten Beurteilung

Er ist auf dem Hintergrund der theologischen Begründung (vgl. oben) und der anthropologischen Gesichtspunkte durchzuführen. Es geht um eine Bewertung der einzelnen typisierten Gruppen. Wichtig ist dabei die Berücksichtigung der Zentralwerte, die – so könnte man sagen – für die hier anstehende Thematik die Spitze der Pyramide einer Hierarchie ethischer

Wahrheiten bilden. Zentralwerte sind hier die Überzeugung von der Schöpfungswirklichkeit der Ehe (ihrer ur-sprünglichen Stiftung durch Gott), von ihrer im Sakrament begründeten Unauflöslichkeit, von ihrer Hinordnung auf Kreativität und Fruchtbarkeit. Auf sie soll sittliches Handeln gerichtet sein. Dieses wird durch die Normen abgesichert, die jeweils ihren Sinn daher bekommen, daß sie auf die Werte hin orientieren und deren Realisierung schützen. Insofern sind sie auf diese Werte hin relativ. Sie haben in der Hierarchie der Wahrheiten einen geringeren Stellenwert.

Normen werden ihrerseits durch die Gemeinschaft übermittelt und auch sanktioniert. Stellt sich jemand außerhalb der Norm, stellt er sich außerhalb der Gemeinschaft. Wollen wir nun die unterschiedlichen Gruppen unter dieser Rücksicht beurteilen, können wir feststellen, daß *die erste Gruppe sich weit außerhalb der Norm* befindet, da man grundsätzlich den beschriebenen Zielwert gelingender Integration der Sexualität ablehnt und die Sexualität selbst zu einer sachhaften Wirklichkeit herunterstuft; ihrer kann man sich jederzeit bedienen. Promiskuität ist für diese Gruppe Zeichen von Emanzipation. Hier driftet jemand in seinem Verhalten von den im eigentlichen Glauben als verbindlich anzusehenden Grundwerten ab. Hier ist in den meisten Fällen auch eine Trennung von bestimmten Glaubenspraktiken der Kirche zu beobachten. Diejenigen, die sich so verhalten, geraten außerhalb des Gravitationsfeldes der Orientierung auf die zentralen Werte und werden von diesen nicht mehr angezogen. Anders zu beurteilen ist ein Verhalten, das als momentaner Fehltritt gewissermaßen „passiert“, ohne daß eigentlich auf Dauer die Wertortierung in dieser Richtung aufrechterhalten bleibt. Der Fall eines Fehltritts, der bereut wird, ist oftmals gegeben.

Auch die grundsätzliche *Ablehnung der Bedeutung von Institutionen* als sinnvermittelnde Instanzen wird sich schwer tun, die entscheidenden Sinnwerte wahrzunehmen, zu realisieren und weiterzugeben.

Anders ist die Lage dort, wo man grundsätzlich die gläubige Bewertung in der Beziehung von Mann und Frau sich zu eigen macht, aber mit dieser vorgegebenen Norm nicht konform gehen zu können glaubt. Die Bemühung um den Aufbau einer lebenslangen Gemeinschaft kann durchaus unter dem Vorzeichen stehen, daß man weiß, daß Ehe endgültig sein soll; nur fühlt man sich im Moment noch nicht in der Lage dazu, den endgültigen Schritt zu tun. Solchen Partnern kann man meines Erachtens nicht vorwerfen, daß man auf diese Weise jemand anderen zum Objekt seines eigenen Experimentierens mache. Das wäre allerdings inhuman und der menschlichen Personwürde nicht angemessen. Dieser Vorwurf gilt allenfalls einem früher genannten Argument gegenüber, in dem man sagt, man müsse ausprobieren, ob man sexuell zueinander passe und kaufe nicht die Katze im Sack. Das ist in der Tat trivial.

Hier aber kann es sich um eine sehr nüchterne und redliche Haltung sich selbst gegenüber handeln, die zum Teil mitbedingt sein kann durch das Erleben der Ehe der eigenen Eltern, deren Harmonie miteinander nicht überzeugend gewirkt hat. Gemeinsame *Selbstprüfung als solche kann nicht gegen die Menschenwürde sein;* auch die Kirche schreibt in parallelen Fällen vor endgültiger Bindung durchaus längere Zeiten der Probe regelrecht vor, so z.B. vor den Ewigen Gelübden in den Ordensgemeinschaften, in denen normalerweise verlangt wird, daß jemand, der in einer Gemeinschaft Ewige Gelübde ablegt, in ihr länger gelebt haben muß. Er muß also dort auch den Alltag kennengelernt haben, ehe ihm diese Entscheidung als endgültig von der Kirche abgenommen wird.

Eine offene Frage ist, wie weit man auf dieses Verhalten den Grundsatz von der Gradualität in den Stufen der Verwirklichung der Beziehung von Mann und Frau im Sinne der Vorstellungen der kirchlichen Lehre anwenden kann. In Familiaris consortio sagt der Papst: „Daher kann das sogenannte ‚Gesetz der Gradualität‘ oder des stufenweisen Weges nicht mit einer ‚Gradualität des Gesetzes‘ selbst gleichgesetzt werden, als ob es verschiedene Grade und Arten von Geboten im göttlichen Gesetz gäbe, je nach Menschen und Situationen verschieden“ (FC 34). Die Konsequenz für unsere Frage ist klar: Die Norm behält ihre Gültigkeit und verlangt, daß diejenigen, die außerhalb stehen, sich bemühen, ihr zu entsprechen. Für manche aber scheint die Verbindung von konkreter Anforderung der Norm und der Realisierung des Zielwertes nicht mehr gegeben zu sein, d.h. sie sind auch in ihrem persönlichen Glauben der Überzeugung, daß man gerade um dieses Zielwertes willen die endgültige Bindung nicht schon mit der ersten Aufnahme der geschlechtlichen Beziehung verbinden könne – aufgrund all der vielen veränderten und erschwerenden Bedingungen eines auf lange Zeit angelegten Zusammenlebens in unserer Gesellschaft.

Unter Hinweis darauf, daß hier der eigentliche Zentralwert positiv bejaht und gläubig akzeptiert wird, *wird man die Norm nicht zu einer Schranke werden lassen, am kirchlichen Leben überhaupt, das diesen Glauben ja nähren soll, teilzunehmen*. Zur Debatte steht die Frage der Eucharistiegemeinschaft. Man wird in bestimmten Situationen kaum verantworten können, einen gänzlichen Ausschluß und damit eine völlige Trennung von der Kirche, wegen der Schwierigkeit mit einer einzelnen Verhaltensnorm, die den Betroffenen in vielen Fällen nicht mehr plausibel zu machen ist, zu riskieren.

Solche kirchlichen Reaktionen könnten sich die Einsicht zueigen machen, von der die Rede war, daß es auch im Gefälle ethischer Wahrheit tatsächlich so etwas wie eine *hierarchia veritatum* geben kann. Wenn das der Fall ist, sind – wie oben angedeutet – die Sinnwahrheiten, die sich eng mit dem Glauben selbst verbinden, innerhalb eines sittlich relevanten menschlichen Existenzbereichs diejenigen, die an der Spitze oder, um im vorigen Bild zu bleiben, im Zentrum stehen; einzelne, die Zentralwerte schützende Normaussagen haben nicht denselben Stellenwert. Aus dieser Perspektive sind diejenigen, die sich ganz außerhalb der Wertperspektive des Glaubens befinden, anders zu behandeln als diejenigen, die sich bewußt auf diese Werte hin orientieren, aber mit der Norm nicht zurechtkommen. Soll pastorales Handeln die Menschen dort abzuholen versuchen, wo sie stehen, muß es sich auf diese Situation einlassen. Konkret stellt sich die Frage einer möglichen Zulassung zu den Sakramenten in den Fällen, in denen zwar die Wertorientierungen der Kirche grundsätzlich übernommen werden, aber nicht die Normorientierung – dieses meistens im subjektiven Bewußtsein, richtig zu handeln, da man die Begründungen der Kirche im eigenen Verständnishorizont nicht für plausibel hält. Für den Seelsorger kann dieses nach den Grundsätzen des Zulassens oder Anratens eines „minus malum" (was die zu Beratenden selber nie so nennen würden) beurteilt werden; im konkreten Fall besteht das „malum" in der Normdissonanz. Wenn man zugleich in der Beratung feststellt, daß keine Möglichkeit einer Überzeugungsänderung und so im Falle einer Nichtzulassung die Gefahr eines Wegdriftens von Gemeinde und Kirche überhaupt gegeben ist, dürfte die Zulassung zu den Sakramenten in Einzelfällen aufgrund der Anwendung dieses Prinzips möglich sein. Es wäre Anwendung der Epikie, die immer dann gerechtfertig ist, wenn sich die wörtliche Befolgung einer Norm gegen deren letzte Sinnausrichtung aus- und so kontraproduktiv wirkt.

Schon länger diskutierte man über das Verhalten derer, die sich *als Verlobte betrachten* und bereits endgültig entschieden sind, daß sie heiraten wollen. Manche haben davon gesprochen, daß eben faktisch, in dem was sie tun, sie bereits miteinander Ehe leben. Die Frage, ob diese Privatisierung des eigentlichen Eheabschlusses für das Verständnis der Ehe selber glücklich ist, ist eher negativ zu beantworten. Hier kommt es in der Tat darauf an, welchen Stellenwert in diesem Fall der einzelne der Trauung in seinem Leben beimißt und ob von daher gesehen an ihn die Forderung begründet werden kann, daß er bis zu diesem Zeitpunkt mit dem Zeichen der letzten Einheit wartet, um sich den Glauben selber tiefer anzueignen, daß der eigentlich Schenkende in dem Zueinander der beiden Gott selbst ist.

An der Kirche läge es, nach Möglichkeiten ihre Normvorstellungen, die in ihrer Sicht gelten, durch ein entsprechendes Wertbewußtsein, das sich in ihren Gemeinden bildet, zu formen. Wir sahen, daß sich in Gemeinschaften mit einer gewissen Intensität der Glaubenserfahrung bestimmte Verhaltensformen auch neu als möglich erweisen lassen, die für viele gar nicht mehr für möglich gehalten werden. Dann kann es sein, daß eine intensive Beziehung zum Glauben auch ein bestimmtes Verhalten ermöglicht.

Gelingt das nicht, werden Überlegungen dringend, eine Mystagogie des Weges zur Ehe zu versuchen. Ansätze zu Überlegungen, bezüglich eines möglichen Ehekatechumenates sollten nicht mehr a limine ausgeschlossen sein. „*Es bräuchte im Umgang mit den liebenden Paaren ... eine mystischere und weniger eine moralisierende Praxis ... Erst in einem mystisch verwurzelten angstberuhigenden Glauben gewinnt der Mensch seine innere Unabhängigkeit und Freiheit, wird der Mensch liebes- und beziehungsfähig.*"[110]

[110] *Heller*, Zusammenleben, 316; angesichts des radikalen Wandels gesellschaftlicher Gepflogenheiten stellt sich hier die Frage nach neuer Inkulturation. Jedenfalls hat sich der kulturelle Umraum, in den hinein die Vermittlung christlicher Wertvorstellungen, die die Sexualität betreffen, geschehen soll, radikal verändert.

4.4. Verantwortete Elternschaft

4.4.1. Situation

Man kann davon ausgehen, daß mehr als 90% der Ehepaare Kinder haben möchten.[111] Die weitaus meisten von ihnen *„planen“ Zeitpunkt und Zahl der Geburten*.[112] Die Konkretion dieser Planung hängt von verschiedenen Faktoren ab (Lebensgeschichte, ökonomische und berufliche Situation, gesellschaftlicher Rahmen). Eine wichtige Rolle spielt dabei die Gesamtorientierung des Paares, wobei sich schwerpunktartig eine mehr familien- oder mehr berufs(Karriere-)orientierte Grundrichtung ausmachen läßt. Zu den Motiven, die die Entscheidung für Kinder tragen, wird folgendes festgestellt: „Bezüglich der *Bedeutsamkeit* einzelner Argumente ergibt sich, daß person- und partnerschaftsbezogene Gründe bei allen untersuchten Gruppen durchgängig als besonders relevant angesehen werden.“[113] Erst nach diesen Gründen folgen solche finanzieller Art und die Wohnsituation. Als Gründe mit aufschiebender Wirkung wurden am meisten genannt: „... eine gesicherte finanzielle Basis (64%), ... vom Leben zu zweit etwas gehabt haben (48%), ... eine gesicherte berufliche Stellung (43%).“[114] Die Berufstätigkeit der Frau ist am stärksten von der Entscheidung für Kinder betroffen. In den meisten Fällen geht sie in den Erziehungsurlaub.

Überraschend wirkt, „daß die jungen Ehepaare sich deutlich mehr Kinder wünschen, als man es angesichts der heutigen Geburtenziffern hätte vermuten können.“[115] Vorab kann festgestellt werden, daß der *Schwerpunkt der Entscheidung* in der Frage zu suchen ist, ob man sich Kinder wünscht oder nicht. Die innerkirchliche Diskussion hat sich im Vergleich dazu viel zu sehr auf die Frage der Methodenwahl bei der Empfängnisregelung konzentriert.

Auf dem Hintergrund dieser Feststellungen zeigt sich auch, daß *das Problem der Empfängnisregelung sich in den zivilisierten Industrieländern in neuer Weise stellt*. Das Phänomen der sogenannten *„Bevölkerungsexplosion“* ist bekannt; es liegt in den Industrieländern zurück. Das sprungartige Wachsen der Bevölkerung hing mit dem Fortschritt der Medizin zusammen, mit dem dadurch bedingten Abnehmen der Kindersterblichkeit und der Müttersterblichkeit; was früher durch Naturereignisse und durch geschichtliche Konstellationen immer wie von selbst bewirkt worden war, daß die Bevölkerung einen bestimmten Stand nicht überschritt, das war durch diese Einflüsse aus dem Lot geraten.

---

[111] Nach: *Bundesministerium für Familie und Senioren*, Lebensgestaltung, 7.
[112] Ebd., Bd. 9,1, Tabelle S. 31.
[113] Ebd. Bd. 9, 219.
[114] Ebd., 114.
[115] Ebd., Bd. 9,1, 27.

Nachdem eine allgemein rechtlich abgesicherte *Altersversorgung* eingeführt worden war, die die Eltern von den Kindern unabhängig machte, war es auch für die Armen nicht mehr nötig, viele Kinder haben zu müssen, um überleben zu können. Im Gegenteil: Kinder waren nun weniger mehr die Sicherung von Wohlstand, sondern bedeuteten eine Beeinträchtigung desselben. Schließlich kam in den sechziger Jahren unseres Jahrhunderts die *Erfindung hormonaler Kontrazeptiva* hinzu, die die Situation auf diesem Gebiet noch einmal modifizierte.

Zur aktuellen Situationserhellung ist auch die Aufnahme der Aussagen der Enzyklika *Humanae vitae* zu skizzieren, die das Verbot künstlicher Empfängnisverhütung erneuerte. Sie hat, 1968 erschienen, eine *unglücklich verlaufende Rezeptionsgeschichte* ausgelöst. Die Reduktion der Aussagen der Enzyklika auf das Kontrazeptionsverbot ließ bei der Aufnahme und Verarbeitung in den Medien zumindest Mitteleuropas eine objektivere Auseinandersetzung mit den anderen Teilen der Enzyklika kaum aufkommen. Das Päpstliche Schreiben war in eine Situation hineingesprochen worden, in der sich bereits ein gegenläufiger Meinungsbildungsprozeß auch bei vielen gläubigen Eheleuten und Priestern durchgesetzt hatte. Jetzt mußte die Enzyklika bei diesen wie ein Rückschritt in vorkonzilare Zeiten wirken, zumal bekannt wurde, daß sie gegen die Mehrheitsmeinung der vorbereitenden Kommission veröffentlicht worden war.[116] Dieser Eindruck wurde in der einseitigen Darstellung oft noch verschärft.

In der *theologischen Diskussion* wurde die Argumentation der Enzyklika genauestens analysiert;[117] im Rückgriff auf die Gesetzmäßigkeiten naturrechtlichen Denkens wurde geprüft, ob die Argumente der Enzyklika schlüssig und überzeugend seien. Dieses wurde von seiten der Moraltheologie in Deutschland mehrheitlich bestritten; es gab einige Jahre später, als man in der Bundesrepublik heftig über die Form der Strafgesetzgebung der Abtreibung diskutierte, eine *Konsensbildung* der deutschen Moraltheologen, die in aller Deutlichkeit für den – auch strafrechtlich zu urgierenden – Schutz des ungeborenen Lebens eintraten, aber, um die Situation zu entschärfen, für die Möglichkeit der freien Methodenwahl in der verantworteten Elternschaft votierten.[118] Aber es war nicht nur der enge Kreis der Moraltheologen, der über die Enzyklika diskutierte, *es gab eine viel breiter gestreute innerkirchliche Diskussion* über das Päpstliche Dokument – knapp 15 Jahre nach Pius' XII. Aussage, daß, was einmal in einer authentischen Stellungnahme des Lehramts behandelt worden sei, nicht mehr Gegenstand der freien Diskussion in der Kirche sein dürfte.[119] Vor der Würzburger Synode wurde Meinungsforschung betrieben, die *Dissonanzgefühle* zwischen den Wertvorstel-

---

[116] Vgl. dazu *Gagern*, Geburtenregelung.

[117] Die Literatur dazu ist kaum zu übersehen; als Beispiel seien einige Sammlungen von Reaktionen aus verschiedenen Zeiträumen genannt: *Oertel*, Echo; *Olechowski*, Familienplanung, mit Beiträgen von Moraltheologen; *Hünermann* (Hg.), Lehramt und Sexualmoral, mit Beiträgen von Ärzten und Theologen.

[118] Vgl. *Gründel*, Zukunft, 165-168.

[119] DH 3885 in der Enzyklika Humani generis.

lungen der Gläubigen und der Auffassung der Kirche feststellte. Sie waren *mit Abstand am höchsten im Bezug auf das Problem der Empfängnisverhütung.*[120] 61% der Befragten denken hierin anders als die Kirche.

Für Prognosen mag das Ergebnis von Befragungen Gewicht haben, in denen die Übereinstimmung der Generationen in ihren Wertungen erforscht wurde; während in den USA 84% der Bevölkerung ab 18 der Meinung war, die Kinder würden in den Moralvorstellungen mit den Eltern übereinstimmen, waren es in Deutschland nur 49%; das Bild verändert sich noch einmal, wenn es um die speziellere Frage der Sexualität geht; hier antworteten in den USA 43%, die Kinder stimmten in ihren Ansichten mit den Eltern überein, in Deutschland nur 14%.[121] Es mag sein, daß sich inzwischen – seit Anfang der achtziger Jahre, wo die Studie erstellt wurde – eine Annäherung der Meinungen vollzogen hat, dann aber vermutlich eher aufgrund einer Angleichung der ältern Generation an die jüngere als umgkehrt. In der jüngsten mir zugänglichen Befragung durch das Allensbacher Institut wird die Frage der Empfängnisverhütung nicht mehr berührt.[122] Es sind längst andere Probleme, in denen eine Dissonanz der Meinung vieler Bürger und der Meinung der Kirche deutlich wird.

4.4.2. Geschichte der Lehre

Hier muß zusammengefaßt werden: *Noonans*[123] Studie geht von der Beobachtung aus, daß *die Frage der Empfängnisverhütung innerhalb der Kirche im Zusammenhang mit stoischen Überlegungen diskutiert* wurde. Das Ideal stoischer Ethik ist die Ataraxie, die Unberührbarkeit durch Leidenschaft. Aus diesem Grund ist sie lustfeindlich. Sexuelle Lusterfahrung ist abzulehnen; sie stört die Ataraxie. Immerhin muß das Menschengeschlecht sich fortpflanzen; deswegen *kann die Zeugungsabsicht sexuelle Lust legitimieren.* Sie selber als solche bleibt negativ bewertet. Diese Lehre dringt in das Repertoire der Argumentation der Kirchenväter ein. Es ist vor allem der hl. *Augustinus*, der nun seinerseits in der Frontstellung gegen den Manichäismus Positionen bezieht, die die Sexualmoral bis auf Luther bestimmt haben. Noonan schreibt: „Er setzte der Moral der Manichäer, die hartnäckig die Zeugung verdammte und Verkehr und Zeugung voneinander trennte, eine *Sittenlehre entgegen, die den Verkehr mit der Zeugung verknüpfte* und die eheliche Zeugung für gut erkannte."[124] Dabei greift Augustinus die Methode der Zeitwahl an, die den Manichäern empfohlen wurde, wie auch den Koitus interruptus. Bei seiner Güterlehre bleibt Augustinus der Auffassung treu, die aus der Stoa kommt, daß die menschliche Begegnung nur aufgrund des Fortpflanzungszweckes gerechtfertigt sei.

Hinzu kam der generelle *Einfluß des Neuplatonismus* – gerade auch bei Augustinus –, der vom griechischen Erbe her die Leiblichkeit des Menschen abwertete. So blieb über Jahrhunderte hin die Norm des Kontrazeptionsverbotes

[120] *Schmidtchen,* Zwischen Kirche und Gesellschaft, 13.15.17.
[121] Allensbacher Archiv, Internationale Werte-Studie, IfD-Archiv-Nummer 1295, 1981.
[122] *Noelle-Neumann/Köcher*, Nation.
[123] Hier ist *Noonan,* Empfängnisverhütung, zu konsultieren.
[124] Ebd., 142, Hervorhebung v. Vf.

bestehen; sie führte gerade in unserem Jahrhundert, wo die Probleme der Empfängnisverhütung sich ganz neu stellten, zu rigiden Formen der Durchsetzung kirchlicher Norm, die hinsichtlich der kirchlichen Praxis keine guten Folgen gehabt haben.[125] Immerhin gibt es trotz der Betonung der Unveränderlichkeit der Lehre insofern *in Casti Connubii eine Veränderung*, – diese Enzyklika ist 1930 erschienen – als *erstmals eine Form des ehelichen Verkehrs konzediert wurde, bei der bewußt die Zeugung ausgeschlossen* wurde, dies in Form der Zeitwahl, die von Knaus und Ogino neu als Möglichkeit der Familienplanung crkannt worden war. Im übrigen macht die Enzyklika keinen Hehl daraus, daß Kontrazeption mit künstlichen Mitteln als schwere Sünde zu beurteilen sei.

In den *sechziger Jahren*, in der Atmosphäre einer neuen Offenheit während des Konzils, *begannen katholische Theologen, das strikte Verbot jeder künstlichen Empfängnisverhütung zu hinterfragen.* Gleichzeitig modifizierte das *Konzil* deutlich die traditionelle Ehezwecklehre,[126] die bislang im Hintergrund des strikten Verbotes gestanden hatte. Das Konzil fand zu einer neuen Sicht der Verantwortung der Eltern[127] – in dieser Form neu in der Entwicklung der kirchlichen Lehre. *Hinsichtlich der Methodenwahl* verwies das Konzil auf die bisherige Lehre und zitierte Casti connubii, nahm aber nicht selbst zu diesem Problem erneut Stellung. Bedeutsam ist, daß hier die volle Kompetenz der eigenen Urteilsfindung in der Bestimmung in der Zahl der Kinder den Eheleuten zugesprochen und gleichzeitig eine Art von Kriterienkatalog vorgeschlagen wird, der die Entscheidung verantwortlich treffen hilft.

Nach dem Konzil setzte Paul VI. eine Kommission von Theologen und Humanwissenschaftlern in internationaler Besetzung ein, die die Frage der künstlichen Empfängnisverhütung genauerhin klären sollte. *Der Papst hält sich 1968 nicht an das Votum der Mehrheit* dieser Kommission, sondern gibt in der Enzyklika Humanae vitae einen Text heraus, der das strikte Verbot (*intrinsece malum*) jeglicher künstlicher Empfängnisverhütung enthält, *ohne allerdings die strengen Sanktionen von Casti conubii*, wo dieses Verhalten als schwer sündhaft qualifiziert worden war,[128] zu wiederholen. Er spricht nur von einer Zurückweisung.[129]

---

[125] Beschwörend hatte sich der Papst in Casti conubii an die Beichtväter gewandt, „die ihnen anvertrauten Gläubigen über dieses schwer verpflichtende Gesetz nicht im Irrtum zu lassen ... Sollte aber ein Beichtvater ... selber die ihm anvertrauten Gläubigen in solche Irrtümer führen oder ... durch böswilliges Schweigen sie darin bestärken, so möge er wissen, daß er dereinst Gott, dem höchsten Richter, ernste Rechenschaft über den Mißbrauch des Amtes wird abgeben müssen." So in Nr. 1691, in: *Rohrbasser*, Heilslehre.

[126] Vgl. oben, unter 2.2.2..

[127] In GS 50; Text und Interpretation siehe unten unter 4.4.3. c).

[128] „Jeder Gebrauch der Ehe, bei dessen Vollzug der Akt durch die Willkür der Menschen seiner natürlichen Kraft zur Weckung neuen Lebens beraubt wird, verstößt gegen das Gesetz Gottes und der Natur; und die solches tun, beflecken ihr Gewissen mit schwerer Schuld." So in der Nr.1690 der Ausgabe *Rohrbasser*, Heilslehre.

[129] HV 14 sagt nur: „respuendus est"; aus dem Kontext geht allerdings hervor, daß es sich in der Sicht der Enzyklika um ein „intrinsece malum" handelt; die gravitas materiae aber ist nicht erwähnt. Diese Beobachtung ist deshalb um so gewichtiger, als – relata refero – in der Vorlage des Textes eine Zitation der entsprechenden Aussage von Casti conubii vorgelegen haben, vom Papst aber bewußt nicht genommen worden sein soll. Jedenfalls löst der Textvergleich Aufmerksamkeit aus.

Das Rundschreiben *Familiaris consortio,* das die wesentlichen Gedanken der Bischofsynode 1980 mit den Ergänzungen des Papstes enthält, bestätigt Humanae vitae und versucht, deren Aussage auf neue Weise zu begründen.

4.4.3. Theologische Überlegungen[130]

a) Die Frage nach der Bedeutung des sensus fidelium

Guindon u.a.[131] sind der Auffassung, daß die Entwicklung nach dem Konzil eine *Veränderung des sensus fidelium* gebracht habe. Als Theologen begannen, offener über die Frage der Empfängnisverhütung nachzudenken und zu urteilen, war das für viele Eheleute und auch Beichtväter so etwas wie eine Befreiung gewesen. Immerhin hatte sich ein Großteil der Eltern, die sich dazu entscheiden mußten, keine weiteren Kinder zu haben, in der wichtigen Phase der Erziehung ihrer Kinder von den Sakramenten ausgeschlossen gefühlt, weil sie mit der strengen Regelung von Casti connubii nicht zurecht kamen. So fielen die Überlegungen der Theologen auf einen Boden, auf dem sofort reagiert wurde. Die Praxis veränderte sich sehr schnell. Es gab anscheinend – so der Eindruck von vielen Gesprächen unter Beichtvätern aus der damaligen Zeit – kaum bedeutende Unterschiede zwischen jung und alt. Diese Öffnung war nicht nur etwas für junge Heißsporne; auch die älteren Beichtväter hatten unter der Situation gelitten, hier nicht eigentlich wegweisend Hilfestellung leisten zu können.

Aufschlußreich für die Beurteilung eines möglicherweise sich entwickelnden Sensus fidelium auf diesem Gebiet ist auch die *Rezeptiongeschichte der Enzyklika.* Sie stieß nicht nur auf den Widerstand sehr vieler Priester und Laien; wenn auch vorsichtiger formuliert, so doch unüberhörbar waren auch einige Stellungnahmen von Bischofskonferenzen nach dem Erscheinen der Enzyklika höchst reserviert. Bekanntgeworden ist bei uns die *Königsteiner Erklärung der Deutschen Bischofskonferenz,* die angesichts der Enzyklika eine Wahrheit ins Gedächtnis rief, die für die individuelle Interpretation der Enzyklika einen Spielraum ließ. Es wurde für möglich erachtet, daß auch ein katholischer Christ von seinem Gewissen her zu einer anderen Entscheidung kommen kann, als die Enzyklika sie vorzeichnet, wenn er entsprechend schwerwiegende Gründe hat. Die Bischöfe handelten aus dem Bewußtsein einer Problemsituation, in die sie durch die Enzyklika selbst mit den Gläubigen geraten waren. Diese Königsteiner Erklärung hat sich bis zur Synode in Würzburg ausgewirkt; die vorherrschende Meinung betonte, daß man nicht hinter diese Erklärung der deutschen Bischöfe zurückgehen woll-

[130] Bezüglich der theologischen Sicht der Sinnorientierung kann auf die früheren Ausführungen verwiesen werden unter 2.2.1. b) 5).

[131] *Guindon* geht aufgrund einer kurzen Analyse der Reaktionen der Bischofkonferenzen soweit, daß er einen Konsens des Magisterium ordinarim bezweifelt (202f.); im übrigen nennt er Beobachtungen, die es nahelegen, hier eine Entwicklung anzunehmen, die ein HV-kritisches Argument aufgrund des sensus fidelium liefern würde (ebd., 203).

te, obwohl Tendenzen bestanden, sie in ihrer Auswirkung abzuschwächen. Im Beschluß Ehe und Familie der Würzburger Synode ist dann zu lesen, daß der katholische Christ die Weisungen der Kirche auf dem Gebiet in seiner Gewissensreflektion „miteinzubeziehen" habe.[132]

b) Die Bewertung der Enzyklika Humanae vitae und des Rundschreibens Familiaris consortio

Humanae vitae beginnt mit einer neuartigen Form der Interpretation der Beziehung der Ehegatten zueinander auf der *Basis personalistischer Philosophie*; so werden Ansatzpunkte einer Anthropologie entwickelt, die die Sinndeutungen des Konzils fortschreiben. Dieses wurde in der öffentlichen Diskussion fast völlig übersehen. Außerdem wurde bei uns zulande übersehen, daß die Enzyklika für die Weltkirche geschrieben wurde und *im Blick auf die Entwicklungsländer äußerst wichtige Positionen für benachteilige Arme reklamierte*. In den Entwicklungsländern, z. B. Lateinamerikas, waren häufig Kampagnen für Empfängnisverhütung durchgeführt worden, die in keiner Weise der Menschenwürde entsprachen, indem man Wirtschaftshilfe an Empfängnisverhütungsprogramme koppelte und die Bevölkerung so unter Druck setzte. Die Vertreter der sogenannten Entwicklungsländer haben darum die Enzyklika als ein Dokument der Befreiung empfunden.

Für die weitere Interpretation der Enzyklika im Hinblick auf die normative Aussage ist es von Bedeutung, in welchem Verhältnis diese in geschichtlichem Prozeß asymptotisch erkennbare menschliche Natur als Selbstaufgegebenheit zu personalem Selbstvollzug zu jenen naturalen Existenzbedingungen steht, die in der biologischen Grundstruktur menschlich leibhafter Natur vorgegeben sind. Hier wurde *von den Kritikern ein doppelter Naturbegriff diagnostiziert*;[133] auf der einen Seite der Naturbegriff des Personalismus, auf der anderen Seite ein Naturbegriff, der ethisches Verhalten an biologische Vorgänge bindet. Gerade Biologen selber waren es, die die Enzyklika kritisierten – so z.B. Wolfgang *Wickler* –, weil diese auch im Bereich biologischer Forschung Sachverhalte behauptete, die der Realität nicht entsprächen; so sei auch vom Biologischen her nicht zu sagen, daß jeder Akt sexueller Vereinigung im Grunde genommen eine Offenheit auf Zeugung durchhielte; er habe vielmehr eine eigene Sinngebung in der Erleichterung der persönlichen Bindung der Partner aneinander.[134] Wilhelm *von Eiff* hat festgestellt, daß der Naturbegriff auch insofern problematisiert werden müsse, als die *Zeitwahl*, die gemeinhin als natürliche Familienplanung bezeichnet wird, *gar nicht das Natürliche sei*.[135] Man müsse von einer

---

[132] GSyn I,435 in der Nr. 2.2.2.3. des Beschlusses.

[133] *Schüller* hat auf diese Weise der Enzyklika einen Fehlschluß nachgewiesen, der die Form eines vierfüßigen Syllogismus hatte: Typen, 542f.

[134] „Einige kritische Kommentare deuten an, das menschliche Sexualverhalten sei in der Enzyklika zu sehr von den biologischen Gesetzmäßigkeiten her beurteilt; tatsächlich aber sind wesentliche biologische Gesetzmäßigkeiten gerade unbeachtet geblieben ..." *Wickler*, Antworten, 195; vgl. auch *ders.*, Sind wir alle Sünder?

[135] Vgl. *Eiff*, Dialog Medizin, 64-79.

psychophysischen Ganzheit menschlicher Natur ausgehen; sobald man das tue, sei es gerade nicht das selbstverständlich Natürliche, das zutiefst innerlich die Dynamik des biologisch-vitalen Psychischen bestimme, daß man sich zu Zeiten vereinige, wo keine Empfängnis erwartet werden könne. Vielmehr müsse etwas erlernt werden, was dieser tiefen ersten Dynamik übergelagert sei; das sei nicht unmöglich, es könne aber nicht den Anspruch erheben, natürlicher zu sein als das ursprünglich Natürliche.

In unserem Argumentationsgang konnten wir feststellen, daß es zur menschlichen Sexualität gehört, daß *die biologische Natur menschlicher Sexualität kulturell zu überformen* sei. Es ist eine Illusion, zu glauben, daß es so etwas wie eine rein biologisch definierbare, von jeder Kultur unabhängige menschliche Sexualität gebe. Es gilt, daß der Mensch seine Menschlichkeit im Vollzug durch eine kreative Kultivierung vorgegebener Vitalvollzüge beweist. Welchen Spielraum hat nun menschliche Freiheit im Blick auf die unverzichtbare Vorgabe biologisch-menschlicher Leibhaftigkeit, die, wie wir sahen, nicht unmittelbar als ethisches Gesetz gelten kann? Einhelligkeit besteht darin, daß Erfüllung menschlicher Sexualität in der personalen Liebesbeziehung von Mann und Frau gefunden werden kann, und daß dieses nur sinnvoll geschieht, wenn die Liebe beider zueinander kreativ und fruchtbar ist.

Die Kontroverse geht darüber, wie weit *die biologische Struktur des eigentlichen Sexualverhaltens in sich als unantastbar akzeptiert werden muß* – so die Meinung der Enzyklika, die den Naturbegriff gerade in den entscheidenden Argumenten hinsichtlich der Methodenwahl im Sinne der *natura actus biologici* (Natur des biologischen Aktes) versteht. Hier aber liegt das Problem. Biologischer Faktizität als solcher kommt normalerweise, wie wir sahen, noch keine ethische Dignität zu. Diese müßte von anderswoher erwiesen werden. Hier zeigt sich, daß es schwer sein dürfte, aus der Phänomenologie der Ich-Du-Beziehung zweier Gatten zueinander mit Eindeutigkeit festzulegen, daß hier absolut keine Möglichkeit menschlichen Eingreifens bestehe, wenn schon grundsätzlich anerkannt ist, daß es menschliche sexuelle Betätigung geben kann, auch in sinnvoller Weise, unter Ausschluß der Absicht, Kindern das Leben zu schenken. Enscheidende ethische Dignität kommt dem Prozeß der Findung der persönlichen Verantwortung zu, dem Suchen nach dem Willen Gottes in der Frage, ob man einem weiteren Kind Lebensraum, Wachstumsmöglichkeit zukommen lassen kann oder nicht. Das betrifft unmittelbar die eigentliche Dimension ethischer Verantwortung.

Die *Wahl der dieser Entscheidung entsprechenden Methode* ist *dennoch nicht ethisch irrelevant;* es müßte aber in dem Argumentationsgang eigentlich erwiesen werden, warum in diesem Fall einem biologischen Vorgang unmittelbar durchschlagende ethische Dignität zukommt. Nr. 13 HV formuliert inhaltlich das Totalitätsprinzip. Der Mensch hat kein Recht, in das leibliche Geschehen manipulierend einzugreifen, wenn es nicht der Gesundheit eben dieses Leibes gilt. Jetzt ist aber gerade die Frage, ob es innerhalb der Ehe, wie auch beispielsweise bei der Organtransplantation, eine Ausweitung des Totalitätsprinzips geben kann, was von der Enzyklika verneint wird. Aber der Grund dieser Verneinung selber wird nicht in voller Weise deutlich.

Es kann hier die weitere Frage aufgeworfen werden: *Müßte nicht vor einem Streit um die Frage künstlicher Empfängnisverhütung* das *Problem geklärt werden*, ob es sich bei der zur Debatte stehenden Sachfrage überhaupt um eine solche handle, die der *allgemeinen Regelung bedürftig oder überhaupt fähig sei* (die Frage der Normbedürftigkeit und der Normierbarkeit).

Was kann und soll sinnvollerweise Gegenstand universeller Reglung sein? Dies ist eine Frage, die in anderen Bereichen mit der Toleranz der Entscheidung des einzelnen gegenüber beantwortet wird; zum Teil handelt es sich dabei um Fragen erheblicher sittlicher Bedeutsamkeit, wie z.B. die der Wehrdienstverweigerung. Auch im Hinblick auf unser Problem wäre zu fragen, ob nicht die *Methodenwahl bei der Empfängnisverhütung* als ein Bereich angesehen werden könnte, der nicht notwendig durch lehramtliche Weisungen zu normieren ist. Er wäre damit *nicht aus der Gewissensverantwortung des einzelnen Christen entlassen*, wohl aber aus der maßgeblichen (universalisierenden) Weisung der Kirche. *Dies widerspricht zwar offensichtlich in diesem Fall einer lang andauernden Praxis der Kirche*; deshalb wäre hier genauer *zu fragen nach den Gründen und den legitimierenden Instanzen für diese Praxis*; diese ist – so lautet meine Hypothese – zum Teil darauf zurückzuführen, daß aufgrund detaillierter Anfragen vieles in Antworten der kirchlichen Autorität entschieden und damit festgelegt worden ist, was nicht notwendigerweise für immer und für alle hätte festgelegt werden müssen; die Antworten dürften jedenfalls mit aller Wahrscheinlichkeit gegeben worden sein, ohne daß die hier gestellte Frage des Kompetenzbereiches, deren Beantwortung sicher auch geschichtliche Indizes hat, jemals bewußt gestellt worden wäre. Sollte sich diese Hypothese erweisen lassen, wäre die theologische Basis für diese Praxis in Frage gestellt. Die Informationen, die der Gynäkologe Hermann Hepp aus seiner Praxis innerhalb *eines* bestimmten Kulturkreises mitteilt, scheinen zu zeigen, daß sich hier in der Tat die Probleme individuell so verschieden stellen, daß aus ärztlicher Sicht eigentlich nur Einzelberatung angeboten, keineswegs eine festlegende Norm für das Verhalten aller gegeben werden kann.[136] Global hat sich überdies die Problemsituation insgesamt so stark verschoben, daß auch von daher die Universalisierbarkeit eines generellen Verbotes der Kontrazeption problematisch erscheint.

Ein anderes wesentliches Argumente für die Enzyklika ist das *Traditionsargument*. Für Papst Paul VI. selbst dürfte es eines der wichtigsten Motive gewesen sein, daß er die Lehre der Kirche unverkürzt weitergeben müsse. Dies zeigt sich darin, daß er sich in den die Veröffentlichung begleitenden Ansprachen auf seine persönliche Gewissensbindung berief. Diese bezog sich auf die Tradition, in der er aufgewachsen ist.

---

[136] *Hepp*, Empfängnisregelung, schreibt: „Da jede Frau und jede Ehe, die wir beraten, so unterschiedlich in Lebensauffassung, Geschlechtlichkeit und Erlebnisfähigkeit ist, sollte es idealerweise nur eine individuell abgestimmte Beratung über Methoden der Empfängnisregelung geben, welche auf die jeweilige Lebensweise der einzelnen Familie ausgerichtet ist und diese berücksichtigt“ (89f.)

Hinsichtlich der Beurteilung der Tradition haben *Versuche des Instituto Giovanni Paolo Segundo* dahin tendiert, das Faktum des Kontrazeptionsverbotes durch die Geschichte hin als einen Erweis dafür zu sehen, daß es sich *hier um eine Wahrheit des Glaubens selber handle.*[137] Man verkennt die geschichtliche Kritik, die im Buch von Noonan[138] vollzogen wird, wenn man aus ihm nur entnimmt, daß Empfängnisverhütung immer abgelehnt wurde; dies geschah aus einer stoischen Begründung heraus, die als lustfeindlich gelten muß, und wohl auch aufgrund der Wirkungen des Neuplatonismus, der sich leibfeindlich gab.

Überdies *läßt sich Veränderung de facto konstatieren:* Casti connubii erklärte als erstes kirchliches Dokument eine mögliche Form der Empfängnisverhütung für erlaubt. Die Sinnbestimmungen der menschlichen Sexualität, so sahen wir, wie sie das Zweite Vatikanische Konzil übernimmt, unterscheiden sich wesentlich von denen des Codex Juris Canonici von 1918. Zudem konnten wir feststellen, daß der Text Humanae vitae Nr. 14 im Vergleich zu den entsprechenden Passagen von Casti Connubii erheblich milder formuliert und keine Sanktionen ausspricht, sodaß eigentlich nicht davon ausgegangen werden kann, daß die Enzyklika die Eucharistiefähigkeit derjenigen bezweifeln würde, die mit dieser Norm nicht zurande kommen.

Familiaris Consortio enthält eine doppelte Fortschreibung, einmal eine Fortschreibung der Enzyklika Humanae vitae und zum anderen eine Fortschreibung der Ergebnisse der Bischofssynode. Der Papst versucht, in dieser Enzyklika, noch deutlicher vom Personalismus ausgehend, den Normsatz der Enzyklika Humanae vitae zu begründen. Er schreibt also diese Enzyklika weiter auf der Basis eines Personalismus, in dem er von der Überzeugung ausgeht, daß im Selbstausdruck der Person in der Begegnung der Ehegatten *die naturale Ausrichtung des sexuellen Geschehens auf Fortpflanzung zum Ausdrucksgehalt des Begegnungsgeschehens selber gehöre*, sodaß bei einer Ausklammerung dieses Sinngehaltes die Wahrheit der sexuellen Sprache verfehlt würde. Hier ist die *biologische Naturwirklichkeit unmittelbar in die personale Wirklichkeit aufgenommen.* Die Biologie des Leiblichen wird zum unmittelbaren Selbst-Ausdruck der Person. Der Papst hat insofern die Ergebnisse der Synode fortgeschrieben, als er unzweifelhaft *die in den Relationes von Kardinal Ratzinger und in seinem Bericht für die Priester seiner Diözese offengehaltene Frage nach dem malum intrinsecum* praktisch erneut einschärfte; hier ergibt sich auch ein Unterschied zu den Propositiones der Synode. Nach dem, was Familiaris consortio dazu sagt, ist diese Frage nicht mehr offen, und im Sinn von Humanae vitae ist Kontrazeption als ein malum intrinsecum zu verstehen. Die Ausdrücke, in denen der Papst die Empfängnisverhütung verbietet, legen eher wieder den Gedanken einer schweren Verfehlung nahe. Dazu ist aber nicht ausdrücklich Stellung genommen.

---

137 Vgl. die Nr. 1 der Zeitschrift Anthropotes 4 (1988).

138 *Noonan*, Empfängnisverhütung; auf dieses Buch hatte man sich vor allem bei dem Nachweis einer lückenlosen Tradition des Kontrazeptionsverbotes gestützt und dabei die geschichtskritische Einschätzung des Autors übergangen.

c) Interpretation von Gaudium et spes, Artikel 50f.

Die Überlegungen zur Frage der ehelichen Fruchtbarkeit sind in der Pastoralkonstitution eingebettet in den Gesamtzusammenhang einer Erörterung von Ehe und Familie. Der endgültige Text stellt im Unterschied zu seinen Vorläufern am Beginn des betreffenden Abschnittes heraus, daß Kinder als vorzüglichste Gabe der Ehe gelten können und zum Wohl der Eltern erheblich beitragen. Die vorausgehenden Texte waren eher von der ehelichen Liebe ausgegangen, die als solche in der Beziehung zu Kindern wächst. Gaudium et spes dagegen erinnert an Gen 1,28; in diesem Zusammenhang werden die Eltern als Mitwirkende angesprochen, die mit dem Schöpfer und Erlöser zur Vergrößerung seiner Familie beitragen. Bernhard Häring macht in seinem Kommentar zu diesem Text darauf aufmerksam, daß „gegenüber den vielfältigen Vorschlägen der Minorität, die in Artikel 49 die Hinordnung jedes ehelichen Aktes auf Zeugung in der einen oder anderen Form lehren wollte...", die Kommisson antwortete: „'Non enim omnes actus ad generationem tendunt.'"[139] Für die Übernahme der Verantwortung für die Kinder benennt die Pastoralkonstitution die haltungsethischen Voraussetzungen, die schon früher genannt wurden; hier ist bemerkenswerterweise die „Dotilis erga deum reverentia" (GS 50,2) an den Anfang gestellt, die wachsame und ehrfürchtige Hörbereitschaft Gott gegenüber, dessen Willen man zu erkennen trachtet. Ganz knapp ist auch die *Gemeinsamkeit der zu übernehmenden Verantwortung* angesprochen. Die vorbereitenden Dokumente hatten bereits vom Dialog der Eheleute angesichts dieser Verantwortung gesprochen. Es geht so in diesem Text um „gemeinsame Überlegung",[140] in der man sich ein sachgerechtes Urteil zu bilden versucht. Es bleibt selbstverständlich, daß man nur so, gemeinsam, dieser Verantwortung gerecht werden kann, die folgendermaßen umschrieben wird:

> „In ihrer Aufgabe, menschliches Leben weiterzugeben und zu erziehen, die als die nur ihnen zukommende Sendung zu betrachten ist, *wissen sich die Eheleute als mitwirkend mit der Liebe Gottes* des Schöpfers und gleichsam *als Interpreten* dieser Liebe. Daher müssen sie in menschlicher und christlicher Verantwortlichkeit ihre Aufgabe erfüllen und in einer auf Gott hin hörenden Ehrfurcht durch gemeinsame Überlegung versuchen, sich ein sachgerechtes Urteil zu bilden. Hierbei müssen sie *auf ihr eigenes Wohl wie auf das ihrer Kinder – der schon geborenen oder zu erwartenden – achten; sie müssen die materiellen und geistigen Verhältnisse der Zeit und ihres Lebens zu erkennen versuchen und schließlich auch das Wohl der Gesamtfamilie, der weltlichen Gesellschaft und der Kirche berücksichtigen. Dieses Urteil müssen im Angesicht Gottes die Eheleute letztlich selbst fällen.*"[141]

Dem theologischen Verständnis dieser Verantwortung entspricht es überdies, wenn hier zurückhaltend von einem *Versuch* gesprochen wird, sich das rechte Urteil zu bilden. Ethisches Verhalten kann oft nur tastend den Erkenntnis-

---

139 LThK2 Das Zweite Vatikanische Konzil. Konstitutionen, Dekrete und Erklärungen, Teil III, Freiburg u.a. 1968, Kommentar zur Stelle, S. 437.
140 Ebd., deutsche Übersetzung, S. 439.
141 GS 50, Hervorhebung v.Vf..

möglichkeiten folgen, die einen breiten Ermessensspielraum des Für und Wider lassen. Das Richtige ist jeweils nur annäherungsweise zu erkennen.

In aller wünschenswerten Klarheit beginnt der Text über die *Kriteriologie* der anstehenden Entscheidung mit dem *Hinweis auf das Wohl des Paares selbst*. Auf dem Hintergrund der früheren Finis-Lehre war das nicht selbstverständlich. Das Wohl der Eheleute hätte sich dem Dienst am finis primarius unterordnen müssen. Jetzt ist diese Verantwortlichkeit voll in die eheliche Liebe integriert. Die im folgenden genannten Kriterien weiten den Raum individuell-sozialer Verantwortung aus: *Das Wohl der Kinder* ist zu bedenken. Sie bedürfen eines Lebensraumes, in dem sie nicht nur überleben, sondern wachsen und sich entfalten können. Dabei wird unterschieden; es wird an die schon geborenen Kinder gedacht und die, für die man sich entscheiden möchte. Deutlich ist, daß man hier auf menschliche Begrenzung Rücksicht nimmt. Sowohl die schon geborenen Kinder wie diejenigen, die hinzukommen würden, müssen genügend Entwicklungsmöglichkeiten haben. Jedes hinzukommende Kind verändert den Lebensraum der anderen. Es ist auch deswegen nicht gleichgültig, in welchem Abstand es den vorherigen folgt.

Eine ganz neue Fragestellung hat an dieser Stelle die *Humangenetik* in die ethische Überlegung eingebracht: Die Entscheidung der Eltern kann nicht abstrahieren von genetischen Risiken. Auch sie gilt es abzuwägen, zumal dann, wenn etwa in einer Familie bereits behinderte Kinder mit einer erblichen Krankheit geboren wurden. Daß hier nach Prozentzahlen der Wahrscheinlichkeit abzuwägen ist, macht die spezifische Schwierigkeit dieser Entscheidung aus. Im Verhältnis der schon geborenen und der noch zu zeugenden Kinder spielt natürlich auch die Frage nach dem Abstand der Geburten eine wichtige Rolle.

Die folgenden Kriterien stehen quer zu den bisher genannten; sie machen deutlich, worin vorrangig das anzuzielende Wohl besteht: Zu bedenken sind auf die Familie hin *die materiellen und geistigen Verhältnisse der Zeit*. In der Disceptatio vom Mai 1965 war gesagt worden, daß die Gesundheit der Seele und des Leibes anzuzielen seien. Hier sind deren äußere Bedingungen in den Blick genommen. Diese haben im Text zugleich eine weiterführende Funktion: Die Verantwortung bezieht nun in der Tat den Blick auf die Situation der Welt im kleinen wie im großen mit ein. Die zu bedenkenden materiellen Verhältnisse sind die Basis für das Überleben der nächsten Generation, sie bildet deren Lebensraum. Dieser ist einerseits Rahmen und Vorgabe für das je eigene generative Verhalten der einzelnen Paare; andererseits ist zu fragen nach der Verantwortung für die Gestaltung dieses Rahmens.

Wenn die Konstitution wenig später sagt: „Die *staatliche Gewalt* möge es als ihre heilige Aufgabe betrachten, die wahre Eigenart von Ehe und Familie anzuerkennen, zu hüten und zu fördern, die öffentliche Sittlichkeit zu schützen und den häuslichen Wohlstand zu begünstigen. Das Recht der Eltern auf Zeugung der Nachkommenschaft und auf Erziehung in der Familie ist zu sichern" (GS 52,2), dann bedeutet das in einer demokratischen Gesellschaft, daß die einzelnen Väter und Mütter, daß alle Staatsbürger an dieser Verantwortung des Staates beteiligt sind. Vielleicht kann man sagen, daß die Tatsache, daß Eltern mit der Zeugung und Erziehung der Kinder die Verantwortung für die Zukunft übernehmen, eines der vorrangigen Motive politischer Verantwortung darstellt. Weil sie Kinder haben, muß sie die Frage interessieren, wie die Welt aussehen soll, in die diese Kinder hineinwachsen.

Gegenüber diesem zentralen Ort sittlicher Verantwortung tritt die Frage nach der Methodenwahl im Bemühen um die rechte Kinderzahl in den Hintergrund; sie bleibt ethisch relevant; die Weisung der Kirche ist hier umstritten, wie kaum sonstwo. Es bleibt bei den Hinweisen der Bischöfe (Königsteiner Erklärung) und der Würzburger Synode, daß die kirchlichen Weisungen in die eigene Gewissenbildung einzubeziehen sind. Wer immer anderer Meinung ist, hat die Beweislast vor seinem Gewissen und vor Gott.

4.5. Ehelosigkeit

4.5.1. Unfreiwillige Ehelosigkeit

Unfreiwillige Ehelosigkeit kann ganz *unterschiedliche Gründe* haben. Sie können in der Lebensgeschichte eines Menschen liegen, die ihm keine Möglichkeit gegeben hat, zu heiraten, obwohl der Wunsch dazu bestand. Sie können in eigenen psychischen Schwierigkeiten liegen, die, wie eine Behinderung, eine erfüllende Beziehung zu einer Frau oder einem Mann nicht hat gelingen lassen. Sie trifft die Frau oder den Mann auf je unterschiedliche Weise.

Das Erleben unfreiwilliger Ehelosigkeit ist auch je nach der *Bewertung durch die gesellschaftliche Umwelt* verschieden. Sie kann als eine empfindliche Beeinträchtigung der eigenen menschlichen Möglichkeiten erlebt werden; dies war z. B. im Alten Testament der Fall, wo es für eine Frau gar eine Schande sein konnte, unverheiratet zu sein (Jes 4,1), oder keine Kinder zu bekommen (1 Sam 1,6.11.15).

Auch heute stellt sich diese Situation für viele nicht leicht dar; es ist eine sittliche Aufgabe, sich ihr zu stellen und unter den so gegebenen Voraussetzungen das eigene Leben zu gestalten. Ganz sicher ist dies unter christlichen Vorzeichen *nicht ohne menschliche Beziehungen denkbar*; in ihnen wird sich über kurz oder lang auch zeigen, wo der eigene Lebensschwerpunkt, die eigene Lebensaufgabe und darin die eigene Berufung liegen kann. Es ist wünschenswert, daß in den Gemeinden Hilfen zu solcher Sinnfindung gegeben werden. Hier gilt die oben schon begründete „mittlere Maxime“: Integration der Sexualität ist ohne verwirklichte mitmenschliche Liebe nicht denkbar.[142]

[142] Vgl. oben unter 2.1.3. d) und 2.2.3.

Damit ist die Frage nach der *Sexualität der Nichtverheirateten* angeschnitten, die schon das Arbeitspapier der Sachkommission IV der Würzburger Synode aufgegriffen hat.[143] Sie stellt sich unausweichlich; jedem ist aufgegeben, sich in seiner geschlechtlichen Bestimmtheit anzunehmen. Der Mensch ist als Frau oder als Mann ganzheitlich geprägt. Man muß also auch im Alleinleben seine Geschlechtsrolle ausprägen. Die heutige Gesellschaft neigt dazu, jedem das Recht auf volle geschlechtliche Betätigung zuzugestehen – auch außerhalb der Ehe. Der von der Kirche geforderte Verzicht auf sexuelle Beziehungen außerhalb der Ehe kann aus diesem Grund sehr schwer werden. Er ist aber nicht nur nicht unmöglich, wie viele Beispiele gelungenen Lebens belegen, sondern, auf die Dauer und auf das Ganze gesehen, auch der menschenwürdigere Weg; dieses hängt mit der Eigenbedeutung und Sinnbestimmung der Sexualität zusammen. Als wichtigster Grundsatz mag gelten, daß der Mensch seine Sexualität immer nur im Maß realisierter personaler Liebe integrieren kann – dies ist auch denkbar ohne genitalen Kontakt.

4.5.2. Freiwillige – nicht religiös motivierte – Ehelosigkeit[144]

Die Statistik weist aus, daß die Ein-Personen-Haushalte in Deutschland stetig zugenommen haben: Machten sie noch 1972 26% der Haushalte aus, so waren es 1985 schon über ein Drittel, 34%.[145] Sie haben demnach beständig zugenommen. „In Metropolen wie Berlin und Frankfurt ist jeder zweite Haushalt ein Ein-Personen-Haushalt!“[146]

Die *Motivationen* für diese Lebensform sind höchst *unterschiedlich*. Es gibt junge Leute, die aus Ausbildungs- oder Studiengründen überwiegend von ihrer Familie getrennt und allein leben. Es gibt junge Männer und Frauen mit einer längerfristig angelegten Partnerschaft, die aus verschiedenen Gründen das dauernde Zusammenleben vermeiden, z.B. weil sie befürchten, daß sich eine dauerhafte Beziehung mit den Erfordernissen der Ausbildung und des angestrebten beruflichen Werdeganges nicht vereinbaren läßt. Es gibt „Nestflüchter“, die früh aus dem Elternhaus ausziehen, um allein zu leben. Verheiratete Männer und Frauen (aus fast allen Altersgruppen) leben in der gesetzlich vorgeschriebenen Trennungszeit vor der Ehescheidung – sozusagen als „Übergangslösung zu einer neuen Partnerschaft“ allein, ebenso Geschiedene ohne Kinder. Meistens sind es ältere Männer und Frauen, die auf Dauer allein leben, vor allem Verwitwete. Sehr bewußt, und auch oft auf Dauer, leben sogenannte Karriere-Singles, Frauen, aber auch Männer allein, die meinen, zwischen den Erfordernissen ihrer beruflichen Karriere und den Ansprüchen einer Familie wählen zu müssen. Von ihnen gilt:

---

143 GSyn II, 175f., Nr.4.3.; vgl. auch *Rotter*, Sexualität, 103-111.

144 Wesentliche Aussagen zu diesem Abschnitt verdanke ich einer Vorlage von *Barthold Strätling*, Würzburg.

145 *Hettlage*, Familienreport, 115.

146 Ebd., 116.

„Echte ‚Singles', d.h. solche, die sich *freiwillig* für das Alleinleben entschieden haben, bilden nur eine Untergruppe ... Die Mehrheit dürfte von Jugendlichen oder Post-Adoleszenten, also jungen Erwachsenen gestellt werden, für die das Alleinleben nur eine Übergangsphase darstellt und die sich für die Zukunft eine Partnerschaft oder Ehe durchaus vorstellen können."[147] Den Dauer-Singles kommt kaum die Bedeutung zu, daß sie eine generelle Entwicklung einläuten. Ihre Leitbildfunktion ist begrenzt; die totale Freiheit ist teuer erkauft und von der überwiegenden Mehrheit deswegen nicht ernsthaft gewollt, wie sich schon in dem in unserer Gesellschaft verbreiteten Willen zur Ehe zeigt.[148]

Die Bewertung wird sorgfältig die Motive wägen. Dauernde bewußt gesuchte Bindungslosigkeit entspricht nicht den Grundbedürfnissen des Menschen und seiner sozialen Ausrichtung. Er braucht normalerweise Angenommensein und Zugehörigkeit. Die Grenzen der Autonomie des Individuums werden spätestens dann erkennbar, wenn der Mensch zur Bewältigung auch seines individuellen Lebens den Beistand und die Unterstützung anderer braucht, er aber darauf fixiert ist, andere nicht an sich „heranzulassen". Im Hinblick auf die ethische Bewertung speziell des Sexualverhaltens von Dauer-Singles ist zu bedenken, daß es zumeist egozentrisch ausgerichtet sein wird. In Beziehungen zu Sexualpartnern[149] wird häufig tiefere Bindung vermieden; sie wäre hier geradezu ein Unglück. Integration der Sexualität in eine ganzheitliche persönliche Freundschaft wird bewußt ausgeklammert. Der eigene Lustgewinn wird gesucht, andere Aspekte der Übernahme von Verantwortung, der Rücksicht auf den anderen und darüberhinaus auf die Gemeinschaft, von der man abhängt, treten zurück.

4.5.3. Ehelosigkeit aus religiösen Gründen

Es gibt in vielen Kulturen religiös begründete Formen der Ehelosigkeit. Hier werden die behandelt, die sich aus der Glaubensgeschichte des Christentums ergeben haben, Zölibat und Mönchtum.

a) Zölibat

Der Zölibat basiert auf kirchlichem Gesetz. CIC can 277 sagt: „Die Kleriker sind gehalten, vollkommene und immerwährende Enthaltsamkeit um des Himmelreiches willen zu wahren; deshalb sind sie zum Zölibat verpflichtet, der eine besondere Gabe Gottes ist, durch welche die geistlichen Amtsträger leichter mit ungeteiltem Herzen Christus anhangen und sich freier dem

[147] Ebd.

[148] Vgl. oben unter 4.3.1.

[149] Hier wird auch die Problematik des Begriffs der Partnerschaft sichtbar; man nimmt sich Partner, ob man miteinander Sport treibt, ein Geschäft aufbaut usw. Faktisch ist damit die Vorgabe einer eigengesetzlichen Wirklichkeit des Geschlechtlichen, über die nicht beliebig zu bestimmen ist, mißachtet. Vgl. dazu *Kleindienst*, Partnerschaft.

Dienst an Gott und den Menschen widmen können."[150] Diese rechtliche Fassung wird durch die Bestimmung des Eherechts unterstützt, die im can 1087 die Eheschließung von Klerikern mit höheren Weihen für ungültig erklärt. Diese Gesetzgebung gilt als solche nicht für die gesamte mit dem Papst verbundene katholische Kirche, sondern nur für die lateinische (can 1), und in ihr nur für die Priester und jene Diakone, die sich auf den Empfang der Priesterweihe vorbereiten. Das Zölibatsgesetz ist Produkt einer verwickelten Geschichte. Es beruht auf einer lange währenden Erfahrung und einem Glaubensgrund, der seine Wurzeln schon in den Schriften des Neuen Testamentes hat. Man kann den Zölibat zwar keineswegs aus der Bibel „beweisen"; wohl gibt es biblische Glaubensmotive, die ihn unterstützen:

1) Biblische Grundlagen

In der Zeit neutestamentlicher Verkündigung, die mit Jesu Botschaft von der Gottesherrschaft beginnt, werden neue Möglichkeiten sichtbar, mit der geschlechtlichen Bestimmung des einzelnen umzugehen. Es gibt die *„Ehelosigkeit um des Himmelreiches willen"*.[151] Für die Gläubigen des Alten Bundes gab es diese nicht. Im Gegenteil, es gab Heiratsgebote; und das Leviratsgesetz (Dtn 25,5-10; vgl. Gen 38,8 und Mk 12,18-27 parr) zeigt, daß es wichtig war, eigene Nachkommen zu haben, um über diese Anteil an den Verheißungen Israels zu gewinnen. Diese Verheißungen haben sich in Leben und Wirken Jesu anfänglich erfüllt. Deswegen ist überhaupt eine andere Sicht möglich geworden. Man muß keine Nachkommen haben, um Anteil an jenem Heil zu gewinnen, das Jesus gebracht hat. So taucht in der Verkündigung des Evangeliums in der Tat eine Ehelosigkeit um des Himmelreiches willen auf, die folgende Motive für diese Lebensform erkennen läßt:

Sie kann hier als *prophetische Zeichenhandlung* verstanden werden. Der Lebensvollzug des Propheten ging (vgl. u. a. Hos 1-3; Jer 27,1-28,14) in Zeichenhandlungen als integrierender Bestandteil in seine Verkündigung mit ein. In dieser Weise sollte der Zölibat *„Zeichen"*[152] sein, Realsymbol für den Glauben derer, die sich zu ihm entschließen. „Zeichen" ist hier nicht nur Zeichen der Bezeugung für andere; er ist vielmehr auch Zeichen für den, der sich zu diesem Weg entschließt, Zeichen, das zurückwirkt auf seinen Glauben, „quasi-sakramentales" und so wirksames Zeichen, in dem sich seine eigene Hingabe ein für allemal – und immer wieder – realisiert. Es ist ein Zeichen, das etwas vom Totalanspruch des Evangeliums ausdrückt und bewußtmacht. Inhaltlich wird die freiwillig gewählte Ehelosigkeit des Priesters vor allem als ein *Zeichen eschatologischer Glaubenshoffnung* angesehen. In dieser Existenzform wird die Sehnsucht wachgehalten, und in ihr ist

[150] Zitiert wird nach der Übersetzung der lateinisch-deutschen Ausgabe des Codex Iuris Canonici, Kevelaer ²1984

[151] Die wichtigste Bezugstelle ist Mt 19,12; außerdem 1 Kor 7,7.

[152] Presbyterorum Ordinis, Art. 16; in der Diskussion um die Sinngebung hatte in der vorkonziliaren Zeit der Hinweis auf die prophetische Funktion des Amtes und der damit verbundene Zeichencharakter des Zölibates eine besondere Rolle gespielt und wurde an dieser Stelle in die konziliare Erklärung aufgenommen.

bezeugt, daß „das Eigentliche", in Christus ein für allemal gekommen, noch seiner Vollendung harrt. „... so weisen sie (die ehelos lebenden Priester) auf jenen geheimnisvollen Ehebund hin, der von Gott begründet ist und im anderen Leben ins volle Licht treten wird, in welchem die Kirche Christus zum einzigen Bräutigam hat. Darüber hinaus sind sie ein lebendiges Zeichen der zukünfigen, schon jetzt in Glaube und Liebe anwesenden Welt, in der die Auferstandenen weder freien noch gefreit werden."[153] Mt 19,11f. spricht nicht nur von der Ehelosigkeit, sondern davon, daß es Menschen gibt, die sich „um des Himmelreiches willen" zur Ehe unfähig gemacht haben: hier ist wohl eine *„existentielle Unmöglichkeit"*[154] gemeint, vergleichbar der der Apostel vor dem Hohen Rat: „Wir können unmöglich schweigen über das, was wir gesehen und gehört haben." (Apg 4,20) Sie „können nicht anders", weil sie völlig erfaßt sind von ihrer Aufgabe. Wer sich in dieser Form dem Dienst am Evangelium verschreibt, „kann" sich nicht mehr einer Frau und der Familie zuwenden, weil er sich in diesem Sinn „ganz" gefordert sieht.[155]

Es ist bemerkenswert, daß die *Beurteilung des Zölibates im Bereich der Ökumene* heute weniger mehr von Bedenken bestimmt ist, als das früher der Fall war. Hier dürften einige religiöse Gemeinschaftsbildungen einen entscheidenden Impuls gegeben haben, allen voran die Communauté von Taizé. In einem Dokument der Fédération Protestante de France heißt es: „Wegen dieser Verfügbarkeit können die zölibatär Lebenden einen Platz der Wahl in der christlichen Gemeinschaft und der Gesellschaft einnehmen.[...] Die Enthaltsamkeit ist, wo sie positiv angenommen ist und gelebt wird, eine Haltung der Aktivität, des Vertrauens und der Freiheit."[156]

Die Radikalität des Evangeliums ist *keine Überforderung*. Die Berufung im Neuen Testament wurde als schöpferische Einwirkung verstanden; das Wort dessen, der ruft, erwirkt im Berufenen die Möglichkeit, dem Ruf zu folgen. *Charisma* (das Konzil spricht von donum) und Berufung sind zwei Seiten derselben Realität – in der Gabe deutet sich der Ruf an. Den Zölibat als Chance ergreifen, das heißt, ihn als Möglichkeit für sich selbst wahrnehmen. Sie ist immer *geschenkte Möglichkeit* (wie auch die Entscheidung für

[153] Ebd.

[154] *Schillebeeckx,* Amtscelibaat, 18: „... een *existentieel niet mer kunnen* ..."

[155] Einem Mißverständnis sollte hier vorgebeugt werden: Dem Zölibatär soll hier keineswegs die psychische Ehefähigkeit abgesprochen werden. Diese ist allemal auch Bedingung bei der Entscheidung zum Zölibat. Es geht bei Schillebeeckx um eine „existentielle Unmöglichkeit", das heißt konkret, um ein totales aktuelles Beanspruchtsein, das den Gedanken an Ehe und Familie nicht aufkommen läßt, ohne deren positive Bewertung auch nur im Geringsten anzutasten. Dieser Ausschluß gilt nur als Element individueller Berufung. Diese kommt auch in anderen Zusammenhängen vor; so hat wohl Dag Hammerskjöld bewußt auf die Ehe verzichtet, weil seiner Erfahrung nach das volle Engagement in der Politik jemanden so beanspruchen kann, daß er sich einer eigenen Familie de facto nicht genügend widmen kann.

[156] Sexualité, 35 (in eigener Übersetzung); beachtlich ist, was *Wannenwetsch* hierzu schreibt: „... es geht um die eschatologische Durchdringung der einen Lebensform mit der anderen, darum, daß die Ehe etwas vom Charakter des ehelosen Lebens buchstäblich für sich selbst ‚aufgreift' und umgekehrt die Ehelosigkeit von dem, was ‚eigentlich' die Ehe ausmacht." (Freiheit, 231)

einen anderen Menschen nur geschenkte Möglichkeit sein kann). Das Neue Testament wirkt hier realistisch, nicht exklusiv „asketisch“, wenn Jesus auf die sehr nüchterne Frage des ersten Apostels, was ihnen, die alles verlassen hatten, zuteil würde, nicht mit einem ausschließlichen Hinweis auf jenseitigen Lohn antwortet, sondern in diesem Leben „Hundertfaches verheißt“ (Mk 10,29 parr.), nicht in gleicher Münze, das versteht sich, aber doch als reale Erfüllungschance im Vollzug menschlicher Kommunikation.[157]

Ein *formales Grundelement* zieht sich durch alle Überlegungen und ist für den Vollzug unverzichtbar. Die Realisierung der Entscheidung zum Zölibat ist *nur möglich im Vollzug des existentiellen Glaubens*. Wer diesen Schritt tut, sollte sagen können: „Auf dein Wort hin“ (Lk 5,5).[158]

2) Der Zölibat heute

Die hier in aller Kürze angedeutete *biblisch-theologische Zölibatsbegründung* stößt auf *anthropologische Bedenken*. Wird hier naiv blindes Vertrauen gegen nüchterne humanwissenschaftliche Einsicht gesetzt? Dazu kann folgendes gesagt werden: Der Glaubensvollzug ist ein Akt, der in der existentiellen Tiefe der menschlichen Person wurzelt. Er realisiert sich in Entscheidungen, die ein Leben tragen sollen; der Sich-Entscheidende aktiviert gerade jene Mitte der Person, die auch im Vollzug geschlechtlicher Liebe tragend ist.[159] Da wird nicht verdrängt, sondern integriert – „sublimiert“, würde Freud sagen. Daß ein solcher Prozeß seine spezifischen Voraussetzungen hat, hat die Psychoanalyse gelehrt; das heißt nicht, daß er unmöglich wäre. Daß dieser Weg immer hohen Risiken ausgesetzt ist, liegt auf der Hand; er ist nur in vielen Schritten zu begehen. Gerade von daher bildet er eine dauernde Provokation, die einmal getroffene Entscheidung existentiell in einem lebensgeschichtlichen Reifungsprozeß, der nie voll abzuschließen ist, je neu einzuholen und zu ratifizieren. In diesem Bemühen ist der ehelose Priester durchaus trotz vielschichtiger Veränderungen in der Gesellschaft und den Gemeinden *nicht allein gelassen*. Es zeigt sich, daß in fast allen Erneuerungsbewegungen, in allen Aufbrüchen, die von der Basis des Evangeliums her das Leben zu sehen versuchen, der Sinn für die „Alternativen“, die das Evangelium nahelegt, wachgeblieben ist. Zu ihnen gehört jene Ehelosigkeit um des Himmelreiches willen, in der der Zölibatär auch für den Verhei-

---

[157] Vgl. dazu *Pesch*, Markusevangelium, Teil II, 145: „... die hundertfältige Lohnverheißung widerspricht auch einer bloß asketischen Interpretation des Wortes, in dem Jesus die Bedingungen missionarischer Wanderexistenz festhält und in der doppelten Lohnverheißung in eine Perspektive rückt, die von hoher ekklesiologischer Relevanz ist.“ Der Humanwissenschaftler stellt fest: „Um gesund und lebensbejahend zölibatär leben zu können, ist das Eingebundensein in ein Netz von Beziehungen notwendig.“ (*Müller*, Zölibat, 82.)

[158] Dies bestätigt die auf reicher Erfahrung aufbauende Studie von *Sipe,* Sexualität und Zölibat.: „Nur eine religiöse (d.h. transzendente) Motivation kann das Streben nach dem Zölibat aufrechterhalten.“ (90). Lesenswert ist hierzu: *Grün,* Ehelos.

[159] Vgl. ebd.: „Ohne eine Liebe, die in ihren Möglichkeiten der sexuellen Liebe gleichkommt oder sie sogar übersteigt, ist der Zölibat nicht möglich.“ Dem entspricht auch Wunibald *Müller*, Zölibat, dessen Buch der Grundidee der „zölibatären Liebe“ wie einem roten Faden folgt.

rateten ein spezifisches Zeugnis eschatologischer Hoffnung gibt. Andererseits hat sich die Erwartungshaltung vieler Gemeinden verändert. Das Verständnis für den Zölibat hat in der Gesellschaft abgenommen; diese Veränderung wirkt sich auch auf das Urteil vieler Gläubiger aus.

Ein Stachel im Fleisch heutiger Dikussion bleibt der *Gesetzescharakter des Zölibates*. Die oft wiederholte, wenn auch unangemessene Rede vom „Zwangszölibat" zeugt davon. Ein emanzipatorisches Freiheitsbewußtsein erträgt es nur schwer, den Bereich persönlicher Intimität durch ein Gesetz geregelt zu sehen, das nicht aus einer inneren Notwendigkeit der priesterlichen Aufgabe zu begründen ist. Es wird gar von einer Beeinträchtigung im Bereich unveräußerlicher Menschenrechte gesprochen.

Von *Intention und Praxis der Kirche her gesehen, will dieses Gesetz keinen Zwang ausüben*. Es setzt Bedingungen fest, die mit der Spendung der höheren Weihen verbunden sind. Daß diese freiwillig und in Kenntnis der zu übernehmenden Verpflichtungen empfangen werden, wird in der Weihehandlung öffentlich festgestellt. Jemand, der dieses so vollzogen hat, wird sich nicht sagen lassen wollen, er habe „unter Zwang" gehandelt. Gleichwohl liegt hier ein Stein des Anstoßes: Wie kann man einen so einschneidenden Entschluß zu einer Forderung für alle machen, die in der lateinischen Kirche Priester werden wollen? Eine zwingende Notwendigkeit liegt ja nicht vor – sonst könnte es keine Ausnahme geben. Keines der amtlichen Dokumente spricht von einer Notwendigkeit solcher Art. Es wird dagegen ein hoher Grad von *Angemessenheit* herausgestellt.[160] Auf diese Weise kann und soll nichts „bewiesen" werden. Aber es können Entscheidungen nahegelegt werden. Dieses gilt nicht nur für den je einzelnen, der sich entscheidet. Man darf davon ausgehen, daß hier auch der kirchliche Gesetzgeber im Vollzug des Glaubens handelt, indem er sich auf eine nur im Glauben faßbare Realität beruft: die Führung der Kirche durch den Geist Christi. Die Kirche verbindet den Empfang der höheren Weihen mit der Zölibatsverpflichtung in Treue zu einer über Jahrhunderte hin geübten Praxis; sie vertraut darauf, daß sich in dieser Praxis der Geist Jesu auswirke. *Hinter dem Gesetz steht weder Willkür noch dogmatisch zwingende Notwendigkeit, sondern eine von den Päpsten*[161] *und von einer Mehrheit der Bischöfe, aus Glaubensüberzeugung getroffene, geschichtliche Entscheidung.*[162]

Das bedeutet allerdings auch, daß *andere geschichtliche Bedingungen andere Entscheidungen nahelegen können.* Die völlige Aufhebung des Gesetzes der ehelosen Lebensform der Priester würde ein Spezifikum ihrer Zeichenhaftigkeit nehmen, die von der Zusammengehörigkeit von Priestertum und Zölibat und einer darin mitgegebenen Solidarität der Priester in diesem Zeugnis lebt. Diese Entscheidung ist keine reine Privatangelegenheit; würde

---

160 Vgl. Presbyterorum ordinis Nr.16.

161 Vgl die Enzyklika *Pauls VI.*: Sacerdotalis coelibatus, und die vielen Äußerungen Johannes Pauls II. zu dieser Frage.

162 Die letztere wurde von der Römischen Bisdchofssynode 1971, wenige Jahre nach dem Konzil erneuert; vgl. Römische Bischofssynode 1971, Der priesterliche Dienst. Gerechtigkeit in der Welt, hg. von der Deutschen Bischofskonferenz, Trier 1972.

sie das bei Aufhebung des Gesetzes, so würde diese Dimension der Zeichenhaftigkeit aufgehoben.

Über *Modifikationen, über die konkrete Handhabung der Gesetze*[163] *wird weiter diskutiert werden müssen* – auch über die Frage, ob sich in Inkulturationsprozessen in vielen Ländern nicht doch Probleme zeigen können, die die Behauptung der Zeichenhaftigkeit aufgrund eines ganz anderen kulturellen Kontextes in einem anderen Licht erscheinen lassen. Es fragt sich auch, ob bei hochgradigem Mangel an Priesterberufen, der dazu führt, daß in vielen Gemeinden die Feier der Eucharistie nicht mehr sichergestellt ist, an eine Weihe verheirateter Männer gedacht werden kann. Solche Überlegungen heben den Wert des Zölibates nicht auf, sondern suchen ihn angesichts bestimmter Problemsituationen zu wahren.

b) Ordensgelübde

Eine vom Zölibat zu unterscheidende Form der Ehelosigkeit um des Himmelreiches willen wird aufgrund des *Gelübdes der Jungfräulichkeit* von *Ordensleuten* gelebt. Sie unterscheidet sich von der im Zölibat gegebenen Ehelosigkeit z. T. durch die Motivation, durch die zumeist gegebene Existenzform eines religiösen Gemeinschaftslebens und durch den Umstand, daß sie nicht an ein Amt in der Kirche gebunden ist.

Auszugehen ist auch hier von einer *Unterscheidung*: Es gibt das *private* Gelübde der Jungfräulichkeit und das *öffentliche*. Letzteres wird beim Eintritt in eine religiöse Gemeinschaft abgelegt und hat je nach Art dieser Gemeinschaft verschiedenen Rang.[164] Zumeist wird es zu Beginn des Ordenslebens in der Form der zeitlichen Gelübde abgelegt, in denen man sich verpflichtet, über den Zeitraum von einigen Jahren ehelos zu leben, um sich dann in den ewigen Gelübden endgültig an diese Lebensform zu binden.

Das wichtigste zur Motivation des Zölibats Gesagte gilt nach den Texten des Zweiten Vatikanischen Konzils auch für die Ehelosigkeit in den Orden. Auch hier soll sie *eschatologisch ausgerichtetes Zeichen*[165] sein, das den Glauben der Ordensgemeinschaft widerspiegelt; sie ist Ausdrucksform einer Hingabe, die *für bestimmte Dienste* ganz und gar *verfügbar* macht. Hier wäre bei den Orden auf viele Aufgaben hinzuweisen, die praktisch ausschließlich Ehelosen möglich sind – man denke hier nur an den Einsatz in den Missionen.

Typisch für die Ehelosigkeit in den Ordensgemeinschaften dürfte der theologische Sinn der Gelübde sein, mit denen man sich dem Leben nach den evangelischen Räten verpflichtet. Hier sind vor allem in den *Mönchstraditionen alte theologische Deutungsmuster lebendig geblieben,* die sich so im Zusammenhang mit dem Zölibat nicht finden. Der Mönch *verläßt die Welt,* stirbt ihr ab. Das Gelübde wird in diesem Kontext als Vertiefung der

[163] Es besteht nicht zu Unrecht ein Unbehagen angesichts der Praxis der Laisierungen.
[164] Vgl. hierzu CIC can 607 2, can 1192.
[165] So wörtlich im Anklang an das Konzil CIC can 607 1.

Taufe verstanden, die von Paulus Röm 6,1-11 als ein Mitsterben und –auferstehen mit Christus gedeutet worden war; hier liegt also eine Zeichenhaftigkeit vor, die im inneren Zusammenhang mit der Zeichenhaftigkeit des Sakramentes steht.

Manche *Zeichenhandlungen* im Zusammenhang mit dem Ablegen von Gelübden – besonders in Frauenorden – pfleg(t)en die Symbolik der (*mystischen*) *Vermählung* der Seele mit Christus, dem Bräutigam der Kirche (und der einzelnen Seele). Auch hierin wurde ein Spezifikum der Ordensgelübde im Unterschied zum Zölibat der Priester gesehen; der Ordensmann, bzw. die Ordensfrau stünde in der Rolle der bräutlichen Kirche und stellvertretend für sie Christus gegenüber, während der Zölibatär sich darauf vorbereite, der Kirche gegenüber Christus darzustellen. Hier lebt die alte Idee von der Brautschaft Gottes mit seinem Volk weiter, das die Ehe zum Modell von Begegnung überhaupt hatte werden lassen. Sie wird Paradigma einer so gelebten eschatologisch ausgerichteten Existenz.

4.6. Masturbation

4.6.1. Terminologie

Die Terminologie ist hier fließend; im Deutschen wird meistens von *Selbstbefriedigung* gesprochen; darunter wird eine Handlungsweise verstanden, in der durch direkte körperliche Manipulation an den Genitalien geschlechtliche Lust am eigenen Körper gesucht wird, Selbststimulation der eigenen Sexualität bis zum Erleben des Orgasmus, *Selbst*befriedigung, weil der gesamte Vorgang vom einzelnen selbst vollzogen wird. Der aus dem lateinischen stammende Ausdruck *Ipsation* entspricht in etwa dem deutschen Ausdruck der Selbstbefriedigung; er schließt ein bewußteres Maß selbstbezogener Motivation, die Engführung der Motivation im eigenen Selbst – hier negativ verstanden – ein. Darüberhinaus wird *Onanie* gebraucht, vor allem in der verbalen Form onanieren – ein etwas unglücklicher Ausdruck, weil hier an die Sünde des Onan im Alten Testament (vgl. Gen 38,8-10) erinnert wird, die mit dem hier zur Debatte stehenden Problem nichts zu tun hat. Auch im Alten Testament ging es nicht primär um die Vergeudung des Semen als vielmehr um die Verweigerung des Gehorsams dem Gesetz gegenüber, dem Bruder Nachkommen zu erwecken, wenn er vorzeitig gestorben war. *Masturbation* kommt bei beiden Geschlechtern vor, obwohl der ursprüngliche Name sich mehr auf das männliche Genitale bezieht: Mas-turbatio. *Autoerotik* hebt einen bestimmten psychischen Aspekt der Selbstbefriedigung heraus. Aus dem Lateinischen pollutio wird *Pollution*, was den Samenerguß bezeichnet, der auch unfreiwillig sein kann, gebraucht; *mollities* hat im Deutschen keine direkte Entsprechung.

4.6.2. *Statistik*

Nach *Kinsey* haben 40 % aller Frauen in den Vereinigten Staaten masturbiert, über 90 % der männlichen Bevölkerung.[166] Gewarnt wird vor zu ausgreifender Interpretation: Kinseys Frage schließe auch nur einmalige Erfahrungen ein. Bartholomäus beruft sich auf Untersuchungen von Clement, wenn er feststellt, daß sich der Unterschied zwischen dem Verhalten von Jungen und Mädchen und Männern und Frauen mehr und mehr verflüchtigt, wenn er auch bislang nicht völlig aufgehoben sei.[167] Es wird von ihm auch darauf aufmerksam gemacht, daß es sich zumeist nicht um nur passageres Verhalten handele, das mit dem Erwachsenwerden schwinde, weder bei Männern noch bei Frauen. Ein Unterschied zwischen beiden Geschlechtern wird darin festgestellt, daß Männer bei Aufnahme heterosexueller Beziehungen weniger Selbstbefriedigung üben, Frauen nicht. Umstritten ist die Deutung, die Clement diesem Sachverhalt gibt; bei Männern sei die Masturbation eher eine Art Ersatzbefriedigung, für Frauen eine eigene und in sich befriedigende sexuelle Erfahrung.[168]

Ein Licht auf die *Erlebnisweise* wirft folgende Äußerung von Bartholomäus: „Es hatten fast die Hälfte aller Mädchen und Jungen, immer oder gelegentlich ein schlechtes Gewissen, wenn sie sich selbst befriedigten."[169] Viel gravierender dürften hier die Erfahrungen der älteren Generation gewesen sein, der eine wesentlich strengere Auffassung vermittelt worden war. Ingmar Bergmann berichtet aus seiner Jugendzeit:

„Dort stand im Klartext, daß Masturbation auch Selbstbefleckung genannt werde, daß es ein Jugendlaster sei, das mit allen Mitteln bekämpft werden müsse, daß es zu Blässe führe, zu Schweißausbrüchen, zu Zittern, schwarzen Ringen unter den Augen, Konzentrationsschwierigkeiten und Gleichgewichtsstörungen, in schweren Fällen führe die Krankheit zu Gehirnerweichung. Sie greife das Rückenmark an ... Es gab niemanden, mit dem ich sprechen konnte ... Ich der Nacht vor meinem ersten Abendmahl versuchte ich mit aller Macht, meinen Dämon zu bekämpfen. Ich schlug mich bis zum frühen Morgen mit ihm herum, verlor den Kampf aber. Jesus strafte mich mit einem riesigen Pickel mitten auf meiner bleichen Stirn."[170]

Wir werden fragen müssen, wodurch diese Belastungen ausgelöst worden sind. Es bleibt hier zunächst als Fazit festzuhalten, daß ein weitgehender Konsens über die *große Häufigkeit* masturbatorischen Verhaltens besteht. Fast nirgendwo sonst ist nachweislich die *Divergenz von Verhalten und Norm* so groß wie hier. *Verändert* haben dürfte sich in den letzten 20 Jahren –

---

[166] Hier nach *Guindon*, Language, 251f. Entsprechende Zahlen werden für Deutschland und das Jahr 1990 für die Jungen ähnlich angegeben mit 87%, für die Mädchen mit 41%, so *Schmidt/Klusmann/Zeitschel*, Veränderungen 1970-1990 (in: *Schmidt* (Hg.), Jugendsexualität, 27-48, Beleg 35); der Vergleich mit 1970 ergibt einen geringen Rückgang in der masturbatorischen Praxis (vgl. ebd., 27).

[167] *Bartholomäus*, Masturbation, 139. Diese Feststellung stimmt mit der von Gunter Schmidt und seinen MitarbeiterInnen nicht überein.

[168] Ebd., 140.

[169] Ebd., 139.

[170] Nach der Zitation bei *Bartholomäus* (ebd., 141).

Ingmar Bergmann ist einer unter vielen Zeugen – seit den Untersuchungen von Kinsey vor allem *die Stellungnahmen zu diesem Verhalten.* Wenn man es in den fünfziger Jahren unter dem Einfluß überkommener Lehre als Schuld ansah, so dürfte dies jetzt kaum mehr in diesem Umfang der Fall sein. Im Gegenteil, Masturbation gilt als ertrebenswerte Form sexueller Praxis.[171] Auch in der Kirche wird über die Bewertung diskutiert.

4.6.3. Geschichte der Lehre

Persona humana, die Erklärung der Glaubenskongregation von 1975 sagt: „Sehr oft wird heute auch die überlieferte katholische Lehre, wonach die Masturbation einen schweren Verstoß gegen die sittliche Ordnung darstellt, in Zweifel gezogen oder ausdrücklich geleugnet... Was auch immer der Wert gewisser Argumente biologischer und philosophischer Natur sein mag, deren sich die Theologen mitunter bedient haben, Tatsache ist, daß sowohl das kirchliche Lehramt *in seiner langen und stets gleichbleibenden Überlieferung* als auch das sittliche Empfinden der Gläubigen niemals gezögert haben, die Masturbation als eine zumindest schwere ordnungswidrige Handlung zu brandmarken."[172]

Es wird also *in dieser Erklärung sehr bewußt auf die Tradition zurückgegriffen;* es fehlt aber bisher ein solide erarbeiteter geschichtlicher Überblick der Lehre, der sich etwa mit der Studie von Noonan über die Empfängnisverhütung vergleichen ließe. Guindon geht von der Beobachtung aus, *daß in der gesamten griechisch-römischen Welt das Problem eigentlich nicht existiert.* Er beruft sich darauf, daß die Autoren, bei denen Äußerungen darüber zu erwarten waren, hierzu völlig schweigen.

Das Problem *fehlt* praktisch auch in der *biblischen Tradition*; ein einziger biblischer Text scheint eine Anspielung zu enthalten: „Zwei Gruppen von Menschen häufen die Sünden, drei ziehen den Zorn herbei: Leidenschaftliche Begierde, sie brennt wie Feuer und erlischt nicht, bis sie sich verzehrt hat; der Mensch, der am eigenen Leib Unzucht treibt und nicht aufhört, bis das Feuer verglüht", heißt es Sir 23,16. Obwohl der Text im ersten Moment den Eindruck erweckt, er würde auf Masturbation anspielen, gehen eine Reihe von Kommentatoren davon aus, daß hier *eher eine Anspielung auf den Inzest* vorliegt. Außerdem handelt es sich hier um eine, textkritisch gesehen, sehr unsicheren, also *nicht sicher authentischen Text.*[173] Daß auch die Sünde Onans (Gen 38,6-10) und deren Verurteilung nicht hierher gehört, ist allgemein anerkannt. Bei Onan handelt es sich um eine Gehorsamsverweigerung dem Leviratsgebot gegenüber. Als einzige in diesem Kontext diskutierte

---

[171] „Offensichtlich etabliert sich die Masturbation immer mehr als eine sexuelle Erfahrungsmöglichkeit eigener Art, die auch dann aufgesucht wird, wenn andere sexuelle Erfahrungmöglichkeiten vorhanden sind, weil sie durch diese nicht zu ersetzen ist. Das mag gegenwärtig besonders für Frauen gelten." So *Bartholomäus*, ebd., 140.

[172] Nr. 9, Hervorhebung v. Vf.

[173] Vgl. *Guindon*, Language, 255 und TW 6,587,22-30 mit Anm. 47.

Stelle nennt Häring 1 Kor 6,9ff., die nach dem Urteil neuerer Exegese unsere Frage nicht betreffe.[174]

Auch die *Väterzeit* schweigt sich weithin über diese Sachfrage aus.[175] Vom 6. - 11. Jahrhundert gibt es als wichtige Quelle die *libri poenitentiales*. Unter der großen Zahl der von McNeil und Gamer zitierten Texte in den Bußbüchern des Mittelalters, gibt es nach Guindon nur zwei Fälle, in denen deutlich eine Verurteilung der Masturbation erwachsener Laien zu finden war;[176] sie bezogen sich auf den erwachsenen Laien, ein Text auf eine erwachsene Frau, zweimal eine Anspielung auf *Jungen, denen leichtere Buße auferlegt werden sollte*. Andere vier oder fünf Texte beziehen sich auf Priester und Mönche, denen man ernstere Bußwerke auferlegte. Der Liber Gomorrhianus des Petrus Damiani, der vom Brief Leos IX. bestätigend aufgenommen wurde,[177] läßt unterschiedliche Formen der Masturbation erkennen, die jeweils ihre Konsequenzen bei der Zulassung zu den Weihen hatten, wobei sich eine relativ milde Praxis durchzusetzen scheint (DH 688). Andere Äußerungen des Mittelalters haben mehr das Problem nächtlicher Pollution im Auge, die unbewußt erlebt wird, nicht auf das der eigentlichen Masturbation; in Erinnerung an alttestamentliche kultische Reinigungsvorschriften galten sie als kultisch verunreinigend.

Auch das hohe Mittelalter hat nicht sehr viel zu diesem Problem gesagt; allerdings weist *Thomas von Aquin* die Masturbation – und das ist in der Folgezeit wegen der Bewertung verhängnisvoll – *unter die peccata contra naturam* ein, wodurch sie zu einem objektiv gravierenden Fehlverhalten gestempelt wurde.[178]

In der Praxis scheint aber das Problem nicht sehr virulent gewesen zu sein; das hat sich erst in den späteren Jahrhunderten ergeben, in der die *Erziehungsmethoden andere wurden*. Die Jungen wurden *über die Zeit der Pubertät hinaus* lange in Internaten erzogen und unterrichtet; das *Heiratsalter stieg* in wenigen Jahrhunderten stark an. Ludwig XIII. hatte noch mit 14 Jahren geheiratet, später stieg das Alter auf 25 bzw. 27 Jahre für die Männer in den ländlichen Regionen. Es ist verständlich, daß dadurch neue sexuelle Probleme auftauchten. Einer derjenigen, der sie am stärksten beobachtete und am schärfsten kritisierte, war *Johannes Gerson*, der mächtige Kanzler

---

[174] *Häring*, Frei in Christus, 1980, 530.

[175] *Foucault* weist auf Ausführungen Cassians hin, die zeigen, daß man schon damals mit dem Problem befaßt war. Doch geht es in erster Linie um die Existenzform der Mönche und deren Stellung zur nächtlichen Pollution: Keuschheit, in: *Ariès/Béjin* (Hgg.), Geschichte der Sexualität, 25-39.

[176] *Guindon*, Language, 256.

[177] Vgl. die Vorbemerkungen zu DH 687; DH 687 wird auch von PH 9 als Beleg angeführt! „Diese Maßnahmen richteten sich bezeichnenderweise an Geistliche, weil von ihnen ein sexuell enthaltsames Leben erwartet wurde", schreibt *Denzler*, Lust, 182.

[178] S.th. II/II, q154 a1 bestimmt das „*vitium contra naturam*" als actus venereus,"ex quo generatio sequi non potest"; im a 11 wird diesem vitium die mollities zugeordnet und a 12 festgestellt, daß wegen der Widersprüchlichkeit zum natürlichen Akt die vitia contra naturam die schwersten sind: „ita in agendis agere contra ea quae sunt secundum naturam determinata, est gravissimum et turpissimum."

[179] *Guindon*, Language, 258, in eigener Übersetzung.

der Universität von Paris im 14. Jahrhundert (1362-1378). Von da an wurde *ein immer härterer Kampf gegen Masturbation* ausgetragen. Man begann, allmählich immer mehr Verhaltensweisen zu tabuisieren, bis sich die Atmosphäre so änderte, daß sie extrem ungesund wurde. Guindon weist auf ein englisches Buch hin, wahrscheinlich von einem englischen Arzt namens Bekkers, das 1710 mit dem Titel erschien: „Onanie oder die verderbliche Sünde der Selbstbefleckung und all seine furchbaren Folgen beiderlei Geschlechts, befrachet mit spirituellen und medizinischen Ratschlägen."[179] Es erreichte 80 Auflagen und wurde auch ins Deutsche übersetzt. Der englische Arzt verkaufte auf diese Weise sein Mittelchen gegen dieses Übel. Noch größeren Erfolg hatte ein Buch des Schweizer Arztes Tissot,[180] der in lateinischer Sprache ein Werk mit dem Titel veröffentlichte: Onanismus. Jean Jacques *Rousseau* stand in seinem Standard-Werk unter dem Einfluß dieser Genannten und verurteilte Masturbation auf das heftigste, ebenso *Voltaire*, indem er die schlimmsten Folgen der Masturbation aufzählte. Auch *Kant* äußerte sich nicht weniger radikal.[181] *Die Verurteilung der Masturbation* war demnach *nicht eine innerkatholische Angelegenheit*; sie ist vielmehr in einer ganz bestimmten geschichtlichen Epoche von anderen aufgegriffen und weitergegeben worden. Wieweit dieses Problem sogar Biographien beeinflußte, zeigte sich an der ersten Hauslehrerstelle, die *Hölderlin* nach seinem Studium, von Schiller vermittelt, in Waltershausen angenommen hatte: Die Beziehung zu dem jungen Mann scheiterte, weil Hölderlin in geradezu panischer Angst und überzogener Kontrolle diesem von ihm so gesehenen Übel bei seinem Zögling beizukommen versuchte.

Mit dieser Entwicklung ist die Viktorianische Ära eingeläutet, deren Prüderie bekannt ist. Die *Psychopathologie* befaßte sich mit der Masturbation und stellte alle möglichen Krankheiten als Konsequenz derselben dar; als maßgebliche Autorität sagte *Krafft-Ebing* zu diesem Problem:

> „Gelangt ein dergestalt verdorbenes Individuum in das zeugungsfähige Alter, so fehlt ihm der ästhetische, ideale, reine und unbefangene Zug, der zum anderen Geschlechte hindrängt. Damit ist die Glut der sinnlichen Empfindungen erlöscht und die Neigung zum anderen Geschlechte eine bedeutend abgeschwächte. Dieser Defekt beeinflußt die Moral, die Ethik, den Charakter, die Phantasie, die Stimmung, das Gefühls- und Triebleben des jugendlichen Masturbanten, sowohl des männlichen als des weiblichen, in ungünstiger Weise und läßt nach Umständen das Verlangen nach dem andern Geschlecht auf den Nullpunkt sinken, so daß die Masturbation jeglicher naturgemäßen Befriedigung vorgezogen wird."[182]

---

[180] So auch *Bartholomäus*, Masturbation, 143; und *Denzler*, Lust, 183, der allerdings zu einer völlig anderen Schlußfolgerung als *Guindon* kommt, der geschrieben hatte: „At this point it might be useful to play the exorcist and expel the evil notion, prominent in so many people's minds, that it was Catholic zealots who invented the devils game of the antimasturbation campaign." (ebd. 259), während *Denzler* feststellt, daß „kirchliche und weltliche Instanzen einträchtig zusammen" wirkten in dem gemeinsamen Kampf (183).

[181] Er spricht in einem Abschnitt der Tugendlehre seiner Metaphysik der Sitten „Von der wollüstigen Selbstschändung" (*Kant*, Metaphysik, 556).

[182] *Krafft-Ebing*, Psychopathia, 227, hier angeführt nach *Bartholomäus*, Masturbation, 144.

Erst in unserem Jahrhundert *ändert sich die Situation.* 1912 treffen sich in Wien Fachleute, unter ihnen auch *Sigmund Freud,* die in ihrer Aussage einen Wendepunkt in der Beurteilung der Masturbation markieren. Für sie ist die *Masturbation* – damals noch allgemein als ein Fehlverhalten beurteilt – *eher als ein Symptom für eine zugrundeliegende seelische Störung,* so etwa wie Fieber Symptom einer Krankheit sein kann, als selbst ein schwerer sittlicher Verstoß (malum moraliter grave).[183] Ein Symptom aber kann polyvalent in Erscheinung treten, kann Unterschiedliches anzeigen, sowohl moralisch Neutrales wie auch moralisch Bedenkliches.

Hier sei als letztes noch ein verständiges Urteil von Ruth Cohn angeführt, die davon ausgeht, daß Masturbation (man denke an Bergmann!) kaum vorurteilsfrei in den Blick komme: „Da wir alle von Masturbations-Tabus beeinflußt sind, können wir nicht einfach beurteilen, was die Masturbation uns Gutes oder Schlechtes angetan hat. Wir können nur herausfinden, was die mit Scham und Schuldgefühlen verschmolzene Masturbation für die Entwicklung der Persönlichkeit bedeutet hat.“[184] Das Thema bleibt eines, das mit Vorsicht zu behandeln ist.

4.6.4. Argumentation und Stellungnahme

a) Äußerungen des Lehramtes

Es braucht nicht eigens erwähnt zu werden, daß durch die Masturbation der zentrale Normsatz kirchlicher Sexualethik verletzt wird. *Persona humana* gebraucht als Argument einmal den zitierten Verweis auf die *Tradition,* außerdem den zu erwartenden Hinweis auf die Tatsache, daß hier *die Geschlechtskraft außerhalb der normalen ehelichen Beziehung* frei gewollt gebraucht wurde; von daher fehle diesem Tun die von der sittlichen Ordnung geforderte geschlechtliche Beziehung, nämlich die, „den vollen Sinn gegenseitiger Hingabe als auch den einer wirklichen humanen Zeugung in wirklicher Liebe realisiert.“ [185] Philipp Keane meint, daß Persona humana im Vergleich zur bisherigen Lehrtradition der Kirche insofern einen Fortschritt darstellt, als es in viel höherem Maße von der *Wahrscheinlichkeit ausgeht, daß im Einzelfall nicht eine schwere Sünde geschehe.*[186] In der Tat ist selten in einem Vatikanischen Dokument so viel Psychologie mitverarbeitet worden wie in Persona humana, hier allerdings ganz eindeutig nicht, um Normenbegründung (modifizierend) vorzunehmen – das Dokument spricht von einem „schweren Verstoß gegen die sittliche Ordnung“[187] –, sondern um pastorale Übergangshilfen anzubieten.

---

[183] *Guindon*, Language, 260 und *Bartholomäus*, 145.
[184] Nach *Bartholomäus*, Masturbation, Anm. 4, 142.
[185] PH 9 zitiert hier die Pastoralkonstitution GS 51, wo allerdings von Masturbation nicht die Rede ist, nur von der positiven Sinnorientierung des ehelichen Aktes.
[186] *Keane*, Sexual Morality, 63.
[187] PH 9; entsprechend DH 4584.

Begründet wird im Rückgriff auf die *Tradition*, wobei in den Fußnoten Denzinger/Schönmetzer 687 und 688 zitiert wird.[188] Die Herausgeber von DH bemerken dazu, daß es sich hier um ein Dokument handelt, das in der kirchlichen Lehrverkündigung dieser Zeit absoluten Seltenheitswert hat. Nichtzulassung zu den Weihen ist jedoch, das ist hier zu berücksichtigen, nicht ein ethisch allgemeingültiges Verdikt, wiewohl sichtbar wird, daß die Kirche damals ein solches Verhalten abwertete, vor allem als absolut widernatürlich. Werden aber in der Gesamtdarstellung eine Reihe von wichtigen Unterscheidungen angebracht, ist es tunlich, zumindest hier noch nicht davon zu sprechen, daß diese Sünde ein toto genere suo graviter malum sei.

Ein weiterer Beleg aus der Tradition ist die Berufung auf das *Dekret des Heiligen Offiziums vom 2. März 1679*, in dem die „propositiones" der laxistischen Lehre verurteilt werden. Der inkriminierte Satz lautet wörtlich übersetzt: „Die Selbstbefriedigung ist nicht aufgrund des Naturrechts verboten; darum wäre sie, wenn Gott sie nicht verboten hätte, gut und hier sogar streng verpflichtend."[189] (DH 2149) Die propositiones sind nicht als häretische Sentenzen verurteilt; der Verurteilung kommt daher kein streng dogmatischer Charakter zu. Sie sind das Ergebnis einer Anzeige, die jansenistisch eingestellten Löwener Theologen bei dem gleichfalls zu Strenge neigenden *Innozenz XI.* eingereicht hatten. Und doch wurde von ihren Sätzen nur ein kleiner Teil verurteilt. Hier geht es darum, festzuhalten, daß die mollities aus inneren Gründen und nicht nur aus einem positiven Dekret Gottes heraus verboten ist. Schon vorher hatte *Alexander VII.* folgenden Satz verdammt: „Selbstbefriedigung (mollities), Sodomie und Bestialität sind Sünden der gleichen niedrigen Art; von daher genügt es, in der Beichte zu sagen, daß man sich eine Pollution verschafft habe" (DH 2044)[190]. Das Dokument wendet sich dagegen, in der Beichte alle drei Formen des Vergehens als Selbstbefriedigung bzw. Erwirkung einer Pollution zu nennen und sie so gleichzuordnen. Daraus ergibt sich, daß eine Gleichordnung hier aufgehoben ist. Offensichtlich wird die mollities nicht so schlimm angesehen, wie die anderen Formen des sexuellen Vergehens, die hier genannt sind, die Sodomie und die Unzucht mit Tieren.

---

[188] Vgl. oben unter 4.6.3.

[189] DH übersetzt mollities mit Knabenliebe; mir ist der Grund nicht ersichtlich; die klassische neuscholastische Moraltheologie hat unter mollities immer die Selbstbefriedigung, zumeist in der Terminologie der Pollutio behandelt, verstanden; das entspricht auch genau dem Sprachgebrauch bei *Thomas von Aquin* (s.th. II/II, q154, a11); das Dictionarium von Palazzini hat bei mollities nur einen Verweis auf pollutio; *Vermeersch* läßt erkennen, daß man dies Verhalten mollities nennt wegen der debilitas animae, aus der es hervorgeht (Bd. IV, 86). Langenscheidt nennt die Bedeutungen: „Geschmeidigkeit; Zartheit; ... Schwäche, Weichlichkeit, Üppigkeit."

[190] Das Fundament zu dieser Aussage hatte *Thomas von Aquin* durch seine Systematik gelegt, und zwar durch die in der Summa theologica getroffene Einstufung der mollities *in die peccata contra naturam* (Sünden gegen die Natur) zuordnete und von daher die Gleichsetzung der unterschiedlichen Sachverhalte in der Lehre der Theologen mitverursachte.

Es ist die *Frage, ob insgesamt auch die Unkenntnis über biologische Vorgänge das Urteil in der Vergangenheit mitbeeinflußt* hat.[191] Bis weit in die Neuzeit hinein sah man im männlichen Samen den eigentlichen Lebenskeim des künftigen Menschen. Die Rolle der Frau bei der Entstehung des neuen Lebens verglich man mit der eines Ackers, in den der Same eingesät wird. Insofern lag es nahe, hier nicht nur ein Vergehen gegen die Keuschheit festzustellen, sondern zugleich auch eines gegen das Leben selbst, einer Abtreibung in Frühstadien vergleichbar.[192]

Auch in neuerer Zeit finden sich Stellungnahmen des Lehramtes in Antworten des Heiligen Offiziums, aber auch in Ansprachen etwa *Pius' XII*. Eine Anfrage an das Sanctum Officium lautete, ob es erlaubt sei, eine Masturbation vorzunehmen, um für medizinische Untersuchungen Sperma zu gewinnen. Das Dectretum *Sancti officii* vom 24.7.1929 (DH 3684) lautete negativ. In seiner Ansprache an die Teilnehmer des zweiten Weltkongresses zum Studium der Fruchtbarkeit und Sterilität am 19. Mai 1956 bringt *Pius XII*. eine nähere Begründung dieser Antwort. Er beginnt den entsprechenden Abschnitt mit dem Wechsel der Sprache: „Es stellt sich nun noch eine andere Frage, zu deren Behandlung die lateinische Sprache angemessener ist" (UG 4728). Er nennt dann zwei Gründe für seine Ablehnung: „Wenn derartige Akte zur Befriedigung der Libido gesetzt werden, lehnt sie schon das natürliche Empfinden des Menschen unwillkürlich ab, erst recht aber immer das reife und richtige Urteil des Verstandes" (UG 4729). Pius XII. bezieht das letztere bewußt auf jedwede Form masturbatorischer Samengewinnung, wie immer auch die Gründe sein mögen, die den Menschen dahin führen. Dahinter steht die *Vorstellung, daß jede masturbatorische Handlung ein malum morale in se*, eine in sich selber und deswegen sittlich ausnahmslos zu verurteilende Handlung sei. Der Grund lautet:

„Die Beschaffung des menschlichen Samens durch Masturbation ist unmittelbar auf nichts anderes ausgerichtet, als auf die volle Betätigung der natürlichen Zeugungsfähigkeit des Menschen. Diese volle Betätigung stellt, außerhalb des ehelichen Aktes vorgenommen, einen direkten und unzulässigen Gebrauch dieser Fähigkeit dar. In diesem so gestalteten unberechtigten Gebrauch der Naturfähigkeit ist eigentlich die innere Verletzung der Sittenordnung gelegen. Denn der Mensch *hat keineswegs das Recht zum Gebrauch der Geschlechtskraft* schon allein deshalb, weil er sie von der Natur empfangen hat. Der Mensch nämlich wird im Gegensatz (im Gegesatz zu den übrigen vernunftlosen Lebewesen) das Recht und die Vollmacht, diese Fähigkeit zu gebrauchen und auszuüben, nur in der gültig geschlossenen Ehe gegeben,

[191] Längst nicht alle Fachleute führen diese Überlegungen als mögliche Begründung von der Tradition abweichender Stellungnahmen an.

[192] Dazu *Furger*, Lebensbereiche, 100: „Die äußerst strenge Beurteilung der männlichen Selbstbefriedigung in der früheren Moraltheologie gründet ferner weithin in einem biologischen Irrtum." Furger skizziert dann kurz die im Text angedeuteten Vorstellungen von der Biologie der Zeugung, die Anlaß sittlicher Irrtümer waren. Eine Auswirkung dieser Vorstellung findet sich überall dort, wo die Vergeudung des Samens (frustratio seminis) als wichtiges Argument angeführt und so zum Beispiel auch Masturbation bei Männern und Frauen verschieden beurteilt wird. Vgl. *Pallazzini*, Pollutio, 698, wo die (zu vermeidende) Vergeudung des Samens ein wichtiges Element der Argumentation ist.

und im ehelichen Recht ist enthalten, was durch die Eheschließung gegeben und empfangen wird" (UG 4730)[193].

b) Moraltheologische Analyse

1) Die *Berufung* von Persona humana auf eine lange und umfassende *Tradition* kann sich nicht auf eine sehr reiche Dokumentation der frühen Geschichte dieser Lehre berufen. Die genaueren Untersuchungen erweisen, daß das Problem erst eigentlich im Heraufkommen der Neuzeit wirklich gegeben ist; außerdem zeigt sich, daß es am Anfang gar nicht mit der gleichen Strenge verurteilt worden ist, wie andere Vergehen gegenüber Gottes Gebot in diesem Bereich. Die generelle Einstufung als schwere Sünde und als malum in se (böse in sich) sowie als immer „contra naturam" (gegen die Natur) findet in der Tradition Stützen, die mit anthropologischen und biologischen Irrtümern verbunden sind. Zu diesen Irrtümern zählt neben einer unrichtigen Zeugungsbiologie vor allem die Gleichordnung menschlicher und tierischer Sexualität, die sich auch im Denken des Thomas von Aquin findet, der in dieser Frage Kind seiner Zeit ist. Nach ihm zählt die Sexualität und die Erziehung der Kinder zu jenen Wirklichkeitsbereichen, die der Mensch mit den Tieren als Naturwesen gemeinsam hat.[194] Schon die Väter hatten hinsichtlich der Ordnung sexuellen Verhaltens Maß genommen am Verhalten der Tiere, in denen das, was die Natur hier lehrt, am unmittelbarsten zu greifen ist.[195] Daß menschliche Sexualität nur in einer humanen Dimension, die Kultivierung und Eigengestaltung fordert, vom Menschen recht gelebt werden kann, war ein noch ganz unbekannter Gedanke. So ist auch die Einordnung der „mollities" unter die Sünden gegen die Natur von Thomas am sogenannten natürlichen Akt der Fortpflanzung abgelesen. Keine Rede kann davon sein, daß hier Schuldzuweisungen stattfinden. Aus dem Denkhorizont des von ihm integrierten Aristotelismus und der Vätertheologie konnte Thomas die normative Sexualethik überhaupt noch nicht als eine solche spezifisch humaner Sexualität entwickeln. Es ist aber aufgrund der auch von der Kirche voll integrierten neueren personalistisch durchformten Anthropologie *dieser* Begründungszusammenhang zu überschreiten.[196]

[193] Hervorhebung v. Vf.

[194] In der s.th. I/II, q94, a2 schreibt er im Zusammenhang mit der Übernahme des stoischen Naturgesetzbegriffs: „... inest homini inclinatio ad aliqua magis specialia, secundum naturam in qua communicat cum ceteris animalibus. Et secundum hoc, dicuntur ea esse de lege naturali *quae natura omnia animalia docuit* (hier übernimmt Thomas die Ulpiansche Definition), ut est coniunctio maris et feminae, et educatio liberorum et similia."

[195] Zu dieser Feststellung trägt *Klomps* wichtige Beobachtungen bei: Ehemoral, 20: „Und was in der Tierwelt ‚ipso naturae iure' geübt werde, daß nämlich die Tiere nach der Befruchtung voneinander lassen, das muß von den Menschen frei bejaht nachgeahmt werden ..." (Klomps zitiert hierzu Hieronymus PL 26,566 B); und was Thomas anbetrifft, schreibt er: „Um die wesentlichen Normen für das menschliche Geschlechtsverhalten zu begründen, geht Thomas ‚auf den naturrechtlichen Wegen des Aristoteles' ‚immer wieder den Weg ins Tierreich, um von der Tierbeobachtung her einen Beweis oder Hinweis für die rechte Ordnung des menschlichen Sexuallebens zu finden'" (41, Klomps hat hier *Fuchs* zitiert, der 1949 in Köln „Die Sexualethik des Thomas von Aquin" veröffentlicht hat.).

[196] Dem entspricht auch eine bereits von *Klomps* aufgewiesene Tendenz neuer Bemühungen um diesen Wirklicheitsbereich (ebd., 205).

2) *Eine Konsequenz aus der Auffassung von der ausnahmslosen sittlichen Verwerflichkeit der Masturbation* zieht *Pallazzini*, der schreibt: „... daß selbst, um das Leben zu retten und die Gesundheit wieder herzustellen, es niemals erlaubt sein könne, eine Selbstbefriedigung vorzunehmen.“[197] Das ist allerdings eine selbstverständliche Konsequenz aus der Feststellung des malum morale in se: Die Sittenordnung steht schlechterdings über jedem vergleichbaren Wert. Aber die *Frage nach einer möglichen anderen Sinnkonstellation würde die nach der ethischen Erlaubtheit neu zu stellen erlauben,* was natürlich in der beschriebenen Konzeption nicht möglich ist. Es bleibt die Frage, ob die Argumente so weit tragen, wie das Pallazzini voraussetzt.

3) Es stellt sich in diesem Zusammenhang auch das *Problem der Sanktion.* Wenn man auf die heutige Situation sieht, die durch die genannte große Divergenz von Verhalten und Forderung bestimmt ist, würde man davon ausgehen müssen, wenn denn die Qualifikation „schwere Sünde“ *und* „immer, weil in sich, böse“ stimmt, daß der Großteil unserer Jugendlichen und viele andere beständig auf den Weg zur endgültigen Verdammung unterwegs sind. Wenn die Forderung, die hier erhoben wird – und sie war ja als solche bei vielen, die von Kinsey befragt wurden, noch anerkannt – auf eine so klaffende Divergenz des Verhaltens stößt, *stellt sich mit Notwendigkeit die Frage nach den wirklichen Freiheitsmöglichkeiten und damit den Möglichkeiten personaler Integration* allen sexuellen Reagierens; würde etwas, was im Grunde genommen den meisten *nicht möglich zu sein scheint*, unter schwerer Verpflichtung verlangt, müßte es im Bereich des Glaubens fast notwendig auch zu einer Verschiebung des *Gottesbildes* kommen. Dann könnte, im Grunde genommen, Gott fast nur noch als der Fordernde, ja Überfordernde, Strenge angesehen werden, zu dem sich kaum ein gelöstes, positives Verhältnis des Vertrauens entwickeln kann. Norm wird dann zu einem Gesetz, das gnadenlos auftrifft und den Menschen in die Verzweiflung bringen kann – unter der Voraussetzung, er glaube der Norm und der Schwere der Verpflichtung und habe nicht die Möglichkeit, dem ganz zu entsprechen. *Tilman Moser* hat solche Verzweiflung darüber ins Wort gebracht: „Du ... bist eine Normenkrankheit, eine Krankheit der unerfüllbaren Normen.“[198]

Damit hängt auch die andere Frage zusammen, die zur Bestimmung einer objektiv schwerwiegenden Schuld zu stellen ist, *ob es wahrscheinlich ist, daß sich an einem solchen Akt tatsächlich menschliche Grundentscheidungen vollziehen.*[199] Diese Wahrscheinlichkeit besteht kaum. Das wäre aber das Kriterium dafür, daß man überhaupt ein Recht dazu hätte, etwas als schwere Sünde zu brandmarken, als deren Folge der drohende endgültige Heilsverlust anzusehen ist.[200]

---

[197] *Pallazzini,* Pollutio, 698.

[198] *Moser,* Gottesvergiftung, 14.

[199] Ich verstehe diesen Begriff hier in einem bestimmten Sinn, der expliziert ist in: *Fraling,* Existentialethik, bes. 73f. Zur heutigen Diskussion im Zusammenhang mit Veritatis splendor vgl. *Fraling*, Freiheit, 133f.

[200] Zur Frage der gravitas materiae hat es eine ganze Reihe von Meinungsäußerungen gegeben; *Guindon*, Language, zählt einige auf (261); vgl. *Keane*, Sexual Morality, 65.

4) Man kann in der Beurteilung der Masturbation auf der Basis der Vernunft *auch andere Ansatzpunkte wählen*; sie müßten sich eines *anderen Naturbegriffs* bedienen, der der modernen Entwicklung der Anthropologie Rechnung tragen würde. Wir konnten bereits feststellen, daß in der Frage der Sexualität die Unbeliebigkeit naturaler Vorgabe je neu der kulturellen Überformung bedarf. Aus diesem Grund kann man die streng ethische Forderung nicht allein aus dem biologisch-naturalen Vorgaben des geschlechtlichen Aktes, so wie er im Tierreich der Fortpflanzung dient, als solchem selbst ableiten. Vielmehr bekommt dieser seine ethische Dignität erst von seinem Zusammenhang mit dem persönlich und frei verantworteten Selbstvollzug des Menschen her. Masturbatorisches Verhalten muß jeweils von diesem ganzheitlichen Zusammenhang her beurteilt werden.

5) Zu einem angemessenen Verständnis der Vorgänge ist danach *zu fragen, in welcher Beziehung der personale Selbstvollzug zu solchem Verhalten steht*; eine weitere Differenzierung ist angebracht; es ist dem Gedanken nachzugehen, ob nicht jene früh in unserem Jahrhundert geäußerte Vermutung der Psychoanalytiker, *Masturbation sei ein Symptom, einiges an Plausibilität zuzusprechen* ist.[201] Von daher läßt sich dann auch eine differenziertere ethische Beurteilung erreichen. Denn es ist klar: Sittliche Beurteilung kann nicht gelingen, ohne daß man das Verhalten selbst in einen Zusammenhang bringt mit der persönlichen Freiheitsgeschichte des einzelnen Menschen. Das war der Ausgangspunkt unserer anthropologischen Grundüberlegung. Deswegen hat man ja im Deutschen von Selbstbefriedigung oder Ipsation gesprochen, um diesen Bezug anzudeuten. In der anthropologischen Grundlegung sittlicher Verantwortung ist der Mensch sich selbst als solcher aufgegeben, als eine psychophysische Ganzheit; sein Leib ist Ausdruck und Sprache der Seele, wobei dieser Ausdruck in einem bestimmten Sinn notwendig gegeben werden muß. Seele ist nicht ohne Leib, Leib nicht ohne Seele. Von daher ist es nun in der Tat wichtig, *genauer zu sehen, was denn Ipsation im einzelnen und im Lebensganzen eines Menschen zum Ausdruck bringt*. Hier pflegt man in der Literatur im allgemeinen folgende Formen zu unterscheiden (ich nenne nur die wichtigsten):

- Die *Entwicklungsipsation* kennzeichnet eine ganz bestimmte Phase der Selbstfindung. Das Aufbrechen der Sexualität stellt sich als Aufgabe, die eine Einordnung in das Ganze des Lebensweges verlangt. Auch hier kann sich zeigen, wie weit einer in der Lage ist, nicht einem dauernden Konsum-Kurzschluß zu verfallen. Der würde hier als Gefahr anstehen. Diese liegt im Trend unserer Zeit und macht es jüngeren Menschen schwerer, mit der Dynamik fertig zu werden, die vorgegeben ist. Wir sind geneigt, zu denken, daß jeder Wunsch auch seine Erfüllung haben muß. Entsprechende Triebtheorien tun das ihre: Wenn man Durst hat, muß man trinken.

---

[201] *Guindon*, Language, 268-284; *Häring*, Frei in Christus, 532; *Bartholomäus*, Masturbation, 145f.; *Keane*, Sexual Morality, 63; *Kosnik* u.a., Masturbation, 356-358.

Daß aber in bestimmten Bereichen des Menschlichen erst das Aushalten von Spannungen wirklich tiefere Erfahrungen garantiert, wird dabei übersehen. Hierzu schreibt *Eugen Drewermann*:

„Die Onanie paßte also vollständig in ein Bild von Welt und Gesellschaft, in der alles Wünschenswerte ohne Anstrengung wie im Schlaraffenland zu haben sein müßte. Unschwer manifestiert sich in dieser Haltung, in diesem Selbstentwurf, eine infantile Note, die sich weigert, erwachsen zu werden, statt der eigenen Anstrengungen und Leistungen draußen durch geringfügige Manipulation an sich selbst sich in die Zeit der Kinderwelt zurückzuversetzen, in der die Mutter auf jede Wunschäußerung zur Erfüllung bereitstand."[202]

Aber gerade hier *hilft es nicht, nur durch strikteste Verbote arbeiten zu wollen* – Drewermann weist in seinem Artikel auf die Gefahr einer Entwicklung zur *Zwangsonanie* hin, die sich gerade aufgrund übertriebener Angstvorstellungen einstellt –, sondern *es kommt darauf an, von der Sinnbestimmung der Sexualität im ganzen her auch das einzelne Verhalten zu regeln*. Diese Sinnbestimmung der Sexualität ist die, daß der Mensch im leibhaftigen Ausdruck sich selbst in Beziehung auf andere realisiert, daß er den Kreis des eigenen Ich überschreitet; man *kann nicht leugnen, daß dieser Grundausrichtung der Sexualität die Selbstbefriedigung als Ausdrucksgeschehen nicht entspricht*. Je intensiver darum dieser Wert, die Chance des Liebenkönnens positiv erfahren wird in der Sexualität, um so mehr wird die Forderung verständlich. Sie darf aber nicht als ein Tabu, ein striktes angsteinflößendes Verbot, vermittelt werden. Es dürfte darum vor allem *wichtig sein, hier das Selbstwertgefühl und die Freude am Leben zu fördern*, die die erhöhte Möglichkeit einer vollen Integration der Sexualität bietet. Schwierigkeiten sind hier in hohem Maß gegeben, vor allem dann, wenn menschliche und geschlechtliche Reife weit auseinanderklaffen; außerdem gibt es die schon erwähnte sexuelle Reizüberflutung und den Umstand, daß niemand sich selbst entfliehen kann. *Entwicklungsonanie macht gravierende Schuld unwahrscheinlich*; aber *es kann so etwas wie eine Vorverantwortung für vorläufige Schritte* auf einen Weg zu ausgereifter Sexualität geben.

Viele sind der Ansicht, daß masturbatorische Praxis in dieser Altersphase *nicht nur normal, sondern auch zu fordern* sei als notwendiger Entwicklungs- und Lernprozeß.[203] Von einer wie oben entwickelten Anthropologie der Sexualität her läßt sich das kaum bestätigen; eigentlich masturbierende Handlungen in diesem Bereich können nicht beanspruchen, notwendig oder in jedem Fall besser zu sein als Handlungsalternativen. Vermeidung der Masturbation hängt aber davon ab, wie weit jemand

---

[202] *Drewermann*, Formen sexuellen Fehlverhaltens, 191; abgedruckt in ders., Psychoanalyse und Moraltheologie 2, 162-225, 182.

[203] Vgl. *Bartholomäus*, Masturbation, 148f.; vgl. Lust auf Liebe, 60-62, sowie *Kosnik* u.a., Masturbation, bes. 355f. Strikt dagegen sprechen sich aus: *Lawler/Boyle/May*, im selben Reader 361-371, wo sie das Verbot der Masturbation sogar mit der Offenbarung selbst in Verbindung bringen.

wirklich in die Lage versetzt wird, positives Selbstwertbewußtsein zu entwickeln. Bestimmte Gefahren sollten nicht verschwiegen werden, auf die auch Drewermann hinweist: Es können Fixierungen entstehen, es gibt so etwas wie eine Realitätsflucht in falsche Entlastungen, es droht Sinnverlust, unter Umständen eine Art Lethargie, die den Menschen zu sehr dazu veranlaßt, sich nur gehen zu lassen. Wird also dieses Verhalten primär als Symptom angesehen, könnte man Keanes Position akzeptieren, der von einem „ontic but not necessarily moral evil" spricht, einem Mangel, der nicht notwendig ethische Qualität besitzen muß.[204] Er besteht in einer nicht voll geglückten Integration dieses Tuns in den personal verantworteten Lebensvollzug.

– *Ipsation als Notsignal*: Diese Form gibt es in Extremsituationen (man hat von ihr gesprochen im Blick auf Gefängnisse, Anstalten u.ä.). Sie tritt häufig *auch auf in bestimmten Formen von Überbelastung* gerade bei einer Vernachlässigung eines natürlichen seelischen Haushaltes der Emotionalität. Auch hierzu hat *Eugen Drewermann* sich geäußert:

> „Die *Onanie erscheint hier* nicht als Folge von Bequemlichkeitshaltungen und hedonistischen Lebensmaximen, sondern umgekehrt *als das Produkt eines überhöhten Leistungswillens* und einer rundum lustfeindlichen und ichvergessenen Haltung. Menschen, die sich zum Prinzip gemacht haben, nur für andere da zu sein, jeden Gedanken an das eigene Glück zu unterdrücken und nicht zu rasten und zu ruhen, als bis die Physis eine Pause in dem Schaffen für andere erzwingt, Menschen, die bereits von Schuldgefühlen heimgesucht werden, wenn sie mal einen Nachmittag lang spazieren gehen oder dem Theater einen Besuch abstatten, müssen erleben, daß unter Umständen die vergewaltigte Natur ihre Rechte gewaltsam von ihnen zurückfordert. Nachdem sie jede Möglichkeit geistiger Lustempfindung unterdrückt haben, bleibt ihrer Physis gewissermaßen nur noch die Körpersprache als Ausdrucksmittel übrig, und sie bedingt, sich dabei naturgemäß der Sexualität, weil sie hier auf Zonen zurückgreifen kann, die zu Zentren körperlicher Lust prädisponiert sind: Das Zwanghafte der onanistischen Haltung ergibt sich hier nicht aus einer übergroßen Triebhaftigkeit oder konstititionellen moralischen Schwäche, sondern aus dem Widerspruch zu dem gesamten übrigen rigoros lustfeindlichen Lebensaufbau; dieser selbst, nicht die Onanie ist hier das Problem. *Das Sündhafte der Zwangsonanie liegt in dem beschriebenen Fall nicht in der einzelnen onanistischen Handlung, sondern in einer fehlerhaften Einstellung zu sich selbst*, in einem Idealismus, der auf geheime Weise wie Gott sein will: Nur Gott ist stets und immer nur für andere da, nur Gott wirkt semper et ubique, nur Gott als reiner Geist kann auf jegliche sinnliche Freude ‚verzichten'; den Menschen aber hat er die Welt geschaffen, um auch sich daran zu erfreuen."[205]

Gerade hier zeigt sich, daß es zur richtigen Bewertung notwendig ist, Ipsation, Selbstbefriedigung, immer zunächst als Symptom zu sehen, das einer weiteren Interpretation bedarf, um ethisch beurteilt zu werden. Es ist berechtigt, sie als ein Signal zu sehen, das in irgendeiner Form *auf etwas aufmerksam macht, was (noch) nicht ganz in Ordnung ist*. Es gibt auch

[204] *Keane*, Sexual Morality, 70.

[205] Drewermann, Formen sexuellen Fehlverhaltens, 193, bzw. 183, Hervorhebung v. Vf.

andere seelische Ursachen, z.B. Phasen verstärkter Mißerfolge, die zu Depressivität führen und dadurch verunmöglichen, daß der Mensch zur Erfahrung wirklicher Freude und Erfüllung des Daseins kommt und Auswege sucht, die ihm Befriedigung geben.

Als generelle Faustregel dürfte festgehalten werden,[206] daß man Masturbation primär als Symptom sehen sollte, von dem zunächst zu eruieren ist, was es anzeigt. Im Allgemeinen dürfte es sich empfehlen, in der Therapie nicht den Blick der persönlichen Bemühung auf diesen Bereich zu fixieren, sondern im Sinn einer Ursachenbekämpfung indirekt vorzugehen, vor allem in Richtung auf eine positive Entwicklung des Selbstwertgefühls. Auch Bartholomäus, der grundsätzlich die hier gegebenen zusätzlichen Erfahrungsmöglichkeiten der Sexualität bejaht, macht darauf aufmerksam, daß eine Ambivalenz bestehen bleibt, die Anlaß ist, nicht allzu bequemen Maximen zu folgen. [207]

4.7. Homosexualität

4.7.1. Terminologie

Der Vorschlag, von der Beobachtung der *Homotropie* auszugehen,[208] die darin besteht, daß die sexuelle Ausrichtung im ganzen Empfinden des Menschen auf einen Partner des gleichen Geschlechtes gerichtet ist, ohne daß bereits etwas über die Form der Ausübung gesagt wird, hat sich in der neueren Literatur nicht durchgesetzt, ist aber an sich die genaueste Bezeichnung der gemeinten Wirklichkeit. Im Hinblick auf die unterschiedlichen Ebenen der Aktuierung dieser Veranlagung sprach man von *Homophilie*, einer Freundschaft unter Gleichgeschlechtlichen, die von sexueller Aktivität absieht. Eine zweite Ebene war die der *Homoerotik*, die den Bereich der Zärtlichkeit füreinander einbezieht, und schließlich beschränkte man den Ausdruck *Homosexualität* auf die Begegnung von Homosexuellen unter voller Einbeziehung genitaler Befriedigung.

Hinsichtlich der Intensität der homosexuellen Ausrichtung bzw. Homotropie unterscheidet man Formen, in denen eine *Koexistenz von heterosexuellem und homosexuellem Empfinden möglich* ist von denen, in denen aufgrund der homosexuellen Ausrichtung keine Möglichkeit besteht, heterosexuell zu empfinden.

Man unterscheidet nach dem Stellenwert der Homosexualität im Leben des einzelnen unterschiedliche Formen: es gibt eine *Entwicklungshomose-*

---

[206] Vgl. *Griesl*, Pastoralpsychologische Studien, bes. 50-71.
[207] Vgl. *Bartholomäus*, Masturbation, 148f.
[208] Hier ist an die Veröffentlichungen von *van de Spijker* zu erinnern.

xualität, die sich auf gleichgeschlechtliche Handlungen bezieht, die in einer bestimmten Periode der Entwicklungsjahre vollzogen werden und auch dieser Altersstufe in spezifischer Weise zugeordnet sind.

Daneben wird auf *pseudohomosexuelles Verhalten* hingewiesen, das darin besteht, daß sich der eine dem anderen nur passiv zu gleichgeschlechtlichen Handlungen hingibt ohne eigenes spezifisches Empfinden (hier liegt auch die Gefahr einer u.U. möglichen gleichgeschlechtlichen Prostitution).

Die *Hemmungshomosexualität* findet sich bei seelisch abnormen psychopathischen oder neurotischen Menschen, die sich vor dem fremden Geschlecht gehemmt und unreif fühlen und in ihrer psychosexuellen Einstellung bei der Beziehung zu dem vertrauten eigenen Geschlecht stehenbleiben.

Eine andere Form der Hemmungssexualität – besser *Nothomosexualität* – liegt dort vor, wo die äußeren Umstände keine Heterosexualität erlauben und es aufgrund dieser Situation zu gemeinsamen geschlechtlichen Handlungen unter Männern oder Frauen kommt.

Schließlich bezeichnet man dann die Homosexualität im strengen engeren Sinn als *Neigungshomosexualität* (Homotropie) bei körperlich und seelisch normal empfindenden erwachsenen Männern oder Frauen, die eine andauernde und ausschließliche Neigung zu gleichgeschlechtlichen erwachsenen Partnern empfinden.

Uneinig ist man sich heute *nicht mehr* darüber, ob man den Zustand der Homosexualität als eine *Krankheit* bezeichnen solle, von der man dann sagen müßte, sie sei nicht therapierbar. „Der 15. Dezember 1973 war ein denkwürdiger Tag für die Gesellschaft amerikanischer Psychiater. An diesem Tag beschloß ihr Vorstand, Homosexualität aus dem offiziellen Verzeichnis psychiatrischer Krankheiten zu streichen", schreibt Wunibald Müller. Er stellt aber auch fest, daß andere Psychologen bis heute von einer Krankheit der Homosexualität sprechen, von einer Störung oder wie man das immer näher bezeichnen will, jedenfalls eine Bezeichnung für defiziente menschliche Selbsterfahrung gebrauchen.[209] Hartmut von Hentig hat gesagt: „*Der Heilungswille des Homosexuellen ist seine Krankheit, nicht seine Homosexualität.*"[210]

4.7.2. Zur Situation

Guindon, der durch Wunibald Müller bestätigt wird, schreibt, daß etwa *4% der männlichen Bevölkerung irreversibel homosexuell* seien.[211] Hier und da wird nach Peschke auch eine Zahl von 5 % angegeben.[212]

---

[209] *Müller*, Homosexuelle Menschen, 11. Dem entspricht *Rauchfleisch*: „Bei aller Unsicherheit bezüglich der Interpretation der somatischen Befunde läßt sich jedoch die Frage, ob aus medizinischer Sicht die Homosexualität etwas mit Krankheit zu tun habe, heute eindeutig dahingehend beantworten, daß die homosexuelle Orientierung nicht Ausdruck einer – wie auch immer gearteten – Pathologie ist, sondern als Normvariante betrachtet werden muß." (*Rauchfleisch* (Hg.), Homosexuelle Männer, 11).

[210] Nach *Looser*, Homosexualität, 91.

[211] *Guindon*, Language, 300.

[212] *Peschke*, Homosexualität, 341.

Vorübergehende Homosexualität ist häufiger: 8 % der Männer sind für eine Periode von mindestens 3 Jahren in ihrem Leben ausschließlich homosexuell gewesen.[213] Dann gibt es eine breitere Gruppe von *Bisexuellen*, die sowohl homosexuell wie heterosexuell reagieren können. Hier wird eine Zahl von 37 % angegeben; schließlich meint Guindon, daß nur die Hälfte aller Männer durch ihr ganzes Leben völlig ohne homosexuelle Regungen seien.

Die *weibliche Homosexualität* ist nicht so präzise erforscht; die Zahlen, die für irreversible Formen der Homosexualität angegeben werden sind geringer, sie liegen bei 2-3 % aller Frauen.

Zur Situationsanalyse gehört auch, was Martin Dannecker und Reimut Reiche in einer soziologischen Untersuchung über männliche Homosexuelle in der Bundesrepublik erarbeitet haben.[214] Sie schreiben: „Die Periode der homosexuellen Entwicklung, die wir mit einem aus dem Amerikanischen kommenden Begriff als *coming out* bezeichnen, ist durch *folgende Entwicklungsstufen* charakterisiert: erstes Auftauchen der homosexuellen Triebrichtung im Bewußtsein, Zurückdrängung der ersten vagen Idee, homosexuell zu sein und schließlich – als entscheidende Stelle in der Ausweitung der Homosexualität – die Selbstwahrnehmung als Homosexueller.“[215]

Es geht mir bei der Situationsbeschreibung vor allem um die letzte Phase, um die *Selbstwahrnehmung des Homosexuellen*. Wunibald Müller zitiert einen homosexuellen Studenten: „Ich hatte nie das Gefühl, dazuzugehören. Ich weiß nicht genau warum. Ich empfand einfach anders. Ich dachte zunächst es habe damit zu tun, daß ich sensibler bin.“[216] Ähnlich zitiert er eine lesbische Frau: „Ich fühlte mich von Mädchen angezogen nicht von Jungen, wie es angeblich normal gewesen wäre. Ich konnte meine Gefühle nicht benennen. So war für mich klar, daß ich ein Sonderling war. Diese Gefühle nahmen mit den Jahren zu, und bei der einen oder anderen Gelegenheit versuchte ich vorsichtig, näheren Kontakt mit anderen Mädchen aufzunehmen – doch, so schien es, sie meinten, ich mache nur Spaß. Ich dachte, die einzige Person auf der Welt zu sein, die solche Gefühle habe.“[217]

Hier liegt eine Erfahrungssequenz vor, die sich oft auf Jahre erstreckt; es zeigt sich *fast in allen Zeugnissen*, auf die auch Dannecker hinweist, *daß es dem Homosexuellen schwer wird, seine Triebrichtung anzunehmen*, dazu zu stehen, daß er anders ist als andere. Ein quälender Kampf mit sich selbst in diesen Jahren ist die Regel; Kampf zwischen den internalisierten Normen von Kirche und Gesellschaft einerseits und den gegebenen Triebwünschen andererseits. Zunächst fühlen sich viele in der Aktuierung der Homosexualität *schuldig*. Das Zusammentreffen mit einer homosexuellen Gruppe, die

---

[213] Nach *Guindon*, Language, 300.
[214] *Dannecker/Reiche*, Der gewöhnliche Homosexuelle.
[215] Ebd., 30; eine differenziertere Beschreibung der Entwicklungsstadien der Selbsterfahrung der Homosexuellen *gibt Berzon*, Permanent partners, 44-55; hier wäre auch *Rauchfleisch*, Szene einschlägig, der Erfahrungsberichte zusammengestellt hat.
[216] *Müller*: Homosexuelle Menschen, 41.
[217] Ebd., 42.

aus fünfunddreißig jungen Männern bestand,[218] ergab bei einem Gespräch, daß nur zwei von den fünfunddreißig ihrer Umgebung gegenüber eingestanden hatten, daß sie Homosexuelle seien.

Die *Vorurteile in der Gesellschaft sind noch vehement* und zum großen Teil auch falsch. So lebt der Betroffene in einem Feld von Verhaltenserwartungen, die quer zu dem stehen, was er selbst empfindet und leisten kann. Zwar hat sich in der letzten Zeit das öffentliche Klima diesbezüglich geändert; aber es ist durchaus nicht so, daß bereits die gesamte Bevölkerung dieses Phänomen anders zu sehen gelernt hat. Die Kirche behält ihren überkommenen Standpunkt bei und schließt manifest und aktiv Homosexuelle vom Kommunionempfang aus, wie ein Karlsruher Bundesanwalt bestätigt, der offiziell vom Freiburger Ordinariat die Mitteilung bekam, er könne nicht zur Kommunion zugelassen werden, weil er „hartnäckig in einer offenkundigen schweren Sünde" verharre.[219] Wenn man einen Blick auf die Ätiologie und die Möglichkeit der Veränderung für den Homosexuellen werfen würde, müßte man nicht so verfahren, unbeschadet einer Normorientierung, von der man nicht abweichen möchte.

4.7.3. Ätiologie

Noch immer ist die Verursachung der Homosexualität *nicht eindeutig geklärt*. Man hat den Eindruck, daß verschiedene Ansätze bis zu einem gewissen Grad konvergieren, was das Ergebnis angeht, nicht aber, was die faktische Verursachung angeht. Einerseits scheint es, daß bereits im *Erbgut* gewissen *Prädispositionen* vermittelt werden können, die homosexuelle Neigungen fördern.[220] Auf der anderen Seite wird das Recht *psychoanalytischer Theorie* reklamiert, die von frühkindlichen Erfahrungen extremer Bindung an die Mutter spricht, und ähnliche Bedingungen benennt, die Homosexualität entstehen lassen können.

Für die ethische Beurteilung der Homosexualität sind die Einzelheiten der Entstehungsgeschichte nicht entscheidend. Im Ergebnis laufen die Theorien

---

[218] Ich kann mich hier auf eine eigene Erfahrung berufen; vgl dazu die Beschreibung bei *Van de Spijker*, Homotropie.

[219] In der Antwort an den Bundesanwalt hatte das Ordinariat den Kanon 915 CIC wörtlich zitiert, was dieser in seiner Studie dokumentiert: *Bruns*, Selbstbewußt schwul, 111.

[220] Die Zeitschrift Scientific American berichtet im Mai 1994 von zwei Forschungsansätzen: Der eine untersucht bestimmte, das Geschlecht bestimmende, Teile des Gehirns; der andere bemüht sich um die Lokalisation homosexueller Anlage auf Genen des X-Chromosoms. Eine bestimmte Zellgruppe in der „medial preoptic region of the anterior hypothalamus" ist bei Männern dreimal so groß wie bei Frauen. *LeVay* fand heraus, daß bei Homosexuellen die Größe der entsprechenden Zellgruppe der bei den Frauen weithin entsprach. Es könnte sein, daß von dieser Zellgruppe die sexuelle Orientierung abhängt. *Hamer* hat über Zusammenhänge in Verwandschaftsbeziehungen von Homosexuellen zu einer Hypothese der Übertragung auf einem X-Chromosom entwickelt und sucht diese durch Gen-Forschung weiter aufzuklären. (Beide genannten Autoren haben die Information in Scientific American May 1994, 19-25 gegeben; ihre Originalbeiträge sind im Literaturverzeichnis angeführt).

in der Aussage zusammen, daß eine homosexuelle Grundveranlagung im Sinne der Neigungshomosexualität eine irreversible Ausrichtung sexuellen Empfindens für den einzelnen bedeutet.[221]

Auf dem Hintergrund dessen, was wir *von der Sinnbestimmung der Sexualität* kennenlernen konnten, kann nach dem Selbstzeugnis der homosexuellen Partner nicht geleugnet werden, daß sie personale Partnerschaft erleben. Wohl muß festgestellt werden, daß ein gewichtiger Sinnwert der Sexualität, der in der Zeugung menschlichen Lebens besteht, hier von vornherein ausgeschlossen ist. Insofern sind Homosexuelle benachteiligt. Looser stellt fest, daß es zwar viele Homotrope gibt, die neurotisch seien, daß aber keineswegs die Homotropie selber als eine Neurose anzusprechen sei. Als *Therapieziel* kann darum *nicht die Befreiung von Homosexualität* angegangen werden, sondern eher das Stehen zu ihr, wenn denn überhaupt von Therapie der Homosexualität gesprochen werden soll, was ja deren Status als Krankheit festschreiben würde[222].

4.7.4. Vorurteile und ihre Auswirkungen

Looser überschreibt einen Absatz: „Eine Mauer von Vorurteilen“[223]

a) Ein erstes Vorurteil behauptet, der Homosexuelle sei *„kein richtiger Mann“*. In einer Untersuchung im Bereich der Bundeswehr wurde im O-Ton folgende Äußerung eines Studenten wiedergegeben: „‘ne Institution wie die Bundeswehr liegt viel, wahnsinnig viel Wert auf das Statussymbol Männlichkeit. Die Männlichkeit ist nur dann als Männlichkeit zu identifizieren, wenn es das Gegenstück der Weiblichkeit hat und dazu noch die Überlegenheit, also Überlegenheit über das weibliche Geschlecht, das gehört dazu, aber alles, was da nicht reinpaßt, das wäre Sentimentalität.“[224] Dem entspricht, was Peschke schreibt: „Oft wird angenommen, daß der typisch Homosexuelle ein feminin wirkender Mann bzw. eine maskulin wirkende Frau sei. Doch nur eine kleine Zahl von Homosexuellen besitzt die körperlichen Charakteristika des anderen Geschlechts, und nur einige zeigen gelegentlich dessen Verhalten oder tragen dessen Kleidung. Die große Mehrzahl weist keine äußeren physischen Charakteristika auf, die ihre sexuelle Vorliebe erkennen lassen.“[225]

Zum gleichen Sachverhalt schreibt Looser in einer Zusammenfassung: „So gilt der Mann, der Männer liebt, stereotyp und durchgehend als unmännlich. Konkret wird von ihm behauptet, er sei degeneriert, dekadent, unzuverlässig, unreif, nicht aufrichtig, weich, er koche gern, liebe Parfüm und rote Farben,

---

[221] Die Diagnose ist nicht immer leicht zu treffen; vgl. hierzu die von *Wannenwetsch*, Homosexualität angeführten Selbstzeugnisse (181), in denen von Umorientierungen ursprünglich als irreversibel homosexuell angesehener Männer berichtet wird.

[222] Vgl. das Hentig-Zitat oben, Anm. 206.

[223] *Looser*, Homosexualität, 135.

[224] *Lindner,* Homosexuelle 220.

[225] Homosexualität, 341.

sei schließlich in seinem Aussehen und Gebaren sehr weibisch und daher leicht erkennbar, ja er möchte überhaupt lieber eine Frau sein. Entsprechend soll die Lesbierin viril und gewalttätig sein, trinken und rauchen und im Grunde genommen ein mißratener Mann sein. Die charakterlichen Stereotype sind erstmals von Freud und seither oft widerlegt und als unhaltbar zurückgewiesen worden. Angebliche physische Besonderheiten und Vorlieben werden schon durch einen flüchtigen Blick Lügen gestraft, denn unter Homotropen findet sich ein so großes Spektrum von Menschentypen – auch durchaus robuste Männer und sehr zarte Frauen –, das eine solche Generalisierung einfach nicht möglich ist. Der Homotrope ist äußerlich nicht erkennbar."[226]

b) Michael Lindner macht noch auf ein anderes Vorurteil aufmerksam,[227] das anläßlich einer Diskussion des Bundestages zutage trat. Der damalige parlamentarische Staatssekretär des Bundesministers der Verteidigung, Dr. Penner (SPD) behauptete, daß die Vermutung, *Homosexuelle hätten keine Autorität*, sich auf eine gewisse Lebenserfahrung begründen könne.[228] Der Beitrag benennt diesem Vorurteil entsprechende objektive Benachteiligungen von Homosexuellen in dieser Institution. Einige weitere belastende Vorurteile müssen ausgeräumt werden:

c) Die neuere Forschung geht davon aus, das es de facto keine irreversible Homotropie gibt, die durch *Verführung* entstünde. Die Ursachen der Entstehung von Homosexualität werden erheblich früher wirksam, nicht erst in der Phase der Pubertät. Es kann sein, daß in der Phase jugendlicher Entwicklung Neigungen stärker werden; aber *die irreversible Ausrichtung der psychischen Triebdynamik ist entweder vorher gegeben, oder sie entsteht nicht in der Entwicklung Jugendlicher*. Die Beschreibungen des coming out bestätigen das auf eindrückliche Weise. *Lorenz Böllinger* hat aus diesem Grunde die Fassung des § 175 im Strafgesetzbuch kritisiert, hinter der im Grunde genommen die Vorstellung stehe, daß durch Verführung irreversible Homosexualität entstehen könne und so eine wesentliche Lebensminderung für den Betroffenen bedeute.[229]

d) Die *Dammbruchphobie*: Man befürchtet, bei einer zu weitgehenden Toleranz das Ethos der Gesellschaft insgesamt zu gefährden, als ob Homosexualität so etwas wie eine ansteckende Krankheit sei.

e) Sie stelle eine Bedrohung der Familie dar.[230] Antwort: „Der Anteil der Pädophilen ist bei den Homosexuellen prozentual nicht höher als bei den Heterosexuellen."[231]

---

[226] *Looser*, Homosexualität, 141.

[227] In: *Gindorf/Haeberle*, Sexualität, 211 233; auch der vorausgehende Beitrag widmet sich im gleichen Band den Vorurteilsstrukturen gegenüber Juden und Homosexuellen.

[228] Ebd., 221.

[229] *Böllinger*, Strafbarkeit; zu dieser Verführungsthese vergleiche auch *Bruns* in *Rauchfleisch* 1993, 113: „ich bin nie verführt worden ... Die sogenannte Verführungstheorie ist eine Juristenkonstruktion ..." Ob allerdings die Kritik am § 175 nicht doch zu wenig berücksichtigt, daß es ja auch im Hinblick auf die Heterosexualität einen spezifischen Schutz für jugendliche Partner geben sollte?

[230] Vgl. *Bruns*, Selbstbewußt schwul, 118f.

[231] *Bruns*, ebd., 114f.

4.7.5. Die Geschichte der Bewertung

Sie kommt uns entgegen aus geschichtlichen Perioden, in denen es weder therapeutische Untersuchungen noch soziologische Befragungen gab, die die Stellungnehmenden mit dem Ergebnis konfrontiert hätten, daß Homosexualität bei 4 % der männlichen bzw. 2-3 % der weiblichen Bevölkerung eine Realität darstellt, die irreversibel den einzelnen mit auf den Weg gegeben ist.

a) Das ist auch bei der Interpretation der *Äußerungen der Heiligen Schrift* zu bedenken. Ihr Urteil erschien der Theologie bislang eindeutig und klar: Homosexuelle Akte sind schwer sündhaft. Aber die Schriftargumente, die angeführt wurden, sind einer kritischen Prüfung unterzogen worden.

In Erinnerung an die Sünde von Sodom und Gomorra nannte man die Homosexualität Sünde der *Sodomie*. Peschke macht darauf aufmerksam, daß ein genaueres Hinschauen zeigen kann, daß das Vergehen der Städte in erster Linie homosexuelle Vergewaltigung und Mißachtung des Rechtes der Gastfreundschaft war. Aber im Gefälle mißverstandener Bewertung liegen auch Gesetzesanordnungen des Alten Testamentes in Lev 18,22 und 20,13 vor, die homosexuelle Akte verwerfen und sogar die *Todesstrafe* über sie verhängen, was auch in anderen patriarchalen Gesellschaftsformen der Fall war wie z.B. im römischen Recht.

Auch das Neue Testament kennt eindeutig verurteilende Texte, so in Röm 1,26 32, 1 Kor 6,9 11 und 1 Tim 1,9f.[232] Bei einer Interpretation dieser Texte kommt es wiederum auf den Rahmen an, in dem sie formuliert sind. Paulus ist die Homosexualität und die darin für ihn gegebene Widernatürlichkeit etwas, was die Verlorenheit des Menschen unentrinnbar ins Bewußtsein bringen kann. Paulus kannte das Problem der Neigungshomosexualität nicht. „Zu beachten ist allerdings, wie spontan-selbstverständlich Paulus die Homosexualität in seiner hellenistischen Umwelt als repräsentatives Beispiel sittlicher Verkommenheit der Heiden als Folge ihrer Gottlosigkeit verurteilt. Er ist darin einfach abhängig von der religiös begründeten jüdischen Tradition spontanen Abscheus gegenüber der Lebensweise hellenistischer Kultur ..."[233] In einer Anmerkung ergänzt der Kommentator: „Die Erkenntnisse über die Entstehungsbedingungen der Homosexualität in ihren sehr verschiedenen Arten schließen es jedenfalls aus, die Aussage des Paulus heute noch in dem Sinne zu übernehmen, daß Homosexualität ein sittlich verwerfbares Vergehen sei."[234]

---

[232] Klaus *Haacker* versucht nachzuweisen, daß der Sinn der paulinischen Aussage Röm 1,26-32 nicht dadurch abgeschwächt werden könne, daß man ihn auf Homosexualität im Zusammenhang mit Fruchtbarkeitskulten oder auf solche in Verbindung mit Götzendienst einschränke.(Homosexualität, 175-178); auch *Wannenwetsch*, Homosexualität warnt vor einer Auslegung der betreffenden Stellen, die auf einen Rückfall in das Argumentieren mit der Natur hinauslaufen würde; mir ist in seinen Ausführungen nicht deutlich geworden, wie sich sein berechtigter theologischer Ausgangspunkt in der Rechtfertigungslehre *inhaltlich* auf Entscheidungen in einzelnen ethischen Fragen faktisch auswirkt.

[233] *Wilckens*, Römer, 110 zu Röm 1,26f.

[234] Ebd., Anm 205; zu dieser Stellungnahme vgl. auch *Rendtorff*, Selbstbestimmung, 199.

Es bleibt daher die *Frage, ob man* unter diesen Umständen *diesen Text in der heute sich neu ergebenden normativen Fragestellung als eine Antwort auf diese Frage lesen kann.* „Läßt sich daraus möglicherweise schließen, daß Paulus im Falle konstitutioneller Homosexualität anders geurteilt und homosexuelle Akte gebilligt haben würde, wäre er auf diese Unterscheidung hingewiesen worden? Ein völlig sicheres Nein auf diese Frage läßt sich nicht sagen, allerdings ebensowenig ein völlig sicheres Ja."[235]

b) Die *Tradition der Lehre der Kirche* kennt ausschließlich eine deutliche Verurteilung ausagierter Homosexualität. Die Erklärung der Glaubenskongregation zu Fragen der Sexualethik von 1975 (*Persona humana*) ist in bisher nicht gekannter Gründlichkeit auf die *Ergebnisse der Psychologie eingegangen* und unterscheidet zwischen der vorgegebenen unveränderbaren homotropen Neigung und der ausgeübten Homosexualität. Aber dies ist für dieses Schreiben kein Anlaß, diese psychologischen Überlegungen in die Frage der Normbegründung einzubeziehen; vielmehr dienen psychologische Ergebnisse dazu, in der Anwendung der Norm entsprechende Milde walten zu lassen, so wenn es heißt: „Ihre Schuldhaftigkeit wird mit Klugheit beurteilt werden. Es kann aber keine pastorale Methode angewandt werden, die diese Personen moralisch deswegen rechtfertigen würde, weil ihre Handlungen als mit ihrer persönlichen Verfassung übereinstimmend erachtet würden. Nach der objektiven sittlichen Ordnung sind homosexuelle Beziehungen Handlungen, die ihrer wesentlichen und unerläßlichen Zuordnung beraubt sind." (Nr. 8) Die gleiche Kongregation hat an die katholischen Bischöfe einen Brief gerichtet, der sich auf die pastorale Betreuung homosexueller Personen bezieht. Man spürt die Sorge; aber die Verantwortlichen rücken von den moralischen verbindlichen Vorstellungen der Tradition nicht ab.[236]

c) Neben dem Argument aus der Glaubenstradition der Heiligen Schrift und den Äußerungen des kirchlichen Lehramtes steht noch das Argument des *Naturrechts* zur Verfügung. Auch die *Aufklärung* hatte das Urteil über die Homosexualität von der Vernunft her gefällt. Diese Bewertungen haben in der Geschichte furchtbare Konsequenzen gehabt. Man schätzt die Zahl der von den Nationalsozialisten umgebrachten Homosexuellen in die Hunderttausende! Hier wäre genau zu fragen, welcher Naturbegriff weiteren Argumenten zugrunde liegen soll. Nach dem, was wir im ersten Teil der Überlegungen festgestellt haben, kann es in jedem Fall nur eine von humaner Gestaltung kultivierte Form der Sexualität sein, die zu beurteilen

[235] *Peschke*, Homosexualität, 343. Bemerkenswert ist, was ein prominenter Homosexueller zur Interpretation der bekannten Römerbriefstelle sagt: „Ich fühle mich von dieser Bibelstelle zwar angesprochen, aber in einem ganz anderen Sinn. Ich habe den für mich natürlichen mit dem für mich unnatürlichen Geschlechtsverkehr dadurch vertauscht, daß ich mich in eine Ehe habe drängen lassen. Dadurch habe ich anderen Menschen schweres Leid zugefügt und Schuld auf mich geladen. Aber das Pauluswort trifft nicht meine Liebe zu meinem verstorbenen Partner. Diese Liebe zu einem Mann ist für mich die natürlichste Sache der Welt." (*Bruns*, Selbstbewußt schwul, 117).

[236] Vgl. dazu *Gründel,* Homosexuelle, der weitere kirchenamtlichen Äußerungen zu dieser Frage anführt.

ist. Sie ist auf die in ihnen immanente Sinnausrichtung menschlicher Sexualität zu befragen. Wird *Natur in einem weiteren Sinn* als alles das verstanden, was dem freien Selbstvollzug des Menschen aufgegeben ist, könnte man nach den *Konsequenzen einer „Natur der Homosexualität"* fragen.[237]

4.7.6. Diskussion der vorgebrachten Argumente

Sie hat bereits bei der kurzen Deutung der Bibelstellen bewußt gemacht, daß diese unter anderen Voraussetzungen entstanden sind und insofern nicht einfach als eine Beurteilung heute begegnender irreversibler Homosexualität gelesen werden können.

Eine Dimension der Sinnorientierung der Sexualität, die für die Heterosexualität von ausschlaggebender Bedeutung ist, fällt im Falle der Homosexualität aus.[238] Ausgeübte Homosexualität kann kein neues Leben wecken. Es ist aber *die Frage, ob ein solcher Ausfall dieser Sinndimension zugleich die totale Ablehnung der Erfahrung der anderen Sinndimensionen bedeuten muß*. Die in der kirchlichen Lehre geforderte Untrennbarkeit der Geschlechterbegegnung im sexuellen Verhalten und ihrem Offensein auf Zeugung, läßt hier ein Zugeständnis nicht zu. So bleibt die kirchliche Lehre hier auf ihrer bisherigen Linie. Immerhin wird nicht mehr der Anspruch erhoben, der Homosexuelle müsse sich von seiner Homosexualität bekehren. Es ist anerkannt, daß dieses in vielen Fällen nicht möglich ist. Insofern liegt eine Veränderung und etwas Neues in den Stellungnahmen des kirchlichen Lehramtes vor.

Ein *Einwand* wiegt nach wie vor schwer: *Dem exklusiv Homosexuellen wird jegliche Möglichkeit zu sexueller Erfüllung genommen.*[239] Wenn man an den Korintherbrief denkt, dann sagt Paulus im Blick auf heterosexuelle Beziehungen, daß es nicht gut sei, den Trieb nicht auszuagieren, wenn man dauernd, wie es heißt, brenne. Es ist besser zu heiraten, „als sich in Begierde zu verzehren" (1 Kor 7,1-9). Die Erfahrung sagt, daß der sexuelle Drang bei Homosexuellen keineswegs geringer ist wie bei Heterosexuellen. „Muß für sie (Neigungshomosexuelle) der Rat des hl. Paulus umgekehrt werden: Es ist besser, sich in Begierde zu verzehren, als sich homosexuell zu befriedigen? Die Tradition sieht es so. Wird sie damit der Lage der homosexuellen Personen gerecht?"[240]

---

[237] Wie es zum Beispiel *Bruns*, Selbstbewußt schwul, in seinen Ausführungen tut.

[238] Die Redlichkeit gebietet, diesen Unterschied zu nennen, der nicht diskriminieren will; aber es ist zu einfach, hier nur von einer gleichrangigen Variante des Sexualverhaltens zu reden.

[239] Dazu schreibt Albert *Görres*: „... so scheint es mir doch denkbar, daß ein Mensch von unkorrigierbarer homosexueller Konstitution oder Prägung auch bei einer eindeutigen sittlichen Grundentscheidung für sich keine Möglichkeit sieht, ein Leben dauernder sexueller Abstinenz zu realisieren." (Bemerkungen, 31).

[240] Fragt *Peschke*, Homosexualität, 345.

Looser hat versucht, die Gleichwertigkeit von Homo- und Heterosexualität zu erweisen, indem er Briefe homosexueller Partner mit Briefen heterosexueller Partner verglich; es stellte sich heraus, daß in beiden Fällen Symptome des Verliebtseins parallel erlebt wurden. Er versucht, damit darzutun, daß es sich in dieser Beziehung um eine ähnliche Sinnerfahrung handele wie bei einem heterosexuellen Paar.[241]

Es gibt eine breite Diskussion im katholischen Raum,[242] in der man versucht hat, neue Wege und neue Antworten zu finden. McNeill, Baum, Kosnik, Maguire sind der Meinung, daß stabile homosexuelle Verhältnisse ein alternativer Lebensstil zur Ehe sind und homosexuelle Personen ebenso *ein Recht auf Intimität haben wie andere Personen*, allerdings auch verpflichtet sind, nach den gleichen Idealen gegenseitiger Förderung und Treue zu streben. Andere, so Visser und Korff sind der Meinung, daß man in der homosexuellen Aktivität zwar ein sittliches Übel zu sehen habe, man aber in der konkreten Situation davon ausgehen dürfe, von ihr *als einem geringeren sittlichen Übel* zu sprechen. Für andere z.B. Curran wird sie als *ein Kompromiß* gerechtfertigt, der zwar hinter dem Ideal zurückbleibt, aber durch die Sündhaftigkeit bedingt und zuweilen unvermeidlich ist. Wieder andere betrachten homosexuelle Akte als ein *ontisches Übel*, also nicht als ein unmittelbar sittliches, was grundsätzlich vermieden werden müßte, was aber Ausnahmen zuläßt, wenn hinreichend schwere Gründe vorliegen, so Keane, Cahill, Hanigan.

Für die erste Lösung *fehlen überzeugende Leitbilder*. Man streitet darüber, ob das an der umgebenden Gesellschaft liegt, oder in der Sache selbst. Es gibt im Bewußtsein der Allgemeinheit zu wenig Beispiele gelingender langfristiger enger persönlicher Beziehung.[243] Der zweite Vorschlag könnte noch ergänzt werden durch den Hinweis, der von manchen Autoren gegeben wurde, auf die *mögliche Skalierung von Sexus, Eros, Agape*. Kultivierung müsse das Ziel sein, und *Sublimierung* sei ein unter Umständen möglicher Weg. Giese, bedeutender Sexualforscher, selber Homosexueller, bezeugt seinen Respekt vor der Lösung, die er bei einem katholischen Geistlichen hat beobachten können. Dieser war eindeutig irreversibel homosexuell. Er habe in seinem Beruf Überdurchschnittliches geleistet und es verstanden, die Dynamik des Sexuellen voll in seine Tätigkeit zu integrieren, bzw. zu sublimieren, um mit Freud zu sprechen.[244] Giese läßt erkennen, daß er das für eine beneidenswert gute Lösung hält; aber er sagt auch, daß bei vielen seiner Patienten kaum eine Chance bestehe, da die Voraussetzungen nicht gegeben

---

[241] *Looser*, Homosexualität.

[242] Vgl. hierzu *Peschke*, Homosexualität, und *Guindon*, Creators, 159-204, bei dem sich zeigt, daß die Diskussion im angelsächsischen erheblich weitergegangen ist als im deutschen Sprachbereich, was in diesem Fall Rückfragen seitens der Glaubenskongregation auslöste (Osservatore Romano vom 31.1.1992, 5f.).

[243] Betty *Berzon*, eine amerikanische Psychotherapeutin versucht, in ihrem Buch Permanent Partners Wege aufzuweisen, die dazu verhelfen könnten, zu einer humanen Form der Beziehung zu kommen.

[244] *Giese*, Der homosexuelle Mann, 31-33.

seien, in einer solchen Form Sexualität zu sublimieren. Man steht dann wieder vor dem Dilemma, von dem schon der eine Einwand sprach, daß hier ein natürlicher Drang so stark sei, wie beim Heterosexuellen und keinerlei Erfüllung ihm entsprechen dürfe.

Manche sprechen – wie angedeutet – von der „Natur" der Homosexualität;[245] dies ist existential verstanden im Sinne einer Vorgabe für menschliche Freiheit. Diese ist beim Homosexuellen in der Tat signifikant anders wie beim Heterosexuellen. Wenn hier der Naturbegriff zugrundegelegt wird, kann man diese hier nur formal verstehen als eine Vorgabe für die Gestaltung durch menschliche Freiheit. *Homosexualität als natürliche Norm anzusehen – dagegen würde einiges sprechen.* Aber wenn sie als *Existential*, als Vorgabe für den freien menschlichen Willen, festgestellt wird, an der der Mensch grundsätzlich so nichts ändern kann, dann wird es jedenfalls sehr schwer, ein totales Verbot homosexueller Verhaltensweisen überzeugend zu begründen.

Was ist – im Sinne einer Rede „ad hominem" – zu sagen zu einem Selbstzeugnis, das folgendermaßen lautet: (da)"...wurde es mir immer klarer, daß es für mich nur eine einzige Lösung geben konnte: Mich endlich so anzunehmen, wie mich Gott geschaffen hat, nämlich als homosexuell empfindenden Menschen."?[246] Er ist 46 Jahre alt, hat Familie und Kinder, aber ist, nachdem er am Rande seiner physischen und psychischen (Verdrängungs-) Möglichkeiten angekommen war und Hilfe in einer entsprechenden Selbsterfahrungsgruppe gesucht hatte, dazu gekommen, sich als Homosexuellen anzunehmen. Er ist ein gläubiger Mensch, der nach Möglichkeiten sucht, mit sich und seinem Glauben identisch werden zu können. Kann es gerecht sein, ihn als schweren Sünder außerhalb der kirchlichen Gemeinschaft zu stellen?

4.7.7. Stellungnahme

– Im Versuch einer eigenen Stellungnahme gilt es als erstes, *eine mittlere Maxime* auf diesen Bereich anzuwenden, die generell für den Umgang mit Sexualität gilt. Der/die mit Sicherheit irreversible Homosexuelle *soll zu seiner/ihrer Homosexualität stehen.* Annahme dieser Orientierung ist Voraussetzung für die Identität mit sich selbst. Daß dieses ein Prozeß ist, der deswegen so schwer ist, weil man wenig auf die Unterstützung der Umgebung rechnen kann, ist keine Frage.

Die Kirche müßte sich in besonderer Weise dieser Menschen annehmen, die sich ohnehin einem ‚Wald von Vorurteilen' gegenübersehen; sie haben oft das Gefühl, daß die Kirche durch ihre festen Normen, denen sie sich nicht gewachsen fühlen, zusätzlich das schlechte Gewissen vermittelt. Grundlegend ist daher, daß sie sich von der Kirche voll und ganz als solche

[245] So zum Beispiel *Bruns*; vgl. oben, Anm. 232.
[246] *Bruns*, Selbstbewußt schwul, 110.

angenommen wissen, auch wenn über den Weg, den sie gehen, noch nicht entschieden ist. Wie sie ihren Weg gehen, das muß eine sekundäre Frage sein. Annahme und Finden einer eigenen Identität in der Kirche setzt voraus, daß man mit den Homotropen über ihre Problematik sprechen kann. Dann werden auch sie über sich sprechen können. Nur so können sie den Mut aufbringen, vor ihrer Umgebung, ihrer eigenen Familie insbesondere, zu ihrem Anderssein zu stehen.

- Eine zweite Maxime die ich im Anschluß an Wunibald Müller formulieren möchte, lautet: *Es gilt, die Fähigkeit zur Intimität zu fördern.* Das ist nach Müller die Voraussetzung dafür, daß es überhaupt tiefergehende Beziehungen gibt, ob homosexuell oder heterosexuell. Das hat mit Genitalität noch nicht unmittelbar zu tun, sondern damit, daß man sein Inneres einem anderen mitteilen kann. Dies ist ja eigentlich auch die Voraussetzung für eine humane Gestaltung von Sexualität überhaupt. Sex darf keineswegs Ersatz sein für die eigentlich letztlich immer gemeinte Intimität der persönlichen Beziehung. In den meisten Fällen wird de facto Intimität Homosexualität einschließen, auch wenn es nicht so sein muß.

Wenn es unmöglich ist, die Verbotsnorm, die die Kirche hier aufrecht erhält, jemandem verständlich zu machen, dann ist in paralleler Weise wie bei den Überlegungen zu den nichtehelichen Lebensgemeinschaften davon auszugehen, daß das Nichtakzeptieren einer einzelnen Norm kein Grund sein kann, sich von der Gemeinschaft der Kirche ausgeschlossen zu fühlen. Hier wird in individueller Weise ein Weg gefunden werden müssen, der die öffentliche Diskriminierung der Homosexuellen korrigiert. Kirchliches Handeln sollte sich hier der Gewissensentscheidung der einzelnen nicht in den Weg stellen. Wenn im Verhältnis zu den auch mit der kirchlichen Norm nicht übereinstimmenden nicht-ehelichen Lebensgemeinschaften gesagt werden muß, daß ihre von der Kirche unterschiedene Überzeugung, diesen Weg richtig zu leben, kein Grund sein kann, sie auszuschließen, so auch im Falle der Homosexualität nicht. So stimme ich der praktischen Konsequenz, die Peschke daraus zieht, voll und ganz zu, daß hier das Verdikt der Wahrscheinlichkeit schwerer Sünde in jedem Fall ausgeübter Homosexualität nicht schlechterdings allgemeingültig gelten kann. Viele Gespräche zeigen, daß der Negativcharaker des eigenen Verhaltens nicht eingesehen wird, so wie ihn die Kirche behauptet. Es ist von entscheidender Bedeutung, daß Homosexuelle erfahren, daß sie einen Platz in der Gemeinschaft der Gläubigen haben und in der Kirche einen Ort, an dem sie sich angenommen wissen.

- *Entscheidend* für die Gestaltung der Homotropie *ist auf jeden Fall das Maß der in ihr und mit ihr gelebten Liebe.* Sie soll und muß den Charakter von Agape bekommen. Wie weit es gelingt, im Falle von gelungener Sublimation in Beziehungen zu leben, die beiden Entscheidendes bedeuten, das wird bei jedem verschieden aussehen. Wunibald Müller bringt eine Reihe von Beispielen, in denen je unterschiedliche Wege gegangen worden sind.

Einige negative Abgrenzungen:
- Eine *Scheinheirat ist abzulehnen.* Eine Heirat, um den gesellschaftlichen Vorurteilen gegen die Homosexualität zu entgehen, das gegen Homosexualität besteht, kann für eine Frau nur Negatives bedeuten, ist eine unzumutbare Zumutung.
- *Auch eine homoerotische Freundschaft steht unter dem Gesetz, daß sie sich selber nicht genügen kann.* Es muß in ihr auch so etwas wie eine Transzendenz über sich hinaus geben, die Bemühung um gemeinsame Aktivitäten nach außen. Hier gibt es nicht die Erfüllung im Kind, aber die Bewährung in Aufgaben, die das Leben stellt. Wunibald Müller sagt insbesondere im Bezug auf die Mitlife-Krisis: „Die Instabilität vieler homosexueller Beziehungen (beobachtet im Blick auf die Schwierigkeit in der Gesellschaft) und das Fehlen einer Familie, in deren Aufrechterhaltung, Gestaltung, Vertiefung und Bereicherung normalerweise viel Kraft und Kreativität bei heterosexuellen Partner fließt, macht es notwendig, daß homosexuelle Menschen gerade auch im mittleren Lebensalter eine ihnen entsprechende Weise finden, für ihr Bedürfnis nach Sorge, Fürsorge, etwas zu tun, das über sie und ihre kleine Welt hinausgeht."[247]

4.8. Sonderprobleme

4.8.1. Inzest

a) Situation

„'Wenn du etwas erzählst, dann muß deine Mutter sterben'. Mit dieser oder ähnlichen Drohungen werden in Deutschland mindestens dreihunderttausend Kinder im Jahr zum Schweigen über ihren sexuellen Mißbrauch verpflichtet. Viele der Täter veranlaßten ihre Kinder auch mit Geschenken und Geld zum Schweigen. Der Mißbrauch von Kindern in der eigenen Familie ist keine Ausnahmeerscheinung und nun schon gar kein typisches Phänomen sozial niedriger Schichten. Nach Schätzungen des Bundeskriminalamtes fallen jährlich dreihunderttausend Kinder und Jugendliche sexueller Gewalt zum Opfer. Das ist jedes vierte Kind. Dreiviertel der Opfer sind Mädchen , mehr als 99% der Täter Männer, die zumeist der bürgerlichen Mittelschicht angehören."[248]

---

[247] *Müller*, Homosexuelle Menschen, 76f.

[248] *Schmoll*, „Ich ekelte mich vor mir selbst", in: FAZ 31. Mai 1991, Nr. 123, S. 11. Ernsthafte Forscher sind der Überzeugung, daß es *in den USA bei jedem vierten Mädchen* aktuell geworden ist. Die Erforschung dieses Phänomens ist dringlich; in aller Regel wird durch solches Verhalten, vor allem der Väter oder anderer naher Verwandter, *der gesamte Lebensweg eines Mädchens oder einer Frau beeinträchtigt.* Die Belästigungen der Jugendlichen bis hin zur Vergewaltigung geschehen in einem Alter, wo es *den Kindern noch nicht möglich ist, dagegen nach außen hin zu protestieren*; sie haben kein Ventil, keine Möglichkeit zu reden und deswegen keine Hilfestellung; häufig bezeugt ist, daß, wenn sie etwas sagen, man ihnen nicht glaubt, auch die eigenen Angehörigen nicht, die eher zum Vertuschen neigen, ohne auf die Dauerfolgen bei den Kindern zu achten.

Was Heike Schmoll am Anfang ihrer knappen Darstellung in dem zitierten Zeitungsartikel sagt, wird durch wissenschaftliche Untersuchungen erhärtet.[249] Als Inzesttäter gegen weibliche Verwandte nennt Hirsch zu 25% den Onkel, zu 60% den Cousin, zu 40% den biologischen Vater, zu 12% den biologischen Bruder. Die Meinung, das Delikt des Inzest käme in erster Linie in den unteren Schichten vor, wird von ihm mit einem Zitat aus den Hurengesprächen von Zille (1913) karikiert: „Det is nich nur bei arme Leute so...“[250].

Nachzutragen ist hier, was sich aus den Beschreibungen zum Teil ergibt: *Was unter Inzest genauer zu verstehen ist.* Der § 173 StGB stellt den *Beischlaf unter Verwandten* unter Strafe. Er ist unter das Kapitel Straftaten gegen den Personenstand, die Ehe und die Familie eingereiht. Das hat der Vorstellung Vorschub geleistet, als ob der Inzest innerhalb der Familie nur dann negativ zu bewerten sei, wenn der Beischlaf vollzogen wurde. Dies ist eine viel *zu enge Bestimmung* dessen, was unter Inzest zu verstehen ist. Josephine Rijnaarts schließt sich folgender Umschreibung an: „*Sexuelle Kontakte älterer oder erwachsener Familienmitglieder mit einem Kind unter 16 Jahren gegen den Willen des Kindes* oder in der Weise, daß das Kind – aufgrund der Ausnutzung einer körperlichen oder beziehungsbedingten Überlegenheit, der Anwendung von Gewalt oder der Ausübung emotionalen Drucks – das Gefühl hat, die sexuellen Kontakte nicht verweigern oder sich ihnen nicht entziehen zu können. ... Unter sexuellen Kontakten verstehen wir jedwede reale sexuelle Berührung, von der Berührung der Brüste oder Genitalien bis hin zur Vergewaltigung.“[251] Die Sachverhalte lassen sich gegebenenfalls mit der Formulierung sexueller Handlungen, wie sie der § 174 StGB enthält, umschreiben. Zu den erschwerenden Umständen gehört in der Regel die Tabuisierung: Minderjährige können sich gegen Androhungen von Strafe und Gewalt nicht wehren; ihnen wird in den meisten Fällen der Mund verschlossen. Das zeigte schon das eingangs erwähnte Zitat. Vereinsamung und Hilflosigkeit der Opfer sind die Folge.

Zur Bedeutung des Sachverhaltes ist auf den Abschnitt über die Auswirkungen des Inzest hinzuweisen.

b) Ursachen

Es ist verständlich, wenn Josephine Rijnaarts in ihrem Buch vehement gegen die *Theorie der Verführung* Stellung nimmt. Diese gibt mit großer Selbstverständlichkeit den Opfern selber die Schuld, weil das Opfer – dies gilt parallel auch von Opfern von Vergewaltigungen – normalerweise (in der Sicht der zu Gericht Sitzenden) selber den Anreiz zum inzestuösen oder vergewaltigenden Handeln des Mannes gegeben habe.

---

[249] Vgl. *Hirsch,* Realer Inzest. 21f.; *Maisch,* Familiäre Sexualdeliquenz, in: Jäger/Schorsch, 84 104; *Rijnaarts,* Lots Töchter; *Kagemann/Lohstöter,* Väter als Täter; *Gödtel*, Gewalt, 149.

[250] *Hirsch*, Realer Inzest, 24.

[251] *Rijnaarts*, Lots Töchter, 21f.

Verschiedene Autoren setzen sich in diesem Zusammenhang mit dem *Wandel in der Freudschen Theoriebildung* auseinander. Ursprünglich war Freud davon ausgegangen, die Verführung durch die Betroffenen sei als eigentliche Ursache anzunehmen. Er hat sich später von dieser Fassung in der Entwicklung seiner Ödipuskomplextheorie entfernt. In den Vulgärerklärungen aber ist vieles erhalten geblieben, was mit der Theorie der Verführung zusammenhängt.

Hirsch gibt schon in seiner Beschreibung des Inzestes einen Hinweis, der zugleich seine Vorstellungen der Verursachung mitenthält: „Inzest ist nicht sosehr die Befriedigung genitaler (bzw. ödipaler) sexueller Bedürfnisse als vielmehr ein *Versuch, frühkindliche emotionale Bedürfnisse innerhalb von frustrierenden, kalten Familienbeziehungen zu kompensieren.* Ähnlich formuliert es Rosenfeld: ‚Obwohl Inzest oberflächlich als sexuelle und genitale Aktivität erscheint, ist seine psychologische Bedeutung gewöhnlich elementarer; er stellt die Suche nach Sicherheit, Wohlfühlen und Nähren durch die guten, beschützenden Eltern dar, die weder Kind noch Eltern je hatten.‘ Überhaupt gibt es in der Literatur in keinem Punkt mehr Übereinstimmung als darüber, daß die genital erscheinende Sexualität Surrogatcharakter für alle Beteiligten hat...“[252] Er versucht vor allem, familiendynamische Ursachen auszumachen, die sich von vornherein ein komplexes Geflecht darstellen.

Inzesthandlungen werden dann wahrscheinlicher, wenn Vater und Mutter aus emotional ungenügenden Familien stammen, die Partner darum auch aneinander ein emotionales Defizit erleben; die Tochter ist weder von der Mutter in vollem Maß angenommen, noch von dem Vater. Der Vater-Tochter-Inzest kann dann als Versuch der gegenseitigen Kompensation angegeben werden. Der Vater agiert dabei seine untergründige Aggression gegen die eigene Mutter aus, die Tochter, die bei der Mutter zu kurz gekommen ist, rächt sich an dieser. Die Mutter überläßt ihrerseits in einer Art Rollenumkehr der Tochter die Mutterrolle, sucht Aktivitäten nach außen hin und agiert ihre Aggression gegen ihre eigene Mutter aus.

c) Folgen

Viele Therapeuten sind der Auffassung, daß *der Inzest als solcher pathogen* sei im Sinne einer traumatischen Einwirkung. Dabei scheint es so zu sein, daß *die Folgen um so verheerender sind, je früher das Kind zu inzestuösen Handlungen gebracht worden ist.* Wegen der unterschiedlichen Lage der Verursachung, die je nach den Familienkonstellationen auch verschiedene Auswirkungen hat, gibt es nicht nur eine bestimmte Form der Folge von Inzesthandlungen. Die zumeist mit inzestuösem Verhalten verbundene Induktion von Angst wirkt sich oft auch in *Schuldgefühlen* aus. *Fehlendes Selbstwertgefühl ist fast immer festzustellen.* Die *Suizidgefahr* wächst. Wird der Inzest aufgedeckt, fühlen sich Jugendliche oft auch von der Institution verlassen, in der sie das Gefühl bekamen, man glaube ihnen nicht und vertraue

---

[252] *Hirsch*, Realer Inzest, 15; Hervorhebung v. Vf..

dem Vater mehr. Häufig tritt regelrechter Selbsthaß auf, der manchmal in neurotischen Engführungen zu Selbstschädigungen führt. Hirsch berichtet: „Ein Inzestopfer aus meiner Praxis, Frau M., deren Vater alle Kinder prügelte, sie zum Teil mit der geladenen Pistole bedrohte, die Patientin mißbrauchte und sich schließlich erschoß, als die Patientin 20 Jahre alt war, brachte sich in solchen Zuständen schwere Verletzungen mit Glasscherben, Rasierklingen oder einem heißen Bügeleisen bei.“[253]

Andere Autoren berichten vom psychogenem Schmerz, der sich als Folge des Inzests einstellen kann. Dem entspricht eine *psychosomatische Symptomatik*. Nicht erstaunlich ist, daß es für die Betroffenen außerordentlich schwer ist, zu einem normalen Verhältnis zur eigenen Sexualität zu kommen. Der Anteil Prostituierter unter ihnen ist unverhältnismäßig hoch.

d) Ethische Konsequenzen

Wie hoch die Verantwortlichkeit zu veranschlagen ist, ergibt sich vor allem aus den Folgen der Handlungen, hier der Mißhandlungen von Kindern. Wenn Ethik und Ethos gelingendem menschlichen Leben zu dienen haben, dann muß von hier aus festgestellt werden – wenn schon in den Verstößen gegen Normen gewichtet werden soll – *daß die hier übernommene Verantwortung schwer wiegt*. Rijnaarts wendet sich gegen unerleuchtete Liberalisierungstendenzen: „Inzestuösem Mißbrauch totzuschweigen, um eine bestimmte Vorstellung von Sexualität nicht anzutasten und den Pädophilen nicht ins Gehege zu kommen – das ist es, was besagte Herren offenbar von uns erwarten.“[254]

Für die *Ethosbildung* stellen sich einig entscheidend wichtige Aufgaben:
- Die *Bewußtseinsbildung* hinsichtlich der Bewertung muß gefördert werden. Es muß mit aller Deutlichkeit im Bewußtsein verankert werden, daß es sich hier nicht um ein beliebiges Kavaliersdelikt handelt. Andererseits ist dem „Mißbrauch des Mißbrauchs“[255] zu wehren, der dazu neigt, vorschnell Verdacht zu schöpfen.
- Für die Betroffenen ist so gut wie möglich zu sorgen. Aktionen wie die von *Wildwasser* verdienen alle Unterstützung.
- Prophylaktisch ist mit *Familien* und auf sie hinzuarbeiten. Inzestvergehen sind in der Regel Symptome für nicht gelungene Familienbeziehung.
- Die *Rechtsordnung* müßte der Wirklichkeit angepaßt werden. Es bleibt hier wie anderswo sonst, daß das Strafrecht nur eine Hilfe sein kann, einerseits für die Aufrechterhaltung des Rechtsbewußtseins, andererseits, und damit im Zusammenhang, für die Steuerung menschlichen Verhaltens.

---

[253] Ebd., 184.

[254] *Rijnaarts*, Lots Töchter, 247; es handelt sich um Herren, die einer weiteren Liberalisierung des Sexualstrafrechtes das Wort reden, wogegen sich Rijnaarts mit Recht dezidiert ausspricht.

[255] Der vollständige Titel des Buches von *Alteck, Thomas* lautet: „Der Mißbrauch des Mißbrauchs. Ein Vater wehrt sich gegen den Verdacht der sexuellen Kindesmißhandlung.“

In der Moraltheologie dürfte bisher über diesen Problemkomplex deswegen wenig geschrieben worden sein, weil in der Unwertigkeit solchen Verhaltens keine ethischen Probleme zu liegen scheinen. Es ist richtig, daß sich hier schnell eine Konvergenz der Meinungen herstellen läßt, was die Bewertung angeht. Aber Ethik hat auch der Bewußtseinsbildung im Rahmen des Ethos zu dienen; in diesem Sinn verstehe ich die vorangegangenen Ausführungen als ein kleines Mosaiksteinchen für die Bewußtseinsbildung unter uns. Weitere im engeren Sinn normbegründende Überlegungen scheinen hier nicht notwendig zu sein. Die Unwertigkeit des Verhaltens liegt auf der Hand, wenn mit solcher Eindeutigkeit die Möglichkeiten gelingender Sexualität schon am Anfang eines Lebens zerstört werden.

4.8.2. Vergewaltigung

a) Situation

„Die Vergewaltigung ist *das häufigste Gewaltverbrechen* in unserer Gesellschaft. Die Dunkelziffer dürfte etwa das Vierfache der anzeigten Fälle ausmachen, wenn man von der Nötigung innerhalb der Ehe absieht, die sicher noch häufiger ist..."[256]
„Die Vergewaltigung als der gegen den Willen einer Frau mit ihr durchgeführte außereheliche Beischlaf wird in der bundesdeutschen Kriminalstatistik mit konstant jährlich etwa 7000 vollendeten und versuchten Fällen registriert."[257]

Rotter weist auf die Tatsache hin, daß *nur in wenigen Fällen Vergewaltigung angezeigt* wird; das dürfte mit der Schwierigkeit der Beweislage zusammenhängen, da in der Regel der einzige Zeuge die betroffene Frau selbst ist. Das dürfte einer der Hauptgründe für die hohe Dunkelziffer sein. Weis teilt mit, daß man im allgemeinen mit dem Fünffachen des Anzeigenumfanges rechne.

Hier ist noch auf eine häufig anzutreffende Vorstellung hinzuweisen, die dahingeht, ein Gutteil der Anzeigen als Falschanschuldigungen anzusehen; die Studien von Weis weisen aus, daß der Prozentsatz von Falschanschuldigungen etwa bei 2 % aller Anzeigen liegt und sich damit nicht von dem bei anderen Straftaten unterscheidet. Weiter führt er dazu aus: „,... die Wahrscheinlichkeit, daß ein anzeigewilliges Vergewaltigungsopfer von der Polizei fehlerhaft und ungebührlich behandelt wird, ist inzwischen offensichtlich größer als die Wahrscheinlchkeit, daß eine Frau eine falsche Anschuldigung wegen Vergewaltigung erhebt."[258]

b) Bedeutung

Auch sie wird vor allem in den Folgen sichtbar. Vergewaltigung bedeutet immer die *Ausschaltung der sexuellen Selbstbestimmung* des anderen, in der

---

[256] *Rotter*, Sexualität und christliche Moral, 135.
[257] *Weis*, Vergewaltigung, in: *Gindorf/Haeberle*, 233-245, Zitat 236; *Gödtel*, Gewalt, bestätigt in etwa das Zahlenverhältnis (99).
[258] Ebd., 241.

Regel *der Frau.* Sie wird von Frauen als eine äußerst schwere Attacke gegen ihre Personwürde empfunden, die oft lebenslange psychische Folgen zeitigt. Ich zitiere noch einmal Weis: „... Daraus resultiert in vielen Fällen ein Ekelgefühl, das sich nicht nur auf den Täter bezieht, sondern sich gegen den eigenen Körper richtet, der dann ebenfalls als befleckt und schmutzig erlebt wird. 33 Jahre nach der Tat erklärte uns eine Frau: ‚Der erste tatsächliche Effekt war der Gedanke: Du bist schmutzig, du taugst nichts mehr.‘ 41 Jahre nach der Tat rekapitulierte eine inzwischen einundsechzigjährige Anruferin: ‚Und das war irgendwie, wie soll ich das sagen, das Gefühl der eigenen Persönlichkeit. Also, ehe das geschah, war ich jemand, nachher nicht mehr. Ich kam mir beschmutzt, minderwertig vor. Ich bekam Minderwertigkeitskomplexe...‘“[259] Das hängt damit zusammen, daß der Mensch nur im Leib er selbst ist; die radikale Entfremdung vom eigenen Körper bedingt eine schwere Beschädigung der eigenen Identität. Die Beziehungsfähigkeit ist oftmals betroffen. Ärzte diagnostizieren Ängste mit pathologisch-destruktivem Charakter.

c) Ursachen

„Der Therapeut sieht sich ... vor der nicht leicht zu bewältigenden Aufgabe, gleichzeitig den psychischen Schmerz des Opfers zu empfinden und den Verursacher zu verstehen.“ schreibt ein Arzt und Psychotherapeut, der über lange Jahrzehnte mit Problemfällen dieser Art zu tun gehabt hat.[260] Gewaltanwendung in der Sexualität ist fast immer auf komplexe Ursachen in der Lebensgeschichte der Täter zumindest zu einem guten Teil zurückzuführen. Häufig sind sie selbst gequält und mißbraucht worden. Sie haben kein gesundes Verhältnis zu sich selbst und zu andern entwickeln können.[261] Darum ist nicht entschuldbar, was sie tun, wenngleich wir im einzelnen nicht den Eigenanteil persönlicher Freiheit in Maßzahlen festlegen können. Aber die Frage der Reaktion stellt sich doch anders, als wenn man von der Vorstellung uneingeschränkter Freiheit und damit Verantwortlichkeit ausgehen kann. Auch wenn auf das Mittel der Strafe nicht verzichtet werden kann in vielen Fällen, für die Abwendung des Übels sind andere Bemühungen wichtiger.

Es werden auch die immer noch einseitig vermittelten Geschlechtsrollenmuster – der Mann aktiv, die Frau passiv – als Grund für die Gefährdung der

---

[259] Ebd., 240f. *Gödtel* bestätigt: „Nur langsam begreift die männliche Denkweise, daß es nicht nur der gewaltsame Sexualakt als solcher ist, der die Frauen über Jahre zeichnet, sondern die Demütigung, die Beschmutzung, das Brechen des Willens, die Degradierung ihrer Person zum Objekt fremder Bedürfnisse. Auch wenn die Betroffenheit der Frauen ganz unterschiedlich ist, viele von ihnen leiden an den seelischen Folgen ein Leben lang.“ (Gewalt, 19); entsprechend geht Gödtel mit Vorurteilen ins Gericht, die sich hartnäckig halten und der Frau selber die Schuld zuschieben, als habe sie z.B. den geheimen Wunsch gehabt, vergewaltigt zu werden (Vgl. ebd., bes. 100-104).

[260] *Gödtel*, Gewalt, 16.

[261] „Psychodynamisch ist die Vergewaltigung als Kompensations- und Stabilisierungsversuch des fragilen männlichen Selbstbewußtseins zu sehen.“ Ebd., 106.

Frauen genannt. „Durch diese unterschiedliche sexuelle Prägung werden Frauen gesellschaftlich zu Opfern, Männer zu Tätern programmiert.“[262] Daß gesellschaftliche Vorurteile hinsichtlich der Rolle von Mann und Frau sind nach wie vor in solchen Verhaltensweisen wirksam. Die Angst vieler Frauen, die abends oder nachts unterwegs sind, ist eine nicht unbegründete Reaktion darauf.

d) Ethische Beurteilung

Auch hier erübrigt sich diese fast. Nach den Beschreibungen wird man auf auf dem Hintergrund der Überlegungen zum sinnorientierten Umgang mit Sexualität zu eindeutigen Urteilen kommen. Es mag kaum einen Normsatz geben, der so mit an Sicherheit grenzender Wahrscheinlichkeit ein malum morale in se anzeigt, wie dieser. Was hier geschieht, steht in direktem Gegensatz zu jeglichem vernünftigen Umgang mit Sexualität. Es ist erstaunlich, daß bei dem hohen Grad der Ablehnung die Zahl der Delikte dieser Art relativ hoch ist.

4.8.3. Zur Frage der Prostitution

a) Zur Situation

Diese Form der Abweichung von sinnvoll gelebter Sexualität, die ganz eigene sittliche Bedenken herausfordert, verdient eine gesonderte Behandlung. Zwar gilt das Dirnenwesen als das „älteste Gewerbe der Welt“; es läßt sich aber kulturanthropologisch *nicht überall nachweisen*. Prostitution ist in geldlosen primitiven Gruppen unbekannt.[263] Prostitution wird bestimmt *„als Tausch sexueller Dienstleistungen gegen Geld.“*[264] Sie widerspricht der Einsicht, daß Humanisierung immer auch Personalisierung der Sexualität bedeutet; gerade personale Beziehung als die Wirklichkeit, die in der Sexualität zum Ausdruck gebracht wird, läßt sich nicht käuflich erwerben. Faktisch führt die Ausübung der Prostitution in den allermeisten Fällen ins Abseits der Gesellschaft: „Auch Prostituierte in der Bundesrepublik Deutschland müssen als Randgruppe gelten ..., deren Mitglieder gegen bestimmte Normalitätsvorstellungen verstoßen, von der gesellschaftlichen Umwelt negativ wahrgenommen und darüber hinaus stigmatisiert werden ...“ stellt Pankoke-Schenk fest.[265] Psychische Auswirkungen finden sich insbesondere im Bereich der Jugendprostitution: *„Vordergründig wird der Sex*

---

[262] *Gödtel*, Gewalt, 105.

[263] So *Bernsdorf*, Wörterbuch der Soziologie, Bd. 3, 651. *Bornemann* schreibt hingegen: „Die Prostitution ist eine männerrechtliche Institution. In frauenrechtlichen Kulturen gibt es keine P.“, (in: Enzyklopädie, 651).

[264] *Millhagen* schreibt in ihrer Studie zum Thema Jugendprostitution: „Gefühle kann man nicht kaufen“(61, Hervorhebung v.Verf.).

[265] *Pankoke-Schenk*, Prostitution, 912.

so immer harmloser, hintergründig immer unmenschlicher und frustrierender." [266]

Ihre *Entstehung* wird *verschieden begründet*; aber nie ist sie unabhängig von gesellschaftlichen Verhältnissen. Die Ursachen insbesondere der Jugendprostitution in Mitteleuropa sieht Millhagen einmal in den zerrütteten Familienverhältnissen der Jugendlichen, Jungen wie Mädchen, die sich in der Prostitution preisgeben. Nicht selten liegen *Erfahrungen über Verführung in der eigenen Familie* vor.[267] Auf dem Boden einer *gesellschaftlichen Atmosphäre* gegenüber dem Sex, der diesen nur scheinbar liberalisiert, wächst das von Millhagen vorgestellte Problem. Neben der mißlichen Situation des Elternhauses, neben der übersexualisierten Atmosphäre der Zeit, auf die Millhagen hinweist, sind noch weitere soziale sowie kulturelle Ursachen zu nennen.

Um den *Umfang des Problems* anzudeuten, seien einige Zahlen genannt: Man schätzt die Zahl der gemeldeten Prostituierten in der (alten) Bundesrepublik auf 60.000; unter Einbeziehung der Dunkelziffer spricht man von rund 200.000 Prostituierten.[268] „Das ‚Center for Protection of Child Rights of the Foundation for Children' spricht ... insgesamt von ... zwei Millionen Prostituierten" in *Thailand*, „von denen ca. 800.000 jünger als 16 Jahre sein sollen."[269] Andere Institute gehen von etwas geringeren Zahlen aus. Die Regierung spricht von einem Zehntel der genannten Zahl. Daß hier im Hintergrund die blanke Not sogar Eltern nötigt, ihre Kinder dafür herzugeben, ist traurige Wirklichkeit. Auch eine Studie aus *Brasilien*[270] weist auf die *Notprostitution* in vielen Städten des Landes hin, wo Entsprechendes geschieht. Nur sind die Zahlen, die man schätzt, aufgrund der Größe des Landes noch erheblich höher.[271]

b) Zur Beurteilung

Sieht man auf dem Hintergrund solcher Informationen merkantile Werbung für *Sextourismus* hierzulande, ist man einer der schlimmsten Formen der Ausbeutung konfrontiert, die man sich denken kann. Allerdings zeigt die brasilianische Studie, *daß die Notprostitution durchaus nicht nur vom Tourismus lebt.* Es sind neben der materiellen Not auch bestimmte kulturelle Voraussetzungen Lateinamerikas, die im *„Machismo"* ihren Ausdruck finden. Eine doppelte Moral wird angeklagt; da wird auf der einen Seite von einem „Mito da virgindade" gesprochen, einem „Mythos der Jungfräulichkeit" (womit die Unberührtheit verklärt wird, mit der Frauen in die Ehe ein-

---

[266] *Millhagen:* Jugendprostitution, 61.

[267] Vgl. oben unter 4.8.1.

[268] Nach *Pankoke-Schenk*, Prostitution, 911.

[269] *Maurer,* Tourismus, 21. Extrem hohes Wachstum deutscher Touristenankünfte in Thailand (1980: 95535; 1990: 239915) weist die vom *Bundesministerium für wirtschaftliche Zusammenarbeit* herausgegebene Studie Tourismus, 25 aus!

[270] *Pires, Don José Maria*: „O Grito ...".

[271] *Maurer*: Tourismus, teilt folgende Schätzzahlen mit: „...fünf Millionen Prostituierte, wovon mehr als zwei Millionen Kinder und Jugendliche sein sollen," (21).

treten sollen) und andererseits davon, daß „männlich bewußte" Väter ihre Söhne gerade dazu anhalten, ihre sexuelle Potenz zu üben. Angeklagt wird auch die staatliche Autorität, die ihrer Verantwortung nicht nachkommt. Es wird beklagt, daß angesichts der zunehmenden Jugendprostitution nicht durchgegriffen wird.

Wir stehen wieder *vor einem individual-psychologischen und zugleich einem gesellschaftlichen Problem.* Aus psychologischer Sicht, die unmittelbar das Ethische tangiert, nimmt Millhagen Stellung; sie wehrt sich gegen die Auffassung, erlaubt sei, was gefällt. Als Perversion bezeichnet sie „all die Verhaltensweisen, die Menschen auf bestimmte Einzelteile sexuell reduzieren, also nicht ganzheitlich meinen. Die Verdinglichung des anderen, das Benutzen einiger Teile oder Eigenschaften, das Nicht-den-wirklichen-Menschen-Meinen ist pervers. Der andere wird zum Schauspieler des eigenen Stückes ..."[272] Sie zitiert Stoller, der die Perversion zugleich als erotische Form von Haß bestimmt. Millhagen erklärt die Prostitution und beurteilt sie gleichzeitig, indem sie feststellt: „In der Prostitution treffen sich auf verschiedene Weise in ihrer sexuellen Entwicklung geschädigte Menschen, auf der Anbieter- und Nachfrageseite. Da eine endgültige Befreiung der eigenen leidvollen Geschichte auf diese Weise nicht möglich ist, wird die ganze Sache ständig wiederholt."[273] Die *Schwierigkeiten des Ausstiegs aus dem Milieu* der Prostitution zeigen auf ihre Weise, daß sich die Betroffenen wie in einem Teufelskreis befinden.

Die *ethische Beurteilung ergibt sich aus der Beschreibung;* sie wird neben der *psychologischen auch die gesellschaftliche Komponente* berücksichtigen müssen. Die Degradierung des Menschlichen, die vor allem auch in der beobachtbaren Ausdehnung des Menschenhandels besteht, geschieht auf beiderlei Ebenen, sowohl in der individuellen Beziehung wie in der Aufrechterhaltung eines Zustandes, den man als Element sozialer Sünde bezeichnen könnte, wie das die brasilianische Studie tut.

Die deutlichste *Verurteilung der Prostitution aus theologischer Sicht findet sich im Neuen Testament.* Paulus setzt sich mit einem in Korinth zu beobachtenden Libertinismus auseinander, wenn er schreibt:

> „Der Leib aber ist nicht für die Unzucht da, sondern für den Herrn, und der Herr für den Leib. Gott hat den Herrn auferweckt; er wird durch seine Macht auch uns auferwecken. Wißt ihr nicht, daß eure Leiber Glieder Christi sind? Darf ich nun die Glieder Christi nehmen und zu Gliedern einer Dirne machen? Auf keinen Fall! Oder wißt ihr nicht: Wer sich an eine Dirne bindet, ist *ein* Leib mit ihr? ... Wer sich dagegen an den Herrn bindet, ist *ein* Geist mit ihm" (1 Kor 6,13-17).

Es ist für die Reaktion des Apostels bezeichnend, daß er in der Behandlung von Trivialitäten des Alltags ganz unmittelbar bei tragenden theologischen Grundideen ist. Der Bezug zum Auferstandenen und zur Auferstehung muß auch das Verhältnis zu unserm Leib bestimmen. Es wird deutlich, daß sexueller Kontakt den ganzen Menschen tangiert. Sobald sich jemand prostituiert,

---

[272] Ebd., 63.
[273] Ebd.

verrät er diese Grunddynamik, in der der erlöste Mensch auf das Heil hin orientiert ist. „Wer als Christ käufliche Liebe in Anspruch nimmt, macht ein Glied Christi – sich selbst – zum Glied einer Dirne und schändet so im eigenen Leib den Leib Christi."[274] Entscheidend ist in dieser Bewertung der Ausfall personaler Beziehung, die damit gegebene Desintegration der Sexualität.

Hier könnte der Eindruck entstehen, die Verachtung der Dirne und die damit gegebene Unverträglichkeit eines Kontaktes mit ihr und mit dem Herrn sei der eigentliche Grund der Ablehnung. Dem ist die Art und Weise entgegenzuhalten, *wie Jesus selbst sich diesen Frauen gegenüber verhalten hat* (vgl. Lk 7,36-50). Er hatte keine Berührungsangst im normalen alltäglichen Umgang mit ihnen. Im Gegenteil, an einigen Stellen nimmt er sie sogar vor dem Urteil ihrer Umgebung in Schutz. Er hat sie in ihrer Menschenwürde respektiert und ihnen die Möglichkeit der Selbstachtung wiedergeschenkt. Dem entsprechen neuere *Versuche* in der Kirche, *Kontakte zu Prostituierten herzustellen, von denen nur ganz wenige völlig freiwillig diesen Weg gewählt haben.*[275]

c) Rechtliche Regelungen

Entscheidend bleibt weiterhin die Initiative auf der Ebene der Gesellschaft. Die *Verantwortung für die Rechtsordnung ist herausgefordert, wo Sozialschädlichkeit festgestellt* wird.

Zwar hat man trotz ethischer Ablehnung der Prostitution die Notwendigkeit immer schon erkannt, durch bestimmte Regeln Schadensbegrenzung, die aus geheimer Prostitution erwachsene Schäden einschränken soll, zu leisten. Hier hat auch *das Strafrecht* seine Funktion: § 180 StGB setzt Strafen fest für die Vermittlung von Jugendlichen an die Prostitution; § 180a StGB untersagt die Förderung der Prostitution, insbesondere die Praxis, in der junge Frauen in Abhängigkeit gehalten werden, um sie zur Prostitution zu zwingen. § 180b verbietet den Menschenhandel, insbesondere das Ausnutzen der Tatsache, daß junge Menschen sich in einem fremden Land nicht zurechtfinden, um sie zur Prostitution anzuhalten. § 181 stellt den „schwere(n) Menschenhandel", der mit Mitteln der Gewalt geschieht, unter schwere (Freiheits-) Strafen. Auch die Zuhälterei wird unter bestimmten Bedingungen nach § 181a strafrechtlich verfolgt.

Damit ist der Sextourismus noch nicht getroffen. Hier wären zusätzliche dringende Motive für eine armutsaufhebende Entwicklungspolitik gegeben. Die Frage ist auch, wie von der Politik der Industrieländer dem Sextourismus Grenzen gesetzt werden können. Es gälte wohl vor allem, vor Ort die Ursachen zu bekämpfen, die Menschen in diese Not treiben. Armutsbekämpfung ist an erster Stelle angesagt.

---

[274] So *Klauck*, 1. Korintherbrief, 48

[275] Vgl. die Studie *Pires*, O grito, und *Rohmer*, As prostitutas, 108-116, der von einer pastoralen Initiative berichtet, die in Paris begann und in Brasilien, dort durch eine Reihe von Bischöfen und in den Basisgemeinden unterstützt, fortgesetzt wurde; sie diente der Integration der oft zur Prostitution gezwungenen Frauen in das Leben kirchlicher (Basis-)Gemeinden.

Schlußbemerkung: Sexualethos jenseits der Normen?

Vielleicht ist dieses das Wichtigste: Es geht um den Blick auf die nicht begrenzbare Weite erfüllender Lebensvollzüge in humanisierten Formen des Umgangs mit der Sexualität. Ethisches Handeln bewährt sich keineswegs nur in der Konformität mit Normen. Diese bilden vielmehr den Rahmen, innerhalb dessen die Gestaltung des menschlichen Lebens als Aufgabe gestellt ist. Nur in der kreativen und aktiven Gestaltung der eigenen Möglichkeiten eines jeden Paares und eines jeden einzelnen kann die Integration der geschlechtlichen Grunddynamik in den verantworteten Selbstvollzug gelingen. *Dies geht weit über Normerfüllung hinaus und hat doch eine hohe ethische Bedeutung.*

Greifen wir das Vorstellungsmodell von Rahmen und Bild noch einmal auf, dann gilt natürlich, daß Normen Grenzen setzen und so den Rahmen abstecken. Insofern soll es kein „Jenseits" der Normen geben. Aber das Bild selbst hat Tiefendimensionen. Es geht nicht darin auf, eine eigene materielle Wirklichkeit zu sein. Ein Gemälde ist nicht dadurch definiert, daß eine bestimmte Menge Öl und Farbe auf eine Leinwand aufgetragen ist. Es ist vielmehr sinnvoll nur vorstellbar als Medium, das transparent ist. Es stellt „etwas" dar, ist Deutung von Lebenswirklichkeit. Es ist gewissermaßen geronnene Erfahrung, die sich über das Medium des Bildes an Erfahrung wendet. Jedes Bild hat eine Geschichte seines Entstehens, ohne die es nicht begreifbar wäre. So können uns in Bildern Welten begegnen, vielgesichtig, erfüllt mit Höhen und Tiefen menschlichen Erlebens.

Läßt sich dieses Vorstellungsmodell auf menschliche Existenz übertragen? Gewiß nur mutatis mutandis. *Das sittlich verantwortete Leben eines Menschen zieht seine Spuren. In ihm gewinnt der einzelne und gewinnen Paare ihr unverwechselbares Gesicht.* In dem Leben eines jeden wird etwas gültig, dies um so mehr, als in ihm – dies ist ein theologischer Grundgedanke – sich die von Gott kommende Bejahung realisiert. In ihr ist der „creator spiritus" wirksam, schöpferische Kraft, die in unendlichen Variationen des einen Themas Endgültiges entstehen läßt: „Die Liebe hört niemals auf." (1 Kor 13,8) sagt Paulus.

Darum wird der *Hauptakzent einer theologisch verantworteten Sexualethik dort liegen müssen, wo über Bedingungen dieser Kreativität nachgedacht wird.* Je mehr hier erreicht wird, um so weniger dringlich sind die Normsetzungen. Sie werden nie überflüssig werden; aber sie sollten dazu dienen, den Blick für die durch sie zu schützenden Werte offenzuhalten. Es ist deutlich geworden, daß die Ebene der Sinnvermittlung die konkreter kulturgestaltender Gemeinschaft ist. Dem entspricht in der Praxis einer vom

Glauben bestimmten Kultur: Zwischen der Kreativität der einzelnen und dem Fortschritt des Glaubens in einer Gemeinde müßte es wechselseitige fruchtbare Beziehungen geben. Der einzelne braucht plastisch wahrnehmbare Vorgaben seiner Wertorientierung – menschliche Kreativität entwickelt sich nie ohne „Vorgaben" – , die Gemeinde braucht anschaubare Modelle der Lebensverwirklichung, an denen wahrgenommen werden kann, wie der Geist der Liebe zur Erfüllung führen kann. Aber sie wird immer wieder auch aus dem Reservoir der eigenen Quellen aktualisierend vermitteln, was der Glaube an Sinnvorgaben bieten kann. „Worauf es eigentlich ankommt", kann uns niemand besser sagen als der Apostel Paulus:

„Ich zeige euch jetzt noch einen anderen Weg, einen, der alles übersteigt:
Wenn ich in den Sprachen der Menschen und Engel redete, hätte aber die Liebe nicht, wäre ich dröhnendes Erz oder eine lärmende Pauke.
Und wenn ich prophetisch reden könnte und alle Geheimnisse wüßte und alle Erkenntnis hätte; wenn ich alle Glaubenskraft besäße und Berge damit versetzen könnte, hätte aber die Liebe nicht, wäre ich nichts.
Und wenn ich meine ganze Habe verschenkte, und wenn ich meinen Leib dem Feuer übergäbe, hätte aber die Liebe nicht, nützte es mir nichts.
Die Liebe ist langmütig, die Liebe ist gütig. Sie ereifert sich nicht, sie prahlt nichtd, sie bläht sich nicht auf.
Sie handelt nicht ungehörig, sucht nicht ihren Vorteil, läßt sich nicht zum Zorn reizen, trägt das Böse nicht nach.
Sie freut sich nicht über das Unrecht, sondern freut sich an der Wahrheit.
Sie erträgt alles, glaubt alles, hofft alles, hält allem stand.
Die Liebe hört niemals auf. Prophetisches Reden hat ein Ende, Zungenrede verstummt, Erkenntnis vergeht.
Denn Stückwerk ist unser Erkennen, Stückwerk unser prophetisches Reden;
wenn aber das Vollendete kommt, vergeht alles Stückwerk.
Als ich ein Kind war, redete ich wie ein Kind, dachte wie ein Kind und urteilte wie ein Kind.
Als ich ein Mann wurde, legte ich ab, was Kind an mir war.
Jetzt schauen wir in einem Spiegel und sehen nur rätselhafte Umrisse, dann aber schauen wir von Angesicht zu Angesicht.
Jetzt erkenne ich unvollkommen, dann aber werde ich durch und durch erkennen, so wie ich auch durch und durch erkannt worden bin.
Für jetzt bleiben Glaube, Hoffnung, Liebe, diese drei; doch am größen unter ihnen ist die Liebe." (1 Kor 12,31b-13,13).

Literaturverzeichnis

Die Kurztitel und die Abkürzungen sind *kursiv* gesetzt.

Quellenschriften:

Die BIBEL wird in der Einheitsübersetzung zitiert, wenn nicht anders angegeben.

ROHRBASSER, Anton (Hg.): *Heilslehre* der Kirche. Dokumente von Pius IX. bis Pius XII. Freiburg/Schw. 1953.

UTZ, Arthur-Fridolin/GRONER, Joseph-Fulko (Hgg.): Aufbau und Entfaltung des gesellschaftlichen Lebens. Soziale Summe PIUS XII. Freiburg Schw. Bd. I u. II 1954; Bd. III 1960 (Abkürzung: *UG* mit Randnummer).

Die Texte des ZWEITEN VATIKANISCHEN KONZILS werden nach folgenden Ausgaben zitiert: RAHNER, Karl/VORGRIMLER Herbert (Hgg.): Kleines Konzilskompendium. Sämtliche Texte des Zweiten Vatikanums mit Einführungen und ausführlichem Sachregister. Freiburg i. Br. 1966; Ausgabe des Vaticanum II in der Reihe des LThK. Freiburg/Basel/Wien 1966-68. Einzelne Verlautbarungen des Konzils wurden mit den lateinischen Anfangsworten der Dekrete und Konstitutionen bzw. deren Anfangsbuchstaben zitiert.

CODEX JURIS CANONICI von 1917. Ed. Typis polyglottis Vaticanis 1965.

CODEX DES KANONISCHEN RECHTS (*CIC*) von 1983, Lateinisch-deutsche Ausgabe. Kevelaer ²1984.

PAUL VI.: Enzyklika „Humanae vitae" über die rechte Ordnung der Weitergabe des menschlichen Lebens (Nachkonziliare Dokumentation Bd. 14). Trier 1968 (Abkürzung: *HV*).

PAUL VI.: Enzyklika über den priesterlichen Zölibat (Nachkonziliare Dokumentation Bd. 8). Trier 1968 (Abkürzung: *SC* nach „Sacerdotalis caelibatus").

RÖMISCHE BISCHOFSSYNODE 1971: Der priesterliche Dienst. Gerechtigkeit in der Welt. Hg. von der DBK. Trier 1972.

JOHANNES PAUL II: Dem Leben in Liebe dienen. Apostolisches Schreiben über die Aufgaben der christlichen Familie in der Welt von heute. Freiburg/Basel/Wien 1982 (Abkürzung: *FC*).

JOHANNES PAUL II: Enzyklika Veritatis splendor über einige grundlegende Fragen der kirchlichen Morallehre, Vatikanstadt 1993 (Abkürzung:*VS*).

KONGREGATION FÜR DIE GLAUBENSLEHRE: „Persona humana" vom 29. 12. 1975. Erklärung zu einigen Fragen der Sexualethik.(Kirche konkret) Würzburg o.J. abgekürzt: *PH*.

KONGREGATION FÜR DAS KATHOLISCHE UNTERRICHTSWESEN: *Leitgedanken* für die Erziehung zum priesterlichen Zölibat. Trier 1976.

KATECHISMUS DER KATHOLISCHEN KIRCHE. München 1993 (*KKK*).

GEMEINSAME SYNODE DER BISTÜMER IN DER BUNDESREPUBLIK DEUTSCHLAND. Offizielle Gesamtausgabe I/II mit Ergänzungsband. Freiburg/Basel/Wien 1977 (Abkürzung: *GSyn*).

DIÖZESANSYNODE HILDESHEIM. Kirche und Gemeinde. *Hildesheim* 1990

Sekundärliteratur:

AKASHE-BÖHME, Farideh: *Selbstbestimmung* an der Grenze der Natur. In: Konnertz, Ursula (Hrsg.): Grenzen der Moral (Ansätze feministischer Vernunftkritik 4). Bonn 1991, 13-27.

ALLENSBACHER Archiv, Internationale Werte-Studie, 1981/82.

ALTECK, THOMAS: Der *Mißbrauch* des Mißbrauchs. Ein Vater wehrt sich gegen den Verdacht der sexuellen Kindesmißhandlung (Herder Spektrum 4299). Freiburg/Basel/Wien 1994.

ARISTOTELES: Nikomachische Ethik (*NE*) (Werke in deutscher Übersetzung 6). In der Übersetzung von Franz Dirlmeier. Darmstadt 1969.

AUER Alfons/STRÄTLING, Barthold: Gibt es eine *menschenfreundliche Sexualmoral*? Das interdisziplinäre Gespräch. Puchberger Arbeitsblätter o.J.

BA, Mariama: *Ein so langer Brief*. Ein afrikanisches Frauenschicksal (Ullstein 30142). Frankfurt/M u.a. 1985.

BAADER, Franz von: Sätze aus der erotischen *Philosophie* und andere Schriften. Hg. Kaltenbrunner, Gerd-Klaus (Insel-Tb 1320). Frankfurt/Leipzig 1991.

BACHMANN, Christina: *Religion* und Sexualität. Die Sehnsucht nach Transzendenz. Stuttgart/Berlin/Köln 1994.

BADINTER, Elisabeth: *Ich bin Du*. Die neue Beziehung zwischen Mann und Frau oder Die androgyne Revolution. München 1987.

BARTHOLOMÄUS, Wolfgang: *Masturbation* im Jugendalter: krankmachendes Laster oder schwere Sünde – Übergangserscheinung oder eigenwertige Erfahrung? Tendenzen in Vergangenheit und Gegenwart. In: Kluge, Norbert (Hrsg.): *Jugendsexualität* DIPA. Frankfurt/M 1990. 138-151.

BARTHOLOMÄUS, Wolfgang: *Lust aus Liebe*. Die Vielfalt sexuellen Erlebens. München 1993.

BAUDLER, Georg: *Gott und Frau*. Die Geschichte von Gewalt, Sexualität und Religion. München 1991.

BAUMANN, Urs: Die Ehe – ein *Sakrament*? Zürich 1988

BAUMGARTNER, Michael: *Gleichheit und Verschiedenheit* von Mann und Frau in philosophischer Perspektive. In: Luyten: Geschlechtlichkeit, 271-300.

BEAUVOIR, Simone de: *Das andere Geschlecht*. Sitte und Sexus der Frau. Hamburg 1985.

BEBEL, August: *Die Frau und der Sozialismus*. Berlin ^{62}1975.

BECK, Heinrich/RIEBER, Arnulf: *Anthropologie und Ethik* der Sexualität. Zur ideologischen Auseinandersetzung um körperliche Liebe (Salzburger Studien zur Philosophie 13). München/Salzburg 1982.

BECK, Ulrich/BECK-GERNSHEIM, Elisabeth: *Das* ganz normale *Chaos der Liebe* (suhrkamp tb 1725). Frankfurt 1990.

BECKER, Klaus M.: *Liebe* – und tu, was Du willst. In: Müller, M., Kirche, 73-88.

BEIER, P.: *Du – wir*. Über die Ehe. Gütersloh 1978.

BEINERT, Wolfgang (Hg.): Braucht Liebe (noch) die *Ehe*? Regensburg 1988.

BEIRER, Selbst Werden in Liebe. Eine Begründung christlicher Ethik im interdisziplinären Dialog (Dissertationen theologische Reihe Bd. 29). St. Ottilien 1988.

BERGER, Klaus: Über die *Gesetzesauslegung* Jesu. Teil 1: Mk und parr. Neukirchen Vluyn 1972.

BERGMANN, Anna: Die *verhütete Sexualität*. Die Anfänge der modernen Geburtenkontrolle. Hamburg 1992.

BERNSDORF, Wilhelm (Hg.): *Wörterbuch* der Soziologie, Bd. 1-3, (Fischer Tb 6131-6133). Frankfurt 1972.

BERNT, Dietmar: Konfliktfeld *Sexualerziehung* in der Schule (Familie in Kirche, Gesellschaft und Staat). Frankfurt 1983.

BERZON, Betty, Ph.D.: *Permanent Partners*. Building Gay & Lesbian Relationships That Last. New York u.a., 1990.

BLEIBTREU-EHRENBERG, Gisela: *Transsexualität*. Ethnosoziologische und ethnomethodologische Perspektiven eines Problems der Selbstidentifikation. In: Gindorf/Haeberle, 161-178.

BLESKE, Elisabeth: *Konfliktfeld* Ehe und Christliche Ethik. München 1981.

BÖCKLE, Franz (Hg.): *Menschliche Sexualität* und kirchliche Sexualmoral. Ein Dauerkonflikt? (Schriften der katholischen Akademie in Bayern, Bd. 77). Düsseldorf 1977.

BÖCKLE, Franz: *Sexualität* und Moral. In: Kluge, Handbuch, 205-219.

BÖHM, Winfried/LINDAUER, Martin: *Mann und Frau* – Frau und Mann. Hintergründe, Ursachen und Problematik der Geschlechterrollen (Fünftes Würzburger Symposium der Universität Würzburg). Stuttgart/Düsseldorf/Berlin/Leipzig 1992.

BÖKMANN, Johannes (Hg.): Befreiung vom objektiv Guten? Vom verleugneten Desaster der Antikonzeption zum befreienden Ethos. Vallendar-Schönstatt 1982.

BÖLLINGER, Lorenz: Die *Strafbarkeit* der Homosexualität – eine Überprüfung aus kriminologischer Sicht. In: Jäger/Schorsch, Strafrecht.

BOLZ, Annette: Sex im *Gehirn*. Neurophysiologische Prozesse in der Sexualität. Südergellersen 1992.

BORNEMANN, Ernest (Hg.): Ullstein *Enzyklopädie* der Sexualität. Frankfurt 1990.

BOURS, Johannes: Von naturaler zu christlicher Meditation. In: Lebendige Seelsorge 18 (1967), 238-244.

BRANDEN, Nathaniel: *Liebe* für ein ganzes Leben. Psychologie der Zärtlichkeit (Sachbuch rororo 6867). Reinbeck 1993.

BRAULIK, Georg: *Deuteronomium II* (NEB). Würzburg 1992.

BROWN, Peter: Die *Keuschheit der Engel*. Sexuelle Entsagung, Askese und Körperlichkeit am Anfang des Christentums. München/Wien 1991.

BRUNS, Manfred: *Selbstbewußt schwul* in der Kirche? in: Rauchfleisch (Hg.), Homosexuelle Männer, 87-108.

BSTEH, Irmgard: *Interviews* mit Wiener Jugendlichen: Angebot Sexualität. Erlebtes und Beobachtetes. München 1978.

BUBER, Martin/ROSENZWEIG, Franz: Die Fünf *Bücher der Weisung* (Die Schriftwerke 1). Köln/Olten 1954.

BUNDESMINISTERIUM FÜR FAMILIE UND SENIOREN [Studie im Auftrag des]: Optionen der *Lebensgestaltung* junger Ehen und Kinderwunsch (Verbundstudie). (Schriftenreihe Bd. 9). Stuttgart/Berlin/Köln 1992.

BUNDESMINISTERIUM FÜR WIRTSCHAFTLICHE ZUSAMMENARBEIT: *Tourismus* in Entwicklungsländern (Entwicklungspolitik Materialien 88). Bonn 1993.

BÜNTIG, Wolf E.: Das Werk von *Wilhelm Reich* und seinen Nachfolgern. In: Eicke, Dieter (Hrsg.): *Tiefenpsychologie 3:* Die Nachfolger Freuds (Kindlers Psychologie des 20. Jahrhunderts). Weinheim/Basel 1982, 254-293.

CAFFARRA, Carlo: La Competenza del *Magistero* nell' ‚insegnamento di norme morali determinate‘. In: Anthropotes. Rivista di Studi sulla Persona e la Famiglia 4 (1988), 8-23.

CAMUS, Albert: *Der Fremde* (rororo 432). Hamburg 1957.
The CATHOLIC SOCIETY OF AMERICA: *Human Sexuality*. New Directions in American Catholic Thought. New York 1979.

DANNECKER, Martin/REICHE, Reimut: *Der gewöhnliche Homosexuelle*. Frankfurt 1974.
DANNECKER, Martin: *Menschenbild* und Sexualwissenschaft. Bemerkungen zu einem verschleierten Verhältnis. In: Sigusch, Sexualität und Medizin, 62-78.
DANNECKER, Martin: Das Drama der *Sexualität*. (Die weiße Reihe). Frankfurt 1987.
DANNECKER, Martin/SIGUSCH, Volkmar (Hgg.): Sexualtheorie und *Sexualpolitik*. Ergebnisse einer Tagung. (Beiträge zur Sexualforschung, 59). Stuttgart 1984.
DANNHAUER, Heinz: *Geschlecht und Persönlichkeit*. Eine Untersuchung zur psychischen Geschlechtsdifferenzierung in der Ontogenese. Berlin 1973.
DEMMER, Klaus: Die *Lebensentscheidung*. Paderborn 1974.
DEMMER, Klaus: *Deuten und handeln*. Grundlagen und Grundfragen der Fundamentalmoral (Studien zur theologischen Ethik 15). Freiburg/Fribourg 1985.
DEMMER, Klaus: *Voreheliche Enthaltsamkeit*. Erwägungen zu einem pastoralen Notstand. In: Theologie der Gegenwart 31 (1988), 237-245.
DEMMER, Klaus: *Natur und Person*. Brennpunkte gegenwärtiger moraltheologischer Auseinandersetzung. In: Fraling, Bernhard (Hg.): Natur im ethischen Argument (Studien zur theologischen Ethik 31). Freiburg (Schweiz)/ Freiburg/Wien 1990
DENZLER, Georg: Die verbotene *Lust*. 2000 Jahre christliche Sexualmoral. München/Zürich ²1988.
DESSAUER, Philipp, Die naturale *Meditation*. München 1961.
DICKERHOFF, Heinrich: „Daß wir *Zärtlichkeit* nicht gottlos nennen." Zur Versöhnung von Christentum und Sexualität. Würzburg 1989.
DÖRNER, Klaus: *Sexuelle Partnerschaft* in der Industriegesellschaft. In: Giese, H. (Hrsg.): *Sexualität* des Menschen. Handbuch der medizinischen Sexualforschung. Stuttgart ²1971, 171-190.
DOMS, Herbert: Vom Sinn und Zweck der *Ehe*. Breslau 1935.
DOMS, Herbert: *Gatteneinheit* und Nachkommenschaft. (Walberberger Studien. Theologische Reihe 2). Mainz 1965.
DREWERMANN, Eugen: *Strukturen* des Bösen 1. Paderborn 1977.
DREWERMANN, Eugen: Zur Frage der moraltheologischen Beurteilung bestimmter *Formen sexuellen Fehlverhaltens*. In: Theologie und Glaube 69 (1979), 191-202. Auch abgedruckt in: Drewermann: Wege, 162-225.
DREWERMANN, Eugen: Psychoanalyse und Moraltheologie. Band 2: *Wege* und Umwege der Liebe. Mainz 1983.
DUNDE, Siegfried Rudolf (Hg.): Handbuch *Sexualität*. Weinheim 1992.
DUX, Günter: *Geschlecht* und Gesellschaft. Warum wir lieben. Frankfurt 1994.

EIBL-EIBESFELD, Irenäus: *Liebe und Haß*. Zur Naturgeschichte elementarer Verhaltensweisen. München 1970.
EIFF, August Wilhelm von: *Dialog Medizin* – Theologie eine Utopie? In: Hünermann: Lehramt, 64-79.
EILERT, Heiderose: West-Östlicher *Divan*. Gedichtszyklus von Johann Wolfgang von Goethe, In: Kindlers Literaturlexikon, Bd. VII, 10200-10202. Zürich 1981.
ELL, Ernst: Dynamische *Sexualmoral*. Zürich/Einsiedeln/Köln 1972.

ELSÄSSER, Antonellus: Die sittliche Ordnung des Geschlechtlichen (Der Christ in der Welt. Reihe VIII, Bd 5c). Aschaffenburg 1973.

EMEIS, Dieter: Die *Ehe* christlich leben. Freiburg 1980.

EMEIS, Dieter: Des Lebens Ruf heißt Liebe. Liebe, Ehe, Partnerschaft (Herder-Tb 1756). Freiburg 1992.

ERDHEIM, Mario: Über die vielseitige Verwendung der Sexualität in der *Wissenschaft*. In: Sexualität, 23-38.

ERIKSON, Erik: *Einsicht und Verantwortung*. Die Rolle des Ethischen in der Psychoanalyse. (Fischer Tb. 6089). Frankfurt 1971.

ERNEUERUNG in Kirche und Gesellschaft, Heft 6, 1979.

EYSENCK, Hans Jürgen: *Sexualität und Persönlichkeit*. Wien 1976.

EYSENCK, Hans Jürgen: Das *Partnerbuch*. Anleitung zum Glücklichsein. München 1983.

FASSBINDER, Franz: Spiegel der Seele. Münster [4]1946.

FEUERSTEIN, Georg: Gott und die *Erotik*. Spirituelle Dimensionen der Sexualität (Kaur-Sachbuch 77047). München 1993.

FINK-EITEL, Hinrich: Michels *Foucaults „Sexualität und Wahrheit“* im Spiegel neuerer Sekundärliteratur. In: Philosophisches Jahrbuch 79 (1990), 367-390.

FONK, Peter: *Transformation* der Dialektik. Grundzüge der Philosophie Arnold Gehlens (Studien zur Anthropologie, Bd. 7). Würzburg 1983.

FORSTER, Karl: Möglichkeiten einer Bußordnung für wiederverheiratete Geschiedene. Erwägungen zur Neuinterpretation eines pastoralen Weges für eine Zulassung zu den Sakramenten. In: *Herderkorrespondenz* 34 (1980), 462-468.

FOUCAULT, Michel: *Sexualität und Wahrheit*. Frankfurt 1977.

FOUCAULT, Michel: Der Kampf um die *Keuschheit*. In: ARIÉS, Philippe/BEJIN, André (Hrsg.): Die Masken des Begehrens und die Metamorphosen der Sinnlichkeit. Zur *Geschichte der Sexualität* im Abendland. Frankfurt/M [2]1984, 25-39.

FRALING, Bernhard: Zur Problematik der *Unterscheidung* von schwerer und leichter Sünde. In: Fraling, Bernhard: Vermittlung und Unmittelbarkeit. Beiträge zu einer existentialen Hermeneutik. Hg. Alkofer, Andreas-P. (Studien zur theologischen Ethik 59) Freiburg Schw./Freiburg/Wien 1994, 376-384.

FRALING, Bernhard: *Existentialethik* im Zeichen der Exerzitieninterpretation. In: Vorgrimler, Herbert (Hrsg.): *Wagnis Theologie*. Erfahrungen mit der Theologie Karl Rahners. Freiburg/Basel/Wien 1979, 61-81.

FRALING, Bernhard: Ethische *Bewertung* der Beziehung von Mann und Frau? Ihre Möglichkeiten und Grenzen. In: Böhm/Lindauer, Mann und Frau, 214-236.

FRALING, Bernhard: *Hypertrophie* lehramtlicher Autorität? Zur Frage der Zuständigkeit des Lehramtes aus moraltheologischer Sicht. In: Hünermann, Lehramt, 95-129

FRALING, Bernhard: *Freiheit* und Gesetz. Gedanken zur Enzyklika „Veritatis splendor“. In: Mieth, „Veritatis splendor“, 129-143.

FREEMAN, Derek: *Liebe ohne Aggression*. Margret Meads Legende von der Friedfertigkeit der Naturvölker. München 1983.

FREUD, Sigmund: Vorlesungen zur *Einführung* in die Psychoanalyse Und Neue Folge. Studienausgabe I; herausgegeben von Mitscherlich, Alexander/Richards, Angela/Strachey, James. Frankfurt/M 1969.

FREUD, Sigmund: *Sexualleben*. Studienausgabe V; herausgegeben von Mitscherlich, Alexander/Richards, Angela/Strachey, James. Frankfurt/M 1972.

FREUD, Sigmund: Das *Unbehagen* in der Kultur. In: Studienausgabe IX; herausgegeben von MITSCHERLICH, Alexander/RICHARDS, Angela/STRACHEY, James. Frankfurt/M 1974, 191-270.

FREUD, Sigmund: Jenseits des *Lustprinzips*. In: Studienausgabe III; herausgegeben von Mitscherlich, Alexander/Richards, Angela/Strachey, James. Frankfurt/M 1975.

FRIED, Erich: *Gesammelte Werke*. Gedichte 3. Berlin 1993.

FRITZSCHE, Helmut: *Freiheit* und Verantwortung in Liebe und Ehe. Zur Theologie der Partnerbeziehungen. Berlin 1983.

FROMM, Erich: *Die Kunst des Liebens*. (Weltperspektiven; Ullstein Buch 258). Frankfurt/Berlin/Wien 1956 .

FUCHS, Josef: Die *Sexualethik* des Thomas von Aquin. Köln 1949.

FURGER, Franz: Ethik der *Lebensbereiche*. Entscheidungshilfen. Freiburg/Basel/Wien 1985.

GAGERN, Freiherr Friedrich von: *Geburtenregelung* und Gewissensentscheid. Dokumente der Päpstlichen Ehekommission [2]1968.

GANOCZY, *Einführung* in die Sakramentenlehre. Darmstadt 1979.

GEHLEN, Arnold: Der *Mensch*. Seine Natur und seine Stellung in der Welt. Wiesbaden [13]1986.

GERL, Hanna-Barbara: Wider das Geistlose im *Zeitgeist*. 20 Essays zu Religion und Kultur. München [2]1993.

GERL, Hanna-Barbara: Liebe und *Geschlechtlichkeit* – Herausforderung an die Einheit der Person. In: Person Ehe Geschlechtlichkeit. Anthropologische Grundlagen der Ehemoral (Sinn und Sendung Bd. 3). St. Ottilien 1990.

GERSTENBERGER, Erhard S.: Herrschen oder *leben*. In: Jeremias, Jörg /Perlitt, Lothar (Hrsg.): Die Botschaft und die Boten. Festschrift für Hans Walter Wolff. Neukirchen Vluyn 1981, 335-347.

GIDDENS, Anthony: Wandel der *Intimität*. Sexualität, Liebe und Erotik in modernen Gesellschaften (Fischer Tb. 11833). Frankfurt 1993.

GIESE, Hans: *Der homosexuelle Mann* in der Welt (Geist und Psyche, Kindler Tb 2083). München o.J.

GINDORF, Michael/HAEBERLE, Erwin J.: *Sexualität* als sozialer Tatbestand. Theoretische und empirische Beiträge zu einer Soziologie der Sexualitäten (Schriftenreihe Sozialwissenschaftliche Sexualitätsforschung Bd. 1). Berlin/New York 1986.

GOETHE, Johann Wolfang: Sämtliche *Gedichte* (Sämtliche Werke 1) hg. von BEUTLER, Ernst. Zürich/München [2]1977.

GOETHE, Johann Wolfgang: West-östlicher *Divan* (Sämtliche Werke 3) hg. von BEUTLER, Ernst. Zürich/München [2]1977.

GÖDTEL, Reiner: Sexualität und *Gewalt*. Hamburg 1992.

GOFFMAN, Irving: *Interaktion* und Geschlecht. Hg. Knoblauch, Hubert A. Frankfurt/New York 1994.

GÖRRES, Albert: Psychologische Bemerkungen zur *Sexualethik*. In: Böckle: Menschliche Sexualität, 9-32.

GÖTTNER-ABENDROTH, Heide: Das *Matriarchat I*. Geschichte seiner Erforschung. Stuttgart/Berlin/Köln [2]1989.

GORSCHENEK, Günter (Hg): *Grundwerte* in Staat und Gesellschaft (Becksche Schwarze Reihe, Bd. 156). München 1977.

GREELEY, Andrew: *Erotische Kultur*. Wert und Würde der Sexualität. Graz/Wien/Köln 1977.

GREELEY, Andrew: *Sexualität*, Phantasie und Festlichkeit. Graz/Wien/Köln 1978.
GRIESL, Gottfried: *Pastoralpsychologische Studien*. Insbruck/Wien/München 1966.
GROSS, Alexander/PFÜRTNER, Stephan (Hgg.): Sexualität und *Gewissen*. Mainz 1973.
GRUBER, Hans-Günter: *Christliche Ehe* in moderner Gesellschaft. Entwicklung – Chancen – Perspektiven, Freiburg/Basel/Wien 1994.
GRÜN, Anselm: *Ehelos* – des Lebens wegen (Münsterschwarzacher Kleinschriften 58) Münsterschwarzach 1989.
GRÜNDEL, Johannes: *Keuschheit*. In: Stoeckle, Bernhard (Hrsg.): Wörterbuch Christlicher Ethik (Herder Tb. 533). Freiburg/Basel/Wien. 1975, 155-157.
GRÜNDEL, Johannes: Die *Zukunft* der christlichen Ehe. Erwartungen, Konflikte, Orientierungshilfen. München 1978.
GRÜNDEL, Johannes: Haben *Homosexuelle* Heimat in der Kirche? In: Rauchfleisch: Homosexuelle Männer, 40-64.
GUINDON, André: The Sexual *Language*. An Essay in Moral Theology. Ottawa 1976.
GUINDON, André: The *Sexual Creators*. An Ethical Proposal for Concerned Christians. Lanham/New York/London 1986.

HAACKER, Klaus: Exegetische Gesichtspunkte zum Thema *Homosexualität*. In: Theologische Beiträge 25 (1994), 173-180.
HAAG, Herbert/ELLIGER, Katharina: „Stört nicht die Liebe". Die Diskriminierung der *Sexualität* – ein Verrat an der Bibel. Olten/Freiburg Brsg. ^{2}1986.
HALTER, Hans: *Bibel* und Sexualität. In: Ziegler/Halter/Camenzind-Weber/Mieth: Sexualität, 9-27.
HAMER, Dean H./HU, Stella/MAGNUSON, Victoria L./HU, Nan/ PATTATUCCI, Angela M.L.: A Linkage between DNA Markers on the X Chromosome and Male Sexual Orientation. In: Science, 261 (1993) 321-327.
HAMER, Dean H./LEVAY, Simon: Evidence for a Biological Influence in Male Homosexuality. In: Scientific American, May 1994, 20-25.
HÄRING, Bernhard: Das *Gesetz Christi*. Moraltheologie. Bd. 3. Freiburg/Basel/ Wien ^{6}1961.
HÄRING, Bernhard: *Frei in Christus*. Moraltheologie für die Praxis des christlichen Lebens. Bd. 2: Der Weg des Menschen zur Wahrheit und Liebe. Freiburg/ Basel/Wien. 1980.
HÄRING, Bernhard: *Ausgweglos*? Zur Pastoral bei Scheidung und Wiederverheiratung. Ein Plädoyer. Freiburg/Basel/Wien 1989.
HARK, Helmut (Hrsg.): Lexikon Jungscher Grundbegriffe. Olten 1988.
HASSENSTEIN, B.: *Das spezifisch Menschliche* nach den Resultaten der Verhaltensforschung. In: Hess, Eckhard (Hrsg.): Neue Anthropologie. Bd. 2: Biologische Anthropologie, 2. Teil. Stuttgart 1972, 60-97.
HEGEL, Georg Wilhelm F.: Entwürfe über *Religion und Liebe*. In: Frühe Schriften (Theorie-Werkausgabe, Bd. 1). Frankfurt/M 1971, 239-254.
HELLER, Andreas: *Zusammenleben* von Mann und Frau. Kirche und Nichteheliche Lebensgemeinschaften. Wien/Klagenfurt 1989.
HEPP, Hermann: *Empfängnisregelung* aus ärztlicher Sicht. In: Hünermann: *Lehramt*, 80-94.
HERTZ, D. G./MOSINSKI, H.: *Psychosomatik* der Frau. Berlin/Heidelberg/ New York 1979.
HESS, Eckhard H.: *Prägung*. Die frühkindliche Entwicklung von Verhaltensmustern bei Mensch und Tier. München 1975.

HETTLAGE, Robert: *Familienreport*. Eine Lebensform im Umbruch. München 1992.

HIGHWATER, Jamake: *Sexualität und Mythos*. Olten/Freiburg (Brsg.) 1992.

HOMEYER, Josef: Hirtenbrief vom 28.12. 1988 in Briefform an die Diözese, S. 6, veröffentlicht im Kirchlichen Amtsblatt Hildesheim Nr. 2/1989, S. 29.

HÖVER, Gerd: *Normative Interessen* der Kirche in Fragen der Sexualität und Sexualethik. In: *Ziebertz*: Wertpluralismus, 10-21.

HOSSFELD, Frank-Lothar: *Leib und Geschlechtlichkeit*. Aspekte einer biblischen Anthropologie. In: Hünermann, Peter (Hrsg.): Lehramt und Sexualmoral (Schriften der Katholischen Akademie in Bayern 137). Düsseldorf 1990, 11-26.

HUMAN SEXUALITY. New Direction in American Catholic Thaught. Hg. von: The Catholic Theological Society of America. New York 1979.

HÜNERMANN, Peter (Hg.): *Lehramt* und Sexualmoral (Schriften der Katholischen Akademie in Bayern 137). Düsseldorf 1990.

IMMELMANN, Klaus/SCHERER, Klaus R. / VOGEL, Christian / SCHMOOCK, Peter: *Psychobiologie*. Grundlagen des Verhaltens. Stuttgart/New York 1988.

IRIGARAY, Luce: Ethik der sexuellen *Differenz* (edition suhrkamp Neue Folge 362). Frankfurt 1991.

JÄGER, Herbert/SCHORSCH, Eberhard (Hgg.): Sexualwissenschaft und *Strafrecht* (Beiträge zur Sexualforschung 62). Stuttgart 1987.

JOSUTTIS, Manfred: Gottesliebe und Lebenslust. *Beziehungsstörungen* zwischen Religion und Sexualiltät. Gütersloh 1994.

JUNG, Carl Gustav: Der Mensch und seine Symbole. Olten [10]1979.

JUNG, Carl Gustav: Instinkt und Unbewußtes. In: Heusser, Hans: Instinkte und Archetypen (Wege der Forschung, 80). Darmstadt 1976, 12-22.

KANT, Immanuel: Die *Grundlegung* zur Metaphysik der Sitten. In: Studienausgabe Bd. VI, hg. von Weischedel, Wilhelm. Darmstadt 1968.

KANT, Immanuel: Die *Metaphysik* der Sitten. In: Studienausgabe Bd. VII, hg. von Weischedel, Wilhelm. Darmstadt 1968.

KAUFMANN, Franz Xaver: Die *Ehe* in sozialanthropologischer Sicht. In: Böckle; Franz (Hrsg.): Das *Naturrecht* im Disput. Düsseldorf 1966, 15-60.

KEANE, Philipp S.: *Sexual Morality*. A Catholic Perspective. New York/Toronto 1977.

KEMP, Friedhelm: Deutsche *Liebesdichtung*. Aus achthundert Jahren. München 1960.

KENTLER, Helmut: Brauchen wir eine neue *Sexualmoral*? In: Medien- und Sexualpädagogik 4 (1976) Heft 1, 38.

KHOURY, Adel Theodor/HAGEMANN, Ludwig/HEINE, Peter: *Islamlexikon*. Band 1. Freiburg i.Br. 1991.

KIMMINICH, Otto (Hg.): Was sind *Grundwerte*? Zum Problem ihrer Inhalte und ihrer Begründung. (Schriften der Katholischen Akademie in Bayern, Bd. 80). Düsseldorf 1977.

KLAUCK, Hans-Josef: *1. Korintherbrief* (Neue Echterbibel 7). Würzburg 1984.

KLAUS, Georg/BUHR, Manfred (Hrsg.): *Philosophisches Wörterbuch* der DDR. Leipzig [10]1974.

KLEBER, Karl-Heinz: *De parvitate* materiae in sexto. Ein Beitrag zur Geschichte der katholischen Moraltheologie (Studien zur Geschichte der Kath. Moraltheologie 18). Regensburg 1971.

KLEINDIENST, Eugen: *Partnerschaft* als Prinzip der Ehepastoral. Zur Fundierung eines Leitbildes für das kirchliche Handeln in kritischer Auseinandersetzung mit emanzipatorischen Partnerschaftskonzepten. Würzburg 1982.

KLÖCKER, Michael/TWORUSCHKA, Udo: *Sexualität* (Ethik der Religionen – Lehre und Leben 1). München/Göttingen 1984.

KLOMPS, Heinrich: *Ehemoral* und Jansenismus. Ein Beitrag zur Überwindung des sexualethischen Rigorismus. Köln 1964.

KLUGE, Norbert (Hg.): *Handbuch* der Sexualpädagogik. Band I. Düsseldorf 1984.

KOCH, Günter: Die *Ehe* des Christen. Lebensform und Sakrament. Mit einem Beitrag von BREUNING, Wilhelm: Unauflöslichkeit der Ehe und Geschiedenenpastoral (Buchreihe: Theologie im Fernkurs, Bd. 9). Freiburg/Basel/Wien 1981.

KON, Igor S.: Einführung in die *Sexologie*. Köln 1985.

KÖNIG, René: Die *Familie* in der Gegenwart. München [2]1977.

KOLNAI, Aurel: *Sexualethik*. Sinn und Grundlagen der Geschlechtsmoral. Paderborn 1930.

KOSNIK, Anthony/CARROL, William/CUNNINGHAM, Agnes/MODRAS, Ronald/SCHULTE, James: *Masturbatio*n. In: Curran, Charles / McCormick, Richard A. (Hrsg.): Dialogue about Catholic sexual teaching (Readings in moral theology Nr. 8). New York 1993, 349-360.

KORFF, Wilhelm: Wie kann der *Mensch* glücken? Perspektiven der Ethik. München 1985.

KRAFFT-EBING, R.: *Psychopathia* sexualis (1886). Mit besonderer Berücksichtung der konträren Sexualempfindung. Eine medizinisch-gerichtliche Studie für Ärzte und Juristen. München 1984.

KRAMER, Hans: Unwiderrufliche *Entscheidungen* im Leben des Christen. Paderborn 1974.

KRAMER, Hans: *Ehe* war und wird anders. Düsseldorf 1982.

KRINETZKI, Günter: *Hoheslied* (Neue Echterbibel). Würzburg 1980.

KUHN, Helmut: *Liebe*. München 1975.

LANGEMEYER, Georg: Als *Mann und Frau* leben. Biblische Perspektiven der Ehe (Reihe Christliche Lebenshilfe). Zürich/Einsiedeln/Köln 1984.

LANGEWELLPOTT, C.: *Familie*, *Ehe* II,2. In: Historischen Wörterbuch der Philosophie II, 901-902.

LAPLANCHE, J./PONTALIS, J.-B.: Das Vokabular der *Psychoanalyse* (stw 7). Frankfurt 1973.

LAUN, Andreas: *Doppelte Pastoral* in der einen Kirche? Stellungnahme zum Dokument der Oberrheinischen Bischöfe über die Seelsorge an Geschiedenen. In: Theologisches 15 (1994), 34-40.

LAUN, Andreas: Liebe, *Ehe* und Partnerschaft aus der Sicht der katholischen Kirche. In: Müller: Kirche, 323-365.

LAUSTER, Peter: Die *Liebe*. Psychologie eines Phänomens (Sachbuch rororo 7677). Reinbeck 1984.

LEHMANN, Karl: *Hirtenbrief* zum Problem nichtehelicher Lebensgemeinschaften und christliche Ehe. Zitiert nach der Ausgabe in Pastorales Forum für die Seelsorge im Erzbistum München-Freising, H 2/1984.

LEHMANN, Karl: *Glauben bezeugen*, Gesellschaft gestalten. Reflexionen und Positionen. Freiburg/Basel/Wien 1993.

LERSCH, Philipp: *Aufbau* der Person. München [10]1966.

LEVAY, Simon: A Difference in Hypothalamic Structure between Heterosexual and Homosexual Men. In: Science 253 (1991), 1034-1037.

LINDNER, Michael: *Homosexuelle* in der Institution Bundeswehr, In: Gindorf/ Haeberle: Sexualität, 211-232.

LISS, Bernhard: Ehe-*Inventur*. Eine Bilanz nach 20, 30 Jahren. Würzburg 1985.

LISSNER, Anneliese/SÜSSMUTH, Rita/WALTER, Karin (Hgg.): Frauenlexikon. Traditionen, Fakten, Perspektiven. Freiburg/Basel/Wien 1988.

LOCHT, Pierre de: *Les couples* et l'Eglise. chronique d'un témoin (Amour humain). Paris 1979.

LOEWIT, Kurt: *Geheimsprache* Sexualität. Innsbruck/Wien 1988.

LOHFINK, GERHARD: Freie Treue. Die Christen und die Ehescheidung. Freiburg/Basel/Wien 1971.

LOHFINK, Norbert: *Wachstum*. Die Priesterschrift und die Grenzen des Wachstums. In: Ders.: Unsere großen Wörter. Das Alte Testament zu Themen dieser Jahre. Freiburg/Basel/Wien 1977, 156-171.

LONDON, Pery: *Sexual Behavior*. In: Reich, Warren T. (Hrsg.): Encyclopedia of Bioethics. Bd. 4. New York/London 1978, 1560-1569.

LOOSER, Gabriel: *Homosexualität* – menschlich – christlich –moralisch. Das Problem sittlich verantworteter Homotropie als Anfrage an die normative Ethik (Europäische Hochschulschriften, Reihe XXIII Theologie Bd. 143). Bern/Frankfurt a. M. 1980.

LUHMANN, Niklas: *Liebe* als Passion. Zur Codierung von Intimität. Frankfurt 1982.

LUKESCH, Helmut: *Ehe*, nichteheliche Lebensgemeinschaft und Ehescheidung. Gesellschaftlicher Wandel und psycho-soziale Folgen. In: Beinert: Ehe, 66-93.

LUYTEN, Norbert. A. (Hrsg.): Wesen und Sinn der *Geschlechtlichkeit* (Grenzfragen, Veröffentlichungen des Instituts der Görresgesellschaft für interdisziplinäre Forschung 13). Freiburg/München 1985.

LUZ, Ulrich: Das Evangelium nach *Matthäus* (Mt 1-7; EKK I/1). 1985.

MAIER, Johann: *Zwischen den Testamenten*. Geschichte und Religion in der Zeit des zweiten Tempels (NEB-Ergänzungsband 3). Würzburg 1990.

MAISCH, Herbert: Familiäre *Sexualdelinquenz* – die neue Emotionalisierung eines alten Dramas. In: Jäger/Schorsch: Strafrecht, 84-104.

MALINOWSKI, Bronislaw: *Geschlecht und Verdrängung* in primitiven Gesellschaften (rowohlts deutsche enzyklopädie rde 139/1940). Hamburg 1962.

MARCUSE, Herbert: *Der eindimensionale Mensch* (Soziologische Texte 40). Neuwied-Berlin ²1967.

MARCUSE, Herbert: *Triebstruktur* und Gesellschaft. Ein philosophischer Beitrag zu Sigmund Freud (Eros and Civilisation, dt.). Frankfurt a. M. 1971.

MARX, Karl: *Frühe Schriften*. Band 1 und 2. Hg. von LIEBER, Hans Joachim und FURTH, Peter. Darmstadt 1978.

MARX/ENGELS: Werke. Ergänzungsband. Berlin 1974.

MASCHER, Benno: *Jochen Klepper*. In: Dichter der christlichen Gemeinde. Stuttgart ⁴1984.

MASSHOF-FISCHER, Manfred: Eheliche *Partnerschaft* und Erziehung zur Partnerschaftsfähigkeit in pastoralpsychologischer Perspektive (Europäische Hochschulschriften XXIII,303). Frankfurt/Bern/New York/Paris 1987

MASTERS, William H./JOHNSON, Virginia E.: Die *sexuelle Reaktion*. Hamburg 1980.

VON MATT, Peter: *Liebesverrat*. Die Treulosen in der Literatur (dtv 4566) ²1994.

MAURER, Mechtild: *Tourismus* Prostitution Aids (Kleine Reihe Tourismus und Entwicklung Bd. 5). Zürich 1991.

MAUNZ, Theodor/DÜRIG, Günther u.a. (Hgg.): Grundgesetz Kommentar. München 1993.

MEAD, Margaret: Mann und Weib. Das *Verhältnis der Geschlechter* in einer sich wandelnden Welt (rde 69/70). Hamburg 1970.

MERIAN, Svende: Der *Tod des Märchenprinzen*. Frauenroman (rororo 5146). Reinbek 1988.

MERTENS, Wolfgang: Entwicklung der Psychosexualität und der Geschlechtsidentität (Psychoanalytische Entwicklungspsychologie). Bd. I: Geburt bis 4. Lebensjahr. Stuttgart/Berlin/Köln ²1994; Bd. II: Kindheit und Adoleszenz, ebd. 1994.

METZ, Johann Baptist: *Leiblichkeit*. In: Handbuch theologischer Grundbegriffe, Bd. 2, Hg. Fries, Heinrich. München 1963, Bd. 2, 30-37.

METZ, Johann Baptist: Zur Theologie der *Welt*. Mainz/München ²1969.

MIETH, Dietmar: *Ehe* als Entwurf. In: Ziegler/Halter/Camenzind-Weber/Mieth: Sexualität, 78-102.

MIETH, Dietmar: Ehe als *Entwurf*. Zur Lebensform der Liebe. Mainz 1984.

MIETH, Dietmar: *Geburtenregelung*. Ein Konflikt in der katholischen Kirche (Grünewald-Reihe). Mainz 1990.

MIETH, Dietmar: Die *Kunst zärtlich zu sein*. Wege zur Sensibilität. Freiburg 1982.

MIETH, Dietmar: Das *Sakrament* der Ehe angesichts der Frage nach Glauben und Erfahrung. In: Theologische Quartalschrift 167 (1987), 95-106.

MIETH, Dietmar (Hg.): „Moraltheologie im Abseits?“ Antwort auf die Enzyklika „*Veritatis splendor*“ (Quaestiones disputatae 153). Freiburg/Basel/Wien 1994.

MILLHAGEN, Susann: Gefühle kann man nicht kaufen. Das Buch zum Thema *Jugendprostitution* (rororo 5816). Hamburg 1986.

MOSER, Tilman: *Gottesvergiftung*. Frankfurt ³1977.

MULACK, Christa: Was *Gretchen* nicht lernt. In: Nuber: Frauen, 39-58.

MÜLLER, Karl-Heinz: *Unverheiratet zusammenleben*. Sozialwissenschaftliche und anthropologisch-ethische Analyse der Nichtehelichen Lebensgemeinschaften unter besonderer Berücksichtigung der existenzanalytisch-logotherapeutischen Anthropologie. (Dissertationen. Theologische Reihe, Bd. 54). St. Ottilien 1992.

MÜLLER, Michael (Hg.): *Kirche* & Sex. Mein Körper gehört mir. Aachen 1994.

MÜLLER, Wunibald: *Homosexuelle Menschen* (Topos Tb. 177). Mainz 1988.

MÜLLER, Wunibald: *Ekstase*. Sexualität und Spiritualität. Mainz ²1993.

MÜLLER, Wunibald: Liebe und *Zölibat*. Wie eheloses Leben gelingen kann. Mainz 1994.

NOELLE-NEUMANN, Elisabeth/KÖCHER, Renate: Die verletzte *Nation*. Über den Versuch der Deutschen, ihren Charakter zu ändern. München ²1988.

NOLDIN, H./SCHMITT, A.: De *Sexto Praecepto* et de Usu Matrimonii. Barcelona ³²1951.

NOONAN, J. T.: *Empfängnisverhütung*. Geschichtliche Beurteilung in der katholischen Theologie und im kanonischen Recht. Mainz 1969.

NUBER, Ursula (Hg.): *Frauen* und Sexualität (Psychologie heute Tb.). Weinheim/Basel 1991.

OLECHOWSKI, Richard: *Familienplanung* und Sexualmoral. Wissenschaftliches Kolloquium 23. und 24. Jänner 1976. In: Jahrbuch der Wiener Kath. Akademie 25 (1976/77).

OERTEL, Ferdinand: Erstes *Echo* auf humanae vitae. Dokumentation wichtiger Stellungnahmen zur umstritten Enzyklika. Essen 1968.

OERTER, Rolf/MONTADA, Leo: *Entwicklungspsychologie*. Ein Lehrbuch. München/Wien/Baltimore [2]1987.

PACKARD, Vance: Die *sexuelle Verwirrung*. Der Wandel in den Beziehungen der Geschlechter. München 1982.

PALLAZZINI, Petrus: *Pollutio*. In: Dictionarium morale et canonicum. Bd. 3. Rom 1965.

PANKOKE-SCHENK, Monika: *Prostitution*. In: Lissner/Süssmuth/Walter (Hgg.): Frauenlexikon, 911-916.

PASCAL, Blaise: Über die Religion und über einige andere Gegenstände (*Pensées*), übertr. und hg. von Warmuth, Ewald. Heidelberg 1946.

PAUS, Ansgar (Hg.): *Werte* Rechte Normen. (Salzburger Hochschulwochen 1977). Kevelaer/Graz/Wien/Köln 1978.

PESCH, Rudolf, Das *Markusevangelium*. II. Teil (HThK II). Freiburg/Basel/Wien 1977.

PESCHKE, Karl-Heinz: Homosexualität. In: Rotter/Virt: Neues Lexikon der christlichen Moral, 340-348.

PIEPER, Annemarie: Aufstand des stillgelegten Geschlechts. *Einführung* in die feministische Ethik (Herder Spektrum 4231). Freiburg/Basel/Wien 1993.

PIEPER, Josef: Über die *Liebe*. München 1972.

PIEPER, Josef: Das *Viergespann*. München 1964.

PORTMANN, Adolf: Das Problem der *Urbilder* in biologischer Sicht. In: Heusser, H. (Hrsg.): Instinkte und *Archetypen* im Verhalten der Tiere und im Erleben des Menschen. Darmstadt 1976, 108-123.

PFÜRTNER, Stephan: *Kirche und Sexualität* (rororo sexologie). Reinbeck 1972.

PFÜRTNER, Stephan: *Sexualfeindschaft* und Macht. Eine Streitschrift für verantwortete Freiheit in der Kirche. Mainz 1992.

PIRES, Don José Maria (Hg.): *O Grito* de milhoẽs de escravas. A Cumplicidade de siléncio. Petropolis 1983.

PSCHYREMBEL Klinisches Wörterbuch: Transsexualität. Berlin/New York [255]1986, 1696f.

RAD, Gerhard von: Das *erste Buch Mose* (Altes Testament Deutsch 2). Göttingen [5]1958.

RAHNER, Karl: Gedanken zu einer Theologie der *Kindheit*. In: Ders.: Schriften zur Theologie. Bd. 7. Einsiedeln/Zürich/Köln 1966, 313-329.

RATSCHOW, Carl Heinz: Ehe, Eherecht/Ehescheidung, I. Religionsgeschichtlich. In: Theologische Realenzyklopädie 9, 308-311.

RAUCH, Karl (Hg.): *Sprichwörter* der Völker (dtv 1075). München [4]1976.

RAUCHFLEISCH, Udo (Hg.): *Homosexuelle Männer* in Kirche und Gesellschaft (Freiburger Akademieschriften, Bd. 6). Düsseldorf 1993.

RAUCHFLEISCH, Udo: Die stille und die schrille *Szene*. Erfahrungen von Schwulen im Alltag (Herder Spektrum 4349). Freiburg/Basel/Wien 1995.

REICH, Wilhelm: Die *Entdeckung* des Orgons, die Funktion des Orgasmus, sozioökonomische Grundprobleme der biologischen Energie (Fischer Tb. 6140). Frankfurt 1972.

REICH, Wilhelm: Die *sexuelle Revolution*. (Fischer Tb. 6093). Frankfurt 1966.

REICHE, Reimut: *Geschlechterspannung* (Psychologie Fischer Tb. 10329). Frankfurt 1990.

RENDTORFF, Trutz: *Selbstbestimmung* und Institution. Ethisch-theologische Implikationen der Kontroverse um ‚Homosexualität und Pfarrerberuf'. In:

Zeitschrift für evangelische Ethik 38 (1994) 190-202.
RICHTER, Hans Friedemann: *Geschlechtlichkeit*, Ehe und Familie im Alten Testament und seiner Umwelt. Bd. 2. Frankfurt 1978.
RICOEUR, Paul: *Symbolik* des Bösen (Phänomenologie der Schuld II). Freiburg/München 1971.
RINGELING, Hermann: *Theologie und Sexualität*. Gütersloh 1968.
ROHNER, Teodoro: *As prostitutas* podem receber os sacramentos? In: Revista Ecclesiastica Brasileira 45 (1985), 108-116.
ROMMELSPACHER, Birgit: *Mitmenschlichkeit* und Unterwerfung. Zur Ambivalenz der weiblichen Moral. Frankfurt/New York 1992.
ROTTER, Hans: *Sexualität* und christliche Moral. Innsbruck/Wien 1991.
ROTTER, Hans: *Spannungsfeld* Ehe und Familie. Innsbruck/Wien/München 1980.
RUPPERT, Lothar: *Genesis*. Ein kritischer und theologischer Kommentar (Forschung zur Bibel 70). Würzburg 1992.

SAIER, Oskar, Erzbischof von Freiburg/LEHMANN, Karl, Bischof von Mainz/KASPER, Walter, Bischof von Rottenburg-Stuttgart: Respekt vor der *Gewissensentscheidung*. Zur Frage der wiederverheirateten Geschiedenen. In: Herderkorrespondenz 47 (1993), 460-467.
SAINT-EXUPÉRY, Antoine: *Der kleine Prinz*, in: Ders., Gesammelte Schriften (dtv 5959), Bd. 1. München 1978, 489-577.
SCHAEFFLER, Richard: *Sinn*. In: Handbuch philosophischer Grundbegriffe, Studienausg. Bd. 5. München 1974, 1325-1341.
SCHARBERT, Josef, *Exodus* (Neue Echterbibel). Würzburg 1989.
SCHELSKY, Helmut: *Soziologie der Sexualität* (rde 2). Hamburg 1973.
SCHENK, Herrad: *Geschlechtsrollenwandel* und Sexismus. Weinheim 1975.
SCHENK, Herrad: *Geschlechtsrollen* im sozialen Wandel. Weinheim 1979.
SCHENK, Herrad: *Freie Liebe* – wilde Ehe. Über die allmähliche Auflösung der Ehe durch die Liebe. München 1987.
SCHENK, Herrad: „Die *Freiheit* hat uns überfallen". In: Nuber: Frauen, 9-22.
SCHERER, Georg: *Ehe* im Horizont des Seins – Zu einem neuen Verständnis der Sexualität. Essen ²1967.
SCHILLEBEECKX, Edward: Het *ambtscelibaat* in de branding. Bilthoven 1965.
SCHLEGELBERGER, Bruno: Vor- und außerehelicher *Geschlechtsverkehr*. Die Stellung der katholischen Moraltheologen seit Alfons von Ligouri. Remscheid 1970.
SCHLUND, Robert: *Nichteheliche Lebensgemeinschaften* – ein pastorales Problem. In: Pastorales Forum für die Seelsorger im Erzbistum München-Freising 21 (1984) Heft 2, 11-31.
SCHMIDBAUER, Wolfgang: „Du verstehst mich nicht!" Die Semantik der *Geschlechter*. Reinbeck 1991.
SCHMIDT, Gunter: Kurze Entgegnung auf Volkmar Siguschs „Lob des Triebes". In: Dannecker, Martin/Sigusch, Volkmar (Hrsg.): *Sexualtheorie und Sexualpolitik*. Ergebnisse einer Tagung (Beiträge zur Sexualforschung 59). Stuttgart 1984, 17-19.
SCHMIDT, Gunter: DAS GROSS DER DIE DAS. Über *das Sexuelle* (rororo Sachbuch 8459). Hamburg ²1993.
SCHMIDT, Gunter/KLUSMANN, Dietrich/ZEITSCHEL, Uta: Veränderungen 1970-1990. In: Schmidt, Gunter (Hrsg.): *Jugendsexualität*. Sozialer Wandel, Gruppenunterschiede, Konfliktfelder (Beiträge zur Sexualforschung 69). Stuttgart 1993.

SCHMIDT, Werner H.: Die *Zehn Gebote* im Rahmen Alttestamentlicher Ethik (Erträge der Forschung 281). Darmstadt 1993.

SCHMIDTCHEN, Gerhard: *Zwischen Kirche und Gesellschaft*. Forschungsbericht über die Umfragen zur Gemeinsamen Synode der Bistümer in der Bundesrepublik Deutschland. Freiburg/Basel/Wien 1972.

SCHMIDTCHEN, Gerhard: Ethik und Protest. Moralbilder und *Wertkonflikte* junger Menschen. Opladen, [2]1993

SCHMIDT, Gunter: *Sexuelle Motivation* und Kontrolle. In: Schorsch: Sexualforschung, 30-47.

SCHMIDT, Gunter (Hg.): *Jugendsexualität*. Sozialer Wandel, Gruppenunterschiede, Konfliktfelder (Beiträge zur Sexualforschung, 69). Stuttgart 1993.

SCHORSCH, Wolfgang/SCHMIDT, Gunter (Hrsg.): Ergebnisse zur *Sexualforschung*. Frankfurt/Berlin/Wien 1976.

SCHORSCH, Wolfgang: Perversion, Liebe, Gewalt (Beiträge zur Sexualforschung, 68). Stuttgart 1993.

SCHNACKENBURG, Rudolf: Die *sittliche Botschaft* des Neuen Testaments. Bd. 1: Von Jesus zur Urkirche (Supplementband I zum HTK). Freiburg/Basel/Wien 1986.

SCHOCKENHOFF, Eberhard: *Ehe* – nichteheliche Lebensgemeinschaften – Ehelosigkeit. In: Gründel, Johannes (Hg.): Leben aus christlicher Verantwortung. Ein Grundkurs der Moral, Bd. 3 (Schriften der Katholischen Akademie in Bayern Bd. 143). Düsseldorf 1992, 31-49.

SCHÖPF, Alfred: Wert. In: Höffe, Otfried: Lexikon der Ethik (Beck'sche Schwarze Reihe 152). München 1977, 263f.

SCHRAGE, Wolfgang: *Ethik* des Neuen Testamentes (NTD-Ergänzungsreihe 4). Göttingen 1982.

SCHREINER, Josef: Die *Zehn Gebote* im Leben des Gottesvolkes. München 1988.

SCHREY, H. H.: *Sexuelle Revolution* und neue Moral. In: Theologische Rundschau 35 (1970), 33-64; 327-365.

SCHÜLLER, Bruno: *Typen* ethischer Argumentation in der katholischen Moraltheologie. In: Theologie und Philosophie 45 (1970), 526-550.

SEXUALITÄT, Hg. Psychoanalytisches Seminar Zürich (Taschenbücher Syndikat/EVA). Frankfurt 1986.

La *sexualité*. Pour une réflexion chrétienne, hg. von der Fédération Protestante de France. Vendome 1978.

SIGUSCH, Volkmar (Hg.): *Sexualität und Medizin*. Köln 1979.

SIGUSCH, Volkmar: Vom *Trieb* und von der Liebe. Frankfurt/New York 1984.

SIGUSCH, Volkmar: *Kritik* der disziplinierten Sexualität. (Aufsätze 1986-1989). Frankfurt/New York 1989.

SILL, Bernhard: *Androgynie* und Geschlechtsdifferenz nach Franz von Baader. Eine anthropologisch-ethische Studie. Regensburg 1986.

SILL, Bernhard: Die Kunst der *Geschlechterliebe*. Plädoyer für einen androgynen Lebensstil. Mainz 1989.

SÖLLE, Dorothee: *Atheistisch an Gott glauben*. Olten 1968.

SPLETT, Jörg: Der Mensch: *Mann und Frau*. Perspektiven christlicher Philosophie (Familie in Kirche, Gesellschaft und Staat). Frankfurt/M 1980.

STRAUSS, Botho: *Paare Passanten*. Nach: Christlicher Glaube in moderner Gesellschaft. Quellenband 3: Mit anderen Zusammenleben. Erarbeitet von Karin Walter. Freiburg/Basel/Wien 1986.

SÜSSMUTH, Rita: Wandlungen im *Bindungsverhalten*. Liebe und Treue im Blick auf nichteheliche Lebensgemeinschaften. In: Herderkorrespondenz 35 (1981), 195-199; 246-252.

SÜSSMUTH, Rita: *Nichteheliche Lebensgemeinschaften* – eine Alternative zu Ehe und Familie? In: Diakonia 19 (1988), 317-326.

THEUNISSEN, Michael: *Personalismus* II. In: Historisches Wörterbuch der Philosophie 7, 339-341.

THEUNISSEN, Michael: *Skeptische Betrachtungen* über den anthropologischen Personenbegriff. In: Die Frage nach dem Menschen. Aufriß einer philosophischen Anthropologie. (FS Müller Max). Freiburg/München 1966, 461-490.

THIELE, Johannes: Die *Erotik* Gottes. Menschen werden wir nur als Liebende. Stuttgart 1988.

THILO, Hans-Joachim: Ehe ohne *Norm*? Eine evangelische Ehe-Ethik in Theorie und Praxis. Göttingen 1978.

THOMAS von Aquin: Summa Theologiae (Biblioteca de Autores Cristianos) Madrid 1952, wird in der üblichen Weise zitiert.

THOMAS, Klaus: Abriß der *Entwicklungspsychologie* (Herder Taschenbuch 751). Freiburg/B 1979.

TORELL , Johannes B.: *Liebe*, Lust und Verzicht. In: Müller, M.: Kirche, 89-98.

TREMMEL, Jörg: Sweet Little Sixteen. Jugend und *neue Sexualmora*l (Fischer Tb 11951). Frankfurt 1994.

TRIBLE, Phyllis: *Gott* und Sexualität im Alten Testament. Gütersloh 1993.

TROJE, Hans Erich: *Gestohlene Liebe*. Zum Problem der Rettung der Ehe (problemata 120). Stuttgart 1988.

VOGEL, Christian: *Evolutionsbiologische Grundlagen* für die „doppelte Moral" bei Mann und Frau. In: Böhm, Winfried/Lindauer, Marin: Hintergründe, Ursachen und Problematik der *Geschlechterrollen* (Fünftes Würzburger Symposium). Stuttgart u.a. 1992.

VAN DE SPIJKER, Hermann: Homotropie – Homophobie; menschliche Wirklichkeit – kirchliche Stellungnahme. In: Groß/Pfürtner: Gewissen, 63-80.

VAN DE SPIJKER, Hermann: Ohnmächtige Macht? Pastoraltheologische Überlegungen zur gleichgeschlechtlichen Zuneigung (*Homotropie*). In: Diakonia 20 (1989), 116-119.

VERMEERSCH, Arthur: Theologiae Moralis Principia – Responsa – Consilia. Tomus IV. De Castitate et Vitiis oppositis cum parte morali de Sponsalibus et Matrimonio. Roma 1933 (*Bd. IV*).

VIDAL, Marciano: Moral do Amor e da *Sexualidade* (Teologia hoje 7). São Paulo 1978.

WACHINGER, Lorenz: Ehe. Einander lieben – einander lassen (Evangelium konkret), München 1986.

WALLENSTEIN, Judith/BIAKESLEE, Sandra: *Gewinner und Verlierer*. Frauen, Männer, Kinder nach der Scheidung. Eine Langzeitstudie. München 1989.

WANNENWETSCH, Bernd: Die *Freiheit* der Ehe. Das Zusammenleben von Frau und Mann in der Wahrnehmung evangelischer Ethik (Evangelium und Ethik, Bd. 2). Neukirchen-Vluyn 1993.

WANNENWETSCH, Bernd: Das ‚Natürliche' und die ‚Moral'. Zur neueren Diskussion um die *Homosexualität* in der Kirche. In: Zeitschrift für evangelische Ethik 38 (1994) 168-189.

WEBER, Leonhard M.: *Keuschheit*. In: LThK ^{2}1961. Bd. 6, 135.
WESTERMANN, Claus: *Genesis*. 1. Teilband (Biblischer Kommentar, Altes Testament I/1). Neukirchen-Vluyn 1974.
WICKLER, Wolfgang: *Antworten* der Verhaltensforschung. München 1970.
WICKLER, Wolfgang: Die *Biologie* der Zehn Gebote. München 1971.
WICKLER, Wolfgang/SEIBT, Ursula: *Männlich Weiblich*. Ein Naturgesetz und seine Folgen (Serie Pieper 546). München/Zürich 1983.
WICKLER, Wolfgang/SEIBT, Ursula: Das Prinzip *Eigennutz*. Hamburg 1977.
WICKLER, Wolfgang: *Sind wir Sünder?* Naturgesetz der Ehe. München/Zürich 1969.
WIECK, Wilfried: *Männer* lassen lieben. Die Sucht nach der Frau. Stuttgart 1987.
WILCKENS, Ulrich: Der Brief an die *Römer* (Evangelisch-katholischer Kommentar zum Neuen Testament IV/1). Zürich/Einsiedeln/Köln 1978.
WILLI, Jürg: *Koevolution*. Die Kunst des gemeinsamen Wachsens. Reinbeck 1985.
WILLI, Jürg: Was hält *Paare* zusammen? Der Prozeß des Zusammenlebens in psycho-ökologischer Sicht (rororo Sachbuch 9394). Reinbeck 1991.
WINDISCH, Hubert: *Sexualität* und Glaube. Regensburg 1990.
WINGEN, Max: *Nichteheliche Lebensgemeinschaften*. Formen Motive Folgen (Edition Interforum). Zürich/Osnabrück 1984.
WOJTYLA, Karol: Liebe und *Verantwortung*. Eine ethische Studie. München 1979.
WOLFF, Hans Walter: *Anthropologie* des Alten Testaments. München ^{3}1977.

ZELINKA, Udo: *Normativität* der Natur – Natur der Normativität. Eine interdisziplinäre Studie zur Frage der Genese und Funktion von Normen (Studien zur Theologischen Ethik 57). Freiburg Schweiz/Freiburg Breisgau/Wien 1993.
ZENGER, Erich: *Leib* und Geschlechtlichkeit. Biblische und kulturgeschichtliche Aspekte. In: Böckle: Menschliche Sexualität, 51-73.
ZIEBERTZ, Hans-Georg: Sexualität im *Wertpluralismus*. Perspektiven zur Überwindung der Krise in der ethischen Bildung (Moraltheologie interdisziplinär). Mainz 1991.
ZIEGLER, Albert/HALTER, Hans/CAMENZIND-WEBER, Hildegard/MIETH, Dietmar (Hgg.): *Sexualität* und Ehe. Der Christ vor einem Dauerproblem. Zürich 1981.
ZIESE, Peter: Die *Triebtheorie* der Psychoanalyse. In: EICKE, Dieter (Hrsg.): Tiefenpsychologie. Band 1: Sigmund Freud – Leben und Werk. Weinheim/Basel 1976 (Kindlers Psychologie des 20. Jahrhunderts), 337-356.
ZULEHNER, Paul/DENZ, Hermann: Wie Europa lebt und glaubt. Europäische *Wertestudie*. Düsseldorf 1993.

Stichwortverzeichnis

Theologie

Michael Schlitt

Umweltethik

Philosophisch-ethische Reflexionen · Theologische Grundlagen · Kriterien

1992. 302 Seiten, gebunden.
ISBN 3-506-77897-8

Wir können ohne Technik nicht leben. Ein vulgärrousseausches "Zurück zur Natur" ist kein Königsweg aus der Umweltkrise. Die umfassende Analyse von Michael Schlitt stellt dies unmißverständlich klar. Die Probleme von Welt und Umwelt müssen vom Menschen mit seiner Technik gelöst werden. Schlitt plädiert in seinem Buch daher eindeutig für eine der Vernunft verpflichtete, anthropozentrische Begründung einer Umweltethik, eine Anthropozentrik freilich, die sich ihrer Gebundenheit an eine göttliche, absolute Instanz bewußt ist und die dadurch notwendig eine relative sein muß.

Michael Schramm

Der Geldwert der Schöpfung

Theologie - Ökologie - Ökonomie

1994. 302 Seiten, kartoniert.
ISBN 3-506-78132-4

Vor der bedrohlichen Möglichkeit einer ökologischen Zerstörung der Erde reichen hehre Bekenntnisse zum ontologischen Eigenwert der Schöpfung nicht aus. Wer den [illegible] öpfung bewahren will, muß ihr [illegible] hen - für das marktwirtscha[illegible] erleihen. Die Institutionalisi[illegible] höpfung« ist angesichts der [illegible] sch vordringliche Gebot der Stu[illegible] st - es zeigt einen originären, pr[illegible] ösungsweg auf.

Schöningh
Ferdinand Schöningh GmbH · Postfach 2540 · D-33055 Paderborn